dtv

Mit seinem in den Jahren 1913 bis 1927 erschienenen Roman ›Auf der Suche nach der verlorenen Zeit‹ wurde Marcel Proust zum großen Innovator der Moderne. Diese fiktionale Autobiographie, die historisch die Zeit von 1870 bis in den Ersten Weltkrieg umspannt, war ein Lebenswerk auch in dem Sinne, dass Proust unaufhörlich dafür Teile entwarf, umschrieb, bis sein Tod das Werk beendete. Zehn Bände umfasst dieses in jeder Hinsicht monumentale Kunstwerk und wird dadurch auch zu einer anspruchsvollen Aufgabe für den Leser. Doch wer wollte es wagen, durch mehr oder minder subjektive Auszüge das Opus Magnum in gekürzter Form anzubieten, um einen ersten Eindruck zu vermitteln, um Neugierde zu wecken? Glücklicherweise hat gewissermaßen der Autor selbst diese Aufgabe gelöst: Über mehr als zehn Jahre hinweg, vom 21. März 1912 bis zum 1. Januar 1923, erschienen neunzehn Texte von ihm in verschiedenen Zeitschriften, die sich als Vorstufen oder Vorabdrucke der ›Recherche‹ ausweisen – ein kleiner Roman, der das Hauptwerk vorbereitet und begleitet und eindrucksvoll die Arbeitsweise des Romanciers widerspiegelt. Die deutsche Ausgabe dieser Texte will keine wissenschaftliche Edition sein, obwohl sie dem Kenner reiches Neuland bietet; sie lädt vor allem dazu ein, sich mit Proust auf die Suche nach seinem Jahrhundertbuch zu machen.

Marcel Proust, geboren am 10. 7. 1871 in Auteuil, starb am 18. 11. 1922 in Paris. Schon als Kind Asthmatiker, lebte er finanziell unabhängig zunächst als Dandy in Paris, danach völlig zurückgezogen als Schriftsteller. In seinem Hauptwerk ›A la recherche du temps perdu‹ verdichten sich seine Beobachtungen in der mondänen Gesellschaft. 1919 erhielt er den Prix Goncourt.

Marcel Proust

Der gewendete Tag

›Auf der Suche nach der verlorenen Zeit‹
in den Vorabdrucken

Herausgegeben und übersetzt
von Christina Viragh und Hanno Helbling

Deutscher Taschenbuch Verlag

Deutsche Erstausgabe
Juni 1996
2. Auflage Dezember 2000
Deutscher Taschenbuch Verlag GmbH & Co. KG,
München
www.dtv.de

Umschlagkonzept: Balk & Brumshagen
Umschlagbild: ›Portrait of Lugné-Poë‹ (1891) von Edouard Vuillard
(VG Bild-Kunst, Bonn 2000)
Satz: JBV Satz- und Datentechnik, Berlin
Gesetzt aus der Bembo 10/11· (Linotron 202)
Druck und Bindung: C. H. Beck'sche Buchdruckerei,
Nördlingen
Gedruckt auf säurefreiem, chlorfrei gebleichtem Papier
Printed in Germany · ISBN 3-423-12877-1

Inhalt

Vorwort 7

Vorfrühling 9
Sonnenstrahl auf dem Balkon 15
Die Dorfkirche 20
Osterferien 27
Balbec 34
Im Schatten der Guermantes 71
Kleine Skizze des Kummers über eine Trennung, und wie das Vergessen unregelmäßig fortschreitet 111
In Venedig 149
Ein Todeskampf 166
Ein Kuß 190
Ein nebliger Abend 216
Das Aussetzen des Herzens 236
Im Bähnchen bis zur Raspelière 260
Seltsamer und schmerzlicher Grund eines Heiratsprojekts 292
Ein Abend bei den Verdurins 312
Die Schlafende anschauen 324
Mein Aufwachen 330
Eine Matinee im Trocadéro 333
Bergottes Tod 363

Verzeichnis der Texte 369
Nachwort 371

Vorwort

Über etwas mehr als zehn Jahre hinweg, vom 21. März 1912 bis zum 1. Januar 1923, sind in verschiedenen Zeitschriften die neunzehn hier übersetzten Texte von Marcel Proust erschienen, die auf die Publikation des Romans ›A la recherche du temps perdu‹ (1913–1927) vorausweisen. Das Verhältnis dieser Texte zu den entsprechenden Stellen in der ›Recherche‹ schwankt. Die frühesten vier Skizzen, die Proust 1912/13 in ›Le Figaro‹ veröffentlicht hat, stehen zum größeren Teil mit dem ersten Band, ›Du côté de chez Swann‹, nur in loser Verbindung. In anderen Fällen handelt es sich um eigentliche Vorabdrucke, in denen bald Ausschnitte aus dem Band, dessen Erscheinen bevorstand, einander folgen, bald ein größeres Kapitel für sich allein, unter Umständen lange vor seiner Publikation im Rahmen der ›Recherche‹ – wie vor allem der Abschnitt über Venedig –, vorgelegt wird. Man sieht es den Texten nicht an, ob Proust sie für den vorläufigen Abdruck gekürzt oder sie nachher, für das Buch, noch erweitert hat. Aber der Textkommentar in den Editions de la Pléiade (1987–1989) gibt darüber Auskunft. Gelegentlich findet sich in der frühen Version eine Episode oder eine Figur noch nicht an der Stelle, die sie später einnehmen wird. Auch Namen können sich ändern; am 1. November 1922 (wenige Wochen vor dem Tod des Verfassers) heißt Albertine noch oder wieder, wie in früheren Entwürfen, Gisèle. Kleinere stilistische Unterschiede finden sich durchwegs.

Unser Buch erhebt keine wissenschaftlichen Ansprüche. Wir weisen nur am Ende jedes Textes auf den entsprechenden Abschnitt in der ›Recherche‹ hin und überlassen es den Lesern, sich mit einzelnen Abweichungen zu beschäftigen, soweit das auf Grund einer Übersetzung möglich und sinnvoll ist; für die philologische Arbeit könnte eine französische Ausgabe der Vorabdrucke von Nutzen sein. Uns ging es darum, deutschsprachigen Lesern eine Auswahl aus Prousts großem Werk zu bieten, die sie auch auf das Ganze einstimmen mag. Diese Auswahl selber zu treffen wagten wir nicht. Warum auch sollten wir eine Verantwortung übernehmen, die der Autor schon wahrgenommen hat? *Wie* er sie wahrnahm, kann möglicherweise zu seinem Verständnis des eigenen Werks etwas aussagen. Freilich spielen auch Zufälle mit. Die Ereignisse, Themen, Personen der ›Recherche‹ kommen nicht gleichmäßig alle zur Geltung. Von Swanns Geschichte mit Odette hört man nicht viel; ›Le Temps retrouvé‹, der erst fünf Jahre nach dem Tod des Verfassers erschienene Schlußteil, fehlt ganz. Eine Ahnung davon, was ›La recherche du temps perdu‹ ist, wird vielleicht trotzdem geweckt.

Außer den hier mitgeteilten Textstücken sind in den »Œuvres libres« vom November 1921 und vom Februar 1923 unter den Titeln ›Jalousie‹ und ›Précaution inutile‹ große Auszüge aus ›Sodome et Gomorrhe‹ und ›La Prisonnière‹ erschienen, insgesamt etwa dreihundert Seiten, denen nach der Vorstellung Prousts ein dritter Teil, aus ›Albertine disparue‹, folgen sollte. Offenbar wollte er so aus der ›Recherche‹ einen Albertine-Roman herauslösen; der Plan stieß aber bei Gaston Gallimard, seinem Verleger, auf energischen Widerstand. Die Übersetzung dieser Texte bleibt einem weiteren Band vorbehalten.

Da sich in keinem uns bekannten Verzeichnis alle von Proust veranlaßten Vorabdrucke aufgeführt finden, können wir uns für die Vollständigkeit unserer Publikation nicht verbürgen, hoffen sie aber dank der freundlichen Hilfe von Luzius Keller, Sibylla Laemmel und Peter Schnyder erreicht zu haben.

H. H.

Vorfrühling

Letzthin las ich im Zusammenhang mit diesem vergleichsweise milden Winter – der heute zu Ende geht –, es habe in früheren Jahrhunderten Winter gegeben, da schon im Februar der Weissdorn blühte. Mein Herz klopfte heftig bei diesem Namen, dem Namen meiner ersten Liebe zu einer Blume.

Noch heute bin ich, wenn ich sie betrachte, wieder gleich alt und gleich gestimmt wie damals, als ich sie zum ersten Mal sah. Erblicke ich in weiter Entfernung ihre weiße Gaze in einer Hecke, schon wird das Kind wiedergeboren, das ich damals war. So wird der schwache und nackte Eindruck, den andere Blumen auf mich machen, beim Anblick von Weissdorn durch weit zurückliegende, jüngere Eindrücke verstärkt, die ihn begleiten wie die frischen Stimmen von unsichtbaren Chorsängern, die bei gewissen Galavorstellungen die verbrauchte Stimme eines alten Tenors unterstützen und auffüllen müssen, während er eine seiner alten Weisen singt. Wenn ich also gedankenverloren stehenbleibe und den Weissdorn betrachte, so ist eben nicht nur mein Gesichtssinn, sondern es sind auch mein Erinnerungsvermögen und meine ganze Aufmerksamkeit im Spiel. Ich versuche herauszufinden, welche Tiefe das ist, von der sich die Blütenblätter abzuheben scheinen und die der Blume gleichsam eine Vergangenheit, eine Seele verleiht; warum ich da Kirchenlieder und vergangenen Mondschein zu erkennen meine.

⋆

Weissdorn sah ich – oder bemerkte ich – zum ersten Mal in der Marienandacht. Nicht zu trennen von den Mysterien, an deren Feier sie teilnahmen wie die Gebete, standen die Zweige auf dem Altar, wo sie sich, waagrecht aneinandergefügt, zwischen die Kerzen und geweihten Gefäße streckten, in festlicher Aufmachung und noch verschönt durch die Festons ihres Blattwerks, das mit kleinen weißen Knospen übersät war wie eine Hochzeitsschleppe. Weiter oben waren die Blüten offen und hielten das sie ganz umnebelnde Bukett ihrer Staubgefäße, eine letzte, flüchtige Zier, so nachlässig fest, daß ich beim Versuch, in meinem Inneren die Bewegung ihres Blühens zu mimen, unbewußt das stürmische Gebaren eines lebhaften und unachtsamen jungen Mädchens annahm. Als ich vor dem Weggehen beim Altar niederkniete, kam mir, wie ich wieder aufstand, von den Blüten ein bittersüßer Mandelgeruch entgegen. Trotz der schweigenden Reglosigkeit der Zweige war dieser an- und abschwellende Geruch wie das Summen ihres intensiven Lebens, von dem der Altar vibrierte wie eine ländliche Hecke, die von lebenden Fühlern besucht wird; sie kamen einem beim Anblick fast roter Staubgefäße in den Sinn, die noch den frühlingshaften Überschwang, das Aufreizende von Insekten, jetzt allerdings in Gestalt von Blumen, zu haben schienen.

An jenen Abenden ließ uns mein Vater nach der Marienandacht, wenn das Wetter schön war und der Mond schien, statt daß wir gleich nach Hause gingen, über den Kreuzweg einen langen Spaziergang machen, den meine Mutter in ihrer Unfähigkeit, sich zu orientieren und sich auf dem Weg auszukennen, als strategische Großtat betrachtete. Wir kamen über die Allee zurück, die zum Bahnhof führte und wo sich die hübschesten Villen der Gemeinde befanden. In jedem Gärtchen verstreute der Mondschein wie Hubert Robert seine zerbrochenen Marmorstufen, Fontänen, halboffenen Gittertore. Sein Licht hatte das Telegraphenamt zerstört. Es blieb nur noch eine abgebrochene Säule, allerdings so schön wie eine unvergängliche Ruine. Von der Stille, die nichts verschluckte, hoben sich hie und da unverwischt Geräusche ab, die von sehr weit her kamen, kaum wahrnehmbar, aber so »bis ins Letzte« ausgefeilt, daß sie diesen Ferne-Effekt nur ihrem *pianissimo* zu verdanken schienen: wie jene ganz gedämpften, vom Orchester des Conservatoire so schön gespielten Stücke, von denen man keine Note verpaßte und die doch in weiter Entfernung vom Konzertsaal zu erklingen schienen, während die langjährigen Abonnenten entzückt die Ohren spitzten, als hätten sie auf den fernen Vormarsch einer Armee gehorcht, die noch nicht in die Rue de Trévise eingebogen wäre. Ich schleppte mich dahin, fiel fast um vor Schlaftrunkenheit, der Lindengeruch, der in der Luft lag, erschien mir wie eine Belohnung, die man nur um den Preis allergrößter Mühen erhält und die das nicht wert ist. Auf einmal hieß uns mein Vater stehenbleiben, und er fragte meine Mutter: »Wo sind wir?« Erschöpft vom Marschieren, aber stolz auf ihn, gestand sie ihm zärtlich, daß sie keine Ahnung habe. Er zuckte die Achseln und lachte. Und dann zeigte er uns, als hätte er sie zusammen mit dem Schlüssel aus seiner Jackentasche hervorgeholt, unsere kleine Garten-Hintertür, die vor uns stand und mit ihrem Stück Straße gekommen war, um uns am Ende jener unbekannten Wege zu erwarten. Meine Mutter sagte bewundernd zu ihm: »Du bist großartig!«

Von dem Augenblick an brauchte ich keinen einzigen Schritt mehr zu machen, der Boden lief für mich in diesem Garten, in dem meine Handlungen schon so lange nicht mehr von bewußter Aufmerksamkeit begleitet waren: die Gewohnheit nahm mich in die Arme und trug mich ins Bett wie ein kleines Kind.

*

Eines Sonntags nach dem Mittagessen stieg ich zusammen mit meinen Eltern einen kleinen Weg hinauf, der zu den Feldern führte und der jetzt auf einmal von Weissdornduft nur so summte. Die Hecke bildete gleichsam eine Reihe von Kapellen, die unter den ausgestreuten, zu Altären gehäuften Blüten verschwand; darunter legte die Sonne Vierecke aus Helligkeit auf den Boden, als käme sie durch ein Kirchenfenster; der Duft verbreitete sich so sahnig, so in seiner Form eingegrenzt, als hätte ich mich vor dem Altar der Jungfrau Maria befunden, und die ebenso geschmückten Blüten hielten nachlässig ihr schimmerndes Bukett aus Staubgefäßen, zarte, strahlende Äderung im Flamboyantstil, wie jene, die in der Kirche das Geländer des Lettners oder die Fensterkreuze durchscheinend machte und die sich weißfleischig wie die Erdbeerblume entfaltete. Wie naiv und bäuerlich schienen im Vergleich die Heckenrosen, die an diesem heißen Sonntagnachmittag in der prallen Sonne neben ihnen den ländlichen Weg hinaufstiegen, in der schlichten Seide ihrer rötlichen Bluse, die von einem Windhauch unordentlich wird.

Aber ich konnte noch so lange vor dem Weissdorn stehenbleiben, um seinen unsichtbaren und beständigen Duft einzuatmen, ihn meinem Denken vorlegen, das nichts damit anzufangen wußte, ihn verlieren und wiederfinden, mich mit dem Rhythmus vereinigen, der die Blumen mit jugendlicher Fröhlichkeit und in Abständen hinwarf, die unerwartet waren wie bestimmte musikalische Intervalle, – er verströmte unbeschränkt und unerschöpflich denselben Zauber, den er mich aber nicht weiter ausloten ließ als eine jener Melodien, die man hundertmal hintereinander abspielt, ohne tiefer in ihr Geheimnis einzudringen. Ich wandte mich einen Augenblick ab, um dann mit frischeren Kräften zu den Blumen zurückzukehren. Ich ging verstreuten Mohnblumen, faul zurückgebliebenen Kornblumen bis auf den Abhang nach, der hinter der Hecke steil zu den Feldern aufstieg und den sie da und dort verzierten, so wie auf der Bordüre einer Tapisserie das ländliche Motiv spärlich aufscheint, das sich dann auf dem Bild völlig durchsetzt; selten, vereinzelt wie alleinstehende Häuser, die schon von der Nähe eines Dorfes künden, verhießen sie mir die riesige Weite, wo der Weizen wogt, wo sich Wolken kräuseln, und der Anblick einer einzigen Mohnblume, die hoch über ihrem Seilwerk den roten Wimpel hißte und ihn über der öligen schwarzen Boje dem Wind preisgab, ließ mir das Herz höher schlagen, wie dem Reisenden, der auf einem Schwemmland eine erste trockenliegende Barke erblickt, die neu geteert wird, und da schon ausruft: »Das Meer!«

Dann ging ich zum Weissdorn zurück wie zu jenen Meisterwerken, die man besser zu sehen meint, nachdem man sie einen Augenblick nicht angeschaut hat. Ich empfand eine Freude wie dann, wenn man ein Werk seines Lieblingsmalers sieht, das anders ist als die anderen, oder wenn man vor ein Bild geführt wird, das man bisher als Bleistiftskizze gekannt hat, oder wenn ein uns nur vom Klavier her bekanntes Stück in den Farben des Orchesters eingekleidet erscheint, als mein Großvater mich rief, auf die Hecke eines Parks zeigte, an der wir entlanggingen, und sagte: »Du magst doch den Weissdorn so gern. Schau dir einmal diesen rosaroten an! hübsch, nicht wahr!« Es war tatsächlich Weissdorn, aber rosaroter und noch schöner als der weiße. Auch er war für ein Fest geschmückt – für eines jener einzigen wahren Feste, nämlich der kirchlichen, die nicht wie die weltlichen von einer zufälligen Laune auf einen beliebigen Tag festgelegt werden, der nicht eigens ihnen geweiht ist und auch nichts wesentlich Festliches hat –, aber mit noch reicherem Schmuck, da die eng übereinander am Zweig steckenden Blüten, die wie Pompons an einem Rokoko-Bischofsstab keinen Platz undekoriert ließen, farbig und also, gemäß der in unserem Dorf herrschenden Ästhetik, von höherer Qualität sein mußten, betrachtete man die Preisskala im »Geschäft« am Platz oder beim Lebensmittelhändler, wo die teureren Biskuits die rosaroten waren.

Und diese Blüten hatten eben eine solche Färbung gewählt, wie von etwas Eßbarem oder von einer zarten Verschönerung an einer großen Fest-Toilette, eine Färbung, die Kindern am eindeutigsten schön vorkommt, weil sie ihnen den Grund für ihre Überlegenheit präsentiert und so in ihren Augen immer etwas Lebhafteres und Natürlicheres als die anderen Färbungen hat, auch dann noch, wenn sie begriffen haben, daß sie nicht für ihr Schleckmaul gedacht ist und nicht von der Schneiderin ausgewählt wurde. Und ja, ich hatte – wie vor dem weißen Weissdorn, aber noch bezauberter – gespürt, daß die Absicht, festlich zu sein, nicht künstlich, durch einen von Menschen erdachten Kunstgriff in den Blüten aufschien, sondern daß es spontaner Ausdruck der Natur war, die, naiv wie eine den Altar schmükkende Ladenfrau, den Strauch mit diesen süßlich getönten und provinziell aufgeputzten Rosetten überladen hatte. Oben an den Zweigen drängten sich wie jene in Spitzenpapier gehüllten Rosentöpfe, die an einem großen Fest auf den Altären ihre schlanken Raketen strahlen ließen, unzählige blasser gefärbte Knospen, die beim Aufgehen wie rosa Marmorschalen rote Früchte auf ihrem Grund enthüllten und noch mehr als die Blüten das besondere und unwiderstehliche Wesen dieses Weissdorns verrieten, der überall, wo er Knospen trieb, wo er blühen würde, das nur in Rosarot tun konnte. Eingefügt in die Hecke und von ihr doch so verschieden wie ein festlich gekleidetes junges Mädchen inmitten von nachlässig angezogenen Leuten, die zu Hause bleiben, schon völlig bereit für die Marienandacht, schon fast Teil davon, so strahlte und lächelte in seiner frischen rosa Toilette katholisch und hinreißend der Strauch.

★

Nachdem in jenem Jahr meine Eltern die Rückkehr nach Paris etwas früher als sonst angesetzt hatten und ich am Morgen des

Abfahrtstages für den Photographen frisiert und mit einem Hut, den ich noch nie getragen hatte, und einer wattierten Samtjacke ausstaffiert worden war, fand mich meine Mutter nach langem Suchen in Tränen aufgelöst auf diesem steilen kleinen Weg, wo ich dem Weissdorn Adieu sagte und dabei die stacheligen Zweige umarmte – wie eine Tragödienprinzessin, der die unnütze Aufmachung beschwerlich ist, undankbar gegenüber der lästigen Hand, die all diese Knoten gemacht und mir das Haar in die Stirn drapiert hatte, – während ich auf den herausgerissenen Lockenwickeln und meinem neuen Hut herumtrampelte. Meine Mutter war von meinen Tränen gar nicht gerührt, sie konnte aber einen Schrei nicht unterdrücken, als sie die zerbeulte Kopfbedeckung und das am Boden liegende Samtjäckchen sah. Ich hörte sie nicht. »Ach, mein armer, lieber Weissdorn«, sagte ich schluchzend, »du bist nicht so, du bist nicht böse und willst, daß ich weggehe. Du hast noch nie gemacht, daß ich traurig bin! Ich habe dich deshalb für immer gern.« Und ich trocknete meine Tränen und versprach ihm, daß ich, wenn ich groß wäre, das sinnlose Leben der anderen Menschen nicht nachahmen würde, sondern an Frühlingstagen sogar in Paris, statt Besuche zu machen und mir albernes Zeug anzuhören, aufbrechen würde – aufs Land zum ersten Weissdorn.

Du côté de chez Swann I, 2, Ed. Pléiade I (1987), S. 110–114, 136–143.

Sonnenstrahl auf dem Balkon

Eben habe ich den Vorhang aufgemacht: die Sonne hat auf dem Balkon ihre weichen Kissen verteilt. Ich werde nicht ausgehen; diese Strahlen versprechen mir nicht das Glück; warum fühlte ich mich bei ihrem Anblick sogleich von einer Hoffnung umschmeichelt – einer Hoffnung auf nichts, Hoffnung ohne jeden Gegenstand und doch, im Reinzustand, einer zarten, zärtlichen Hoffnung?

⋆

Als ich zwölfjährig war, spielte ich auf den Champs-Elysées mit einem Mädchen, das ich liebte, das ich nie mehr wiedergesehen habe, das heute eine verheiratete Frau und Mutter ist, deren Namen ich letzthin unter den Abonnenten des ›Figaro‹ fand. Da ich aber ihre Eltern nicht kannte, gab es keinen anderen Ort, wo ich sie treffen konnte, und sie kam nicht jeden Tag, denn da waren Lektionen, Katechismen, Nachmittagseinladungen, Kinderveranstaltungen, Einkäufe mit ihrer Mutter, ein ganzes unbekanntes Leben, voll von schmerzlichem Charme, da es das ihre war und mich von ihr trennte. Wenn ich wußte, daß sie nicht kam, mußte meine Erzieherin mit mir zu dem Haus pilgern, wo meine kleine Freundin mit ihren Eltern wohnte. Und ich war so verliebt, daß ich, wenn ihr alter Hausmeister herauskam, um einen Hund spazierenzuführen, erbleichte und vergeblich mein Herzklopfen zu unterdrücken versuchte. Ihre Eltern wirkten noch heftiger auf mich. Ihre Existenz trug etwas Übernatürliches in die Welt hinein, und als ich erfuhr, daß es in Paris eine Straße gab, in der man hin und wieder den Vater meiner Freundin auf dem Weg zum Zahnarzt sehen konnte, da kam mir diese Straße so wunderbar vor wie einem Bauern ein Weg, von dem er gehört hätte, daß dort Feen erscheinen, und ich postierte mich in der Straße für lange Stunden.

Zu Hause kannte ich nur ein Vergnügen, nämlich mit Hilfe von Tricks zu erreichen, daß ihr Vor- oder Nachname oder mindestens der Name der Straße, in der sie wohnte, ausgesprochen wurde; gewiß, ich wiederholte sie mir fortwährend im Kopf, aber ich mußte auch ihren köstlichen Klang hören, mußte mir diese Musik vorspielen lassen, da mir ihre stumme Lektüre nicht genügte; doch meinen Eltern fehlte völlig dieser zusätzliche und momentane Sinn, den die Liebe verleiht und der mir erlaubte, in allem, was das kleine Mädchen umgab, Lust und Geheimnis zu sehen, und so fanden sie meine Konversation unerklärlich monoton. Sie befürchteten, ich würde später zu einem Blödian und – da ich mich krumm zu halten versuchte, um auszusehen wie der Vater meiner Freundin – zu einem Buckligen, was noch schlimmer schien.

Manchmal war die Stunde, da sie gewöhnlich auf die Champs-Elysées kam, schon verstrichen, und sie war noch nicht da. Ich war verzweifelt, doch da traf mich wie eine Kugel, abgefeuert zwischen dem Kasperletheater und den Holzpferden, die verspätete, aber glückselige Erscheinung des violetten Federbusches ihrer Erzieherin mitten ins Herz. Wir spielten. Wir hörten zwischendurch nur auf, um zur Händlerin zu gehen, wo meine Freundin eine Lutschstange und Früchte kaufte. Da sie die Naturgeschichte mochte, wählte sie am liebsten solche mit einem Wurm. Ich betrachtete mit Bewunderung die leuchtenden und gefangenen Achatkugeln in einer separaten Holzschale; sie schienen mir wertvoll, weil sie lächelnd und blond waren wie junge Mädchen und weil sie fünfzig Centimes das Stück kosteten.

Die Erzieherin meiner Freundin trug einen Gummimantel. Leider Gottes weigerten sich meine Eltern trotz inständiger Bitten, der meinen auch einen solchen Mantel zu kaufen, und es gab auch keinen violetten Federbusch. Unglücklicherweise fürchtete diese Erzieherin die Feuchtigkeit sehr – ihretwegen. Wenn das Wetter, und war es auch Januar, stabil schön blieb, dann wußte ich, daß ich meine Freundin sehen würde; und wenn ich am Morgen, da ich meine Mutter begrüßen ging, über dem Klavier eine Staubsäule frei stehen sah und unter dem Fenster eine Drehorgel »En Revenant de la Revue« spielen hörte und also wußte, daß der Winter bis zum Abend den unverhofften und strahlenden Besuch eines Frühlingstags erhalten hatte; wenn ich über die ganze Länge der Straße von der Sonne losgelöste Balkone wie goldene Wolken vor den Häusern schweben sah, dann war ich glücklich! An anderen Tagen jedoch war das Wetter unsicher, meine Eltern hatten gesagt, es könnte sich noch bessern, es genügte ein Sonnenstrahl, aber wahrscheinlich würde es doch eher regnen. Und wenn es regnete, wozu dann auf die Champs-Elysées gehen? So befragte ich seit dem Mittagessen ängstlich den unsicheren und bewölkten Nachmittagshimmel. Es blieb dunkel. Vor dem Fenster war der Balkon grau.

Doch da, auf einmal erblickte ich auf dem trübseligen Stein – nicht eine weniger matte Farbe, sondern fühlte etwas wie ein Bemühen um eine weniger matte Farbe, das Pulsieren eines zögernden Strahls, der sein Licht freilassen möchte. Einen Augenblick später war der Balkon bleich und reflektierend wie Wasser am Morgen, und das Gitterwerk seines Eisengeländers widerspiegelte sich tausendfach. Ein Windstoß trieb die Spiegelungen auseinander, der Stein hatte sich verdunkelt, doch als wären sie jetzt zahmer, kamen sie wieder; er wurde von neuem allmählich weiß, und wie eines jener gehaltenen Crescendos, die in der Musik am Ende einer Ouvertüre eine einzige Note schnell über alle Zwischenstufen hinweg zum stärksten Fortissimo führen, so erreichte er vor meinen Augen jenes ungetrübte und beständige Gold der schönen Tage, von dem sich das geschmiedete Sims des Geländers schwarz abhob wie eine launische Vegetation, mit einer Feinheit in der Zeichnung der geringsten Einzelheiten, die ein darauf ausgerichtetes Bewußtsein, eine künstlerische Befriedigung zu verraten schien, und mit einem solchen Relief, einer solchen Samtigkeit in der Ruhe seiner dunklen und glücklichen Masse, daß diese großen, blättrigen Spiegelungen auf dem Sonnensee zu wissen schienen, daß sie ein Unterpfand der Ruhe und des Glücks waren.

Augenblicks-Efeu, flüchtige Wandflora! die farbloseste, die traurigste, die untergeordnetste neben vielen anderen, die das Fenster schmücken oder an der Wand hochklettern können; für mich die liebste seit dem Tag, da sie auf dem Balkon erschienen war wie der tatsächliche Schatten der Gegenwart meiner Freundin, die vielleicht schon auf den Champs-Elysées war und bei meinem Eintreffen sofort sagen würde: »Fangen wir gleich zu spielen an, du bist in meinem Lager«; zerbrechlich, von einem

Windhauch weggeblasen, aber auch in Zusammenhang nicht mit der Jahreszeit, sondern mit der Stunde, Versprechen eines augenblicklichen Glücks, das der Tag verweigert oder vollziehen wird, und so des augenblicklichen Glücks par excellence, des Glücks der Liebe; weicher, wärmer auf dem Stein als selbst das Moos; lebhaft, so daß ihr ein Sonnenstrahl genügt, um geboren zu werden und Freude aufgehen zu lassen, sogar mitten im Winter, wenn jede andere Vegetation verschwunden ist, wenn die schöne grüne Haut, die die Stämme der alten Bäume umgibt, vom Schnee versteckt ist und auf jenem, der den Balkon deckt, die plötzlich erscheinende Sonne Goldfäden ineinanderschlingt und schwarze Reflexe stickt.

*

Dann kommt der Tag, da uns das Leben keine Freuden mehr bringt. Sie werden uns jedoch vom Licht, das sie in sich aufgenommen hat, wieder zurückgegeben, vom Sonnenlicht, das wir mit der Zeit zu etwas Menschlichem gemacht haben und das für uns nichts anderes mehr ist als eine Erinnerung an das Glück; es läßt uns die Freuden im gegenwärtigen Augenblick, da es scheint, und im vergangenen, an den es erinnert, zugleich genießen, oder vielmehr läßt es sie zwischen den beiden Augenblikken, außerhalb der Zeit, wirklich zu immerwährenden Freuden werden. Die Dichter, die einen paradiesischen Ort beschwören möchten, stellen ihn oft deshalb so langweilig dar, weil sie, statt sich anhand ihres eigenen Lebens daran zu erinnern, welche bestimmten Dinge etwas Paradiesisches hatten, den Ort in strahlendes Licht tauchen und unbekannte Düfte wehen lassen. Es gibt für uns nur solche paradiesische Strahlen und Düfte, die unser Gedächtnis einst registriert hat; sie lassen uns die leichte Instrumentierung hören, mit der unsere damalige Empfindungsfähigkeit sie angereichert hat, eine Empfindungsfähigkeit, die uns origineller scheint, heute, da die oft unmerklichen, aber unaufhörlichen Veränderungen unseres Denkens und unserer Nerven uns so sehr von ihr entfernt haben. Nur sie gibt es – und nicht irgendwelche dummen Strahlen und neuen Düfte, die noch nichts vom Leben wissen –, nur sie vermögen uns ein wenig von der einstigen Luft wiederzubringen, die wir nicht mehr atmen werden, nur sie vermögen uns die einzigen wahren Paradiese, die verlorenen Paradiese! nahezubringen. Und vielleicht habe ich vorhin wegen der kleinen, soeben erwähnten »Kinderszene« in den Sonnenstrahlen, die sich auf dem Balkon niedergelassen hatten und auf die diese Szene ihre Seele übertragen hatte, etwas Sonderliches, Melancholisches und Zärtliches gesehen wie in einem Satz von Schumann.

Du côté de chez Swann III, Ed. Pléiade I (1987), S. 389–390.

Die Dorfkirche

Der bewundernswerte Autor des wahren »Génie du Christianisme« – ich meine Maurice Barrès – wird für seinen Aufruf zugunsten der Dorfkirchen jetzt bestimmt ein starkes Echo finden; es ist ja der Augenblick, da viele von uns mit der ihren wieder Kontakt aufnehmen. Und auch für jene, die ihre Ferien nicht an dem Ort verbringen werden, wo sie aufgewachsen sind, wird die Jahreszeit mit ihren Reminiszenzen die Zeit wieder aufleben lassen, da sie sich jedes Jahr am Fuß ihrer Kirche erholten.

Den Turm unserer Kirche erkannte man schon von weitem, er schrieb seine unvergeßliche Gestalt in den Horizont ein. Wenn mein Vater von dem Zug aus, mit dem wir von Paris kamen, ihn erblickte, wie er über alle Furchen des Himmels hinwegflitzte und seinen kleinen eisernen Hahn in alle Richtungen rennen ließ, sagte er zu uns: »Nehmt eure Decken, wir sind bald da.« Und auf einem der größten Spaziergänge, die wir um das Städtchen machten, zeigte er uns an einem Ort, wo der enge Weg in ein riesiges Plateau mündet, in der Entfernung die zarte Spitze unseres Kirchturms, der allein aufragte, aber so dünn war, so rosarot, daß er von einem Fingernagel in den Himmel geritzt schien, in der Absicht, diese Landschaft, dieses reine Natur-Tableau mit einer kleinen Andeutung von Kunst, wenigstens mit einem Hinweis auf das Menschliche zu versehen.

Wenn man näher kam und die Überreste des quadratischen, halb zerstörten Turmes sah, der neben ihm noch stand, war man vor allem vom rötlichen, dunklen Ton des Steins überrascht; und an einem dunstigen Herbstmorgen erschien er über dem gewittrigen Violett der Weinberge wie eine purpurne Ruine, fast in der Farbe des Wilden Weins.

Von dort gesehen war es erst eine freistehende Kirche, Zusammenfassung der Stadt, von der und für die sie aus der Ferne sprach, dann, aus der Nähe, überragte sie in hohem, dunklem Umhang, mitten auf den Feldern dem Wind trotzend, wie eine

Hirtin ihre Schafe, die grauen, wolligen Rücken der versammelten Häuser.

Wie gut konnte ich sie sehen, unsere Kirche! Die Vertraute; in der Straße, wo ihr Hauptportal war, eingeschoben zwischen das Haus, in dem der Apotheker wohnte, und die Lebensmittelhandlung; schlichte Bürgerin unseres Städtchens, die, so schien es, ihre Hausnummer hätte haben können, wenn die Häuser in diesem einfachen Kantonshauptort numeriert gewesen wären, und wo der Briefträger hätte eintreten können, wenn er seine Runde machte, kurz bevor er zum Apotheker ging, nachdem er eben beim Lebensmittelhändler gewesen war – und doch gab es zwischen ihr und allem, was nicht sie war, eine Trennlinie, die ich im Geist einfach nicht überschreiten konnte. Da mochten die Fuchsien des Nachbarn noch lange die schlechte Gewohnheit haben, ihre Stiele gesenkten Kopfes in alle Richtungen laufen zu lassen, während die Blüten, waren sie groß genug, nichts Eiligeres tun konnten, als ihre gedunsenen, violetten Wangen an der dunklen Kirchenfassade zu kühlen, sie wurden dadurch nicht geheiligt, und wenn meine Augen zwischen ihnen und dem geschwärzten Stein, an den sie sich lehnten, keinen Zwischenraum sahen, so schuf mein Geist da einen Abgrund.

Ihr altes Portal, narbig wie ein Schaumlöffel, war verzogen und an den Ecken stark abgeschliffen (ebenso das Weihwasserbecken, zu dem es führte), als hätte die zarte Berührung durch die Umhänge der Bäuerinnen, die in die Kirche kamen, und durch ihre schüchtern ins Weihwasser getauchten Finger nach jahrhundertelanger Wiederholung eine zerstörerische Kraft annehmen, den Stein verbiegen und schrammen können wie das Karrenrad den Grenzstein, gegen den es täglich stößt. Die Grabsteine, unter denen der edle Staub der großen, gebildeten Äbte des Klosters, die hier begraben waren, eine Art spirituelle Pflasterung bildete, waren ihrerseits auch nicht mehr ein regloses, hartes Material, denn die Zeit hatte sie weich gemacht und sie wie Honig aus ihren Vierecken herausfließen, über ihre Eingrenzung in einem goldenen Strom heraustreten lassen, auf dem eine gotische Blumen-Majuskel mitdriftete, während sie andernorts innerhalb ihrer Grenzen geschrumpft waren und die elliptische lateinische Inschrift noch mehr zusammengezogen und so die Anordnung dieser Abkürzungen um eine weitere Laune bereichert hatten, da zwei Buchstaben eines Wortes nun noch näher beisammenstanden; während sich die anderen übermäßig auseinandergezogen hatten.

Das Farbenspiel ihrer Glasfenster war nie so stark wie an den Tagen, da sich die Sonne nicht zeigte, so daß es draußen wohl grau sein mochte, in der Kirche aber mit Sicherheit schönes Wetter war. Ich sehe wieder eines vor mir, das in seiner ganzen Größe von einer einzigen Person besetzt war, einer Art Spielkartenkönig, der dort oben zwischen Himmel und Erde lebte, und ein anderes, auf dem ein Berg aus rosa Schnee, zu dessen Füßen eine Schlacht im Gang war, direkt auf das Glas gefroren schien, auf dem seine wirren Graupen Bläschen warfen wie auf einem Glas, das noch flockige Einschlüsse hätte, Flocken, die aber von einer Morgendämmerung beleuchtet würden (bestimmt von derselben, die den Altaraufsatz in so frischen Tönen rötlich färbte, daß sie eher nur für den Augenblick und von einer flüchtigen Helle dort aufgetragen schienen als in Farben, die für immer am Stein haften); und alle waren so antik, daß man ihr silbernes Alter da und dort im Staub der Jahrhunderte glitzern und das Geflecht ihrer sanften Glas-Tapisserie bis auf den Faden durchscheinen sah. In der Sakristei hingen zwei Hautelisse-Tapisserien mit der Krönung Esthers, denen die Farben im Verfließen einen zusätzlichen Ausdruck, ein zusätzliches Relief und eine zusätzliche Beleuchtung verliehen hatten; ein bißchen Rosarot umschwebte Esthers Lippen jenseits der Zeichnung ihrer Konturen, das Gelb ihres Kleides entfaltete sich so sahnig, so üppig, daß es irgendwie kompakt wurde und sich heftig von der abgetönten Atmosphäre und dem Grün der Bäume abhob, das in den unteren Teilen des seidenen, wollenen Bildes leuchtend geblieben, oben hingegen ausgebleicht war, und es ließ über den dunklen Stämmen die hohen Äste blasser erscheinen, vergilbend, golden und gleichsam halb ausgelöscht von der plötzlichen, schrägen Beleuchtung durch eine unsichtbare Sonne.

All diese alten Dinge hatten für mich die Kirche schließlich zu etwas ganz anderem werden lassen als das übrige Dorf; zu einem Bau, der gewissermaßen in einem vierdimensionalen Raum stand – als vierte Dimension die Zeit – und sein Schiff über die Jahrhunderte hinweg entfaltete, von Joch zu Joch, von Kapelle zu Kapelle nicht nur ein paar Meter hinter sich bringend und niederringend, sondern scheinbar auch aufeinanderfolgende Epochen, aus denen er siegreich hervorging; das rohe, wilde elfte Jahrhundert ließ er in der Dicke seiner Wände verschwinden, wo es, seine schweren Bögen verstopft und blind gemacht durch grobe Blöcke, nur noch in der tiefen Kerbe erschien, die die Turmtreppe neben dem Portal einschnitt, und auch dort war es von anmutigen gotischen Arkaden verstellt, die sich kokett vordrängten, so wie sich große Schwestern lächelnd vor einen ungehobelten, mürrischen, unordentlich gekleideten kleinen Bruder stellen, um ihn vor Fremden zu verstecken; und er hob in den Himmel über dem Platz seinen Turm, der auf Saint-Louis hinuntergeschaut hatte und ihn noch zu sehen schien.

Aus seinen Fenstern, die je zwei und zwei übereinanderlagen – mit jenen richtigen und originellen Proportionen in den Abständen, die nicht nur dem menschlichen Gesicht Schönheit und Würde verleihen –, ließ der Turm von Zeit zu Zeit Schwärme von Krähen fallen, die einen Augenblick krächzend kreisten, als wären die alten Steine, die sie herumtollen ließen, anscheinend ohne sie zu sehen, auf einmal unbewohnbar geworden und hätten die Essenz einer ungeheuren Aufregung abgesondert, womit sie die Krähen heimsuchten und von sich stießen. Dann, nachdem sie auf dem violetten Samt der Abendluft in alle Richtungen Striche gezogen hatten, beruhigten sie sich plötzlich und ließen sich wieder vom Turm einsaugen, der sich von unheilvoll in gnädig zurückverwandelt hatte, saßen da und dort, anscheinend ohne sich zu rühren, vielleicht aber nach Insekten schnappend, auf den Türmchen oben wie Möwen, die sich mit der Reglosigkeit des Fischers auf den Wellenkämmen halten.

Oft, wenn ich auf der Rückkehr vom Spaziergang am Kirchturm vorbeikam und die sanfte Spannung, die inbrünstige Neigung seiner steinernen Hänge betrachtete, die sich immer näher zueinander in die Höhe hoben wie Hände im Gebet, vereinte ich mich so sehr mit dem Überschwang der Turmspitze, daß sich mein Blick mit ihr zusammen in die Höhe schwang; und gleichzeitig lächelte ich den alten, abgenutzten Steinen freundlich zu, die von der untergehenden Sonne nur noch ganz oben beleuchtet waren und die vom Moment an, da sie in diese besonnte

Zone eintraten und vom Licht weich wurden, auf einmal noch viel weiter hinaufgezogen schienen, viel entfernter, wie ein Lied, das »mit Kopfstimme« eine Oktave höher wiederholt wird.

Das andere Portal, auf dieser Seite, war völlig von Efeu überwachsen, und um in diesem Block aus Grünpflanzen eine Kirche zu erkennen, mußte man sich schon anstrengen, was übrigens bewirkte, daß ich die Kirche als Idee noch genauer faßte (wie es bei einer Übersetzung geschehen kann, in der man einen Gedanken um so mehr vertieft, als man ihn aus seiner gewohnten Form löst), um in der Wölbung eines Efeubüschels jene eines Fensters zu erkennen und in einer Ausbuchtung der Pflanzen das Vorspringen eines Kapitells. Dann aber kam ein bißchen Wind; die Blätter brandeten gegeneinander, und die Pflanzenfassade schien fröstelnd die welligen, zärtlich berührten, wegstrebenden Pfeiler zu umarmen.

Es war der Turm unserer Kirche, der allen Beschäftigungen, allen Stunden, allen Ansichten der Stadt die Gestalt, die Krönung, die Weihe verlieh. Aus meinem Zimmer konnte ich nur seinen untersten Teil sehen, der mit Schiefer abgedeckt war; wenn ich ihn aber an einem heißen Sommer-Sonntagmorgen, noch vom Bett aus, glühen sah wie eine schwarze Sonne, sagte ich »Schon neun Uhr!« zu mir, »schnell aufstehen, es ist Zeit für die Messe«; und ich wußte genau, welche Farbe die Sonne auf dem Platz hatte, welchen Schatten die Markise des Ladens dort warf, wußte von der Hitze und dem Staub des Marktes.

Wenn man nach der Messe zum Kirchendiener hineinschaute, um ihm zu sagen, er solle eine größere Brioche bringen als sonst, da Freunde von uns das schöne Wetter ausnützten und zum Frühstück kamen, hatte man den Kirchturm vor sich, der, selbst golden gebacken wie eine noch größere, geweihte Brioche, die Schuppen und Rinnen gummiartig von der Sonne, seine scharfe Spitze in den blauen Himmel stach. Abends hingegen, wenn ich vom Spaziergang zurückkam, war er in der Neige des Tages so sanft, daß er wie ein braunes Samtkissen auf den bleichgewordenen Himmel gelegt und aufgedrückt schien, und der Himmel hatte dem Druck nachgegeben und sich etwas eingebuchtet und war zurückgeflossen, ihm über die Ränder; und die Rufe der Vögel, die um ihn herumflogen, schienen die Stille noch zu vergrößern, seine Spitze noch weiter hinaufzutreiben und ihm etwas Unaussprechliches zu verleihen.

Sogar wenn man hinter der Kirche zu tun hatte, dort, wo man sie gar nicht sah, schien alles auf den da und dort zwischen den Häusern aufragenden Turm hin geordnet, der vielleicht noch ergreifender war, wenn er so ohne Kirche aufschien. Und ja, es gibt manche andere Türme, die auf diese Art gesehen schöner sind, und meine Erinnerung bewahrt Turm-Vignetten auf, die über künstlerisch ganz anders beschaffene Dächer hinaufragen.

Ich werde jene seltsame normannische Stadt und die zwei reizenden Herrschaftshäuser aus dem achtzehnten Jahrhundert nie vergessen, die mir in vielfacher Hinsicht teuer und verehrungswürdig sind und zwischen denen man den gotischen Turm einer Kirche, die sie verstecken, aufragen sieht, schaut man von dem schönen Garten, der von der Außentreppe zum Fluß hinunterführt, auf ihn, wie er ihre Fassaden oben fortzusetzen und abzuschließen scheint, aber auf so andere Art, so kostbar, so geringelt, so rosa, so poliert, daß er ganz offensichtlich genausowenig zu ihnen gehört wie zu schönen, einheitlichen Strandkieseln die zwischen ihnen steckende purpurrote und gezackte Spitze einer zur Turmform gedrehten, emailschimmernden Muschelschale.

Sogar in Paris, in einem der häßlichsten Viertel der Stadt, kenne ich ein Fenster, wo man jenseits eines Vordergrunds aus dem Dächerhaufen mehrerer Straßen eine violette Glocke sieht, die manchmal rötlich, manchmal auch – auf den edleren »Abzügen«, die die Atmosphäre von ihnen herstellt – in einem von Asche freigesiebten Schwarz erscheint und die nichts anderes ist als die Kuppel von Saint-Augustin, die dieser Ansicht von Paris den Charakter gewisser Rom-Veduten von Piranesi verleiht. Doch keine dieser kleinen Gravüren, wie geschmackvoll mein Gedächtnis sie auch ausgeführt haben mochte, beherrscht einen ganzen, tiefen Teil meines Lebens wie die Erinnerung an unseren Kirchturm, an seine Aspekte in den Straßen hinter der Kirche. Sah man ihn um fünf Uhr, wenn man in der Post die Briefe holen ging, einige Häuser weiter vorn zur Linken, wo er plötzlich seinen einsamen Gipfel über die Dachfirste hob; oder sah man ihn, während man weiter weg, bis zum Bahnhof ging, in der Schräge mit Wirbeln und neuen Oberflächen erscheinen wie einen festen Körper, den man in einem unbekannten Moment seiner Umlaufbahn überrascht, er war es doch immer, zu dem man zurückkommen mußte, immer zu ihm, der alles dominierte, der die Häuser mit seiner unerwarteten Zinne um sich scharte, erhoben vor mir wie der Finger Gottes, dessen Leib wohl in der Menge der Menschen verborgen sein mochte, ohne daß ich ihn deswegen mit ihr verwechselte.

Und noch heute, wenn mir in einer großen Provinzstadt oder in einem Viertel von Paris, das ich nicht gut kenne, ein Passant den Weg erklärt und mir in der Entfernung einen Hospital-Wachtturm, einen Kloster-Glockenturm zeigt, der die Spitze seiner kirchlichen Haube an der Straßenecke in die Höhe hebt, wo ich abbiegen muß, kann der Passant, falls er sich umdreht, um festzustellen, ob ich mich nicht verlaufe, zu seinem Erstaunen sehen, wie ich, sobald mein Gedächtnis den Türmen auch nur eine dunkle Ähnlichkeit mit der fernen teuren Gestalt abgewinnt, den begonnenen Spaziergang oder das zu Erledigende vergesse und vor dem Turm stehend mich zu erinnern versuche, während ich in mir Festland spüre, das, dem Vergessen wieder abgerungen, allmählich trocknet und sich konsolidiert; und da werde ich wohl noch ängstlicher als eben, da ich ihn um Auskunft bat, wieder nach dem Weg suchen, ich biege aus einer Straße ab … aber dieses Mal … in meinem Herzen …

Du côté de chez Swann I, 2, Ed. Pléiade (1987), S. 62–66.

Osterferien

Die Romanciers, die nach Tagen und Jahren zählen, sind Dummköpfe. Für eine Uhr mögen die Tage gleich sein, nicht aber für einen Menschen. Es gibt gebirgige, mühsame Tage, die zu überwinden man eine Ewigkeit braucht, und Abhang-Tage, über die man mit vollem Schwung und singend hinunterläuft. Vor allem die etwas nervösen Naturen besitzen, wie Automobile, verschiedene Gänge, um die Tage hinter sich zu bringen.

Dann gibt es Tage außer der Reihe, die, dazwischengeschaltet, aus einer anderen Jahreszeit, einer anderen Gegend der Welt kommen. Man ist in Paris, es ist Winter, und doch hat man im Halbschlaf das Gefühl, da beginne ein sizilianischer Frühlingsmorgen. Dem ersten Rumpeln der Tramway hören wir an, daß sie nicht im Regen verkommt, sondern nach der Bläue aufbricht; unzählige für verschiedene Instrumente subtil komponierte Volksmusik-Themen, vom Horn des Brunnenflickers bis zum Flageolett des Ziegenhirten, leichte Orchestrierung der morgendlichen Aura, eine Art »Ouvertüre zu einem Festtag«. Und beim ersten Sonnenstrahl, der uns erreicht, beginnen wir wie der Memnon-Koloß zu singen. Es braucht nicht einmal einen Wetterumschlag, um in unserer Sensibilität, unserer inneren Musikalität plötzlich eine Änderung der Tonart herbeizuführen. Namen, die Namen von Ländern, die Namen von Städten – gleich jenen wissenschaftlichen Apparaturen, mit denen man Phänomene hervorbringen kann, die in der Natur selten und unregelmäßig auftreten – bringen uns Dunst, Sonne, Gischt.

Oft hebt sich eine ganze Reihe von Tagen, die von außen gesehen nicht anders sind als die anderen, von diesen so deutlich ab wie eine Melodie von einer ganz anderen. Die Ereignisse erzählen heißt die Oper nur über das Libretto vermitteln; schriebe ich jedoch einen Roman, würde ich versuchen, die Musik eines jeden Tages herauszuarbeiten.

Ich erinnere mich, wie in einem Jahr – ich war noch ein Kind –

mein Vater beschloß, wir würden die Osterferien in Florenz verbringen. Ein *Name* ist etwas Großes, ganz etwas anderes als ein *Wort*. Im Lauf eines Lebens werden die Namen allmählich zu Wörtern; wir entdecken, daß es zwischen einer Stadt namens Quimperlé und einer Stadt namens Vannes, zwischen einem Herrn namens Joinville und einem Herrn namens Vallombreuse vielleicht gar nicht so viele Unterschiede gibt wie zwischen ihren Namen. Doch lange zuvor führen uns die Namen irre; die Wörter präsentieren ein klares gewöhnliches kleines Bild von den Dingen, wie jene Bilder, die in der Schule an der Wand hangen, um uns als Exempel für eine Hobelbank, ein Schaf, einen Hut zu dienen, Dinge, die man sich je nach Sorte immer gleich vorstellt. Der Name jedoch macht uns glauben, die Stadt, die er bezeichnet, sei eine Person, und zwischen ihr und jeder anderen sei ein Abgrund.

Das Bild, das er von ihr zeichnet, ist zwangsläufig vereinfacht. Ein Name ist nicht sehr ausgedehnt; viel Raum und Zeit können wir da nicht hineinpferchen; ein einziges Denkmal, und immer um die gleiche Tageszeit gesehen; höchstens, daß mein Florenz-Bild in zwei Abteilungen aufgeteilt war wie jene Bilder von Ghirlandaio, die den gleichen Protagonisten in zwei verschiedenen Momenten der Handlung zeigen; auf dem einen stand ich unter einem Stein-Baldachin und schaute durch einen Vorhang aus schrägem, zunehmendem und geschichtetem Sonnenlicht hindurch auf die Gemälde von Santa Maria dei Fiori; auf dem anderen überquerte ich, um zum Mittagessen zurück zu sein, den ganz mit Osterglocken, Narzissen und Anemonen vollgestellten Ponte Vecchio.

Doch das Bild, das die Namen von den Städten zeichnen, entnehmen sie vor allem sich selbst, ihrem eigenen hellen oder dunklen Klang; und sie tauchen es völlig darin ein; wie auf jenen einfarbig roten oder blauen Plakaten, auf denen die Boote, die Kirche, die Fußgänger, die Straße gleicherweise rot oder blau sind, so scheinen uns die unbedeutendsten Häuser von Vitré vom Schatten seines Accent aigu verdunkelt; und von allen Florentiner Häusern dachte ich, sie müßten duften wie Blütenkelche, vielleicht wegen Santa Maria dei Fiori. Hätte ich auf meine eigenen Gedanken besser achtgegeben, wäre es mir bewußt geworden, daß ich jedesmal, wenn ich mir »nach Florenz fahren«,

»in Florenz sein« sagte, überhaupt nicht eine Stadt sah, sondern etwas so anderes als alles, was ich kannte, etwas so anderes, wie es für eine Menschheit, die ihr ganzes Leben an Winter-Spätnachmittagen verbracht hätte, jenes wunderbare Unbekannte sein könnte: ein Frühlingsmorgen.

Zweifellos ist es eine Aufgabe der Begabten, den Gefühlen, die von der Literatur mit konventionellem Pomp umgeben werden, ihren wahrhaftigen und natürlichen Ausdruck zurückzugeben; in ›L'Annonce faite à Marie‹ von Paul Claudel bewundere ich nicht zuletzt – jene allerdings, die angesichts erhabener Giebelfelder in Verzückung geraten, werden die Feinheit des Vierblatts nicht zu schätzen wissen –, daß die Waldarbeiter am Weihnachtsabend nicht sagen: »Weihnacht, der Erlöser ist da«; sondern: »Kiki, il fait froué« [Brr – ist das eine Kälte]; und als Violaine das Kind wieder zum Leben erweckt hat: »Quoi qui gnia, mon trésor.« [Was greint es denn, mein Schätzchen.] In dem großartigen Werk des Dichters Francis Jammes würde ich noch viele solche Beispiele finden. Umgekehrt aber kann es die Funktion der Literatur sein, in jenen Fällen einen genaueren Ausdruck zu finden, wo wir unsere Gefühle zu dunkel manifestieren, die Gefühle, die uns beherrschen, ohne daß wir uns über sie im klaren wären. Die köstliche Erwartung, die mich im Hinblick auf Florenz erfüllte, drückte ich nur dadurch aus, daß ich meine Toilette ein dutzendmal unterbrach, um mit geschlossenen Beinen herumzuhüpfen und so laut wie möglich ›Le Père la Victoire‹ zu singen; und doch war diese Erwartung nicht ungleich jener von Gläubigen, die sich auf der Schwelle zum Paradies wissen.

Der Winter schien noch einmal zu kommen; mein Vater sagte, die Temperatur sei für den Aufbruch nicht gerade günstig. Es war der Augenblick, da wir in anderen Jahren nach einer kleinen Stadt in der Beauce reisten, zu den sich färbenden Veilchen und den wiederangezündeten Feuern. Doch dieses Jahr hatte die Sehnsucht nach Ferien in Florenz die Erinnerung an die Ferien in der Nähe von Chartres gelöscht. Unsere Aufmerksamkeit ist in jedem Augenblick unseres Lebens viel mehr auf das gerichtet, was wir ersehnen, als auf das, was wirklich vor uns ist. Analysierte man die Reize, die auf die Augen und den Geruchssinn eines Menschen einwirken, der an einem brennendheißen Junitag zum Mittagessen nach Hause geht, so fände man viel weniger den Staub der Straßen, die er durchquert, weniger die blendenden Schilder der Geschäfte, an denen er vorbeikommt, als vielmehr die Gerüche, die ihn jetzt gleich umgeben werden – den Geruch der Obstschale mit Kirschen und Aprikosen, den Geruch des Apfelweins, des Gruyère-Käses – aufgehoben im sahnigen, polierten, durchsichtig-kühlen Helldunkel des Eßzimmers, das die Gerüche durchziehen wie zarte Adern das Innere eines Achats, während die Messerbänke aus prismatischem Glas Regenbogenfragmente flimmern lassen oder da und dort Pfauenfeder-Augen hintupfen. So sah ich Florenz, den Ponte Vecchio in der Sonne und die großen Mengen feilgebotener Blumen vor mir, während ich in einer Kälte, wie sie im Januar nicht geherrscht hatte, über den Boulevard des Italiens ging, wo in der wassergleich flüssig-eiskalten Luft die Kastanien – pünktliche Gäste in vollständiger Aufmachung, unbeirrt vom schlechten Wetter – trotz allem damit begannen, aus eisigen Blöcken das unwiderstehliche Grün herauszurunden und zu feilen, wobei die lebensfeindliche Kälte zwar ungelegen kam, sie aber nicht zu bremsen vermochte.

Zu Hause las ich dann Werke über Florenz, die damals noch nicht aus der Feder Henri Ghéons und Valery Larbauds stammten, denn die N.R.F. ruhte noch für einige Jahre in der Zukunft. Doch war ich von den Büchern weniger ergriffen als von den Reiseführern, und von den Reiseführern weniger als vom Fahrplan. In der Tat war ich ganz verwirrt beim Gedanken, daß dieses Florenz, das ich in meiner Vorstellung so nahe, aber unzugänglich vor mir sah, irgendwie, indirekt, über Umwege, »über den Landweg« erreichbar sein könnte. Ich war außer mir vor Freude, als mein Vater, zwar unter Klagen über das kalte Wetter, den besten Zug zu suchen begann und es mir bewußt wurde, daß wir nach dem Mittagessen nur in die rauchige Höhle, das verglaste Laboratorium des Bahnhofs eindringen und den magischen Wagen, der die Transmutation um uns herum vollziehen würde, besteigen mußten, um am nächsten Morgen am Fuß der Hügel von Fiesole in der Stadt der Lilien zu erwachen: »Also«, fügte mein Vater hinzu, »ihr könntet am 29. in Florenz sein oder sogar schon am Ostermorgen«, womit er dieses Florenz nicht nur aus dem abstrakten Raum, sondern auch aus der imaginären Zeit hervortreten ließ, in der wir nicht nur eine einzige, sondern mehrere simultane Ferienreisen ansiedeln, während er sie einer bestimmten Woche meines Lebens zuordnete (einer mit dem Montag beginnenden Woche), da mir die Wäscherin die weiße Weste bringen sollte, die ich mit Tinte bekleckst hatte, eine gewöhnliche, aber wirkliche Woche, da sie nicht auf doppelte Art Verwendung fand. Und ich fühlte, daß ich anhand der ergreifendsten aller Geometrien auf die Ebene meines Lebens die Kuppeln und Türme der Blumenstadt würde zeichnen müssen.

Und das letzte Stadium der Fröhlichkeit erreichte ich schließlich, als ich meinen Vater sagen hörte: »Abends ist es am Arno-Ufer bestimmt noch kalt, du solltest deinen Winter-Überzieher und das dicke Jackett für alle Fälle mit einpacken.«

Denn erst da hatte ich das Gefühl, daß ich es war, der am Tag vor Ostern in dieser Stadt, wo ich mir lauter Renaissance-Menschen vorstellte, umherspazieren würde, daß ich es war, der Kirchen betreten würde, wo wir beim Anblick der Hintergründe auf den Bildern Fra Angelicos den Eindruck haben, der strahlende Nachmittag sei zusammen mit uns über die Schwelle getreten und habe seinen blauen Himmel in den Schatten und in die Kühle mitgebracht. Da hatte ich, was mir bis dahin unmöglich erschienen war, wirklich das Gefühl, in den Namen »Florenz« einzudringen; durch eine allerhöchste und meine Kräfte übersteigende Gymnastik warf ich die Luft meines gegenwärtigen Zimmers – das schon nicht mehr meines war – wie einen leergewordenen Panzer ab und ersetzte sie durch gleich viele Anteile Florentiner Luft, jene nicht zu benennende, besondere Atmosphäre, wie man sie im Traum einatmet, und die für mich im Namen »Florenz« beschlossen war; ich fühlte, wie sich in mir eine wunderbare Desinkarnation vollzog; dazu kam ein Unbehagen, das man verspürt, wenn man sich eben eine Halsentzündung zugezogen hat; am Abend lag ich mit Fieber im Bett, der Arzt verbot mir zu reisen, und mein Vorhaben wurde zunichte.

Nicht ganz allerdings; denn in der nächsten Fastenzeit war es die Erinnerung daran, die den Tagen ihren Charakter verlieh, sie harmonisch machte. Als ich eines Tages hörte, wie eine Dame sagte: »Ich habe den Pelzmantel wieder anziehen müssen; das

Wetter ist wirklich nicht nach der Jahreszeit, man würde nicht glauben, daß schon so bald Ostern ist; man könnte meinen, wir hätten wieder Winter«, gaben mir diese Worte ganz plötzlich ein Frühlingsgefühl. Da war wieder die Melodie, die ein Jahr zuvor die gleichen Wochen verzaubert hatte, deren Reminiszenz die diesjährigen zu sein schienen; müßte ich ein musikalisches Äquivalent für sie finden, würde ich sagen, daß sie zart, duftend und zerbrechlich war wie das Rekonvaleszenz- und Rosenthema im ›Fervaal‹ von d'Indy.

Die Träume, mit denen wir die Namen ausstatten, bleiben so lange intakt, wie wir diese Namen hermetisch geschlossen halten, solange wir nicht reisen; sobald wir sie auch nur ein wenig öffnen, sobald wir in der Stadt angekommen sind, bricht die erste vorbeifahrende Tramway in sie ein, und diese Erinnerung ist von nun an untrennbar verbunden mit der Fassade von Santa Maria Novella.

Im Vorjahr hatte ich den Verdacht gehabt, daß der Ostertag nicht anders war als die anderen Tage, daß er nicht wußte, daß er Ostern hieß, und im Wind, der wehte, hatte ich eine Weichheit wiederzuerkennen geglaubt, die ich schon einmal gespürt hatte, die unveränderliche Materie, die vertraute Feuchtigkeit, das unwissend Flüssige der alten Tage. Aber ich konnte nicht verhindern, daß die Erinnerung an meine vorjährigen Pläne der Osterwoche etwas Florentinisches und Florenz etwas Österliches verlieh. Die Osterwoche war noch weit weg, doch in der Reihe von Tagen, die sich vor mir erstreckte, hoben sich die heiligen Tage deutlicher ab, ein Strahl fiel auf sie wie auf bestimmte Häuser eines entfernten Dorfes, das man in einem Licht-Schatten-Spiel erblickt; sie zogen das ganze Licht auf sich. Wie die bretonische Stadt, die zu gewissen Zeiten aus dem Abgrund, der sie verschlungen hat, aufsteigt, wurde Florenz für mich wiedergeboren. Alle beklagten sich über das schlechte Wetter und die Kälte. Mich aber in meiner Rekonvaleszenten-Mattigkeit ließ die Sonne, die bestimmt über den Feldern von Fiesole schien, blinzeln und lächeln. Nicht nur die Glocken waren aus Italien zurückgekehrt, sondern Italien selbst. Meinen getreuen Händen fehlte es nicht an Blumen zu Ehren der Reise, die ich nicht unternommen hatte. Denn seit es um die Platanen und Kastanien des Boulevards wieder kalt geworden war, öffneten sich in der eisigen Luft, die sie umgab, wie in einer Schale reinen Wassers die Narzissen, die Osterglocken, die Hyazinthen und die Anemonen des Ponte Vecchio.

Du côté de chez Swann III, Ed. Pléiade I (1987), S. 382–386.

Balbec

Meine Mutter, die mich mit meiner Großmutter nach Balbec schickte und allein in Paris zurückblieb, konnte sich denken, wie verzweifelt ich war, sie verlassen zu müssen; sie beschloß deshalb, uns lange im voraus auf dem Bahnsteig Adieu zu sagen und nicht bis zu dem Augenblick der Abfahrt zu warten, da eine Trennung, die zuvor von Geschäftigkeit und Vorbereitungen verhüllt und noch nicht endgültig besiegelt ist, auf einmal, wenn sie nicht mehr zu vermeiden ist, unerträglich scheint, ganz konzentriert in einem ungeheuren Moment höchster, ohnmächtiger Klarsicht. Sie kam mit uns zum Bahnhof, zu dem tragischen und zauberhaften Ort, wo man die Hoffnung, gleich wieder nach Hause gehen zu können, aufgeben muß, wo sich aber auch ein Wunder ereignen sollte, durch das die Orte, an denen ich bald leben würde, genau die wären, die bisher nur in meinem Kopf existiert hatten. Übrigens machte es den Anblick von Balbec nicht weniger begehrenswert, daß man ihn um den Preis eines Leidens erkaufen mußte, das im Gegenteil die Wirklichkeit des kommenden Erlebens symbolisierte, ein Erleben, das durch kein gleichwertiges Schauspiel, durch keine stereoskopische Ansicht – die mich nicht daran gehindert hätten, daheim zu schlafen – ersetzt werden konnte. Ich fühlte schon, daß die Liebenden und die Vergnügten nicht dieselben sind und daß die Sache, welche immer sie war, die ich lieben würde, stets am Ende einer schmerzhaften Suche stehen werde, bei der ich mein Vergnügen diesem höchsten Gut opfern müsse, statt es darin zu suchen.

Bestimmt würde man heute diese Reise im Automobil machen und dabei meinen, so sei sie angenehmer und echter, weil man die verschiedenen Abstufungen, in denen sich die Erdoberfläche verändert, näher verfolgen kann. Aber das besondere Vergnügen am Reisen besteht nicht darin, daß man unterwegs aussteigen und Rast machen kann, wenn man müde ist, sondern darin, daß man den Unterschied zwischen Abreise und Ankunft nicht etwa so unmerklich, sondern so tiefgreifend wie möglich macht, daß man ihn ganz und unangetastet bewahrt, so wie er in uns drinnen war, als unsere Phantasie uns von dem Ort, wo wir lebten, mitten in den ersehnten Ort trug, in einem Sprung, der uns nicht deshalb zauberhaft schien, weil er eine Distanz zurücklegte, sondern weil er zwei verschiedene Individualitäten der Erde verband, weil er uns von einem Namen zu einem anderen führte; ein Unterschied, schematisiert durch jene geheimnisvolle Operation (besser als durch einen wirklichen Spaziergang, bei dem man ankommen kann, wo man will, und es deshalb keine richtige Ankunft gibt), die an den besonderen Orten vollzogen wird, an den Bahnhöfen, die kaum zur Stadt gehören und ihre Persönlichkeit doch wesentlich enthalten, so wie sie auch auf einer Aufschrift ihren Namen tragen, verrauchte Laboratorien, stinkende Höhlen, wo man aber des Mysteriums teilhaftig wird, große verglaste Werkstätten, wie jene, die ich an dem Tag betrat, um den Zug nach Balbec zu suchen, und die über der ausgeweideten Stadt einen jener riesigen, rohen und tragischen Himmel entfaltete, ähnlich den beinahe pariserisch-modernen Himmeln Mantegnas oder Veroneses, unter denen sich nur ein schrecklicher und feierlicher Akt vollziehen konnte, wie eine Abreise im Zug oder die Aufrichtung des Kreuzes.

Wie wir erfuhren, war die Kirche von Balbec in Balbec-le-vieux, ziemlich weit von Balbec-plage entfernt, wo wir wohnen sollten. Wir machten aus, daß ich sie allein besichtigen würde. Ich würde dann meine Großmutter in dem kleinen Vorortzug treffen, der nach Balbec-plage fuhr, und mit ihr zusammen im Hotel ankommen.

Das Meer, von dem ich gedacht hatte, es strecke sich zu Füßen der Kirche aus, war mehr als fünf Meilen entfernt, und der Turm neben der Kuppel, den ich mir – weil ich gelesen hatte, er selbst sei eine schroffe normannische Klippe, wo sich Körner ansammelten, wo Vögel kreisten – immer so vorgestellt hatte, daß seine Basis von der Gischt hoher Wellen besprüht war, stand auf einem Platz, auf dem sich zwei Tramway-Linien kreuzten, einem Café gegenüber, das in goldenen Lettern die Aufschrift »Billard« trug, und vor einem Hintergrund aus Häusern, zwischen deren Schornsteinen kein einziger Mast zu sehen war. Und die Kirche – die zusammen mit dem Café, dem Fußgänger, den ich nach dem Weg fragte, dem Bahnhof, wohin ich zurückgehen würde, in meine Aufmerksamkeit eindrang – war eins mit allem übrigen, schien ein Zufall, ein Produkt dieses Spätnachmittags, an dem ihre weiche, aufgeblasene Kuppel vor dem Himmel wie eine Frucht schien, deren Haut im selben Licht, in das die Schornsteine der Häuser getaucht waren, schmelzend und rosa-golden reifte. Ich aber wollte nur noch an die ewige Bedeutung der Skulpturen denken, als ich die Apostel erkannte, deren Abgüsse ich im Musée du Trocadéro gesehen hatte und die mich beidseits der Jungfrau vor der tiefen Portalöffnung erwarteten, als wollten sie mir die Honneurs machen. Die Miene sanft und wohlmeinend, den Rücken gekrümmt, schienen sie mit einer Willkommensgeste vorzutreten und ein Halleluja zu singen auf den schönen Tag. Doch dann sah man, daß ihr Ausdruck unveränderlich war und nur anders wurde, wenn man den Standort wechselte, so wie wenn man um einen toten Hund herumgeht. Und ich sagte mir: »Hier ist es, das ist die Kirche von Balbec. Dieser Ort, der offenbar von seinem Ruhm weiß, ist der einzige, der die Kirche von Balbec besitzt. Was ich bis jetzt gesehen habe, waren Photographien dieser Kirche und in einem Museum Abgüsse von diesen so berühmten Aposteln und der Jungfrau am Portal. Das hier ist jetzt die Kirche selbst, ist die Statue selbst, sie sind es, die einzigartigen: das ist sehr viel mehr.«

Vielleicht war es auch weniger. Wie ein junger Mann, der am Examen oder beim Duell das Datum, nach dem man ihn fragt, oder die Kugel, die er abschießt, eine Kleinigkeit findet im Verhältnis zu den Reserven an Wissen oder an Mut, die er unter Beweis stellen wollte, so war mein Vorstellungsvermögen, das die Statue der Jungfrau außerhalb der verfügbaren Reproduktionen und unerreichbar für die Zufälle, von denen jene bedroht waren, stehen sah – intakt, wenn man jene zerriß oder zerbrach, ideal, von universaler Gültigkeit –, so war es jetzt erstaunt, die Statue, die es schon so viele Male geformt hatte, auf ihre eigene steinerne Erscheinung reduziert zu finden, die bezogen auf meine Reichweite einen Platz einnahm, wo sie ein Wahlplakat und die Spitze meines Stocks als Rivalen hatte, an den Domplatz gefesselt, nicht zu trennen von der Mündung der Hauptstraße, ausgesetzt den Blicken des Cafés und des Omnibus-Büros, beleuchtet von der Hälfte eines Strahls der untergehenden Sonne – und bald, in ein paar Stunden, von der Gaslaterne –, wobei die Niederlassung des Comptoir d'Escompte die andere Hälfte erhielt und beide zur gleichen Zeit von den Gerüchen aus der Küche der Konditorei erreicht wurden, unterworfen der Tyrannei des Partikulären, so sehr, daß sie, die berühmte Jungfrau, die ich bis dahin mit allgemeiner Existenz und unberührbarer Schönheit versehen hatte, sie, die Jungfrau von Balbec, die einzigartige (was leider auch bedeutete: die einzige) – daß sie, hätte ich meinen Namen auf diesen Stein schreiben wollen, mit ihrem ebenso wie die Nachbarhäuser rußbeschmutzten Körper allen ihren herbeigereisten Bewunderern die Spur meiner Kreide und der Buchstaben meines Namens gezeigt und nicht abzuschütteln vermocht hätte, und sie nun war es, das unsterbliche, langersehnte Kunstwerk, das ich auf diese Art verwandelt fand, zusammen mit der Kirche selbst, verwandelt in eine kleine Alte aus Stein, deren Höhe ich ausmessen und deren Runzeln ich zählen konnte. Es war Zeit, ich mußte zum Bahnhof zurückgehen. Ich schrieb meine Enttäuschung den besonderen Umständen zu, meiner schlechten Gestimmtheit, meiner Müdigkeit, meiner Unfähigkeit, richtig zu schauen, und versuchte mich mit dem Gedanken zu trösten, daß es für mich intakte Städte noch gab, daß ich vielleicht bald wie durch einen Perlenvorhang durch das frische Tröpfeln von Quimperlé gehen würde, durch den grünlich-rosa Widerschein, in den Pont-Aven getaucht war; sobald ich aber Balbec betreten hatte, schien es, als hätte ich einen Namen geöffnet, der hermetisch geschlossen bleiben müßte, und als hätten eine Tramway, ein Café, Leute auf dem Platz, die Zweigstelle des Comptoir d'Escompte den Eingang benützt, den ich ihnen unvorsichtigerweise geboten hatte, und die Bilder verjagt, die darin wohnten, und als hätten sie sich – unwiderstehlich gestoßen von einem äußeren Druck, einer pneumatischen Kraft – in die Silben hineingedrängt, die sich wieder geschlossen und ihnen erlaubt hätten, das Portal der persischen Kirche zu umrahmen, und die sie von nun an enthielten.

Ich traf meine Großmutter in dem Vorortzug. Meine Enttäuschung beschäftigte mich immer weniger, je näher der Ort rückte, an den sich mein Körper würde gewöhnen müssen. Mit einem letzten Gedanken versuchte ich mir den Direktor des Hotels von Balbec vorzustellen, für den ich noch nicht existierte und dem ich mich in einer vornehmeren Gesellschaft hätte präsentieren wollen als in der meiner Großmutter, die von ihm bestimmt eine Ermäßigung verlangen würde. Seine – wenn auch erst vage umrissene – Überheblichkeit schien mir gewiß. Wir waren noch nicht in Balbec-plage; das Bähnchen hielt bei allen vorangehenden Stationen, deren Namen (Criqueville, Equemauville, Couliville) mir an sich fremd vorkamen, während sie, läse man sie in einem Buch, einen gewissen Zusammenhang mit den Namen bestimmter Orte in der Nähe von Combray hätten. Aber für das Ohr eines Musikers mögen zwei Motive, die zum Teil mit den gleichen Noten komponiert sind, überhaupt nicht ähnlich sein, wenn sie harmonisch anders gefärbt und anders orchestriert sind. Und genausowenig ließen mich diese tristen Namen aus Sand, aus zu leerem, durchwehtem Raum, an Roussainville, an Martinville denken, an diese Namen, die ich so oft bei Tisch, im »Speisezimmer«, von meiner Großtante hatte nennen hören und die sich deshalb einen dunklen Charme zugelegt hatten, in den vielleicht Extrakte von Marmeladengeschmack, vom Geruch des Holzfeuers und des Papiers eines Buches von Bergotte, von der Sandsteinfarbe des gegenüberliegenden Hauses hineingemischt waren, Namen, die noch heute, wenn sie vom Grund meiner Erinnerung wie Gasbläschen aufsteigen, ihre Eigenart bewahren, inmitten übereinandergelagerter Schichten ganz anderer Umgebungen, die sie durchqueren müssen, um an die Oberfläche zu gelangen.

Es waren – oben auf ihrer Düne das Meer überragend oder schon bereit für die Nacht am Fuß grellgrüner Hügel von unfreundlicher Form, wie die des Kanapees in einem Hotelzimmer, in dem man eben ankommt, bestehend aus einigen Villen, zu denen noch ein Tennisplatz oder da und dort ein Kasino kam, auf dem die Fahne flatterte im stärker werdenden, hohlen, angstvollen Wind – kleine Badeorte, die mir das Gewohnte von außen zeigten, Tennisspieler mit weißer Mütze, den Bahnhofsvorsteher, der da zwischen seinen Tamarisken und Rosen wohnte, eine Dame auf der alltäglichen Spur eines mir auf immer verborgenen Lebens, die ihren Windhund rief und in ihr Chalet zurückkehrte, wo die Lampe schon angezündet war,

Orte, die mit diesen seltsam gewöhnlichen und abweisend vertrauten Bildern meine unerkannten Blicke und mein befremdetes Herz grausam verletzten. Wie sehr aber verschlimmerte sich mein Leiden, als wir in der Halle des Grandhotels von Balbec angekommen waren, vor der Monumentaltreppe aus künstlichem Marmor, und meine Großmutter, unbekümmert darum, daß sie die Feindseligkeit und Verachtung der Fremden, unter denen wir jetzt leben sollten, noch verstärkte, über die »Bedingungen« diskutierte mit dem Direktor, einem Fettwanst im Smoking, Gesicht und Stimme voller Narben, die auf dem einen durch das Ausdrücken zahlreicher Pickel verursacht waren, auf der anderen durch verschiedene Akzente, die ihren Ursprung in der Ferne und in einer kosmopolitischen Kindheit hatten. Während ich auf einer Sitzbank wartend meine Großmutter mit einer künstlichen Betonung sagen hörte: »Und ... Ihre Preise? ... Oh! viel zu hoch für mein beschränktes Budget«, flüchtete ich ganz tief in mich hinein, versuchte in ewiggültige Gedanken zu emigrieren, nichts von mir zurückzulassen, nichts Lebendiges an der Oberfläche meines fühllos gewordenen Körpers, wie ein verletztes Tier, das sich aus Hemmung totstellt, um nicht zu sehr zu leiden an diesem Ort, wo ich meinen völligen Mangel an Angewöhnung noch mehr zu spüren bekam durch den Anblick einer Dame, die durchaus eingelebt schien und der der Direktor seine Ehre bezeigte, indem er sich bei ihrem Hündchen anbiederte, durch den jungen Stutzer, der, eine Feder am Hut, pfeifend eintrat und seine Post verlangte, durch all die Leute, für die es ein Nachhausekommen war, wenn sie über den falschen Marmor der Haupttreppe nach oben schritten.

Meine Großmutter ging Besorgungen machen, ich entschloß mich, hinaufzugehen und sie in unseren Zimmern zu erwarten; der Direktor kam persönlich und drückte auf einen Knopf: und ein mir noch Unbekannter, der »Lift« hieß (und der an dem höchsten Punkt des Hotels, dort, wo in einer normannischen Kirche das Oberlicht wäre, wie ein Photograph in seinem Glasverschlag saß, oder eher wie ein Organist auf seiner Empore), kam heruntergefahren, wie ein zahmes Eichhörnchen, beweglich, gefangen und eifrig. Dann glitt er erneut eine Säule entlang und zog mich in die Höhe, zu der Kuppel des kommerziellen Kirchenschiffs. Um die Todesangst zu überwinden, die ich beim schweigenden Hinauffahren durch das poesielose Helldunkel empfand, das nur durch eine vertikale Reihe von Glasvierecken beleuchtet war, dem einzigen Water-Closet auf jedem Stock, redete ich den jungen Organisten an, den Bewerkstelliger meiner Reise und Gefährten in meiner Gefangenschaft, der nach wie vor die Register seines Instruments zog und die Pfeifen betätigte. Ich entschuldigte mich dafür, daß ich soviel Platz einnahm, daß ich ihm soviel Mühe machte, und ich fragte ihn, ob ich ihn bei der Ausübung seiner Kunst nicht behindere, für die ich, um dem Virtuosen zu schmeicheln, nicht nur Neugier zeigte, sondern meine Vorliebe eingestand. Aber er antwortete mir nicht, sei es aus Erstaunen über meine Worte, Aufmerksamkeit für seine Arbeit, Einhaltung der Etikette, Unzulänglichkeit seines Gehörs, Respekt vor dem Ort, Angst vor der Gefahr, Trägheit des Geistes oder auf Anweisung des Direktors.

Vielleicht vermittelt einem nichts so sehr den Eindruck der Wirklichkeit des Außen – der Objektivität des Lebens –, als der Positionswechsel, den eine – auch unbedeutende – Person uns gegenüber vollzieht, wenn wir sie kennenlernen. Ich war derselbe Mensch, der am Spätnachmittag das Bähnchen nach Balbec genommen hatte, ich trug noch dieselbe Seele in mir. In dieser Seele aber, da, wo um sechs Uhr die Unmöglichkeit, mir den Direktor, das Hotel, das Personal vorzustellen, und eine vage, ängstliche Erwartung des Ankunftsmoments gewesen waren, an dieser selben Stelle befanden sich nun die ausgedrückten Pikkel im Gesicht des Direktors, die Geste, mit der er nach dem Lift klingelte, der Lift selbst, ein ganzer Fries von Personen, Kasperlefiguren ähnlich, dieser Pandorabüchse entschlüpft, unleugbar, unverrückbar und unfruchtbar wie jede vollendete Tatsache, die mir aber durch diese Veränderung, mit der ich nichts zu tun hatte, wenigstens bewiesen, daß etwas außerhalb von mir Liegendes geschehen war – etwas Unbedeutendes übrigens; ich war wie der Reisende, der zu Beginn die Sonne vor sich hat und dann feststellt, daß die Zeit vergangen ist, da er sie hinter sich sieht. Ich war gerädert vor Müdigkeit, ich hatte Fieber, ich hätte zu Bett gehen wollen, hatte aber nichts bei mir, was es dazu brauchte. Wenigstens hätte ich mich einen Augenblick auf dem Bett ausstrecken mögen, aber wozu auch, wenn ich diesem Gesamt von Empfindungen, wie es unser bewußter – wenn nicht materieller – Körper ist, doch keine Ruhe hätte verschaffen können, und wenn doch die unbekannten Gegenstände, die ihn umgaben und ihn zwangen, seine Wahrnehmungen in ständige Verteidigungsbereitschaft zu versetzen, meine Blicke, mein Gehör, alle meine Sinne (auch wenn ich die Beine ausgestreckt hätte) in einer ebenso zusammengepferchten und unbequemen Stellung gehalten hätten wie den Kardinal La Balue in dem Käfig, in dem er weder sitzen noch stehen konnte. Die Aufmerksamkeit stellt Gegenstände in ein Zimmer, die Gewohnheit nimmt sie dort weg und macht uns Platz. Für mich war kein Platz in meinem Zimmer in Balbec, das nur dem Namen nach meines war, denn es war voll von Dingen, die mich nicht kannten, mich ebenso mißtrauisch betrachteten wie ich sie und nichts auf meine Existenz gaben, während sie mir zeigten, daß ich den gewohnten Gang der ihren störte. Die Pendüle – die meine zu Hause hörte ich in der Woche nur während weniger Sekunden, nämlich höchstens dann, wenn ich aus einer tiefen Versunkenheit auftauchte – fuhr die ganze Zeit fort, in einer fremden Sprache Dinge zu sagen, die für mich nicht schmeichelhaft sein konnten, denn die großen violetten Vorhänge hörten ihr zu, schweigend zwar, aber in der Haltung von Leuten, die mit den Schultern zucken, um zu zeigen, daß ihnen der Anblick eines Dritten lästig ist. Mich quälte die Gegenwart kleiner Büchervitrinen, die an den Wänden entlangliefen, und vor allem eines großen Ständerspiegels, der quer im Raum stand und der entfernt werden mußte, sonst gab es, wie ich fühlte, keine Entspannung für mich. Ich hob fortwährend die Augen – die in Paris durch die Gegenstände in meinem Zimmer nicht stärker eingeschränkt waren als durch ihre eigenen Pupillen, war doch die Einrichtung nur noch ein Anhängsel meiner Organe, eine Ausweitung meiner selbst – zu der überhohen Decke dieses engen Belvedere zuoberst im Hotel, das meine Großmutter für mich gewählt hatte; und ganz innen, in jener intimeren Gegend als der, wo wir sehen und hören, in jener Gegend, in der wir die Eigenschaft der Gerüche spüren, fast schon im Innersten meines Ich stieß der Geruch von Vetiver gegen meine letzte Verschanzung vor, was ich nicht ohne Anstrengung mit einem nutzlosen und ununterbrochen alarmierten Hochziehen der Nase erwiderte. Ich hatte keine Welt, kein Zimmer mehr und nur noch einen Körper, der von Feinden umzingelt, bis ins Mark von Fieber übermannt war, ich war allein, ich wollte sterben. Da kam meine Großmutter herein; und sogleich eröffneten sich meinem zurückgedrängten Herzen unendliche Räume.

Wenn ich mit meiner Großmutter zusammen war, konnte ich sicher sein, daß noch mein größter Kummer von einem viel umfassenderen Mitleid aufgefangen würde; daß alles zu mir Gehörende, meine Sorgen, mein Wollen dort abgestützt würden durch den Wunsch, mein eigenes Leben zu erhalten und zu fördern, einen Wunsch, der sehr viel stärker war als ich selbst ihn haben konnte; und meine Gedanken verlängerten sich in ihr, ohne abgelenkt zu werden, denn sie gingen ohne Änderung des Mediums, der Person von meinem Geist in den ihren über. Und wie jemand, der vor dem Spiegel seine Krawatte binden will und nicht merkt, daß das Stück, das er sieht, von ihm aus gesehen nicht auf der Seite ist, wo er hingreift, oder wie ein Hund, der den tanzenden Schatten eines Insekts am Boden verfolgt, getäuscht durch die Erscheinung der Körper, wie man es ist in einer Welt, in der man die Seelen nicht direkt erblickt, warf ich mich ihr in die Arme und hielt die Lippen an ihre Wangen, als hätte ich mir auf diese Art einen Zugang zu dem übergroßen Herzen verschafft, das sie mir öffnete. Wenn ich so meine Lippen an ihre Wangen, an ihre Stirn preßte, schöpfte ich daraus etwas so Wohltuendes, so Nährendes, daß ich wie ein saugendes Kind war, reglos, ernst und schweigend gierig. Und danach betrachtete ich unermüdlich ihr großes Gesicht, das wie eine schöne glühende stille Wolke konturiert war, hinter der, so fühlte man, die Zärtlichkeit strahlte. »Denk vor allem daran«, sagte sie, »an die Wand zu klopfen, wenn du in der Nacht etwas brauchst, mein Bett ist gleich neben dem deinen, und die Wand ist sehr dünn. Probiere es aus, sobald du im Bett bist, damit wir sehen, ob wir uns verständigen können.«

Und an jenem Abend gab ich wirklich drei Klopfzeichen – die ich eine Woche später, als ich krank war, während einiger Tage jeden Morgen wiederholte, denn meine Großmutter wollte mir in der Frühe Milch bringen. Wenn ich also zu hören meinte, daß sie wach war – damit sie nicht warten mußte und sich gleich danach wieder schlafen legen konnte –, wagte ich drei kleine Klopfzeichen, schüchtern, schwach, aber immerhin hörbar, denn wenn ich auch fürchtete, meine Großmutter zu wecken, falls ich mich getäuscht und sie noch geschlafen hätte, so hätte ich doch nicht gewollt, daß sie gespannt auf einen Ruf wartete, den sie beim ersten Mal nicht gehört und den ich nicht zu wiederholen gewagt hätte. Und kaum hatte ich meine Klopfzeichen gegeben, hörte ich drei andere, anders intonierte, geprägt von ruhiger Autorität, zweimal wiederholt der größeren Klarheit halber, und die besagten: »Sei nicht nervös, ich habe es gehört; ich bin gleich bei dir«; und bald war meine Großmutter da. Ich sagte, ich hätte befürchtet, sie würde es nicht hören oder denken, ein Nachbar habe geklopft; sie lachte: »Die Klopfzeichen meines armen Schatzes mit anderen verwechseln! aber seine Großmutter würde sie doch unter tausend erkennen! Meinst du, es gebe auf der Welt noch andere, die so tolpatschig sind, so fiebrig, so zerrissen zwischen der Angst, mich zu wecken, und der Angst, nicht verstanden zu werden? Und wenn sich mein Mäuschen mit einem Kratzen begnügte, man würde es doch sogleich erkennen, vor allem, wenn es so einzigartig und so zu bedauern ist wie das meine. Ich hörte schon eine Weile, wie es zögerte, sich im Bett hin und her wälzte, sein ganzes Repertoire durchnahm.«

Sie öffnete die Fensterläden einen Spaltbreit; beim Anbau des Hotels, der wegragte, hatte die Sonne schon ihren Platz auf dem Dach eingenommen wie ein Dachdecker, der die Arbeit frühzeitig beginnt und still erledigt, um die Stadt nicht zu wecken, die noch schläft und in ihrer Reglosigkeit ihn um so beweglicher erscheinen läßt. Meine Großmutter sagte mir, wieviel Uhr es war, wonach das Wetter aussah, daß ich gar nicht ans Fenster zu gehen brauchte, daß über dem Meer Nebel lag, ob die Bäckerei schon geöffnet war: den ganzen nebensächlichen »Introitus« des Tages, an dem niemand teilnimmt, ein kleines Stück Leben, das nur uns beiden gehörte; sanfter morgendlicher Augenblick, der wie eine Symphonie mit dem rhythmischen Dialog meiner drei Klopfzeichen begann, den die von Zärtlichkeit und Freude durchdrungene Wand, harmonisch, immateriell, wie Engel singend, ihrerseits mit sehnlichst erwarteten, zweimal wiederholten drei Schlägen beantwortete, in denen sie die ganze Seele meiner Großmutter und das Versprechen ihres Kommens mitschwingen ließ, in Verkündigungsfreude und musikalischer Treue. Doch nachdem mich meine Großmutter an jenem ersten

Abend verlassen hatte, begann ich erneut zu leiden, so wie ich schon in Paris gelitten hatte, als ich begriff, daß meine Abreise nach Balbec ein Abschied von meinem Zimmer war. Mein Schrecken darüber – den so viele andere auch haben –, daß ich in einem unbekannten Zimmer schlafen mußte, ein solcher Schrecken ist vielleicht nur die bescheidenere, dunkle, organische, fast unbewußte Form jenes großen verzweifelten Widerstands, den die Dinge, die das beste an unserem gegenwärtigen Leben sind, dagegen leisten, daß wir im Geist die Formel einer Zukunft akzeptieren, in der sie nicht mehr vorhanden sind; Widerstand am Grund des Entsetzens, das mich beim Gedanken überkam, daß meine Eltern eines Tages sterben würden, daß mich meine Lebensumstände zwingen könnten, fern von Gilberte zu leben oder auch einfach in einem Land zu wohnen, wo ich meine Freunde nie mehr sehen könnte; Widerstand, in dem auch die Schwierigkeit begründet war, die ich mit dem Gedanken an meinen eigenen Tod hatte oder mit einem Weiterleben, wie es Bergotte in seinen Büchern den Menschen versprach und wohin ich meine Erinnerungen, meine Fehler, meinen Charakter nicht mitnehmen konnte, all das, was sich mit dem Gedanken, nicht mehr zu sein, nicht abfinden konnte und für mich weder das Nichts wollte noch eine Ewigkeit, in der es nicht mehr existierte.

Als mir Swann eines Tages, da ich besonders leidend war, in Paris gesagt hatte: »Sie sollten zu jenen entzückenden Inseln Ozeaniens reisen. Sie werden sehen, von da kommen Sie nicht mehr zurück«, hätte ich antworten wollen: »Aber dann sehe ich ja Ihre Tochter nie mehr, ich lebe dann unter Leuten und Dingen, die sie nie gesehen hat.« Und doch sagte mir meine Vernunft: »Was macht das schon aus, wenn es dir doch gar nicht schwerfiele? Wenn Monsieur Swann sagt, daß du nicht zurückkommen werdest, meint er, daß du das nicht wollen wirst, und wenn du es nicht willst, heißt das, daß du dort glücklich bist.« Denn meine Vernunft wußte, daß die Gewohnheit – die Gewohnheit, die es jetzt unternehmen würde, mir dieses unbekannte Logis schmackhaft zu machen, den Spiegel zu verschieben, die Tönung der Vorhänge zu verändern, die Pendüle anzuhalten – es auch auf sich nimmt, uns die Gefährten ans Herz zu legen, die uns zuerst mißfallen haben, den Gesichtern eine andere Form zu geben, den Klang einer Stimme sympathisch zu machen, die Zuneigungen zu verändern. Gewiß, neue Freundschaften mit Orten und Leuten haben als Hintergrund das Vergessen der einstigen; doch eben, meine Vernunft dachte, ich könne ohne Schrecken ein Leben in Aussicht nehmen, in dem ich auf immer von bestimmten Menschen getrennt wäre und mich nicht mehr an sie erinnerte, und sie versprach meinem Herzen im Sinn eines Trostes das Vergessen, wodurch es aber in seiner Verzweiflung noch mehr aufgewühlt wurde. Zwar ist es nicht so, daß nicht auch unser Herz die schmerzstillende Wirkung der Gewohnheit spüren wird, wenn die Trennung vollzogen ist; bis dahin aber wird es leiden. Und die Angst vor einer Zukunft, da uns der Anblick und die Gesellschaft derer, die wir lieben – heute unsere größte Freude – entzogen sein wird, diese Angst vergrößert sich noch, statt sich aufzulösen, wenn wir bedenken, daß zu dem Schmerz über einen solchen Entzug etwas kommen wird, das uns jetzt noch grausamer scheint: ihn nicht als Schmerz zu empfinden, ihn nicht mehr zu beachten; denn da hätte sich unser Ich verändert, da wäre es nicht nur so, daß die Aura unserer Eltern, unserer Geliebten, unserer Freunde nicht mehr um uns ist; unsere Zuneigung zu ihnen wäre so völlig aus unserem Herzen getilgt – aus dem Herzen, zu dem sie heute doch so wesentlich gehört –, daß uns dieses von ihnen getrennte Leben gefallen könnte, während uns heute der Gedanke daran mit Entsetzen erfüllt; das wäre also ein wirklicher Tod unserer selbst, ein Tod allerdings, dem eine Auferstehung folgt, aber zu einem anderen Ich, zu dem sich die zum Sterben bestimmten Teile des alten Ich nicht in Liebe zu erheben vermögen. Diese Teile sind es, und wenn sie auch ganz schwach sind – und wenn es nur die obskure Anhänglichkeit an die Dimensionen, die Atmosphäre eines Zimmers ist –, die erschrecken und sich in Rebellionen verweigern, die nur die heimliche, teilweise, greifbare und echte Form des Widerstands gegen den Tod sind, des langen, verzweifelten, täglichen Widerstands gegen den fragmentarischen, schrittweisen Tod, wie er sich in die ganze Dauer unseres Lebens einfügt, von uns Fetzen unserer selbst ablöst, worauf sich dann, wenn diese absterben, neue Zellen bilden. Und bei einer nervösen Natur wie der meinen, das heißt bei jemandem, bei dem das Vermittelnde, nämlich das Nervensystem, seine Funktion nicht erfüllt, also nichts aufhält, sondern im Gegenteil zuläßt, daß die Klage der unbedeutendsten dem Verschwinden geweihten Elemente des Ich deutlich, erschöpfend, vielfach und schmerzlich zu uns gelangt, war der ängstliche Aufruhr, in dem ich mich unter dieser zu hohen, unbekannten Decke befand, nur die Beteuerung einer in mir weiterlebenden Freundschaft für eine niedrige und vertraute Decke. Zweifellos würde diese Freundschaft verschwinden, durch eine andere ersetzt werden (da hätten dann der Tod und ein neues Leben unter dem Namen Gewohnheit ihr doppeltes Werk ausgeführt); bis zu ihrer Aufhebung jedoch würde sie leiden, und vor allem an diesem ersten Abend, da sie mit einer bereits realisierten Zukunft konfrontiert war, in der es für sie keinen Platz gab, begehrte sie auf, quälte mich jedesmal mit Klagegeschrei, wenn sich mein Blick nicht abwenden konnte von dem, was ihn verletzte, sondern versuchte, die unzugängliche Decke zu erreichen.

Aber am nächsten Morgen! welche Freude, schon an die Annehmlichkeiten des Frühstücks und des Spaziergangs zu denken und dabei im Fenster und im Glas der Bücherregale wie in den Bullaugen einer Schiffskabine das nackte, schattenlose Meer zu sehen, dessen Weite zu einer Hälfte, begrenzt durch eine dünne bewegliche Linie, dennoch im Schatten lag, und mit den Augen den Wellen zu folgen, die sich einander nachwarfen wie von einem Sprungbrett. In der Hand das steife, gestärkte Handtuch, auf dem der Name des Hotels stand und mit dem ich mich vergeblich abzutrocknen versuchte, ging ich immer wieder zum Fenster zurück, um noch einen Blick auf dieses riesige, blendende und gebirgige Rund zu werfen, auf die Schneegipfel dieser Smaragdwellen, die, hier und da poliert und durchsichtig, mit gelassener Gewalt und löwenhaftem Gekräusel den Einsturz und das Wegfallen ihrer Abhänge, denen die Sonne ein gesichtsloses Lächeln verlieh, sich vollziehen ließen. Zu dem Fenster, an das ich mich dann jeden Morgen stellen sollte, so wie man beim Erwachen aus einer Postkutsche hinausschaut, um zu sehen, ob in der Nacht eine angestrebte Bergkette näher oder weiter weg gerückt ist – hier die Hügel des Meers, die, bevor sie tänzelnd zu uns zurückkommen, sich so weit zurückziehen können, daß ich erst jenseits einer langen, sandigen Ebene in großer Entfernung ihr Wogen sah, in einer durchsichtigen, dunstig-blauen Weite wie die Gletscher im Hintergrund spätmittelalterlicher toskanischer Gemälde. Andere Male lachte die Sonne ganz in meiner Nähe auf so zartgrüne Wellen herunter, wie es die Alpwiesen (in jenen Bergen, wo sich die Sonne da und dort ausbreitet, einem Riesen ähnlich, der in fröhlichen, ungleichen Sprüngen die Hänge hinunterhüpft) weniger der Feuchtigkeit des Bodens als der flüssigen Beweglichkeit des Lichts verdanken. Das Licht ist es übrigens, das in dieser Bresche, die Strand und Wasser mitten durch die übrige Welt schlagen, um es zu sammeln und durchzulassen, das Licht ist es vor allem, das je nach seiner Richtung, der unser Auge folgt, das Hügelland des Meers anlegt und verschiebt. Die wechselnde Beleuchtung verändert die Ausrichtung eines Ortes nicht weniger, stellt uns nicht weniger neue Ziele hin – und macht uns Lust, sie zu erreichen – als eine lange und tatsächlich ausgeführte Reise. Wenn das Licht morgens von hinten kam und bis zu den ersten Ausläufern des Meers beleuchtete Strände vor mir ausbreitete, schien es mir einen anderen Hang zu zeigen und mich auf dem gewundenen Weg seiner Strahlen zu einer reglosen, abwechslungsreichen Reise einzuladen, zu den schönsten Orten im Hügelland der Stunden. Und schon an diesem ersten Morgen zeigte mir die Sonne mit lächelndem Finger in der Ferne jene blauen Gipfel des Meers, die auf keiner geographischen Karte einen Namen haben – bis sie sich, berauscht von ihrem erhabenen Spaziergang auf der schallenden, chaotischen Oberfläche jener Grate und Lawinen, vor dem Wind in mein Zimmer flüchtete, sich auf dem ungemachten Bett behaglich niederließ, ihre Reichtümer ins nasse Lavabo, in den offenen Koffer abperlte, wo sie gerade durch ihren Glanz, ihren deplazierten Luxus zum Eindruck von Unordnung beitrug. Ach, aber eine Stunde später im großen Speisesaal – als wir zu Mittag aßen und aus einer Zitrone wie aus einer ledernen Feldflasche ein paar goldene Tropfen auf zwei Seezungen verteilten, die bald darauf in unseren Tellern den Bausch ihrer Gräten zurückließen, geschwungen wie Federn und tönend wie eine Zither –, fand es meine Großmutter unerträglich, den belebenden Hauch des Meerwinds nicht zu spüren, denn da war der durchsichtige, aber geschlossene Fensterflügel, der uns vom Strand trennte, auch wenn er den Blick darauf völlig freigab, und durch den der Himmel so vollständig hereindrang, daß sein

Blau die Farbe der Fenster und seine weißen Wolken Fehler im Glas zu sein schienen. Ich redete mir ein, ich säße »auf der Mole« oder ganz innen im »Boudoir«, und fragte mich, ob Baudelaires »über dem Meer strahlende Sonne« – anders als der Strahl am Abend, der einfach und oberflächlich ist wie ein goldener, zitternder Strich – nicht die war, die in diesem Augenblick auf ein Topaz-Meer herunterbrannte, es gären, blond und trüb werden ließ wie Bier, schaumig wie Milch, während zuweilen große blaue Schatten da und dort umgingen, gleichsam verschoben von einem Riesen, der im Himmel einen Spiegel bewegte. Meine Großmutter jedoch ertrug den Gedanken nicht, daß mir die Wohltat frischer Luft auch nur für eine Stunde entging, sie öffnete heimlich einen Fensterflügel und ließ damit Speisekarten, Zeitungen, die Schleier und Mützen sämtlicher Essenden davonfliegen; sie selbst, unterstützt von dem himmlischen Hauch, blieb heiter und gelassen, eine heilige Unschuld inmitten der Beschimpfungen, die mich noch isolierter und trauriger werden ließen und in die alle Touristen einstimmten, verächtlich, zerzaust und wütend.

Zu einem gewissen Teil setzten sie sich – was in Balbec der sonst nur reichen und kosmopolitischen Gästeschaft eines solchen Luxushotels einen ziemlich betonten regionalen Charakter verlieh – aus herausragenden Persönlichkeiten der wichtigsten Départements in diesem Teil Frankreichs zusammen, einem Gerichtspräsidenten von Caen, einem Präsidenten der Anwaltskammer von Cherbourg, einem Obernotar von Mans, die sich zur Ferienzeit von allen Punkten, wo sie als Einzelschützen oder wie Figuren im Damespiel verstreut waren, in diesem Hotel zusammenscharten. Sie hatten hier immer dieselben Zimmer und bildeten, gemeinsam mit ihren Frauen, die aristokratische Ambitionen hatten, ein Grüppchen, zu dem sich noch ein großer Advokat und ein großer Arzt aus Paris gesellten, die am Abreisetag sagten: »Ach ja! Sie nehmen nicht den gleichen Zug wie wir, Sie sind ja bevorzugt, Sie sind schon zum Mittagessen zu Hause.« »Was heißt bevorzugt? Sie, die in der Hauptstadt wohnen, in Paris, der Großstadt, während ich einen armseligen Hauptort von hunderttausend Seelen bewohne, also, ja, zweihunderttausend bei der letzten Volkszählung; aber was ist das schon im Vergleich, bei Ihnen sind es ja zwei Millionen fünfhunderttausend.«

Sie sagten es mit bäuerisch gerolltem r und ohne Bitterkeit, denn sie waren die Leuchten ihrer Provinzen und hätten wie andere nach Paris kommen können – dem Gerichtspräsidenten von Caen war mehrmals eine Position am Kassationsgericht angeboten worden –, hatten es aber vorgezogen, an Ort und Stelle zu bleiben, aus Liebe zu ihrer Stadt, aus Bescheidenheit, aus Ruhmsucht, oder weil sie reaktionär waren oder wegen der Annehmlichkeit nachbarschaftlicher Beziehungen zu den Schlössern. Übrigens fuhren nicht alle gleich in ihre Hauptorte zurück.

Denn die Bucht von Balbec bildete mitten in der großen Welt eine kleine Welt für sich, einen Korb mit den Jahreszeiten, in dem die verschiedenen Tage und die aufeinanderfolgenden Monate im Kreis versammelt waren, so daß man auf den Dächern von Rivebelle, wenn man es ausmachen konnte, was ein Gewitter ankündigte, die Sonne sah, während es in Balbec dunkel war, daß man aber auch, wenn die Kälte Balbec erreicht hatte, sicher sein konnte, an jenem anderen Ufer noch zwei, drei Monate lang Wärme zu finden; und so ließen die Habitués des Hotels, deren Ferien spät begannen oder lange dauerten, ihre Koffer auf eine Barke laden, wenn Regen und Nebel und der Herbst kamen, und fuhren hinüber, um in Costedor oder Rivebelle den Sommer wiederzufinden. Dieses ganze Hotelgrüppchen von Balbec beäugte jeden Neuankömmling mißtrauisch und fragte, trotz geheucheltem Desinteresse, seinen Freund, den Maître d'Hôtel, über ihn aus. Denn es war immer derselbe – Aimé –, der jedes Jahr für die Saison kam und ihnen die Tische freihielt; und die Gattinnen, die wußten, daß seine Frau ein Kind erwartete, arbeiteten nach dem Essen alle an einem Stück der Aussteuer, während sie meine Großmutter und mich durch ihre Lorgnetten musterten, weil wir zum Salat harte Eier aßen, was als unfein galt und was man in der guten Gesellschaft von Nantes nicht tat. Sie mimten verächtliche Ironie für einen Franzosen, den man Majestät nannte, weil er in der Tat sich selbst zum König eines Inselchens in Ozeanien ausgerufen hatte, das nur von ein paar Wilden bewohnt war. Er war mit seiner hübschen Geliebten im Hotel, der, wenn sie baden ging, die Bengel »Es lebe die Königin« zuriefen, weil sie ihnen Fünfzig-Centimes-Stücke hinwarf. Der Gerichtspräsident und der Präsident der Anwaltskammer wollten die »Verkleideten« nicht einmal zur Kenntnis nehmen und erklärten, es sei zum »Davonlaufen aus Frankreich«.

An den Tagen, da wir mit Madame de Villeparisis eine große Spazierfahrt unternehmen sollten, mußte ich auf Anordnung des Arztes bis zum Mittagessen im Bett bleiben und wegen des zu grellen Lichts die violetten Vorhänge, die am ersten Abend mir gegenüber so feindselig gewesen waren, so lange wie möglich zugezogen lassen. Da sie aber trotz den Nadeln, mit denen Françoise sie jeden Abend aneinander festmachte, damit kein Licht hereinkam, und die nur sie wieder herausnehmen konnte, trotz den da und dort zusammengesuchten Decken und Stoffen, trotz der Tischdecke aus roter Kretonne, mit denen sich Françoise auch noch behalf, nicht ganz lückenlos geschlossen werden konnten, streuten sie eine Art scharlachroter Blütenblätter, wie von Anemonen, auf den Teppich, und ich mußte einfach einen Augenblick mit nackten Füßen darauftreten. Und an der gegenüberliegenden, zum Teil beleuchteten Wand war ein vertikaler Zylinder, der auf nichts stand und der sich langsam verschob wie die Feuersäule, die in der Wüste den Juden vorangegangen war. Ich legte mich wieder hin; da ich reglos, nur in der Phantasie, die Vergnügungen des Vormittags – und auch gleich alle miteinander – genießen mußte: das Spielen, das Baden, das Spazierengehen, ließ die Freude mein Herz laut klopfen wie eine voll aufgedrehte, aber auf der Stelle stehende Maschine, deren Geschwindigkeit sich im Leerlauf entlädt. Manchmal war es die Stunde der Flut. Hoch oben in meinem Aussichtsturm hörte ich das Geräusch der Wellen, sachte Brandung, betont durch die Rufe der Badenden, der Zeitungsverkäufer, der spielenden Kinder und durch die Schreie von Meervögeln. Um zehn Uhr brach mit einemmal das Symphoniekonzert unter meinen Fenstern los. Während der Pausen im Spiel der Instrumente nahm stetig gehalten das wischende Wassergeräusch den Bogen auf, eine Welle schien die Passagen der Geige in ihre Kristallschnecke zu wickeln und ihren Schaum über die aussetzenden Echos einer Unterwassermusik heraufzuspritzen. In der Bresche aus Stille, die sich für einen Augenblick auseinanderkräuselte, zwischen den Bogen kleiner Wellen mit azurfarbenem Rankenwerk, erhob sich die Musik erneut, wie die lautespielenden Engel am schaumig-blauen Portal der italienischen Kathedrale. Ich wollte nachschauen, ob Françoise kam, um die Vorhänge auseinanderzunehmen und mir meine Sachen zu bringen – denn es war bald Essenszeit –, und so lief ich zum Zimmer meiner Großmutter. Es ging nicht direkt auf den Strand wie das meine, sondern öffnete sich nach drei verschiedenen Seiten: nach einer Ecke des Deichs, nach dem Land und nach einem kleinen Hof mit vier maurisch weißen Wänden, über denen, eingeschlossen in das Viereck, der Himmel mit seinen weichen, gleitenden, übereinanderliegenden Wogen sichtbar war, wie ein Schwimmbecken auf einer Terrasse. Das Zimmer meiner Großmutter war anders möbliert als das meine, mit Fauteuils, die mit metallischem Filigran und rosa Blumen bestickt waren, aus denen der angenehm frische Duft zu strömen schien, der einem beim Eintreten entgegenwehte. Und zu dieser Stunde, da Strahlen, die von anderen Belichtungen und gewissermaßen von anderen Stunden herkamen, die Ecken der Wand brachen, die Form des Zimmers veränderten, neben einen Widerschein vom Strand einen feldblumenbunten Altaraufsatz auf die Kommode stellten, an die Wand die eingezogenen, zitternden und lauen Flügel einer Helligkeit hängten, die bald wieder davonfliegen würde, ein Viereck des provinziellen Teppichs wie ein Bad aufheizten, dort, vor dem Fenster auf den kleinen Hof, den die Sonne mit Festons versah wie einen Weinberg, – da Strahlen zu dem Zauber und der Komplexität der Ausstattung noch beitrugen, indem sie die geblümte Seide der Fauteuils zu entblättern und ihre Posamenten abzulösen schienen, war dieses Zimmer, durch das ich ging, kurz bevor ich mich für die Spazierfahrt anzog, wie ein Prisma, in dem sich die Farben des Lichts brachen, wie eine Wabe, in der die Säfte des Tages, die ich bald aufnehmen sollte, voneinander getrennt waren, vereinzelt, berauschend und sichtbar, wie ein Garten der Hoffnung, der sich in einem Vibrieren von Silberstrahlen und Rosenblättern auflöste. Ich ging in mein Zimmer zurück: Françoise kam herein, um mir Licht zu machen, und ich reckte mich in die Höhe, um zu sehen, wie das Meer war, das an dem Morgen am Ufer spielte wie eine Nereide. Denn keines dieser Meere blieb länger als einen Tag. Am nächsten sah ich ein anderes, das ihm vielleicht ähnlich war. Aber ich sah nie zweimal dasselbe.

Es gab solche, die so schön waren, daß meine Freude bei ihrem Anblick noch durch die Überraschung gesteigert wurde, wie bei einem Wunder. Dank welchem Privileg – warum gerade an einem bestimmten Morgen und nicht an einem anderen – enthüllte das aufgehende Fenster meinen betörten Augen die Nymphe Glaukonome, von lässiger Schönheit, träge atmend, durchsichtig wie ein dunstiger Smaragd, durch den ich die faßbaren Elemente heranschwimmen sah, die ihn färbten? Sie ließ die Sonne mit einem Lächeln spielen, das durch einen unsichtbaren Dunst ermattet wirkte, durch eine Leere eigentlich, die um ihre durchscheinende Oberfläche eingeräumt war, wodurch sie verkürzter und eindringlicher wurde, wie die Göttinnen, die der Bildhauer aus dem Block herausschlägt, während er diesen nicht weiter bearbeiten mag. So, in ihrer einmaligen Farbe, lud sie uns zur Spazierfahrt auf den einfachen Landwegen ein, wo wir von Madame de Villeparisis' Kutsche aus den ganzen Tag und ohne sie je zu erreichen die Frische ihres weichen Schwappens sehen würden. Bei anderen Malen hingegen gab es keinen so großen Gegensatz zwischen einer ländlichen Spazierfahrt und jenem unerreichbaren Ziel, jener flüssigen und mythologischen Nachbarschaft. Denn an manchen Tagen schien das Meer selbst ländlich, und die Hitze hatte einen Weg daraufgezeichnet, staubigweiß wie zwischen Feldern, an dessen Ende die zarte Spitze eines Fischerboots aufragte wie der Kirchturm eines Dorfes. Ein Schlepper, von dem man nur den Schlot sah, qualmte in der Ferne wie eine abgelegene Fabrik, während am Horizont ein gewölbtes weißes Viereck, bestimmt ein Segel, das aber kompakt und kalkig wirkte, an die besonnte Ecke eines für sich stehenden Gebäudes gemahnte, eines Spitals oder einer Schule. Und wenn sich Wolken und Wind zur Sonne fügten, machten sie nicht gerade den Irrtum, aber immerhin die Täuschung des ersten Blicks vollkommen, das, was er der Phantasie eingibt. Denn der Wechsel zwischen deutlich anders gefärbten Flächen, wie er auf dem Land aus dem Nebeneinander verschiedener Bepflanzungen entsteht, der Bereich des Lichts oder des Schattens, der alles vereinheitlichte, was in ihm lag, und jegliche Abgrenzung zwischen Meer und Himmel aufhob, denn sie waren einander angeglichen, und das zögernde Auge ließ sie immer wieder aufeinander treten, die rauhen gelben, gleichsam schlammigen Unebenheiten der Meeresoberfläche, die Erhebungen, die Vertiefungen, die dem

Blick die Barke entzogen, auf der rührige Matrosen zu ernten schienen – das alles machte an gewittrigen Tagen aus dem Ozean etwas so Abwechslungsreiches, so Konsistentes, so Hügeliges, so Bevölkertes, so Geordnetes wie die befahrbare Erde, von der aus wir, im Wagen von Madame de Villeparisis, ihn betrachten würden.

Manchmal war aber auch, und das wochenlang – in diesem Balbec, nach dem ich mich so gesehnt hatte, weil ich es mir nur sturmgepeitscht und im Nebel verloren vorstellte –, das schöne Wetter so strahlend und so beständig, daß ich immer, wenn Françoise das Fenster öffnen kam, sicher sein konnte, an der Ecke der Außenwand die gleiche geknickte Sonnenfläche zu finden, die, eintönig gefärbt, nicht mehr ergreifend war wie eine Offenbarung des Sommers, sondern trostlos wie unbewegtes, künstliches Email. Und während Françoise die Nadeln herauszog, die Stoffe vom Oberlicht wegnahm, die Vorhänge aufmachte, enthüllte sie einen Sommertag, der so tot und so unvordenklich war wie eine prachtvolle uralte Mumie, die unsere betagte Dienerin vorsichtig aus allen ihren Binden gewickelt hätte, um sie dann erscheinen zu lassen, einbalsamiert in ihrem goldenen Gewand.

Madame de Villeparisis nahm uns im Wagen mit. Wenn wir zwischen bebauten Feldern einen Weg hinauffuhren, sah ich manchmal – was die Felder wirklicher werden, sie bis in die Vergangenheit zurückreichen ließ – ein paar zögernde Kornblumen unserem Wagen den Hang hinauf folgen, so wie jene in Combray. Bald hatten unsere Pferde sie zurückgelassen, doch nach wenigen Schritten erblickten wir noch eine, die auf uns wartete und vor uns im Gras ihren blauen Stern angesteckt hatte; andere waren so mutig und stellten sich sogar am Wegrand auf, und es entstand ein ganzer Astralnebel aus meinen fernen Erinnerungen und den zahmen Blumen.

Wir fuhren die Küste wieder hinunter und kreuzten dabei einige jener Geschöpfe, die zu Fuß, auf dem Fahrrad, im Karren oder im Wagen heraufkamen, Blumen des schönen Tages, die aber nicht wie die Blumen des Feldes sind – denn jede hat etwas in sich, das in keiner anderen ist und es also unmöglich macht, daß wir die Sehnsucht, die sie in uns weckt, mit einer anderen befriedigen –, ein Bauernmädchen, das ihre Kuh vor sich her trieb oder auf einem Karren zurücklehnte, oder die Tochter eines Ladenbesitzers auf ihrem Spaziergang oder ein elegantes Fräulein auf dem Klappsitz des Landauers, ihren Eltern gegenüber. Zweifellos hatte Bloch wie ein großer Wissenschaftler oder ein Religionsstifter für mich eine neue Ära eröffnet und Glück und Leben neu gewertet an dem Tag, da er mir erklärt hatte, daß die Träume, die ich auf meinen einsamen Spaziergängen nach Méséglise hegte, als ich mir wünschte, ein Bauernmädchen käme mir entgegen und ich nähme sie in die Arme, nicht Hirngespinste waren, denen nichts Äußeres entsprach, sondern daß alle Mädchen, denen man begegnete, Mägde oder Fräulein, kaum an etwas anderes dachten als ans Liebemachen. Und wenn ich jetzt, da ich leidend war und nicht allein ausging, es vielleicht nie mit ihnen tun würde, so war ich doch glücklich wie ein Kind, das in einem Gefängnis oder einem Spital geboren wird und lange glaubt, der menschliche Organismus könne nur trockenes Brot und Medikamente verdauen, und dann auf einmal erfährt, daß die Pfirsiche, die Aprikosen, die Trauben nicht nur eine Verzierung der Landschaft sind, sondern köstliche und assimilierbare Nahrung. Auch wenn ihm sein Gefängniswärter oder Krankenpfleger nicht erlaubt, die schönen Früchte zu pflücken, erscheint ihm die Welt doch besser und das Leben gnädiger. Denn eine Sehnsucht erscheint uns schöner, wir lehnen uns vertrauensvoller an sie an, wenn wir wissen, daß ihr außerhalb von uns die Realität entspricht, auch wenn sie für uns nicht realisierbar ist. Und wir denken mit mehr Freude an ein Leben, das sie zu stillen vermag, an ein Leben, in dem wir – vorausgesetzt, wir entfernen für einen Augenblick aus unserem Denken das zufällige, spezifische kleine Hindernis, das uns persönlich hemmt – uns selbst bei ihrer Befriedigung vorstellen können. Von dem Tag an, da ich wußte, daß man die Wangen der schönen Passantinnen küssen konnte, war ich auf ihre Seele neugierig geworden. Und die Welt schien mir interessanter.

Madame de Villeparisis' Wagen fuhr schnell. Kaum hatte ich Zeit, das Mädchen zu sehen, das uns entgegenkam; und doch – da die Schönheit von Menschen nicht jener von Dingen entspricht und wir fühlen, daß sie zu einem einmaligen, bewußten, wollenden Wesen gehört –, kaum zeichnete sich die Individualität des näher kommenden Mädchens, unbestimmte Seele, mir unbekannter Wille, in einem sagenhaft reduzierten, embryonären, aber vollständigen Bildchen hinten in meinem zerstreuten Blick ab, spürte ich sogleich – o geheimnisvolle Antwort des Pollens, der für den Fruchtknoten bereit ist –, wie ein ebenso unbestimmter, winziger und ebenso vollständiger Embryo in mir vorschnellte, der Embryo des Wunsches, dieses Mädchen nicht vorbeizulassen, bevor ihr Denken mich registrierte, bevor ich verhindert hätte, daß sie an einen anderen dachte, bevor ich mich in ihren Träumen und ihrem Herzen festgesetzt hätte. Unterdessen fuhr unser Wagen immer weiter, das schöne Mädchen war schon hinter uns, und da sie von mir nicht einen der Begriffe hatte, die eine Person ausmachen, hatten mich ihre Augen kaum gesehen und schon wieder vergessen.

War sie mir wegen der schnellen Vorbeifahrt so schön vorgekommen? Wenn ich hätte aussteigen können, wäre ich dann aus dem Konzept gebracht worden durch irgendeinen Fehler ihrer Haut, den ich vom Wagen aus nicht gesehen hatte? Vielleicht hätte mir ein einziges Wort von ihr, ein Lächeln den Schlüssel für den Ausdruck ihres Gesichts und ihres Gangs geliefert, die dann gleich banal geworden wären? Das ist möglich, denn ich hatte in meinem Leben nie so viele begehrenswerte Mädchen gesehen wie an den Tagen, da ich mit irgendeiner ernsthaften Persönlichkeit zusammen war und nicht loskommen konnte, trotz den unzähligen Vorwänden, die ich erfand. Inzwischen sagte ich mir, daß die Welt schön ist, wenn sie auf den Landwegen solch einmalige und doch auch gewöhnliche Blumen wachsen läßt, flüchtige Schätze des Tages, Glücksfälle der Spazierfahrt, von denen ich nur wegen zufälliger, aber sich vielleicht nicht immer wiederholender Umstände nicht profitieren konnte und die dem Leben einen neuen Geschmack verleihen.

Doch mit der Hoffnung, daß ich eines Tages freier sein würde und auf anderen Straßen ähnliche Begegnungen haben könnte, hatte ich vielleicht schon begonnen, das rein Individuelle in der Sehnsucht nach dem Leben mit einer hübschen Frau zu belügen, und hatte damit, daß ich es für möglich erachtete, diese Sehnsucht künstlich herbeizuführen, implizit zugegeben, daß sie illusorisch ist.

Madame de Villeparisis nahm uns einmal nach Carqueville mit, wo sich eine efeubewachsene Kirche befand, von der sie uns erzählt hatte. Auf einer Anhöhe stehend, überragte sie das Dorf, den Fluß, der da hindurchfloß und seine kleine mittelalterliche Brücke noch hatte. Meine Großmutter dachte sich, daß ich die Kirche gern allein anschauen würde, und schlug Madame de Villeparisis vor, zum Nachmittagskaffee in die Konditorei zu gehen, auf dem Platz, den man von da deutlich sehen konnte und der unter seiner goldenen Patina wie ein anderer Teil eines ganzen, antiken Gegenstands war. Es wurde ausgemacht, daß ich sie dort wieder treffen würde. Um in diesem Block aus Grünpflanzen, vor dem man mich stehenließ, eine Kirche zu erkennen, mußte man sich schon anstrengen, was bewirkte, daß ich die Kirche als Idee genauer faßte; wie Schüler, die den Sinn eines Satzes vollständiger begreifen, wenn sie bei einer Übersetzung gezwungen sind, ihn aus den gewohnten Formen herauszulösen, so mußte ich auf diese Vorstellung von einer Kirche, die ich sonst angesichts von Kirchtürmen nicht brauchte, weil sie sich ja selber zu erkennen gaben, fortwährend zurückgreifen, um nicht zu vergessen, daß hier die Wölbung eines Efeubüschels einem Spitzbogenfenster, dort die Ausbuchtung der Blätter dem Relief eines Kapitells zu verdanken war. Dann aber kam ein bißchen Wind, ließ das bewegliche Portal erzittern, über das Wirbel liefen wie Helligkeit und sich vibrierend ausbreiteten; die Blätter brandeten gegeneinander; und fröstelnd zog die Pflanzenfassade die welligen, zärtlich berührten, wegstrebenden Pfeiler mit sich.

Als ich von der Kirche wegging, sah ich bei der alten Brücke die Dorfmädchen, die sich, weil es Sonntag war, herausgeputzt hatten und die zu den vorbeigehenden Jungen hinüberriefen. Eine große, weniger gut angezogen als die anderen, die sie aber aus irgendeinem Grund zu dominieren schien – sie antwortete kaum, wenn sie etwas zu ihr sagten –, offenbar ernsthafter und willensstärker, saß schräg auf dem Brückengeländer, ließ die Beine baumeln und hatte einen kleinen Eimer voller Fische vor sich stehen, die sie wohl eben gefangen hatte. Sie hatte einen bräunlichen Teint, sanfte Augen, die aber für die Dinge um sie herum nur einen verächtlichen Blick übrig hatten, und vor allem eine kleine, feine und charmant geformte Nase. Meine Blicke hefteten sich an ihre Haut, und meine Lippen mochten zur Not glauben, sie seien ihnen gefolgt. Aber nicht bloß ihren Körper wollte ich erreichen, sondern auch die Person, die in ihm lebte und mit der es nur eine Berührung gibt, nämlich wenn man ihre Aufmerksamkeit weckt, und nur ein Eindringen, nämlich wenn man dort eine Vorstellung hervorruft.

Und diese innere Person der schönen Fischerin schien mir noch verschlossen, ich zweifelte, ob ich bei ihr eingetreten war, auch nachdem ich mein eigenes Bild kurz im Spiegel ihres Blicks hatte aufblitzen sehen, nach einem Brechungsindex, der mir so unbekannt war, wie wenn ich mich ins Gesichtsfeld einer Hirschkuh gestellt hätte. Aber so wie es mir nicht genügt hätte, daß meine Lippen an den ihren Lust empfänden, sondern sie sollten auch Lust machen, so hätte ich gewollt, daß die Vorstellung von mir, die in ihr war, die sich dort festsetzen würde, mir nicht nur Beachtung gewähre, sondern auch ihre Bewunderung, ihr Verlangen, und daß sie mich in der Erinnerung bewahre bis zu dem Tag, da ich wieder zu ihr kommen könnte. Indessen erblickte ich wenige Schritte vor mir den Platz, wo mich der Wagen von Madame de Villeparisis erwartete. Ich hatte nur noch einen Augenblick Zeit; und schon merkte ich, wie die Mädchen zu lachen begannen, weil ich so dastand. Ich hatte fünf Francs in der Tasche. Ich nahm sie heraus, und bevor ich dem schönen Mädchen die Besorgung erklärte, die ich ihr aufgeben wollte, hielt ich ihr, damit sie mich wenigstens anhörte, das Geldstück unter die Nase: »Sie sind ja offensichtlich von hier«, sagte ich zu der Fischerin, »wären Sie deshalb wohl so freundlich, eine Kleinigkeit für mich zu erledigen! Es handelt sich darum, zu einer Konditorei zu gehen, die sich anscheinend auf einem Platz befindet, aber ich weiß nicht wo, und dort wartet ein Wagen auf mich. Moment! ... Um sicher zu gehen, fragen Sie bitte nach dem Wagen der Marquise de Villeparisis. Aber Sie werden ihn schon sehen, es ist einer mit zwei Pferden.«

Das war es, was sie wissen sollte, damit ich eine großartige Figur machte. Als ich aber die Wörter »Marquise« und »zwei Pferde« ausgesprochen hatte, wurde es in mir auf einmal ganz ruhig. Ich spürte, daß sie sich an mich erinnern würde und daß nicht nur mein Entsetzen darüber, daß ich sie nicht wieder treffen könnte, sondern gleichzeitig auch ein Teil meines Verlangens danach sich verlor. Es schien mir, ich hätte ihre Person mit unsichtbaren Lippen berührt, und ich hätte ihr gefallen. Und dieses gewaltsame Eindringen in ihren Geist, dieses immaterielle Besitzen hatte ihr ebensoviel von ihrem Geheimnis genommen, wie es beim physischen Besitzen der Fall ist.

Wir fuhren über eine Straße zurück, die durch den Wald verlief. Die Unsichtbarkeit der zahllosen Vögel, die in den Bäumen ganz in unserer Nähe einander antworteten, rief die gleiche Entspannung hervor, wie wenn man die Augen geschlossen hält. Angekettet an meinen Klappsitz wie Prometheus an seinen Felsen, lauschte ich meinen Ozeaniden. Und wenn ich zufällig einen der Vögel von einem Blatt zum andern wechseln sah, war zwischen ihm und diesem Gesang scheinbar so wenig Zusammenhang, daß ich in dem hüpfenden, staunenden, blicklosen kleinen Körper nicht den Grund dafür zu erkennen meinte. Die Straße glich vielen anderen dieser Art, wie sie in Frankreich vorkommen, mit recht steiler Steigung, dann über eine ziemliche Länge hinunterführend. Im Augenblick fand ich sie nicht besonders reizvoll, ich war einfach froh, nach Hause zu fahren. Später aber wurde sie für mich zur Ursache von Freuden, denn sie blieb mir als Ausgangspunkt im Gedächtnis, von dem alle ähnlichen Straßen, die ich später auf einem Spaziergang oder einer Reise nähme, ganz unmittelbar ausgehen würden und unmittelbar mit meinem Herzen in Verbindung treten könnten. Sobald nämlich der Wagen oder das Automobil in eine der Straßen einbiegen würde, die wie die Fortsetzung jener schiene, auf der ich mit Madame de Villeparisis fuhr, würden sich meinem Bewußtsein statt meiner jüngsten Vergangenheit die Eindrücke unterlegen, die ich an jenen Spätnachmittagen hatte (die dazwischenliegenden Jahre wären aufgehoben), auf den Spazierfahrten um Balbec, als die Blätter dufteten, als sich der Nebel über dem nächsten Dorf erhob und man zwischen den Bäumen hindurch den Sonnenuntergang sah, als wäre er eine nächste waldumgebene ferne Ortschaft, die man nicht am selben Abend erreicht. Verbunden mit den Eindrücken, die ich jetzt in einem anderen Land, auf einer ähnlichen Straße empfand, zu denen zusätzliche Empfindungen kamen wie freies Atmen, Neugier, Trägheit, Appetit, Fröhlichkeit, die zu ihnen gehörten, während sie alle anderen ausschlossen, würden sich dann jene Eindrücke verstärken, nähmen die Konsistenz eines bestimmten Typus von Vergnügen an, ja, fast einer Lebensform, die zu erreichen ich übrigens nur selten Gelegenheit hatte, in der aber das Erwachen der

Erinnerung einen so großen Anteil an heraufbeschworener, erträumter, unwiederbringlicher Wirklichkeit mitten in die materiell vorhandene Realität verlegte, daß ich in den Gegenden, die ich durchfuhr, nicht nur ein ästhetisches Empfinden, sondern auch den flüchtigen, aber erregten Wunsch hatte, für immer dort zu leben.

An den Abenden, bevor ich mit Saint-Loup im Restaurant von Rivebelle essen ging, kehrte ich zeitig ins Hotel zurück. Auf jeder Etage kündete ein goldener Widerschein auf dem Teppich vom Sonnenuntergang und von den Toilettenfenstern. Im obersten Stock ging ich nicht gleich in mein Zimmer, sondern weiter den Korridor entlang, denn um diese Zeit hatte der Kammerdiener, der zwar den Durchzug scheute, das Korridorfenster geöffnet, das auf den Hügel und das Tal hinausging, sie aber nie zeigte, denn seine undurchsichtigen Glasscheiben waren zumeist geschlossen. Ich blieb davor stehen, für einen kurzen Halt, während dem ich der »Aussicht« meine Ehre bezeigte, da sie jenseits des Hügels, an den sich das Hotel anlehnte, für einmal sichtbar war, wobei nur ein einziges Haus in einiger Entfernung darin stand, das in dieser Perspektive und im Abendlicht sein ganzes Volumen zwar beibehielt, aber kostbar ziseliert und in einem Sammetschrein erschien wie die Miniaturbauten, kleiner Tempel oder kleine Kapelle aus Gold und Email, die als Reliquiare dienen und die an seltenen Tagen ausgestellt werden, zur Verehrung durch die Gläubigen. Doch dieser Moment der Anbetung hatte schon zu lange gedauert, der Kammerdiener, der in einer Hand einen Schlüsselbund hielt und mit der anderen sein Sakristanenkäppchen grüßend berührte, es aber wegen der kalten, reinen Abendluft nicht hob, kam und schloß die beiden Flügel des Fensters wie die eines Altaraufsatzes und entzog das Miniatur-Monument und die goldene Reliquie meiner Verehrung. Ich ging in mein Zimmer. Der Anblick eines Schiffs, das sich wie ein Reisender in der Nacht entfernte, rief bei mir den gleichen Eindruck hervor wie im Zug, nämlich befreit zu sein von der Notwendigkeit des Schlafs und des Eingesperrtseins in ein Zimmer. In dem, wo ich mich eben befand, fühlte ich mich übrigens nicht gefangen, denn ich würde es ja in einer Stunde verlassen und den Wagen besteigen. Ich warf mich aufs Bett. Und als läge ich in der Kabine eines der Schiffe, die man ziemlich nahe sah und über die man nachts staunen würde, wenn sie sich im Dunkeln langsam verschöben wie finstere, stille, aber nicht schlafende Schwäne, war ich auf allen Seiten von den Bildern des Meeres umgeben.

Aber oft waren es tatsächlich nur Bilder, denn mein Denken, das in diesen Augenblicken an der Oberfläche meines Körpers wohnte, den ich so kleiden wollte, daß ich im hellerleuchteten Restaurant von Rivebelle den mich musternden weiblichen Blicken möglichst vorteilhaft erschien, vermochte der Färbung der Dinge keine Tiefe zu verleihen. Und wäre nicht vor meinen Fenstern der unermüdliche Flug der Mauersegler und Schwalben aufgestiegen wie eine Fontäne, ein Feuerwerk von Leben, wären nicht die Unterbrüche seiner hohen Aufschwünge eingebunden worden in die reglose weiße Reihe langer horizontaler Wellen, wäre nicht das bezaubernde Wunder dieses örtlichen Naturphänomens gewesen, das die Landschaften, die ich vor Augen hatte, mit der Wirklichkeit verband, so hätte ich glauben können, sie seien die täglich erneuerte Auswahl von Gemälden, die eigens an den Orten gezeigt wurden, an denen ich mich gerade befand, ohne notwendig auf sie bezogen zu sein. Ich freute mich aber an den Abenden, da ein Schiff, vom Horizont absorbiert und verflüssigt, dieselbe Farbe hatte wie er – ähnlich wie auf einem impressionistischen Gemälde –, so sehr, daß es auch aus derselben Materie zu bestehen schien, als wären sein Bug und das Tauwerk, in das er sich verdünnte und verfranste, aus dem dunstigen Blau des Himmels ausgeschnitten. Manchmal füllte der Ozean fast mein ganzes Fenster, das durch einen Streifen Himmel besonders hoch erschien, denn oberhalb des Streifens war nur noch eine Linie von dem gleichen Blau wie das Meer, so daß ich auch ihn für das Meer hielt und seine andere Farbe nur für eine Wirkung der Beleuchtung. An einem anderen Tag war das Meer nur in den unteren Teil des Fensters gemalt, während der Rest mit so vielen horizontalen Wolkenstreifen gefüllt war, daß die Scheiben aufgrund eines Vorhabens oder einer Spezialität des Künstlers eine »Wolkenstudie« darzustellen schienen, während die verschiedenen Glastüren des Bücherregals ähnliche, aber anders gefärbte Wolken von einem anderen Teil des Horizonts zeigten und damit gleichsam die Wiederholung – wie sie von gewissen zeitgenössischen Meistern gepflegt wird – desselben Effekts anboten, der jeweils zu verschiedenen Stunden festgehalten wird, jetzt aber dank der Reglosigkeit der Kunst in einem einzigen Stück auf einmal gesehen werden konnte, in Pastellfarben und hinter Glas. Und manchmal wurde zu dem einheitlichen Grau von Himmel und Meer mit höchstem Raffinement noch ein wenig Rosa hinzugefügt, während ein kleiner Schmetterling, der auf dem Fenstersims eingeschlafen war, unter diese im Geschmack Whistlers gehaltene »Harmonie in Grau-Rosa« mit seinen Flügeln die bevorzugte Unterschrift des Meisters hinsetzte. Auch das Rosa verschwand, es gab nichts mehr zu sehen. Ich stand für einen Augenblick auf und zog die großen Vorhänge zu, bevor ich mich wieder hinlegte. Vom Bett aus sah ich über ihnen den Streifen Helligkeit, der noch da war, sich allmählich verdunkelte, dünner wurde, aber ich ließ ohne Traurigkeit und ohne Bedauern über den Vorhängen die Stunde sterben, da ich gewöhnlich bei Tisch saß, denn dieser Tag war nicht so wie die anderen, sondern länger, wie am Nordpol, wo die Nacht den Tag nur für ein paar Minuten unterbricht; denn aus der Puppe dieser Dämmerung sollte durch eine strahlende Metamorphose das glänzende Licht des Restaurants von Rivebelle schlüpfen.

So sehr ich mich aber in Balbec im gewöhnlichen Ablauf der Tage fortwährend und sorgfältig kontrollierte und alle Freuden dem Ziel unterordnete, das mir unendlich wichtiger schien, nämlich stark genug zu werden und das Werk, das ich vielleicht in mir trug, ausführen zu können, so war, kaum hatten wir Rivebelle erreicht, in der Aufregung eines neuen Vergnügens, als gäbe es kein Morgen, keine hohen Ziele, dieser ganze präzise Mechanismus vorsichtiger Hygiene verschwunden. Während mich ein Diener um den Mantel bat, sagte Saint-Loup: »Wird dir nicht zu kalt sein? vielleicht solltest du ihn behalten, es ist nicht sehr warm.« Ich sagte: »Nein, nein« und spürte die Kälte vielleicht wirklich nicht, hatte aber jedenfalls vergessen, daß ich befürchtete, krank zu werden, daß es notwendig war, nicht zu sterben, und wichtig, zu arbeiten. Ich gab meinen Mantel ab; wir betraten das Restaurant zu den kriegerischen Klängen eines von Zigeunern gespielten Marsches, schritten zwischen Reihen von gedeckten Tischen hindurch wie auf einem mühelosen Siegeszug, spürten, wie die Rhythmen des Orchesters unsere Körper in Begeisterung versetzten und uns militärische Ehren und diesen unverdienten Triumph zugestanden, was wir hinter einer ernsten, eisigen Miene, einem müden Gang verbargen, um nicht zu erscheinen wie die dummen Gänse vom Variétécafé, die ein schlüpfriges Lied auf eine kämpferische Melodie singen und dann mit dem martialischen Gehabe eines siegreichen Generals auf die Bühne stürmen.

Auch während der Fahrt von Balbec nach Rivebelle vermochten der mögliche Zusammenstoß mit einem entgegenkommenden Wagen – auf diesen Wegen, wo nur einer Platz hatte und wo es stockdunkel war –, die Unsicherheit des hier auf der Klippe an vielen Stellen eingebrochenen Bodens, die Nähe des steil abfallenden Hangs, in mir die kleine Anstrengung nicht zu bewirken, die es gebraucht hätte, um die Angst vor dieser Gefahr bis in mein Denken zu heben. Alles in allem konzentrierte ich einfach auf einen Abend die Trägheit, die bei anderen Menschen auf ihre ganze Existenz verteilt ist, da sie täglich ohne zwingenden Grund die Gefahr einer Meerreise, eines Ausflugs im Aeroplan oder im Automobil auf sich nehmen, während zu Hause der Mensch auf sie wartet, dessen Leben durch ihren Tod zerstört wäre, oder während das Werk, dessen baldige Ausführung den einzigen Sinn ihres Lebens bildet, erst in der Unbeständigkeit ihres Hirns vorhanden ist. Und so wäre ich an den Abenden, da wir im Restaurant von Rivebelle blieben und ich meine Großmutter, mein zukünftiges Leben, meine zu schreibenden Bücher in einer entwirklichten Ferne sah, weil ich ganz dem Duft der Frau am Nebentisch, der Zuvorkommenheit der Maîtres d'Hôtel, dem Umriß des eben gespielten Walzers anhing und weil ich an der gegenwärtigen Empfindung klebte, keine größere Ausdehnung hatte als sie und kein anderes Ziel, als von ihr nicht getrennt zu werden, so wäre ich an ihr haftend gestorben, wenn jemand gekommen wäre, um mich zu töten; ich hätte mich massakrieren lassen, ohne mich zu wehren, ohne mich zu rühren, eine vom Tabakrauch benebelte Biene, die sich keine Mühe mehr gibt, die mit Anstrengung gesammelten Vorräte, die Hoffnung ihres Stocks zu bewahren.

*

Eines Morgens, als ich auf dem Nachhauseweg zum Hotel am Kasino vorbeikam, hatte ich das Gefühl, jemand in der Nähe schaue mich an. Ich wandte den Kopf und erblickte einen Mann von ungefähr vierzig Jahren, sehr groß und ziemlich dick, mit sehr schwarzem Schnurrbart, der mit einer Gerte nervös auf seine Hose klopfte, mich aber dabei mit Augen fixierte, die vor Aufmerksamkeit geweitet waren. Hin und wieder wurden sie von äußerst aktiven Blicken in jede Richtung durchlaufen, so wie bei Menschen, die angesichts einer ihnen unbekannten Person aus irgendeinem Grund Gedanken haben, die jemand anderem nicht kämen, zum Beispiel bei einem Verrückten oder einem Spion. Er ließ noch eine allerletzte Reihe von zugleich kühnen und vorsichtigen, schnellen und tiefen Blicken auf mich los, wie die letzten Schüsse, die man abgibt, bevor man flieht, blickte sich dann nach allen Seiten um, machte plötzlich eine zerstreut-hochmütige Miene und drehte sich mit einer brüsken Wendung seiner ganzen Person nach einem Plakat um, in das er sich vertiefte, während er eine Melodie summte und die Moosrose in seinem Knopfloch zurechtrückte. Er holte ein Notizbuch aus der Tasche und schien sich den Titel der angekündigten Vorstellung aufzuschreiben, nahm zwei-, dreimal seine Uhr hervor, zog sich seinen schwarzen Strohhut über die Augen und beschattete sie auch noch mit der Hand, die er an die Krempe hielt, als wollte er sehen, ob jemand nicht endlich kam, machte die Unzufriedenheits-Geste, mit der man auszudrücken glaubt, man habe von der Warterei genug, die man aber nie macht, wenn man wirklich jemanden erwartet, schob dann den Hut zurück, was einen ganz kurzen Bürstenschnitt enthüllte, der zwar seitlich recht langgewellte »Taubenflügel« zuließ, er atmete laut aus, wie jemand, dem nicht zu heiß ist, der aber zeigen will, daß ihm zu heiß ist. Mir kam der Gedanke, er sei ein Hotelschwindler, der meine Großmutter und mich schon an den vorangegangenen Tagen ins Auge gefaßt und irgendein übles Ding geplant hatte und jetzt merkte, daß ich ihm hinter die Schliche gekommen war; um mich irrezuführen, wollte er mit seiner neuen Haltung vielleicht nur Gleichgültigkeit und Distanz vortäuschen, tat es aber mit so aggressiver Übertreibung, daß es ihm vielleicht nicht nur darum ging, meinen Verdacht zu zerstreuen, sondern zumindest ebensosehr darum, sich für eine Demütigung zu rächen, die ich ihm unwillentlich zugefügt hatte, und mich vielleicht nicht so sehr wissen zu lassen, daß er mich nicht gesehen hatte, wie daß ich ein zu unwichtiger Gegenstand für seine Aufmerksamkeit war. Er wölbte trotzig die Brust vor, preßte die Lippen zusammen, strich sich den Schnurrbart hoch und machte seinen Blick gleichgültig, hart, fast beleidigend. So daß ich ihn wegen seines merkwürdigen Ausdrucks einmal für einen Dieb, dann wieder für einen Verrückten hielt. Doch seine äußerst gepflegte Kleidung war viel ernster und einfacher als die all der Badegäste in Balbec, eine Ehrenrettung für mein Jackett, das von dem banalen Grellweiß ihrer Strandkostüme so oft gedemütigt worden war. Aber meine Großmutter kam mir entgegen, wir machten einen Spaziergang, und eine Stunde später wartete ich vor dem Hotel auf sie, während sie etwas holen ging, und da sah ich Madame de Villeparisis herauskommen, mit Robert de Saint-Loup und dem Unbekannten, der mich vor dem Kasino fixiert hatte. Blitzschnell durchfuhr mich sein Blick, wie in dem Augenblick, als ich ihn bemerkt hatte, und ordnete sich dann, als hätte er mich nicht gesehen, etwas unterhalb seiner Augen ein, stumpf wie der neutrale Blick, der vorgibt, draußen nichts zu sehen, und der unfähig ist, im Inneren zu lesen, der Blick, der nur die Befriedigung darüber ausdrückt, um sich herum die Wimpern zu spüren, die er aus seiner glückseligen Rundung heraushält, der bigotte Blick gewisser Heuchler, der blasierte Blick gewisser Dummköpfe. Wie ich sah, hatte er sich umgezogen. Jetzt trug er etwas noch Dunkleres; und zweifellos ist es so, daß die wahre Eleganz einen weniger einschüchtert und daß sie weniger von der Einfachheit entfernt ist als die falsche; aber es war nicht nur das: man spürte, daß in seiner Kleidung die Farbe wohl fast völlig fehlen mochte, aber nicht, weil der, der sie daraus verbannt hatte, nichts mit ihr anzufangen wußte, sondern weil er sie sich aus irgendeinem Grund verbot. Und die Nüchternheit, die sich daraus ergab, schien eher von der Einhaltung einer Regel als von Lustlosigkeit herzurühren. Dunkelgrüne Fäden im Stoff seiner Hose paßten genau zu den Streifen an den Socken, ein Raffinement, das die Lebhaftigkeit eines sonst überall abgedämpften Geschmacks bezeugte, dem diese einzige Konzession toleranterweise gemacht worden war, während ein roter Tupfer an der Krawatte fast unsichtbar blieb, wie eine Freiheit, die man sich nicht zu nehmen wagt.

»Wie geht es, darf ich Ihnen meinen Neffen, den Baron von Guermantes, vorstellen«, sagte Madame de Villeparisis zu mir, während der Unbekannte, ohne mich anzuschauen, ein »Sehr erfreut« murmelte und ihm ein »Hö, hö, hö« folgen ließ, um seiner Freundlichkeit etwas Gezwungenes zu verleihen, und er bog den kleinen Finger, den Zeigefinger und den Daumen zurück und hielt mir den Mittel- und den Ringfinger hin, die ich unter seinem Suède-Handschuh drückte; dann drehte er sich, ohne mich angesehen zu haben, wieder zu Madame de Villeparisis um. »Ach Gott, wo steht mir bloß der Kopf«, sagte diese lachend, »jetzt nenne ich dich schon Baron von Guermantes. Darf ich Ihnen den Baron de Charlus vorstellen. Wobei es gar nicht so falsch ist«, fügte sie hinzu, »du bist ja doch ein Guermantes.«

Unterdessen kam meine Großmutter wieder heraus, wir machten uns gemeinsam auf den Weg. Saint-Loups Onkel würdigte mich nicht nur keines Wortes, sondern auch keines Blikkes. Er starrte unbekannte Leute an (und während dieses kurzen Spaziergangs warf er zwei-, dreimal seinen schrecklichen tiefen Sondierblick auf belanglose Passanten einfachster Herkunft), schaute aber, nach mir zu schließen, nicht einen Augenblick Personen an, die er kannte – wie ein Polizist in geheimer Mission, der aber seine Freunde von der beruflichen Überwachung ausnimmt.

Als Madame de Villeparisis bei der Heimkehr von ihrem Spaziergang am Ende des Tages uns zum Tee mit ihrem Neffen bitten ließ, dachte ich, sie hätte vielleicht bemerkt, wie unhöflich er zu mir gewesen war, und wolle ihm eine Gelegenheit geben, das gutzumachen. Als ich aber in dem kleinen Salon der Suite, wo sie uns empfing, Monsieur de Charlus grüßen wollte, schlich ich vergeblich um ihn herum, er trug mit schriller Stimme Madame de Villeparisis eine Geschichte vor, und ich konnte seinen Blick nicht erhaschen; ich entschloß mich, ihm Guten Tag zu sagen, und zwar laut, um ihn auf meine Gegenwart aufmerksam zu machen, doch dann sah ich, daß er sie schon bemerkt hatte, denn bevor nur ein einziges Wort über meine Lippen kam, erblickte ich im Augenblick, da ich mich verbeugte, seine zwei vorgestreckten Finger, die ich drücken sollte, ohne daß er den Blick gewandt oder das Gespräch unterbrochen hätte. Ganz offensichtlich hatte er mich gesehen, ohne es sich anmerken zu lassen, und da fiel mir auf, daß seine Augen nie auf seinem Gesprächspartner ruhten, sondern fortwährend in alle Richtungen schweiften wie die eines erschreckten Tiers oder eines Straßenhändlers, der seinen Spruch hersagt und seine unerlaubte Ware anbietet, während er, ohne jedoch den Kopf zu wenden, am Horizont die Punkte absucht, wo die Polizei auftauchen könnte. Wären nicht diese Augen gewesen, hätte das Gesicht von Monsieur de Charlus zweifellos jenem vieler anderer Männer geglichen. Er aber schloß den Ausdruck dieses Gesichts, dem eine feine Puderschicht etwas leicht Theatralisches verlieh, umsonst hermetisch ab, die Augen waren wie Spalten, wie Schießscharten, die er als einzige nicht hatte verstopfen können und durch die, je nach dem Punkt, an dem man zu ihm stand, unvermittelt der Widerschein von irgendeiner inneren Maschine auf einen herausfuhr, einer Maschine, die gar nicht vertrauenerweckend schien, nicht einmal für den, der sie, ohne sie völlig zu beherrschen, in sich trug, in einem Zustand prekären Gleichgewichts und fortwährend kurz vor dem Explodieren; und der umsichtige, unablässige und unruhige Ausdruck seiner Augen, mit all der Müdigkeit, bis hin zu weit herunterreichenden Augenringen, die sich daraus für das Gesicht ergab, so gefaßt und zurechtgemacht es auch war, legte den Gedanken an irgendein Inkognito nahe, an irgendeine Verkleidung eines mächtigen Menschen in Gefahr, oder vielleicht nur an ein gefährliches, aber tragisches Individuum. Ich hätte erraten wollen, welches das Geheimnis war, mit dem sich die anderen Männer nicht trugen und durch das mir der Blick Monsieur de Charlus' schon am Morgen, als ich ihn beim Kasino gesehen hatte, so rätselhaft erschienen war. Jetzt aber, da ich wußte, mit wem er verwandt war, konnte ich nicht mehr glauben, daß es das Geheimnis eines Diebs, noch, soviel ich von seinem Gespräch mitbekam, das eines Verrückten war. Wenn er sich zu mir so eisig verhielt, während er sich meiner Großmutter gegenüber äußerst liebenswürdig benahm, so lag das vielleicht nicht an einer persönlichen Antipathie gegen mich, denn so sehr er ganz allgemein ein Wohlwollen für die Frauen an den Tag legte und auch von ihren Fehlern nur mit größter Nachsicht sprach, so hatte er für die Männer und besonders für die jungen einen Haß, dessen Heftigkeit an jenen der Frauenhasser gemahnte. Von zwei, drei »Gigolos«, die zu Saint-Loups Familie oder engstem Freundeskreis gehörten und die dieser zufällig erwähnte, sagte Monsieur de Charlus mit einem fast wilden Ausdruck, der gar nicht zu seiner üblichen Distanziertheit paßte: »Das sind kleine Kanaillen.« Soviel ich verstand, warf er den heutigen jungen Leuten hauptsächlich vor, sie seien zu effeminiert. »Frauen sind das, Frauen«, sagte er verächtlich. Aber welche Lebensweise wäre nicht effeminiert erschienen neben der, die er von einem Mann verlangte und die nicht kraftvoll und männlich genug sein konnte? (Er selbst, wie er behauptete, warf sich auf seinen Fußreisen nach stundenlangem Laufen völlig erhitzt in eiskalte Flüsse.) Er hatte etwas dagegen, daß ein Mann einen Fingerring trug. Und ich sah, daß nicht einmal an dem Ringfinger, den er mir hingestreckt hatte, einer saß. Aber diese Voreingenommenheit für das Männliche hinderte ihn nicht daran, eine zum Teil ganz verfeinerte Sensibilität zu besitzen. Als Madame de Villeparisis ihn bat, meiner Großmutter ein Schloß zu beschreiben, in dem sich Madame de Sévigné aufgehalten hatte, und hinzufügte, daß ihr Madame de Sévignés Verzweiflung über die Trennung von der langweiligen Madame de Grignan ein bißchen literarisch vorkam, sagte er: »Aber ganz im Gegenteil. Das war eben eine Epoche, da man solche Gefühle noch verstand. Lafontaines Bewohner von Monomopata, der zu seinem Freund eilt, weil ihm dieser im Traum etwas traurig erschienen war, die Taube, die findet, das größte aller Übel sei die Abwesenheit der anderen Taube, das alles mag Ihnen, liebe Tante, vielleicht ebenso übertrieben erscheinen, wie wenn Madame de Sévigné es kaum erwarten kann, bis sie mit ihrer Tochter allein ist.«

»Kaum aber war sie mit ihr allein, hatte sie ihr wahrscheinlich nichts mehr zu sagen.«

»O doch; mochten es auch Dinge sein, ›die so leicht sind, daß nur du und ich sie bemerken‹. Und auch wenn sie ihr nichts zu sagen hatte, so war sie wenigstens bei ihr. La Bruyère sagt, nur das zähle: ›Bei den Menschen sein, die man liebt, mit ihnen sprechen, gar nicht mit ihnen sprechen, das ist ganz gleich.‹ – Er hat recht; das ist das einzige Glück«, fügte Monsieur de Charlus mit melancholischer Stimme hinzu; »und leider ist das Leben so schlecht eingerichtet, daß man dieses Glück nur sehr selten genießt; alles in allem war Madame de Sévigné weniger bedauernswert als andere. Sie hat einen großen Teil ihres Lebens bei der verbracht, die sie liebte.«

»Du vergißt, daß es sich da nicht um die Liebe handelte, es war ja ihre Tochter.«

»Aber nicht das, was man liebt, ist das Wichtigste im Leben, sondern daß man liebt«, sagte Monsieur de Charlus jetzt in nachdrücklicherem, fast schneidendem Ton. »Das, was Madame de Sévigné für ihre Tochter empfand, darf sich viel eher Leidenschaft nennen, wie sie Racine in ›Andromaque‹ oder ›Phèdre‹ darstellt, als die platten Beziehungen des jungen Sévigné mit seinen Mätressen. Das gilt auch für die Liebe eines Mystikers zu seinem Gott. Wir ziehen nur so enge Grenzen um die Liebe, weil wir über das Leben viel zuwenig wissen.«

In diese Überlegungen über das Traurige einer Trennung von dem, was man liebt, ließ Monsieur de Charlus nicht nur eine Feinsinnigkeit einfließen, die Männer selten an den Tag legen, und schon gar nicht Männer vom Club, wie er einer war; sondern auch seine Stimme, wie gewisse Altstimmen, bei denen die Mittellage zuwenig ausgebildet ist und deren Gesang das Duett zwischen einem jungen Mann und einer Frau zu sein scheint, erreichte in dem Augenblick, da er von so zarten Empfindungen sprach, eine hohe Lage, wurde unerwartet sanft und schien Chöre von Schwestern, Müttern, Verlobten zu enthalten, die ihrer Zärtlichkeit freien Lauf ließen. Aber die Brut junger Mädchen, die Monsieur de Charlus mit seinem Horror vor jeglicher Effeminiertheit nur mit größter Bestürzung in seiner Stimme hätte nisten hören, beschränkte sich nicht nur auf die Ausführung, die Modulation von Empfindungsstücken. Wenn Monsieur de Charlus plauderte, hörte man oft ihr hohes frisches Pensionärinnen- oder Kokottenlachen, mit dem sie ihren Nächsten aufs Korn nahmen, Lästerzungen und raffinierte Dinger.

Inzwischen hatte mir meine Großmutter ein Zeichen gemacht, ich solle hinauf und zu Bett gehen, trotz der Bitten Saint-Loups, der zu meiner großen Beschämung vor Monsieur de Charlus darauf angespielt hatte, daß ich abends vor dem Einschlafen oft traurig war. Ich staunte sehr, als es an meiner Zimmertür klopfte und ich auf die Frage, wer da sei, die Stimme Monsieur de Charlus' hörte, der trocken sagte:

»Charlus. Darf ich hereinkommen, Monsieur? Mein Herr

Neffe hat doch soeben erzählt, daß Sie sich vor dem Einschlafen ein bißchen unwohl befänden, und andererseits, daß Sie Bergottes Bücher bewunderten. Ich habe da in meinem Koffer eines, das Sie wahrscheinlich nicht kennen, und ich wollte es Ihnen bringen, um Ihnen zu helfen, diesen Moment hinter sich zu bringen, da Sie etwas unglücklich sind.«

Ich dankte Monsieur de Charlus bewegt und sagte, ich hätte im Gegenteil befürchtet, daß ich mit dem, was Saint-Loup über mein Unbehagen vor der Nacht gesagt hatte, in seinen Augen noch törichter erschien.

»Ach wo«, sagte er jetzt sanfter. »Vielleicht haben Sie keine persönlichen Verdienste, ich weiß es nicht, so wenige haben das! Aber eine Zeitlang wenigstens haben Sie die Jugend für sich, und das ist immer verführerisch. Im übrigen, Monsieur, gibt es nichts Dümmeres, als Gefühle, die man nicht hat, lächerlich oder tadelnswert zu finden. Ich liebe die Nacht, und Sie sagen mir, daß Sie sie fürchten; ich rieche gern Rosen, und ich habe einen Freund, der davon Fieber bekommt. Meinen Sie, ich fände deshalb, er sei weniger wert als ich? Ich gebe mir Mühe, alles zu verstehen, und werde mich hüten, etwas zu verurteilen. Also, beklagen Sie sich nicht zu sehr, ich will nicht sagen, daß eine solche Traurigkeit nicht schmerzlich ist, ich weiß, wie man wegen etwas leiden kann, das die anderen nicht verstehen würden. Aber wenigstens ist Ihre Zuneigung bei Ihrer Großmutter gut aufgehoben. Sie sind viel mit ihr zusammen. Und dann ist es eine erlaubte Zärtlichkeit, ich meine, eine erwiderte Zärtlichkeit. Bei so vielen könnte man das nicht sagen.«

Er marschierte im Zimmer auf und ab, schaute da einen Gegenstand an, hob dort einen hoch. Ich hatte den Eindruck, er wolle mir etwas ankündigen und finde die Worte nicht dafür. In dieser Weise vergingen einige Minuten, dann warf er mir mit einer nun wieder scharf gewordenen Stimme ein »Gute Nacht, Monsieur« hin und ging. Nach all den hohen Gefühlen, denen er Ausdruck verliehen hatte, war ich am folgenden Vormittag, dem Tag seiner Abreise, ganz erstaunt, als er am Strand in dem Augenblick, da ich ins Wasser gehen wollte, zu mir trat, um mir zu sagen, meine Großmutter erwarte mich gleich nach dem Bad, und mir dabei in den Hals kniff und mit vulgärer Vertraulichkeit und vulgärem Lachen sagte:

»Aber die alte Großmutter ist uns ja wurscht, was? kleiner Halunke?«

»Wie bitte, Monsieur, ich liebe sie sehr! …«

»Monsieur«, sagte er eisig und trat einen Schritt zurück, »Sie sind noch jung, das müßten Sie benützen, um zwei Dinge zu lernen, erstens, nicht Gefühle auszudrücken, die zu natürlich sind, um sich nicht von selbst zu verstehen; zweitens, nicht gegen Dinge, die Ihnen gesagt werden, zu Felde zu ziehen, bevor Sie verstanden haben, worum es geht. Hätten Sie vorhin diese Vorsichtsmaßnahme getroffen, hätten Sie nicht dagestanden wie ein Tauber, der durcheinanderredet, und hätten es vermieden, sich noch einmal lächerlich zu machen, nachdem schon Ihr Badekostüm mit Ankern bestickt ist. Es wird mir bewußt, daß ich Ihnen gestern abend zu früh von verführerischer Jugend gesprochen habe, ich hätte Ihnen einen besseren Dienst erwiesen, wenn ich Sie darauf aufmerksam gemacht hätte, wie kopflos, inkonsequent, begriffsstutzig sie ist. Ich hoffe, Monsieur, diese kleine Dusche sei für Sie nicht weniger heilsam als Ihr Bad. Aber stehen Sie nicht so stocksteif da, sonst erkälten Sie sich noch. Auf Wiedersehen, Monsieur.«

A l'ombre des jeunes filles en fleurs II, Ed. Pléiade II (1988), S. 5–6, 19–24, 26–37, 64–80, 110–126, 156–173.

Im Schatten der Guermantes

Gegen den Hof des Gebäudes, in dem wir eine Wohnung gemietet hatten, bewohnten Monsieur und Madame de Guermantes einen Hausteil, der sich als Privatsitz präsentierte und über den ich, dank Françoise, schon bald einiges wußte. Denn die Guermantes, die sie oft mit den Wörtern *unten, drunten* bezeichnete, waren für sie seit jenem Morgen eine Dauerbeschäftigung, da sie beim Frisieren von Mama einen verbotenen, nicht zu unterdrückenden und heimlichen Blick in den Hof geworfen und gesagt hatte: »Ha, zwei Nonnen; die gehen bestimmt *nach unten*« oder »Ah, die schönen Fasane am Küchenfenster, braucht man sich auch nicht zu fragen, von woher die kommen, da war gewiß der Herzog auf der Jagd«, bis zum Abend, da sie Klavierspiel oder die Fetzen eines Liedchens hörte und den Schluß zog: »Sie haben Gesellschaft *unten*, fröhlich geht's zu!«

Doch was Françoise im Leben der Guermantes am brennendsten interessierte, sie am meisten befriedigte und sie auch am meisten schmerzte, war der Moment, da sich die zwei Flügel des Tors öffneten und Madame de Guermantes ihre Kutsche bestieg. Das geschah gewöhnlich kurz nachdem unsere Bediensteten die Zelebration jenes feierlichen Osterfestes beendet hatten, das niemand unterbrechen darf und das sich ihr Mittagessen nennt, während dessen sie so »tabu« waren, daß sich nicht einmal mein Vater erlaubt hätte, nach ihnen zu klingeln, weil er im übrigen auch wußte, daß beim fünften Klingeln genauso wenig wie beim ersten jemand aufgestanden wäre und er also diese Unschicklichkeit völlig umsonst, aber nicht ohne Schaden für ihn selbst begangen hätte. Denn Françoise (die, seit sie eine sehr alte Frau war, aus jedem Anlaß das aufsetzte, was man eine Gelegenheitsmiene nennt) hätte es nicht versäumt, ihm den ganzen Tag ein mit roten, keilförmigen Malen bedecktes Gesicht vorzuführen, womit sie das lange, allerdings schwer zu entziffernde Schriftstück ihrer Klagen zur Schau stellte, die tiefen Gründe ihrer Unzufriedenheit.

War das Lachen des heiligen Mahls endgültig verklungen, schenkte sich Françoise, die wie in der Urkirche zugleich Zelebrantin und eine der Gläubigen war, ein letztes Glas ein, nahm sich die Serviette vom Hals, faltete sie, wobei sie sich einen Rest von rotgefärbtem Wasser und von Kaffee aus den Mundwinkeln wischte, zog sie durch einen Ring, dankte wehleidigen Blickes »ihrem« jungen Laufburschen (der, um seinen Eifer zu beweisen, zu ihr sagte: »Aber noch ein wenig Trauben, Madame«) und ging sogleich das Fenster öffnen, unter dem Vorwand, »in dieser elenden Küche« sei es zu heiß. Geschickt warf sie im gleichen Augenblick, da sie am Fensterknopf drehte und die frische Luft einsog, einen gleichgültigen Blick auf das andere Ende des Hofes und kam so verstohlen zur Gewißheit, daß die Herzogin noch nicht bereit war, worauf sie einen Augenblick lang den bespannten Wagen mit leidenschaftlichen und verächtlichen Blikken bedachte. Nachdem sie den irdischen Dingen diesen Moment der Aufmerksamkeit geschenkt hatte, hob sie die Augen zum Himmel, von dem sie schon im voraus wußte, daß er rein war, da sie es an der Milde der zum Fenster hereinkommenden Luft spürte, und sie schaute auf die Stelle an der Ecke des Dachs, wo die Tauben, wie jene, die den First über ihrer Küche in Combray zierten, jeweils ihr Nest über dem Kamin meines Zimmers bauten, so daß ich jeden Frühling ihr plötzlich erblühtes morgendliches Gurren hörte, das wie ein gedämpftes, transponiertes, malvenfarbiges Kikeriki war.

»Ach! Combray! Combray!« rief Françoise aus, »wann seh ich dich wieder, armes Land! Wann werde ich den lieben langen Tag unter deinem Schlehdorn und unserem armen Flieder verbringen können und dabei den Rotkehlchen zuhören, statt die elende Klingel unseres jungen Herrn zu hören, der mich ständig diesen verfluchten Flur entlanghetzt. Ach, armes Combray! vielleicht seh ich dich erst wieder, wenn ich tot bin und wie ein Stein ins Grabesloch geworfen werde. Da kann ich dann deinen schönen weißen Schlehdorn nicht mehr riechen. Aber ich glaube, noch im Todesschlaf werde ich dieses dreimalige Klingeln hören, das mich schon zu Lebzeiten im voraus verdammt hat.«

Doch sie wurde unterbrochen durch die Rufe Jupiens, des Westenschneiders, der damals meiner Großmutter so gefallen hatte, an dem Tag, als sie Madame de Villeparisis besuchen ging, und der bei Françoise nicht weniger gut angeschrieben war; jetzt versuchte er, nachdem er heraufgeschaut hatte, als er das Fenster aufgehen hörte, schon seit einer Weile die Aufmerksamkeit seiner Nachbarin auf sich zu ziehen, um ihr Guten Tag zu sagen. Die Koketterie des jungen Mädchens, das Françoise einmal gewesen war, verfeinerte für einen Augenblick die griesgrämigen Züge unserer von Alter, schlechter Laune und der Hitze des Herdes schwerfällig gewordenen Köchin, und sie richtete mit einer charmanten Mischung von Zurückhaltung, Vertraulichkeit und Verschämtheit einen anmutigen Gruß an den Westenmacher, ohne ihm jedoch laut zu antworten, denn wenn sie auch Mamas Empfehlungen mißachtete und auf den Hof hinausschaute, so hätte sie es doch nicht gewagt, sich so weit über sie hinwegzusetzen, daß sie durch das Fenster mit jemandem schwatzte. Sie zeigte auf die bespannte Kutsche und schien sagen zu wollen: »Schöne Pferde, was«, tat es aber in Wirklichkeit nur, weil sie wußte, daß er, die Hand vor dem Mund, antworten werde: »Auch Sie könnten welche haben, wenn Sie wollten, und vielleicht sogar noch mehr als die dort, aber Ihnen sagt ja das alles nichts.« Darauf schloß Françoise nach einer bescheidenen, ausweichenden und entzückten Gebärde, die bedeuten konnte: »Jedem das seine, hier ist das Einfache Trumpf«, das Fenster, weil sie Angst hatte, Mama könnte hereinkommen. Diese »Sie«, die mehr Pferde als die Herzogin von Guermantes hätten haben können, wenn sie gewollt hätten, waren wir, aber Jupien sagte zu Recht »Sie«, denn wie jene Pflanzen, denen das Tier, mit dem sie verwachsen sind, die Nahrung liefert, die es fängt, frißt, für sie verdaut und ihnen als letzten, völlig assimilierten Überrest weitergibt, lebte Françoise in Symbiose mit uns; wir waren es, die mit unseren Vorteilen, unserem Vermögen, unserer Lebensführung, unserer Situiertheit die kleinen Befriedigungen der Eigenliebe auszuarbeiten hatten, die – neben dem anerkannten Recht auf freie Ausübung des Mittagessen-Kultes nach alter Sitte, den kleinen Verschnaufpausen am Fenster, wenn er zu Ende war, den gelegentlichen Bummeleien beim Einkaufen und dem sonntäglichen Ausgang zum Besuch beim Neffen – den unerläßlichen Anteil an Zufriedenheit in ihrem Leben ausmachten. Unser Auszug aus dem Gebäude, wo wir so lange gewohnt hatten (und »wo wir von allseits so gut angesehen waren«), der Einzug in ein neues Haus, wo in den ersten Tagen, da der Concierge uns noch nicht kannte und Françoise die für ihre seelische Nahrung notwendigen Ehrbezeigungen vorübergehend nicht erhielt, hatte sie deshalb in einen Zustand der Verkümmerung versetzt, in welchem sie fortwährend lamentierte. »Ein Ennui ist das!« sagte sie, wenn man sie fragte, was sie habe, und sie gab dem Wort jenen starken Sinn, den er in den Tragödien Corneilles und in den Briefen der Soldaten hat, die Selbstmord begehen aus Sehnsucht nach ihrer Verlobten, nach ihrem Dorf, aus »Lebensüberdruß«. Doch sie erholte sich rasch von dem ihren, denn Jupien (»ganz etwas Rechtes, diese Jupiens, ganz anständige Leute, und das sieht man ihnen auch an«) verschaffte ihr eine Freude, die nicht größer und sogar weniger raffiniert gewesen wäre, hätten wir uns einen Wagen zugelegt, indem er sogleich begriff und im ganzen Haus verkündete, daß wir zwar keine Equipage hatten, aber nur, weil wir keine wollten.

Und wenn ein Lieferant oder ein Bediensteter uns irgendein Paket brachte und Françoise, scheinbar ohne ihn zu beachten, ihm nur geistesabwesend einen Stuhl zuwies, während sie mit ihrer Arbeit fortfuhr, nützte sie die paar Minuten, die er in der Küche auf Mamas Antwort wartend verbringen mochte, doch so geschickt, daß kaum einer wegging ohne die unauslöschlich eingeprägte Gewißheit, daß »wir zwar keine hatten, aber nur, weil wir keine wollten«. Wenn sie übrigens größten Wert darauf legte, daß man uns für reich hielt, so nicht deshalb, weil für sie der Reichtum und nichts anderes, der Reichtum ohne die Tugend das Höchste gewesen wäre. Aber Tugend ohne Reichtum war auch nicht ihr Ideal. Der Reichtum, gemäß Françoise, war für die Tugend wie eine notwendige Bedingung, in Ermangelung deren die Tugend ohne Verdienst und Zauber war. Françoise hielt das so wenig auseinander, daß sie schließlich dem einen die Eigenschaften des anderen zuschrieb, von der Tugend einiges an Bequemlichkeit verlangte, im Reichtum etwas Erbauliches sah.

Nachdem sie das Fenster geschlossen hatte, begann sie seufzend den Küchentisch abzuräumen.

»Es gibt Guermantes, die wohnen in der Rue de la Chaise«,

sagte der Kammerdiener, »ich hatte einen Freund, der dort gearbeitet hat; er war zweiter Kutscher bei ihnen. Und ich kenne jemanden, also nicht meinen Kameraden, sondern seinen Schwager, der im Regiment zusammen mit einem Stallmeister des Barons von Guermantes gedient hat.«

»Die Herzogin muß mit denen allen geschwägert sein, das ist die gleiche Sippheit«, sagte Françoise. »Eine große Familie ist das, die Guermantes!« fügte sie respektvoll hinzu, indem sie die Größe dieser Familie gleichzeitig auf die Anzahl ihrer Mitglieder und den Glanz ihres Ruhmes gründete, so wie Pascal die Wahrheit der Religion auf die Vernunft und auf die Autorität der Schrift. Denn da sie für beide Dinge nur das einzige Wort »groß« besaß, schienen sie ihr ein und dasselbe zu sein, und so wirkten sich die Mängel ihres Vokabulars bis in ihr Denken hinein verdunkelnd aus. »Ich wollte ihren Maître d'Hôtel fragen, ob sie das sind, die zehn Meilen von Combray ein Schloß haben, aber das ist ein richtiger Herr, ein großer Pedant, der redet nicht, man könnte meinen, jemand habe ihm die Zunge herausgeschnitten. Ha! Wenn es mir gehörte, das Schloß Guermantes, da sähe man mich nicht oft in Paris. Die Herrschaften, Personen, denen's nicht fehlt, wie Monsieur und Madame, müssen schon Flausen im Kopf haben, um in dieser elenden Stadt zu wohnen, wenn sie doch auch nach Combray gehen könnten. Worauf warten sie, um sich zurückzuziehen, da sie doch alles haben; bis sie tot sind? Ah! Wenn ich bloß trockenes Brot zum Essen und im Winter Holz zum Heizen hätte, wäre ich schon längst im armen Häuschen meines Bruders in Combray. Dort spürt man wenigstens, daß man lebt, nachts ist so wenig Lärm, daß man die Frösche auf mehr als zwei Meilen hört.«

»Das muß wunderschön sein, Madame«, rief der junge Laufbursche enthusiastisch aus, als sei dieses letzte Merkmal für Combray so spezifisch wie die Gondeln für Venedig. »Wenigstens weiß man, welche Jahreszeit es ist. Nicht wie hier, wo es an Ostern nicht eine armselige Butterblume mehr gibt als an Weihnachten, und wo mir nicht einmal ein kleines Angelus läutet, wenn ich mein altes Knochengerüst erhebe. Dort hört man jede Stunde, es läutet zwar nur ein armes Glöckchen, aber da sagst du dir, jetzt kommt der Bruder vom Feld heim, du siehst, wie der Abend sinkt, du kannst dir Zeit lassen, bis du Licht machst. Hier ist es einmal Tag, einmal Nacht, man geht zu Bett und weiß nicht eher als die Tiere, was man tut.«

»Méséglise soll auch sehr schön sein, Madame«, unterbrach der junge Laufbursche, für dessen Geschmack die Konversation etwas zu Abstraktes annahm und der sich zufällig erinnerte, daß wir bei Tisch von Méséglise gesprochen hatten.

»Oh! Méséglise«, sagte Françoise mit dem breiten Lächeln, das man immer auf ihren Lippen hervorrief, wenn man Méséglise, Combray, Roussainville nannte: sie gehörten so sehr zu ihrem Leben, daß die Begegnung mit ihnen in der Fremde, ihre Erwähnung in einem Gespräch Françoise eine ähnliche Freude bereitete, wie sie eine Klasse empfindet, wenn der Lehrer eine zeitgenössische Figur nennt, von der die Schüler nicht geglaubt hätten, daß ihr Name je vom Katheder herab genannt würde. Ihr Vergnügen rührte auch von dem Gefühl her, daß diese Orte für sie etwas anderes waren als für die anderen, alte Kameraden, mit denen man so vieles gemeinsam hat; und sie lächelte ihnen zu, als wären sie mit Geist begabt, denn in ihnen fand sie viel von sich selbst wieder.

»Das kannst du wohl sagen, mein Junge, daß Méséglise ganz hübsch ist«, sagte sie und lächelte fein, »aber wer hat dir was von Méséglise gesagt?«

»Was heißt, wer hat mir was gesagt? aber das ist doch bekannt; es ist mir schon ganz oft was davon gesagt worden«, antwortete er mit der kriminellen Ungenauigkeit der Informanten, die jedesmal, wenn wir uns objektiv vergewissern wollen, wie wichtig eine uns betreffende Sache für die anderen ist, uns einen Strich durch die Rechnung machen.

»Ah! Dort, unter den Birnbäumen, ist es schöner als am Herd, da kannst du sicher sein.«

»Aber Sie waren damals doch in Combray selbst, bei einer Kusine von Madame, in Stellung?«

»Ja, bei Madame Octave. Ah! eine richtig heilige Frau, meine Guten, und wo aus dem Vollen geschöpft wurde, vom Besten und Schönsten, so daß man zu fünft, zu sechst zum Essen kommen konnte, und Fleisch war immer da und erst noch von bester Qualität, und weißer Porto und roter Porto und alles, was du willst. Wie uns der Herr Pfarrer gesagt hat, wenn es eine Frau gibt, die ganz bestimmt zum lieben Gott kommen wird, dann diese. Arme Madame, ich höre noch, wie sie mit ihrem Stimmchen sagt: ›Françoise, Sie wissen ja, daß ich nichts esse, aber ich will, daß für alle so gut gekocht wird, als äße ich auch mit.‹«

Sie sprach ihnen auch von Eulalie wie von einer grundgütigen Person; seit Eulalie gestorben war, hatte sie tatsächlich völlig vergessen, daß sie sie zu ihrer Lebzeit nicht sehr gemocht hatte.

Mama aber sagte schon seit einer Viertelstunde: »Was machen sie denn! Jetzt sind sie schon mehr als zwei Stunden bei Tisch.« Und sie klingelte schüchtern zwei-, dreimal. Françoise, ihr Laufbursche, der Maître d'Hôtel hörten das Klingeln nicht als Ruf und dachten auch nicht daran zu kommen, aber vernahmen es doch so wie die ersten Töne der Instrumente, die gestimmt werden, wenn das Konzert bald wieder anfängt und man spürt, daß die Pause nur noch ein paar Minuten dauert. So begannen unsere Bediensteten, als das Klingeln wiederholt und ungeduldig wurde, darauf achtzugeben, denn es wollte ihnen scheinen, daß sie vor der Wiederaufnahme der Arbeit nicht mehr viel Zeit hatten; bei einem etwas lauteren Klingelzeichen stießen sie einen Seufzer aus und ergaben sich in ihr Los, der Laufbursche ging vor die Tür hinunter, um eine Zigarette zu rauchen, Françoise stieg in den sechsten Stock hinauf, um bei sich Ordnung zu machen, und der Maître d'Hôtel, der sich in einem Zimmer Briefpapier geholt hatte, erledigte schnell seine private Korrespondenz.

Trotz der Arroganz jenes Maître d'Hôtel hatte mich Françoise schon an den ersten Tagen darüber unterrichten können, daß die Guermantes ihr Hôtel nicht aufgrund eines unvordenklichen Rechts bewohnten, sondern aufgrund eines ziemlich neuen Mietvertrags, und daß der Garten auf der Seite, die ich nicht kannte, recht klein war und den angrenzenden Gärten ähnlich; und so erfuhr ich schließlich, daß dort weder ein herrschaftliches Halsgericht noch eine befestigte Mühle, weder ein Fischteich noch ein Taubenschlag auf Pfählen, weder ein Bannbackhaus noch eine Scheuer, weder ein Verlies noch Zug-, Seil- oder feste Brücken, auch keine Zollhäuser, keine Spitztürme, keine gemeißelten Urkunden oder Malhügel zu sehen waren. Doch ein Freund meines Vaters hatte dieser heruntergekommenen Behausung etwas an Individualität zurückgegeben, denn er hatte uns eines Tages von Madame de Guermantes gesagt: »Sie ist im

Faubourg Saint-Germain am besten situiert, sie hat das erste Haus im Faubourg Saint-Germain.« Der erste Salon, das erste Haus des Faubourg Saint-Germain war allerdings nicht gerade viel verglichen mit den anderen Herrschaftssitzen, die ich mir im Lauf der Zeit erträumt hatte.

Im übrigen war mein Denken durch gewisse Schwierigkeiten behindert, und die körperliche Gegenwart Jesu Christi in der Hostie schien mir kein dunkleres Geheimnis als dieser erste Salon des Faubourg Saint-Germain, der am rechten Ufer lag und dessen Möbel jeden Morgen ausgeklopft wurden, wie ich in meinem Zimmer hören konnte. Doch wenn auch die Demarkationslinie, die mich vom Faubourg Saint-Germain trennte, bloß eine vorgestellte war, so kam sie mir doch um so wirklicher vor; ich spürte deutlich, daß zum Faubourg Saint-Germain nur schon die Fußmatte der Guermantes gehörte, die jenseits dieses Äquators lag und von der meine Mutter eines Tages, da ihre Tür offen stand, zu sagen gewagt hatte, sie befinde sich in einem recht schlechten Zustand. Wie hätten übrigens ihr Eßzimmer, ihre dunkle Galerie mit den roten Plüschmöbeln, die ich manchmal durch unser Küchenfenster sah, in meinen Augen nicht den geheimnisvollen Reiz des Faubourg Saint-Germain haben, nicht wesentlich dazugehören, nicht geographisch dort liegen sollen, wenn doch in diesem Eßzimmer diniert zu haben soviel hieß wie im Faubourg Saint-Germain verkehrt und seine Atmosphäre eingeatmet zu haben, und wenn doch alle, die sich vor Tisch neben Madame de Guermantes auf das Lederkanapee der Galerie setzten, zum Faubourg Saint-Germain gehörten. Zweifellos konnte man auch anderswo als im Faubourg Saint-Germain bei gewissen Soiréen inmitten des eleganten Pöbels einen jener Menschen majestätisch thronen sehen, die nur Namen sind und die für jene, die sie nicht kennen und die sie sich vorzustellen versuchen, je nachdem als Tournier oder als herrschaftlicher Wald erscheinen. Hier aber, im ersten Salon des Faubourg Saint-Germain, in der dunklen Galerie, gab es nur sie. Sie waren, bestehend aus einem kostbaren Material, die Säulen, die den Tempel trugen. Sogar für das Zusammensein im kleinen Kreis konnte Madame de Guermantes nur unter ihnen wählen, und bei den Diners zu zwölf waren sie, versammelt um den gedeckten Tisch wie die goldenen Apostelstatuen der Sainte-Chapelle beim Letzten Abendmahl, symbolische, weihespendende Pfeiler. Was das Gärtchen betrifft, das zwischen hohen Mauern hinter dem Hôtel gelegen war und wo Madame de Guermantes im Sommer nach dem Diner Liköre und Orangenwasser servieren ließ, so mußte ich doch einfach denken, daß es unmöglich war, sich zwischen neun und elf Uhr abends auf seine Eisenstühle – die ebenso stark wirkten wie das Lederkanapee – zu setzen, ohne damit auch die dem Faubourg Saint-Germain eigenen Lüfte einzuatmen, ebenso unmöglich wie in der Figuig-Oase Siesta zu halten, ohne dabei in Afrika zu sein. Und nur die Einbildungskraft und der Glaube vermögen bestimmte Gegenstände, bestimmte Lebewesen von anderen abzuheben und eine Atmosphäre zu schaffen. Es würde mir leider gewiß nie vergönnt sein, zwischen diesen pittoresken Stätten, diesen Naturgebilden, diesen örtlichen Sehenswürdigkeiten, diesen Kunstwerken des Faubourg Saint-Germain zu wandeln. Und ich begnügte mich damit, zu erzittern, wenn ich von hoher See aus (und ohne die Hoffnung, je dort zu landen) wie ein vorgeschobenes Minarett, wie eine erste Palme, wie den Vorboten exotischer Vegetation oder exotischen Gewerbes am Ufer die verbrauchte Fußmatte sah.

Aber wenn das Hôtel Guermantes für mich an der Tür seines Vestibüls begann, so mußten sich seine Nebengebäude nach der Meinung des Herzogs viel weiter erstrecken, denn er hielt alle Mieter für Bauern, Rüpel, Aufkäufer von nationalen Gütern, deren Meinung nicht zählte, so daß er sich morgens im Nachthemd am Fenster rasierte, und, je nachdem, wie warm ihm war, in Hemdsärmeln, im Pyjama, in einer seltsam gefärbten, langhaarigen schottischen Jacke, im kleinen, hellen Paletot, das kürzer war als seine Jacke, auf dem Hof erschien und durch einen seiner Stallknechte ein neues Pferd, das er soeben gekauft hatte, an der Hand vortraben ließ. Übrigens erschien dem Herzog das ganze Viertel – und das bis weit weg – bloß als Fortsetzung seines Hofes, als ausgedehntere Bahn für seine Pferde. Nachdem er gesehen hatte, wie ein neues Pferd allein trabte, ließ er es einspannen und durch alle benachbarten Straßen laufen; der Stallknecht hielt die Zügel, rannte neben dem Wagen her und ließ ihn immer wieder am Herzog vorbeifahren, der aufrecht, riesig, hellgekleidet, die Zigarre im Mund, den Kopf hocherhoben, das

Monokel neugierig, auf dem Trottoir stand, bis er dann auf den Sitz sprang und das Tier selbst lenkte, um es auszuprobieren, und mit dem neuen Gespann davonfuhr, um seine Geliebte auf den Champs-Elysées zu treffen. Im Hof pflegte Monsieur de Guermantes zwei Paare zu grüßen, die mehr oder weniger zu seinem Milieu gehörten: ein Ehepaar, Vettern von ihm, die wie ein Arbeiterpaar nie zu Hause waren, um nach den Kindern zu schauen, denn schon am Morgen ging die Frau zur »Schola«, um Kontrapunkt und Fuge zu lernen, und der Mann in seine Werkstatt, um Holz zu bearbeiten oder Leder zu narben; dann den Baron und die Baronin de Norpois, die, stets schwarz gekleidet, die Frau wie eine Platzanweiserin, der Mann wie ein Leichenträger, mehrmals täglich zur Kirche gingen.

Eines Tages, da Monsieur de Guermantes eine Auskunft brauchte, die mit dem Beruf meines Vaters zusammenhing, hatte er sich auf sehr elegante Art selbst vorgestellt. Seither bat er ihn öfter um einen nachbarschaftlichen Gefallen, und sobald er meinen Vater erblickte, der die Treppe herunterkam, an seine Arbeit dachte und jeder Begegnung auszuweichen wünschte, ließ der Herzog seine Stalleute stehen, kam über den Hof zu ihm heran, richtete ihm, mit einer Beflissenheit, die er von den einstigen Dienern des Königs geerbt hatte, den Kragen seines Pardessus, nahm ihn bei der Hand, hielt sie in der seinen fest, streichelte sie sogar, um ihm mit der Schamlosigkeit einer Kurtisane zu zeigen, daß er ihm den Kontakt mit seiner köstlichen Haut nicht mißgönnte, und führte ihn, dem das höchst unangenehm war und der nur loskommen wollte, an der Leine bis zum Tor hinaus.

*

Ein Jungdichter wie Bloch denkt, wenn er eine Karte gekauft hat, um die Berma zu sehen, einzig daran, seine Handschuhe nicht zu beschmutzen, niemandem im Weg zu sein, den Nachbarn, den ihm der Zufall gegeben hat, günstig zu stimmen, den sich entziehenden Blick eines Bekannten, den er im Saal entdeckt hat, mit einem zaghaften Lächeln zu verfolgen, dessen auf ihn gerichteten Blick unhöflich zu meiden, bis er sich nach endlosem Zögern doch noch entschließt, hinzugehen und ihn zu grüßen, und das gerade in dem Augenblick, da die drei Klopfzeichen ertönen und, noch bevor er den anderen erreicht hat, ihn wie seine Vorväter, die Hebräer, im Roten Meer zwischen den Wogen der Zuschauer, die für ihn aufstehen müssen, zur Flucht zwingen. Hingegen lag es daran, daß die Leute der großen Welt – bei dieser Gala der Opéra-Comique, für die ich einen Platz hatte – in ihren Logen (hinter dem terrassenartigen Balkon) wie in kleinen aufgehängten Salons saßen, bei denen man eine Wand herausgenommen hätte, oder wie in kleinen Cafés, wo man ein Bavarois essen geht, ohne sich von den goldgerahmten Spiegeln und den roten Polstern des Etablissements einschüchtern zu lassen – es lag daran, daß sie eine gleichgültige Hand an die vergoldeten Schäfte der Säulen stützten, die diesen Tempel lyrischer Kunst trugen, es lag daran, daß sie sich nicht beeindrucken ließen von der übertriebenen Ehre, die ihnen zwei Skulpturen mit ihren zu den Logen emporgestreckten Palmen und Lorbeeren zu erweisen schienen –, daß nur sie allein unbeschwerten Geistes das Stück hätten anhören können, wenn sie bloß Geist gehabt hätten. Es waren nur Parkettplätze im Verkauf gewesen, während die Princesse de Parme sämtliche Logen unter ihren Freundinnen verteilt hatte.

Kaum etwas höher als die vordersten Reihen, ließen die Parkettlogen zunächst nur jenes Dunkel erkennen, wo man auf einmal wie dem Strahlen eines unsichtbaren Edelsteins dem Leuchten zweier berühmter Augen begegnete oder – wie einem Medaillon Heinrichs IV. – dem vor schwarzem Hintergrund vorgeneigten Profil des Herzogs von Aumale. Fast überall jedoch hatten sich die weißen Gottheiten, die in diesen dunklen Gefilden wohnten, gegen die unbeleuchteten Wände zurückgezogen und blieben unsichtbar. Aber mit dem Fortgang der Aufführung lösten sich ihre verschwommen-menschlichen Gestalten eine nach der anderen träge aus den Tiefen der Nacht, an der sie gehaftet hatten, stiegen zum Licht empor, ließen ihre halbnackten Körper auftauchen und kamen an der vertikalen Grenze und der dämmerigen Oberfläche zum Stillstand, wo ihre Glanzgesichter hinter der heiteren, schaumig-leichten Brandung ihrer Federfächer hervorschauten, unter ihrem mit Perlen durchsetzten Purpurhaar, das von der Wellenbewegung einer Flut gebogen schien; danach begannen die Parkettplätze, Aufenthalt der Sterblichen, auf ewig getrennt von dem dunkel durchsichtigen

Reich, das da und dort von den klaren, spiegelnden Augen der Wassergöttinnen flächig und flüssig begrenzt war. Denn die Klappsitze am Ufer, die Monstergestalten des Orchesters konnten sich höchstens nach den Gesetzen der Optik und gemäß ihrem Einfallswinkel darin reflektieren, so wie das bei jenen zwei Teilen der äußeren Wirklichkeit vorkommt, angesichts deren es uns – da wir ja wissen, daß sie nicht einmal ansatzweise eine der unseren entsprechende Seele besitzen – sinnlos vorkäme, ein Lächeln oder einen Blick an sie zu richten: die Mineralien und die Personen, mit denen wir nicht bekannt sind. Innerhalb der Grenze ihres Reiches hingegen wandten sich die strahlenden Meertöchter ständig um und lächelten bärtigen Tritonen zu, die in den Klüften des Abgrunds hingen, oder irgendwelchen Wasser-Halbgöttern, denen ein geschliffener Kiesel als Schädel diente, auf den die Wellen eine glatte Alge geschwemmt hatten, und als Auge eine Scheibe aus Bergkristall. Sie neigten sich ihnen zu, sie boten ihnen Bonbons an; manchmal taten sich die Fluten vor einer neuen Nereide auf, die tief aus dem Schatten kommend sich spät, lächelnd und verwirrt entfaltete; dann, als sie bei Aktschluß nicht mehr hoffen konnten, die melodischen Geräusche der Erde zu vernehmen, von denen sie an die Oberfläche gelockt worden waren, tauchten die göttlichen Schwestern alle gleichzeitig wieder in ihr Dunkel hinab. Von all diesen Refugien aber, an deren Schwellen die neugierigen, unnahbaren Göttinnen nur dank einem milden Interesse für die Werke der Menschen erschienen, war das berühmteste der Block aus Halbdunkel, den man unter dem Namen Parkettloge der Princesse de Guermantes kannte.

Wie eine Hauptgöttin, die von weitem die Spiele der minderen Gottheiten überblickt, blieb die Fürstin absichtlich ein bißchen zurückgezogen auf einem seitlichen, korallenroten Kanapee neben einem großen, glasigen Widerschein, der vermutlich ein Spiegel war und an einen dunklen und senkrechten Einschnitt erinnerte, den ein Strahl im geblendeten Kristall des Wassers angebracht hat … Und wenn ich die Augen dieser Parkettloge zuwandte, war es, viel mehr als beim Anblick des Theaterplafonds, der mit kalten Allegorien bemalt war, als hätte ich dank einer wundersamen Öffnung der üblichen Wolken die Versammlung der Götter erblickt, die eben das Treiben der

Menschen betrachteten, unter einem roten Baldachin, in einer leuchtenden Aufhellung, zwischen zwei Säulen des Himmels. Während ich mir diese Augenblicksapotheose mit einer Beunruhigung anschaute, die dank dem Gefühl, von jenen Unsterblichen nicht beachtet zu werden, auch etwas Friedliches enthielt, saß die Herzogin, die mich einmal zusammen mit ihrem Mann gesehen, aber mein Gesicht und meinen Namen bestimmt vergessen hatte, zufällig so in der Loge, daß sie auf die anonymen und kollektiven Madreporen des Parkettpublikums sah, in denen, wie ich spürte, mein Ich zum Glück aufgelöst war; doch in dem Augenblick, da aufgrund der Gesetze der Lichtbrechung in der gleichgültig-blauen Strömung ihrer Augen die verwischte Gestalt des noch kein individuelles Leben besitzenden Urtierchens, das ich war, erschienen sein mußte, sah ich sie aufleuchten: aus Göttin Frau geworden und in meinen Augen plötzlich hundertmal schöner, hob die Herzogin ihre weißbehandschuhte Hand, die sie auf die Logenbrüstung gestützt hatte, und winkte mir freundlich zu; ich fühlte, daß sich mein Blick mit den unabsichtlich aufglühenden Augen der Fürstin kreuzte, die in ihnen unwissentlich einen Brand entfacht hatte, indem sie sie bewegte, um zu sehen, wen ihre Kusine eben gegrüßt hatte, und diese, die mich erkannt hatte, ließ den funkelnden, blauen Regenguß ihres Lächelns auf mich herabgehen.

★

Jetzt machte ich jeden Morgen, noch lange bevor sie ausging, einen weiten Umweg und stellte mich an der Ecke der Straße auf, die sie gewöhnlich herunterkam, und wenn mir der Augenblick ihres Erscheinens nahe schien, stieg ich hoch, mit zerstreuter Miene, in die andere Richtung blickend, und schaute zu ihr hin, als ich auf ihrer Höhe war, aber so, als wäre ich überhaupt nicht darauf gefaßt gewesen, sie zu sehen.

Doch hätte ich nicht sagen können, woran ich Madame de Guermantes erkannte, denn jeden Tag war das Gesicht im Gesamten ihrer Person ein anderes, so wie das Kleid und der Hut.

Warum nahm ich an einem Tag, da ich unter einem malvenfarbenen Hut ein sanftes, glattes Gesicht auf mich zukommen sah, dessen Reize symmetrisch um zwei blaue Augen verteilt waren und das die Linie der Nase einzusaugen schien, dank einer freudigen Erschütterung zur Kenntnis, daß ich nicht nach Hause gehen würde, ohne Madame de Guermantes gesehen zu haben? Warum war ich gleicherweise verwirrt, warum heuchelte ich die gleiche Indifferenz wie am Vortag, warum wandte ich auf gleiche zerstreute Art die Augen ab, als in einer Querstraße unter einer marineblauen Mütze eine Hakennase im Profil erschien, längs einer roten Wange, unter einem durchdringenden Auge, ähnlich wie die einer ägyptischen Gottheit. An einem anderen Tag wiederum war ich stundenlang die Straße auf und ab spaziert, ohne sie zu sehen, als sich plötzlich ganz hinten in einem Milchgeschäft, das in diesem aristokratischen und volkstümlichen Viertel zwischen zwei Hôtels versteckt war, undeutlich und neu das Gesicht einer eleganten Frau abhob, die sich eben »Petits Suisses« zeigen ließ, und bevor ich Zeit gehabt hätte, sie zu erkennen, wie ein Blitz, der schneller als das übrige Bild bei mir war, mich der Blick Madame de Guermantes' traf; ein andermal, da ich ihr nicht begegnet war und die Mittagsglocken läuten hörte, sagte ich mir, es habe keinen Wert, noch länger zu warten; ich machte mich traurig auf den Heimweg, und versunken in meine Enttäuschung schaute ich einem Wagen nach, ohne ihn zu sehen, als ich auf einmal begriff, daß die Kopfbewegung, die eine Dame vom Kutschenschlag aus gemacht hatte, mir galt, und daß diese Dame, deren gelöste, bleiche oder im Gegenteil angespannte und belebte Züge unter einem runden Hut oder einer hohen Feder sich zu dem Gesicht einer Fremden fügten, Madame de Guermantes war, von der ich mich hatte grüßen lassen, ohne den Gruß zu erwidern. Und weil diese Erscheinungen verschiedener Gesichter, die im Ganzen ihrer Toilette je nachdem eine andere, einmal schmale, einmal weite Fläche deckten und einander ablösten, bezog sich meine Liebe nicht auf irgendeinen dieser wechselnden Teile von Haut oder Stoff, die je nach Tag den Platz der anderen einnahmen und die von Madame de Guermantes verändert und erneuert werden konnten, ohne daß sich meine Unruhe verringerte, denn durch den neuen Kragen und die unbekannte Wange hindurch spürte ich, daß sie es war. Was ich liebte, war die unsichtbare Person, die das alles in Bewegung setzte, sie, deren Feindseligkeit mich bedrückte, deren Näherkommen mich erschütterte, deren Leben ich einfangen und deren Freunde ich ausrotten wollte! Ob sie eine blaue Feder gehißt hatte, ob sie einen flammenden Teint zur Schau trug, ihr Tun war für mich immer von der gleichen Wichtigkeit. Ja, das Gesicht, das ich mir vor dem Einschlafen hell und blond vorstellte, war morgens, wenn ich es aus der Nähe sah, zumeist rot und dunkel, so daß die Sehnsucht, die mich jeden Abend beschließen ließ, am nächsten Morgen unbedingt auszugehen, nicht mehr die nach einem Goldkopf war, sondern nach einer Kuperose-Haut.

Hätte ich nicht selber gespürt, daß es Madame de Guermantes höchst lästig war, mir jeden Tag zu begegnen, so hätte ich es indirekt von dem kalten, vorwurfsvollen und mitleidigen Gesicht erfahren, das Françoise machte, wenn sie mir für diese morgendlichen Ausgänge in die Sachen half. Sobald ich sie nach ihnen schickte, sah ich, wie sich auf den zusammengezogenen und gedrückten Zügen ihres Gesichts ein Gegenwind erhob. Sie wußte immer gleich alles, was uns an Unangenehmem zustoßen konnte, dank einer Macht, deren Natur für mich stets dunkel blieb. Es war vielleicht keine übernatürliche Macht und hätte sich mit den Françoise eigenen Informationsmethoden erklären lassen; so erfahren wilde Volksstämme bestimmte Nachrichten mehrere Tage bevor sie die europäische Kolonie durch die Post erhält – Nachrichten, die ihnen nicht durch Telepathie, sondern von Hügel zu Hügel mit Hilfe von Feuern übermittelt wurden. Im besonderen Fall meiner Spaziergänge hatten vielleicht die Bediensteten Madame de Guermantes' gehört, wie ihre Herrin den Unmut darüber äußerte, daß ich unweigerlich ihren Weg kreuzte, und es dann Françoise weitergesagt.

Aber noch wahrscheinlicher hatten Furcht, Aufmerksamkeit und Verschlagenheit unserer Dienerin schließlich jenes intuitive und beinahe seherische Wissen verliehen, wie es der Matrose vom Meer, das Wild vom Jäger und der Kranke von der Krankheit hat. Ich habe in meinem Leben nie eine heimliche Demütigung erfahren, ohne im voraus auf Françoises Gesicht das Beileid schon vorbereitet zu finden; und wenn ich in meiner Wut darüber, daß sie mich bemitleidete, vorzutäuschen versuchte, ich hätte ganz im Gegenteil Erfolg gehabt, so zerschellten meine unnützen Lügen an ihrem respektvollen, aber sichtlichen Unglauben und an ihrem Bewußtsein, daß sie unfehlbar war. Denn sie kannte die Wahrheit; sie sagte nichts und machte bloß mit den Lippen eine kleine Bewegung, als hätte sie den Mund noch voll und kaute einen guten Bissen fertig. Sie sagte nichts? wenigstens habe ich das lange geglaubt, denn zu jener Zeit stellte ich mir noch vor, daß man den anderen die Wahrheit mit Hilfe von Wörtern nahebringt. Auch hinterließen die Wörter, die man mir sagte, so eindeutig ihre unveränderliche Bedeutung in meinem empfänglichen Geist, daß ich ebensowenig für möglich hielt, jemand könnte mich nicht lieben, nachdem er gesagt hatte, er liebe mich, wie Françoise selbst kaum zu zweifeln vermochte, wenn sie »auf« der Zeitung las, ein Priester oder sonst ein Herr würde gegen briefliche Anfrage gratis ein garantiertes Medikament gegen sämtliche Krankheiten oder das Rezept schicken, mit dem man aus jedem Kapital fünfzig Prozent Rendite herausschlagen kann. Françoise aber zeigte mir als erste (was ich später verstehen sollte, als es mir erneut und schmerzlicher gezeigt wurde, wie man im letzten Band dieses Werkes sehen wird, und zwar von einer Person, die mir teurer war), daß die Wahrheit nicht ausgesprochen werden muß, um offensichtlich zu sein, und daß man sie vielleicht noch sicherer an hundert äußeren Zeichen ablesen kann, ohne auf die Wörter zu warten und dann auch ohne die Wörter in Betracht zu ziehen, ja, an bestimmten unsichtbaren Phänomenen, die in der zwischenmenschlichen Welt dem entsprechen, was in der physischen Natur die atmosphärischen Wechsel sind. Ich hätte es vielleicht ahnen können, da ich zu jener Zeit selbst oft Dinge sagte, in die ich keineswegs die Wahrheit legte, während ich sie durch so viele unwillkürliche Geständnisse meines Körpers und meiner Handlungen doch an den Tag brachte, was Françoise denn auch völlig richtig auslegte. Aber dazu hätte ich wissen müssen, daß ich zuweilen verlogen und verschlagen war. Lüge und Verschlagenheit jedoch waren bei mir – wie bei jedem – so unmittelbar und zufällig und in defensiver Absicht von einem bestimmten Interesse diktiert, daß mein Geist, ausgerichtet auf ein schönes Ideal, meinen Charakter diese dringenden und kümmerlichen Schatten-Arbeiten ausführen ließ.

Wenn Françoise am Abend nett war zu mir und um die Erlaubnis bat, in meinem Zimmer sitzen zu dürfen, kam es mir vor, ihr Gesicht werde durchsichtig und ich sähe in ihr Güte und Aufrichtigkeit. Doch dann verriet mir Jupien, sie sage, ich sei keinen Schuß Pulver wert und ich hätte versucht, ihr alles mögliche zuleide zu tun. Dachte sie das wirklich? Hatte sie es nur gesagt, um zwischen Jupien und mir Zwietracht zu säen, vielleicht, damit wir nicht als Ersatz für sie die Tochter Jupiens anstellten? Auf jeden Fall begriff ich, daß es unmöglich war, direkt und sicher zu wissen, ob mich Françoise mochte oder verabscheute. Und so brachte sie mich auf den Gedanken, daß eine andere Person mit ihren Vorzügen und Fehlern, ihren Plänen, ihren uns betreffenden Absichten nicht reglos und sichtbar ist wie jenseits des Zauns ein Garten mit all seinen Beeten, sondern daß es keine direkte Kenntnis gibt von ihr, höchstens eine induktive und im übrigen sehr trügerische, da uns ja die Wörter und auch die Handlungen nur ungenügende und im allgemeinen widersprüchliche Auskünfte geben über diesen ewig geheimnisvollen Schatten, in den wir nicht eindringen können und den wir uns mit gleicher Wahrscheinlichkeit einmal von Haß, einmal von Liebe durchglänzt vorstellen.

Ich liebte Madame de Guermantes wirklich; das größte Glück, um das ich zu Gott hätte beten mögen, wäre gewesen, daß sämtliche Kalamitäten über sie hereinbrachen und daß sie, ruiniert, entwürdigt, entblößt von allen ihren Privilegien, die mich von ihr trennten, ohne Zuhause und ohne einen Menschen, der sie noch grüßte, zu mir käme und um Obdach bäte. Ich stellte mir das vor. Wie oft habe ich mir diese Geschichte erzählt! Madame de Guermantes sagte mir da solche Zärtlichkeiten, daß ich nicht aufhören konnte, es ihr noch zu danken, als ich mit Lesen fertig war, als ich meinen inneren Roman zugemacht hatte, einen reinen Abenteuerroman übrigens, unergiebig und ohne Wahrheit. In das allgemeine Urteil, das ich, war die Illusion zwischendurch verflogen, über Madame de Guermantes' Charakter fällte, ließ ich die süßen Worte einfließen, die sie in meinem Tagtraum sprach.

*

Ich war bei Saint-Loup in seiner Garnisonsstadt zu Besuch, in einem jener vornehmen Militärstädtchen im Norden, umgeben von einer weiten Landschaft, wo an schönen Tagen in der Entfernung da und dort eine Art hörbarer Dunst schwebt, der die Ortsverschiebungen eines manövrierenden Regiments angibt, so wie die geschwungene Linie einer Pappel-Wand den Lauf eines Flusses nachzeichnet, den man nicht sieht. Und die Atmosphäre (sogar auf den Straßen, Alleen und Plätzen) legt sich hier mit der Zeit eine Art ständiger musikalisch-kriegerischer Vibrierfähigkeit zu; das simpelste Geräusch eines Karrens oder einer Tramway verlängert sich zu unbestimmten, nicht enden wollenden Hornklängen, wie sie die Stille den Ohren vortäuscht. Eine Erinnerung, ein Kummer sind bewegliche Dinge. Einen Moment lang mag man sie aus den Augen verlieren, dann aber kommen sie gleich wieder und verlassen einen lange nicht mehr. Es gab Tage, da ich nicht mehr an Madame de Guermantes dachte. An bestimmten Abenden jedoch, unterwegs durch die Stadt zu dem Restaurant, in dem Saint-Loup aß, hatte ich mit Gehen Mühe, es war, als hätte mir ein geschickter Anatom einen Teil meiner Brust weggeschnitten und durch einen gleichen Anteil immateriellen Leidens, ein Äquivalent an Sehnsucht und Liebe ersetzt. Und wenn auch die Naht richtig ausgeführt war, lebt man doch ziemlich mühselig mit dem Schmerz um einen Menschen anstelle der Eingeweide, er scheint mehr Platz einzunehmen als sie, und dann – wie doppeldeutig, daß man gezwungen ist, einen Teil seines Körpers zu *denken*. Doch scheint man auch mehr wert zu sein. Bei der leichtesten Brise seufzt man vor Bedrücktheit, aber auch vor weher Sehnsucht. Ich betrachtete den Himmel. War er klar, sagte ich mir: vielleicht ist sie auf dem Land, schaut dieselben Sterne an, und wer weiß, wenn ich im Restaurant ankomme, könnte Robert doch sagen: »Eine gute Nachricht, meine Tante hat mir geschrieben, sie möchte dich sehen, sie kommt hierher.«

Während ich zum Restaurant unterwegs war, sagte ich mir: »Ich habe Madame de Guermantes seit zwei Wochen nicht mehr gesehen.« Und sogleich nahmen nicht nur die Sterne, sondern sogar die arithmetischen Unterteilungen der Zeit etwas Schmerzliches und Poetisches an. Ich sagte mir: »Vielleicht wartet sie nicht mehr lange, um sich reuig zu zeigen. Zwei Wochen, das ist eine lange Zeit.« Und ich bedachte nicht, daß sie ihrerseits ja nicht wartete und daß diese zwei Wochen der Trennung, riesengroß im Mikroskop meines Schmerzes, durch das ich sie in Zehntelsekunden zählen konnte, minimal waren, vielleicht ein reines Nichts, und daß sie das, sogar hundertmal verlängert, auch bleiben würden für Madame de Guermantes, die während dieser ganzen Zeit nicht an mich gedacht hatte, kein einziges Mal an mich denken würde. Jeder Tag war jetzt wie der bewegliche Grat eines unsicheren Hügels, auf der einen Seite ging es, wie ich fühlte, auf das Vergessen zu, auf die andere konnte ich, falls ich rückfällig wurde, hinuntergezogen werden durch das Bedürfnis, Madame de Guermantes wiederzusehen. Eines Tages sagte ich mir: »Vielleicht ist heute abend ein Brief da«, und als ich zum Abendessen kam, hatte ich den Mut, Saint-Loup zu fragen: »Du hast nicht zufällig Nachrichten aus Paris.« – »Doch«, sagte er mit düsterer Miene, »schlechte.« Ich atmete auf, als ich begriff, daß bloß er Kummer hatte und die Nachrichten seine Mätresse betrafen.

Ich erfuhr dann allmählich, daß sie Streit bekommen hatten, entweder brieflich, oder sie war eines Morgens dagewesen, um ihn zwischen zwei Zügen zu sehen, ohne daß ich davon wußte.

Jedenfalls setzte sich ihre Meinungsverschiedenheit jetzt auf dem Korrespondenzweg fort. Sie erklärte, sie wolle ihn verlassen. Er schrieb ihr fortwährend. Er mochte wohl wissen, daß sie ihm nie etwas von ihren Gedanken preisgegeben hatte, daß er sie nicht kannte, daß er nur aus ihren Handlungen und niemals aus ihren Worten auf ihre Wünsche schließen konnte, denn diese waren nicht einmal so einheitlich verlogen, daß es genügt hätte, das Gegenteil anzunehmen, und doch maß er ihnen außerordentliche Bedeutung bei. Und obwohl er überzeugt war, alles für sie getan zu haben, mußte er in einem Augenblick wie diesem, da sie böse zu ihm war, sie einfach bitten, sie anflehen, ihm doch zu schreiben, was sie ihm vorzuwerfen habe, und wenn sie dann tatsächlich einen Vorwurf formulierte, machte er sich sogleich daran, über lange Seiten zu antworten und ihn zu entkräften. Bald jedoch hörte er auf, seiner Mätresse zu schreiben, denn in gewissen Punkten wollte er nicht nachgeben, und er hatte das Gefühl, er müsse, ehrlich oder zum Schein, den Bruch akzeptieren. Vielleicht mochte ihm die Qual, seine Mätresse zu verlassen, geringer erscheinen als jene, unter gewissen Bedingungen mit ihr zusammenzubleiben. Und auch wenn ihm das sehr viel schwerer fiel, hielt er vielleicht diese Unnachgiebigkeit für notwendig, um zu erhalten, was sie, wie er glaubte, noch an Liebe und Respekt für ihn übrig hatte.

Der Gedanke, mit seiner Mätresse zerstritten zu sein, entwich Saint-Loups Hirn fortwährend in dichten Schwaden, mein Freund gewöhnte sich an diese bedrückende Atmosphäre, hätte am Ende vielleicht darin weitergelebt. Doch er hatte manchmal im Wachzustand jene kurzen Atempausen, wie sie der Schlaf zu bringen pflegt. Danach erblickte Robert in sich selber den Gedanken wieder, rührte gleichsam zum ersten Mal daran, daß er mit seiner Mätresse Streit hatte. Es schien ihm, als entdecke er diese Idee, sie kam ihm neu vor; die drei Wochen, seit er sie kannte, konnten tatsächlich doch nur ein Traum sein, sie war zu grausam und zu sehr im Widerspruch zu der Erinnerung an die vergangenen Jahre, als daß es ihm innerhalb von drei Wochen schon gelungen wäre, das Leidvolle daran zu ertragen und das Mögliche daran einzuräumen. Und doch blieb die Idee in ihm drinnen an ihrem Platz, er entfernte sich von ihr, kam zu ihr zurück, erstickte in sich selbst, hätte aus seinem Körper, aus seinem Leben hinausfahren mögen.

Nachts machte er kein Auge mehr zu. Einmal nickte er bei mir ein, von der Müdigkeit übermannt. Plötzlich aber begann er zu reden, wollte losrennen, etwas verhindern, sagte: »Ich höre es, Sie werden nicht, Sie werden nicht ...« Er erwachte. Er hatte, wie er gleich darauf sagte, geträumt, er sei auf dem Land, beim Feldwebel zu Hause. Es war ihm aufgefallen, daß dieser ihn von einem bestimmten Teil des Hauses fernhalten wollte. Er hatte herausgefunden, daß beim Feldwebel ein sehr reicher und sehr lasterhafter Leutnant war, von dem Robert wußte, daß er seine Freundin sehr begehrte. Und plötzlich hatte er im Traum deutlich die kleinen Schreie gehört, die seine Mätresse in bestimmten lustvollen Augenblicken auszustoßen pflegte. Er hatte den Feldwebel zwingen wollen, ihn zu dem Zimmer zu führen. Und dieser hielt ihn zurück, wobei er eine würdige und wegen dieser Indiskretion beleidigte Miene machte, die Robert, wie er mir sagte, nie vergessen würde.

»Ein idiotischer Traum«, sagte er noch ganz außer Atem.

Aber ich sah sehr wohl, daß er im Lauf der folgenden Stunde mehrmals drauf und dran war, seiner Mätresse zu telegraphieren, die Versöhnung sei perfekt. Dann verblaßte der Traum in seinem Geist ein wenig. Er wußte nichts von ihr, er konnte noch so sehr auf einen Brief warten, seine Ordonnanz brachte ihm keinen mehr. Ohne jegliche Nachricht, dachte sich Robert alles Mögliche aus. Es heißt, das Schweigen sei eine Kraft; in einem ganz anderen Sinn ist es auch eine schreckliche Kraft in den Händen jener, die geliebt werden. Es vergrößert die Angst dessen, der wartet. Nichts zieht einen so sehr zu einem Menschen hin wie das, was einen von ihm trennt; welche Schranke wäre aber unüberwindlicher als das Schweigen? Es heißt auch, das Schweigen sei eine Tortur – und fähig, einen verrückt zu machen – für den, der im Gefängnis dazu gezwungen sei. Welche Tortur aber – schrecklicher, als selber zu schweigen –, wenn man es von jenem erleidet, den man liebt! Robert sagte sich: »Was macht sie denn, daß sie so schweigt? Ganz bestimmt betrügt sie mich mit anderen.« Und er machte sich Vorwürfe. So wurde er vor Schweigen tatsächlich verrückt, aus Eifersucht und aus Gewissensbissen. Im übrigen ist dieses Schweigen, grausamer als jenes der Gefängnisse, selbst ein Gefängnis. Eine zwar immaterielle, aber undurchdringliche Sperre, dieser Zwischenabschnitt leerer Atmosphäre, den die Seh-Strahlen des Verlassenen nur eben durchqueren können. Gibt es eine schrecklichere Beleuchtung als das Schweigen, das uns nicht eine, sondern tausend Abwesende zeigt, jede im Begriff, einen anderen Betrug zu begehen. In Augenblicken der Entspannung glaubte Robert manchmal, das Schweigen werde aufhören, der Brief kommen. Er sah ihn, da kam er, er lauerte auf jedes Geräusch, war schon froh, murmelte: »Der Brief! Der Brief!« Nachdem er diese imaginäre Oase der Zärtlichkeit flüchtig erblickt hatte, fand er sich dann, vor Verzweiflung auf der Stelle tretend, in der wirklichen Wüste des endlosen Schweigens wieder.

Ich meinerseits wußte zwar von nichts, hielt es aber nicht für möglich, daß Saint-Loups Mätresse tatsächlich die Absicht hatte, ihn zu verlassen. Er selbst wußte nicht, was er denken sollte. Er litt im voraus sämtliche Schmerzen einer Trennung, ohne einen auszulassen, dann wieder glaubte er, sie vermeiden zu können, so, wie die Leute, die ihr ganzes Gepäck im Hinblick auf eine Abreise vorbereiten, die dann nicht stattfindet, und deren Denken, das sich nicht mehr auf das Morgen auszurichten vermag, augenblicksweise zuckt, körperlos, von ihnen abgelöst wie das Herz, das einem Kranken herausgenommen wird und das weiterschlägt. Auf jeden Fall war es bestimmt die Hoffnung auf eine baldige Versöhnung, die ihm den Mut gab, in der Trennung zu verharren, so wie der Glaube, lebend aus einem Kampf hervorzugehen, einem hilft, sich dem Tod zu stellen. Und da die Gewohnheit unter allen menschlichen Pflanzen am wenigsten Erdreich zum Leben braucht und als erste an einem noch so kahlen Felsen Fuß faßt, hätte er sich vielleicht, nachdem er die Trennung zum Schein vollzogen hatte, am Ende noch ehrlich daran gewöhnt. Jeden Tag kam er zerstreuten und starren Blickes zu mir, und diese Tage, an denen er so litt, zeichneten in meinem Geist so etwas wie die harte und großartig geschwungene Linie eines schmiedeeisernen Geländers, an dem Robert das Geheimnis zu ergründen suchte, das ihn immer beschäftigt hatte, nämlich was seine Mätresse wirklich dachte, was sie war, – das aber jetzt etwas sehr viel Dringlicheres und Schmerzlicheres hatte, da er nicht mehr nur dechiffrieren mußte, was sie dachte, sondern auch, was sie wollte, was sie beschlossen hatte, denn was sie im Grunde war, und besonders was sie in bezug auf ihn war – seine Freundin auf immer oder seine haßerfüllte Sklavin –, das war nicht mehr nur eine innerste Essenz, über die man sich auslassen mochte, sondern wurde zu einer effektiven Wirklichkeit, die in Taten zum Ausdruck kam.

Endlich traf dann dieser Versöhnungsbrief ein, den er sich wohl, meine ich, Tausende von Malen vorgestellt hatte, wobei es das erste Mal war, daß dem Brief nicht der Zweifel folgte, ob er je kommen würde; ein so angstvoller Zweifel, daß er Robert immer gezwungen hatte, für einen Augenblick sein Denken zu unterbrechen, und ihn damit auch gezwungen hatte, die Idee einer möglichen Versöhnung oder vielleicht endgültigen Trennung fortwährend aufzugeben und wieder aufzunehmen, statt daß sie reglos in ihm verharrt wäre. Auf jeden Fall gehörte sie, auch wenn sie sich in gewissem Sinn der geistigen Welt annäherte, da sie ja eine Idee war, durch ihre Eigenart, ständig präsent zu sein, durch die unglaubliche Anzahl von Malen, da sie sich Robert täglich gezeigt hatte, eher zum körperlichen, organischen Leben, sie hatte die Frequenz und das unablässige Sich-Erneuern der Atembewegungen und der Herzschläge. Und vielleicht hatte nur das Leiden – weil es ihr durch die Einführung von Unterbrüchen einen Rhythmus verliehen hatte – sie bewußt gemacht, wie jene lebenswichtigen und tiefen Empfindungen, die wir nur beachten, wenn sie schmerzhaft geworden sind.

Er erhielt diesen Brief, in dem seine Freundin ihn fragte, ob er bereit wäre, ihr zu verzeihen. Sobald er wußte, daß der Bruch vermieden war, sah er die Nachteile einer Versöhnung. Im übrigen litt er schon weniger und hatte den Schmerz beinahe schon akzeptiert, denn er sagte sich, daß er ihn in einigen Monaten vielleicht doch wieder mit aller Schärfe würde spüren müssen. Dennoch zögerte er nicht lange. Und vielleicht zögerte er nur, weil er jetzt sicher war, sich seine Mätresse wieder nehmen zu können: es zu können, es also zu tun.

⋆

Ich kam nach Paris zurück, um mich von dem bisher ungeahnten Gespenst (das ein Telephongespräch beschworen hatte) einer gealterten Großmutter zu befreien (einer Großmutter, die für mich immer alterslos gewesen war), die sich damit abgefunden hatte, mich nicht zu sehen, die in der leeren Wohnung auf einen Brief von mir wartete. Ach, genau das Gespenst war es, das ich erblickte, als ich in den Salon trat und meine Großmutter, die nichts von meiner Rückkehr wußte, beim Lesen fand. Ich war da und war doch noch nicht da, weil sie es ja nicht wußte; und wie eine Frau, die man bei einer Handarbeit überrascht – die sie verstecken wird, wenn man eintritt –, hing sie Gedanken nach, die sie vor mir nie gehabt hatte. Dank jenem Privileg, das nur einen Augenblick, nur im Moment der Rückkehr gewährt ist, dem Privileg, bei unserer eigenen Abwesenheit anwesend zu sein, war von mir nur der Zeuge vorhanden, der Beobachter in Hut und Reisemantel, der Fremde, der nicht zum Haus gehört, der Photograph, der eine Aufnahme macht von den Orten, die man nicht wiedersehen wird. Und was meine Augen leider ganz mechanisch ausführten, als ich meine Großmutter erblickte, war in der Tat eine Photographie. Wir sehen einen geliebten Menschen nur immer in dem belebten System, der stetigen Bewegung unserer ununterbrochenen Liebe, die das Bild, das sein Gesicht uns präsentiert, nicht an uns heranläßt, sondern es vorher in ihrem Wirbel erfaßt, es zurückwirft und aufdrückt auf die Idee, die wir uns von ihm machen, seit jeher.

Wie hätte ich, da die Wangen, die Schultern meiner Großmutter für mich das Zarteste und das Beständigste in ihrem Geist andeuteten, wie hätte ich aus ihnen nicht weglassen sollen, was dicker und anders geworden war, wenn doch in den gleichgültigsten Anblicken des Lebens unser gedankenbeschwertes Auge, darin der klassischen Tragödie gleich, alle Bilder vernachlässigt, die nichts zur Handlung beitragen, und nur jenes behält, das ihr Ziel erkennbar macht. Aber wenn es statt unseres Auges ein rein materielles Objektiv, eine photographische Platte ist, die geschaut hat, so werden wir im Hof des »Institut« nicht das Heraustreten eines Akademie-Mitglieds sehen, das einen Fiaker rufen will, sondern sein Taumeln, seine Maßnahmen, um nicht auf den Rücken zu fallen, die Parabel seines Sturzes, als wäre er betrunken oder der Boden vereist. So ist es auch, wenn eine List des Zufalls unsere intelligente und pietätvolle Zärtlichkeit daran hindert, wie üblich einzuspringen, um vor uns zu verhüllen, was wir niemals sehen sollen, wenn ihr unsere Blicke zuvorkommen und als erste zur Stelle sind, wo sie, sich selbst überlassen, wie ein Photoapparat mechanisch funktionieren und uns anstelle des geliebten Menschen, den es schon lange nicht mehr gibt, dessen Tod wir aber nach dem Willen jener Zärtlichkeit nie erfahren sollten, den neuen Menschen zeigen, den sie hundertmal am Tag in eine teure und täuschende Ähnlichkeit gekleidet hat. Und – wie ein Kranker, der sich schon lange nicht mehr angeschaut hat und sich die ganze Zeit das Gesicht, das er nicht sieht, nach dem geistigen Idealbild seines Ich zusammensetzt und dann vor dem Spiegel zurückschreckt, wenn er mitten in einem dürren und öden Gesicht die schräge, rosarote Erhebung einer gigantischen, den ägyptischen Pyramiden ähnlichen Nase sieht – so erblickte ich, für den meine Großmutter auch wieder ich selbst war, da ich sie immer nur in meiner Seele, immer nur an derselben Stelle der Vergangenheit, durch das Durchsichtige der aufeinanderfolgenden Erinnerungen hindurch angeschaut hatte, auf einmal in unserem Salon – Teil einer neuen Welt, nämlich jener der Zeit, wo Fremde leben, von denen man sagt »er altert gut«, Romanfiguren, deren letzte Jahre einsam und rührend sind – unter der Lampe nun zum ersten Mal und nur für einen Augenblick, denn sie verschwand dann gleich, auf dem Kanapee sitzend, rot, schwer, gewöhnlich, krank, versunken, mit leicht verrückten Augen über das Buch hinwegblickend, eine alte, niedergedrückte Frau, die ich nicht kannte.

★

Nachdem wir trotz des beginnenden Frühlings in Paris die Bäume auf den Boulevards noch fast ohne ihre ersten Blätter zurückgelassen hatten, sahen wir, als die Ringbahn Saint-Loup und mich in dem Vorort absetzte, wo seine Mätresse wohnte, mit Entzücken in jedem Gärtchen die riesigen Altäre der blühenden Obstbäume errichtet. Es war wie eines jener besonderen, poetischen, befristeten und örtlichen Feste, für die man zu bestimmten Zeiten von sehr weit herbeireist, ein Fest jedoch, das in diesem Fall von der Natur veranstaltet wurde. Die Kirschbaumblüten kleben wie ein weißer Überzug so dicht an den Ästen, daß man an diesem sonnigen, aber noch kalten Tag aus der Entfernung hätte glauben können, dort zwischen kaum blühenden, kaum belaubten Bäumen liege auf Sträuchern noch immer der Schnee, der anderswo geschmolzen war. Die großen Birnbäume jedoch umhüllten jedes Haus, jeden bescheidenen Hof mit einem ausgedehnteren, einheitlicheren, sichereren Weiß, als seien alle Behausungen, alle Grundstücke gleichzeitig dabei, die erste Kommunion zu feiern.

Nie sprach Robert zärtlicher von seiner Geliebten als während dieser Fahrt. Ich fühlte, was sie ihm bedeutete, und es ging mir sogar auf, daß er, dessen Gefühle gewöhnlich doch so zart waren, die Möglichkeit erwog, sich glanzvoll zu verheiraten, bloß um immens viel Geld zu haben, und daß sie dann, von solchem Reichtum überwältigt, nicht mehr daran denken sollte, ihn zu verlassen.

Nur sie hatte Wurzeln in ihm; seine Armee-Karriere, seine gesellschaftliche Stellung, sein persönliches Vermögen, sogar seine Familie, das alles war ihm gewiß nicht gleichgültig, zählte aber nichts neben den winzigsten Dingen, die seine Mätresse betrafen. Sie war es, an die er fortwährend dachte. Von dorther rührten alle seine Beunruhigungen und hin und wieder eine unaussprechliche Zärtlichkeit. Nur was mit ihr zusammenhing, galt ihm etwas, so daß es nicht nur die Guermantes, sondern sämtliche Könige der Welt in den Schatten stellte. Ich weiß nicht, ob er sich selber eingestand, daß sie etwas wesentlich Höheres war als alles andere, aber er war nur dann aufmerksam, nur dann besorgt, geriet nur dann in ein wirkliches Fieber, wenn es um sie ging. Durch sie war er fähig, Höllenqualen zu leiden, Wonnen zu kennen, vielleicht ein Verbrechen zu begehen. Nur das war für ihn interessant, nur das spannend, was seine Mätresse dachte, nur das, was – höchstens in flüchtigen Ausdrükken faßbar – im engen Raum ihres Gesichts und unter ihrer so besonderen Stirn verborgen war. Hätte man sich gefragt, zu welchem Preis er sie einschätzte, so hätte man wohl kaum hoch genug gehen können. Denn um sie zu behalten, hätte er ganz bestimmt mit Freuden jegliches Vermögen sowie alles geopfert, dem ein Vermögen bloß dient, möglicherweise aber nicht genügt, es zu beschaffen, wie zum Beispiel eine hohe Stellung in der Gesellschaft. Wenn er sie nicht heiratete, so nur deshalb, um sie zu behalten, sie täglich mit der Erwartung des nächsten Tages zurückzuhalten. Tatsächlich wußte er, daß sie ihn nicht liebte. Bestimmt zwang ihn die Liebe, die ja trotz einigen Verschiedenheiten bei allen Menschen ähnlich ist, hin und wieder – denn das ist ja eine der hauptsächlichen krankhaften Erscheinungen dieses Übels – zu glauben, seine Mätresse liebe ihn. Doch in der Praxis fühlte er, daß diese Liebe sie nicht daran hinderte, nur wegen des Geldes, das er ihr gab, bei ihm zu bleiben, und daß sie im Augenblick, da sie nichts mehr von ihm zu erwarten hätte, ihn verlassen oder zumindest nach ihrem eigenen Kopf leben würde.

Unterwegs zu dem Haus, das sie bewohnte, gingen wir einen kleinen Garten entlang, der gestern wohl noch leer und unbewohnt wie ein unvermietetes Grundstück, jetzt aber von der neuen Blüte der Kirsch- und Birnbaumzweige erfüllt war; und man konnte nicht anders, als diese eben Angekommenen, die ihn bevölkerten und verschönerten, neugierig zu betrachten, und sah dabei durch das Gitter hindurch, wie sie in ihren schönen weißen Kleidern an der Biegung der Gartenwege stehenblieben.

»Hör einmal«, sagte Robert, »ich sehe, daß du dich noch umschaust, also bleib doch hier; meine Freundin wohnt ganz in der Nähe, ich gehe sie holen.«

Unterdessen machte ich ein paar Schritte; ich kam an anderen bescheidenen Gärten vorbei. Ich sah da und dort in der Luft, auf der Höhe einer niedrigen Etage, aufgesetzt auf ihr Blätterwerk, biegsam und leicht in ihrer frischen lila Toilette junge Bäusche von Flieder, die sich von der Brise wiegen ließen, ohne sich um den Fußgänger zu kümmern, der die Augen bis zu ihrem Laub-Zwischenstockwerk hob. Aber nicht nur meine Augen allein betrachteten sie. Denn ich hatte in ihnen die violetten Knäuel erkannt, die hinter der kleinen weißen Schranke am Eingang zu Swanns Park für die warmen Frühlingsnachmittage angeordnet waren, und für mich gehörte diese entzückende ländliche Tapisserie nicht nur zu der Welt, die wir kühl mit den Augen betrachten. Sie ließ eine andere Welt beginnen, deren Anblick, so spüren wir – und das ist das einzige hienieden, was uns bereichert, uns das Gefühl von innerer Erfüllung und Freude gibt –, sich bis in unser Herz erstreckt.

Ich kam zu den Birnbäumen zurück. Saint-Loup war noch nicht da. Soeben, vor dem Flieder, hatte ich an Combray gedacht, und auch in diesem Garten waren es Combray-Blüten – Blüten, die mich in meiner Kindheit von solch zauberhaften Zuständen träumen ließen, daß ich nicht mehr glaubte, sie könnten in dieser mittelmäßigen Welt wirklich existieren, genau solche Blüten waren es – Birnblüten, Kirschblüten –, die ich an den Bäumen sah, über dem Schatten, der für die Siesta, die Lektüre, das Angeln so geeignet war.

Auf einmal erschien Robert wieder, begleitet von seiner Mätresse, und da, in dieser Frau, die für ihn die ganze Liebe war, die ganze Zärtlichkeit des Lebens, deren Persönlichkeit, geheimnisvoller beschlossen in einem menschlichen Körper als das Allerheiligste im Tabernakel, der unbekannte Gegenstand war, an dem sich die Phantasie meines Freundes abmühte, daran verzweifelnd, ihn je erfassen zu können, an sich, hinter dem Schleier der Blicke und des Fleisches, – in dieser Frau erkannte ich augenblicklich jene, der ich im Bordell, wo ich sie nie gewollt hatte, den Spitznamen »Rachel vom Herrn erhört« gegeben und die zur Zuhälterin gesagt hatte: »Also, wenn Sie mich morgen abend für jemanden brauchen, lassen Sie mich holen.«

Nicht Mitleid, wie ich es für Robert hätte empfinden sollen, war das Gefühl, das mich überkam. Nein, wenn ich Tränen in den Augen hatte, so eher aus übergroßer Freude, da ganz innen in mir eine Art Wahrheit erschien, noch wirr, aber größer als Robert und seine Freundin.

Es wurde mir bewußt, was wir dem kleinen Gesicht einer Frau alles hinzufügen können, wenn wir sie mit Hilfe unserer Phantasie kennengelernt haben; und umgekehrt, auf welche armseligen, wertlosen, materiellen Elemente sich für einen anderen Mann das beschränkt, was für uns das Ziel so vieler Anläufe, der Gegenstand so vieler Träume ist. Ich begriff, daß die Frau, die man mir im Bordell für zwanzig Francs angeboten hatte, ohne daß sie mir soviel wert schien und ohne daß sie etwas anderes war als eine beliebige, auf das Geld erpichte Prostituierte, für Robert mehr darstellen konnte als Millionen, mehr als der Jockey-Club, mehr als eine schöne Karriere, wenn er damit begonnen hatte, in dieser Frau ein schwer zu fassendes, schwer zu haltendes Wesen zu suchen. Das, was mir gewissermaßen gleich zu Beginn angeboten worden war, jenes einwilligende Gesicht, war für Robert der Zielpunkt gewesen, auf den er sich durch so viele Hoffnungen, Zweifel, Träume hindurch ausgerichtet hatte.

Er hatte sie für immer diesem Gesicht aufgedrückt, um etwas Einmaliges, Einheitliches, unzerstörbar Wertvolles aus ihm zu machen, während es mir mit so vielen anderen austauschbar schien und ich nicht die Neugier gehabt hätte, die Person darunter zu suchen; er hatte sie diesen Blicken aufgedrückt, diesem Lächeln, diesen Lippenbewegungen, die für mich nur eine allgemeine Handlung und eine Berufsgewohnheit darstellten.

Wir möchten auf andere Planeten, in andere Welten gehen. Aber diese anderen Welten existieren neben uns, unendlich fremdartig und doch nahe oder sogar mitsamt ihren riesigen Bahnen auf einen einzigen Ort beschränkt. Gewiß, es war dasselbe schmale, magere Gesicht dieser Frau, das Robert und ich in diesem Augenblick sahen. Doch sahen wir es nicht in derselben Welt. Hätte er erfahren, wie wenig sie galt für die Bewohner einer anderen Welt und wie da jeder sie haben konnte, hätte er grausam gelitten, aber sie hätte ihren Wert für ihn nicht verloren, denn es war nicht in seiner Macht, die Welt zu verlassen, in der er sie sah und die einen Schleier aus Zärtlichkeit vor sie hängte, ihr einen Unterbau aus Mißtrauen gab. Wir waren über zwei verschiedene Wege zu diesem Gesicht gelangt, Wege, die sich nie kreuzen und aus denen man sich nicht hinausschleudern kann. Wie ein dünnes, dem ungeheuren Druck zweier Atmosphären ausgesetztes Blatt, war dieses Gesicht der Treffpunkt zweier Unendlichkeiten. Robert und ich betrachteten es nicht von derselben Seite des Mysteriums. Und die Tage, da er so gelitten hatte, weil er nicht wußte, ob sie ihn verlassen werde, jene Tage, die für mich einen großartigen, metallisch harten Bogen dargestellt hatten, über den sich Saint-Loup auf das Unendliche hinausbeugte, schienen mir jetzt (denn es war doch wahrscheinlich, daß sich diese Frau an jenen Tagen bloß über ihn lustig machen oder ihn noch fester an sich binden wollte, außer ein so unverhofftes Glück hätte ihr den Kopf verdreht) ironischerweise einen unbeständigen und genau umgekehrten Schatten zu werfen.

Robert sah, daß ich bewegt war. Ich wandte die Augen den Birn- und Kirschbäumen zu. Und ich war auch berührt von ihrer Schönheit. Hatte ich mich über diese Sträucher, die ich im Garten gesehen und für charmante Fremde gehalten hatte, nicht ebenso getäuscht wie Maria Magdalena, als sie in einem anderen Garten eine Gestalt sah und »glaubte, es sei der Gärtner«? Bewahrer der Erinnerung an das Goldene Zeitalter, Bürgen des Versprechens, daß in der eigentlichen Realität die Herrlichkeit der Unschuld und der Poesie erglänzen und die Belohnung sein kann, die wir zu verdienen suchen, waren diese großen, weißen, wunderbar über den Schatten geneigten Geschöpfe nicht viel eher Engel? Wir gingen durch das Dorf. Seine Häuser waren scheußlich. Doch neben den elendesten, jenen, die aussahen, als hätte sie ein Salpeter-Regen verbrannt, stand ein geheimnisvoller Reisender, aufgehalten für einen Tag in der verwunschenen Stadt, ein strahlender Engel, der den schimmernden Schutz seiner blumenbeladenen Unschuldsflügel über ihnen ausgebreitet hielt.

*

In der Krankheit wird uns bewußt, daß wir nicht allein leben, sondern angekettet an ein Wesen aus einem anderen Reich, von dem uns Abgründe trennen, das uns nicht kennt und mit dem wir uns unmöglich verständigen können: unser Körper. Jeden beliebigen Räuber, auf den wir an einem Waldrand treffen, werden wir vielleicht, wenn nicht für unser Unglück, so zumindest für sein eigenes Interesse empfänglich machen können. Doch unseren Körper um Gnade bitten heißt zu einer Krake reden, der unsere Worte soviel bedeuten mögen wie das Geräusch des Wassers und mit der leben zu müssen für uns schauerlich wäre. Die Momente des Unwohlseins entgingen der Aufmerksamkeit meiner Großmutter oft, da sie immer uns zugewandt war. Wenn sie zu sehr litt, versuchte sie umsonst, sie zu verstehen und damit zu beheben. Aber wenn die krankhaften Phänomene, deren Schauplatz der Körper meiner Großmutter war, für ihr Denken dunkel und ungreifbar blieben, so waren sie klar erkennbar für Wesen, die zum gleichen physischen Reich gehören, für jene, an die sich der menschliche Geist nunmehr wendet, um zu verstehen, was ihm sein Körper sagt, so wie man jemanden vom gleichen Land holen geht, damit er die Antworten eines Fremden übersetze. Sie nun können sich mit unserem Körper unterhalten, uns sagen, ob sein Zorn schwerwiegend ist oder ob er sich bald legen wird. Cottard, der gegen meinen Wunsch zu meiner Großmutter gerufen worden war, verordnete – übrigens an einem Tag, da sie sich nicht schlechter fühlte als in den Wochen zuvor –, daß man ihr das Fieber messe. Die herbeigeholte Thermometerröhre war fast und auf ihrer ganzen Länge von Quecksilber frei. Kaum, daß man den Silbersalamander in seinem kleinen Bottich erkennen konnte. Er schien tot. Das Glasrohr wurde meiner Großmutter in den Mund gegeben. Wir brauchten es nicht lange dort zu lassen; die kleine Hexe hatte gleich ihr Horoskop bereit. Wir fanden sie reglos auf halber Höhe ihres Turms, wo sie sich nicht mehr von der Stelle rührte und uns exakt die Zahl angab, nach der wir sie gefragt hatten und die meine arme Großmutter mit allen Überlegungen, die ihre Seele über sich selbst anstellen mochte, nicht hätte erhalten können; 38,3. Zum ersten Mal waren wir einigermaßen beunruhigt. Wir schüttelten das Thermometer kräftig, um das schicksalhafte Zeichen zu löschen, als hätten wir mit der angegebenen Temperatur auch gleich das Fieber meiner Großmutter senken können. Ach, es wurde bald klar, daß die kleine seelenlose Sibylle die Antwort nicht willkürlich gegeben hatte, denn kaum war am folgenden Tag das Thermometer meiner Großmutter wieder zwischen die Lippen gesteckt worden, hatte die kleine Prophetin fast sofort, wie mit einem Satz, in Schönheit erstrahlend vor Gewißheit und Einsicht in einen für uns unsichtbaren

Sachverhalt, am selben Punkt angehalten, reglos und unerbittlich, und uns mit ihrer glitzernden Rute erneut dieses 38,3 gezeigt. Sie sagte nichts anderes, aber wir konnten noch so wünschen, wollen, flehen, sie schien uns nicht zu hören, und das war wohl ihr letztes, warnendes, drohendes Wort.

So wandten wir uns, um sie zu einer anderen Antwort zu zwingen, an ein stärkeres Wesen aus demselben Reich, das sich nicht damit begnügt, den Körper zu befragen, sondern ihm auch befehlen kann, das Chinin. Wir hatten das Thermometer nicht unter 37,5 hinuntergeschüttelt, in der Hoffnung, es würde dann nicht darüber hinausgehen. Wir gaben meiner Großmutter das Chinin und danach das Thermometer. Wie ein unerbittlicher Wächter, dem man den durch Protektion erlangten Befehl eines Vorgesetzten zeigt und der ihn in Ordnung findet und antwortet: »Gut, wenn das so ist, habe ich nichts einzuwenden, Sie können passieren«, so rührte sich die wachsame Pförtnerin nicht von der Stelle. Doch schien sie mürrisch zu sagen: Was nützt euch das? Ihr seid mit dem Chinin bekannt, also wird es mir den Befehl zum Stillhalten geben, einmal, zehnmal, zwanzigmal. Und dann wird es ihm verleiden, ich kenne das. Ewig geht es so nicht weiter, und das habt ihr dann davon. Inzwischen jedoch hielt sie wie eine vorübergehend besiegte Parze ihre Silberspindel still. Doch andere niedrige Kreaturen, die der Mensch auf dieses geheimnisvolle Wild abgerichtet hat, das er nicht ganz in sein eigenes Innere hinein verfolgen kann, apportierten uns täglich mit ungewollter Grausamkeit eine Albuminziffer, die zwar schwach, aber stabil genug war, daß auch sie zusammenzuhängen schien mit einem bestehenden Zustand, den wir nicht erkennen konnten.

⋆

Da Doktor du Boulbon erklärt hatte, meiner Großmutter fehle nichts, sie müsse »sich aufraffen« und ein normales Leben führen, überredete ich sie auf die dringende Bitte meiner Mutter zu einem ersten Spaziergang mit mir. Als wir auf den Champs-Elysées angekommen waren, ging sie gleich ohne ein Wort auf den kleinen alten grünvergitterten Pavillon zu, der den Zollhäuschen des alten Paris glich und in dem die Water Closets untergebracht waren. Françoise hielt sich häufig dort auf, als ich noch mit Gilberte spielte. Die Zuständige für das Etablissement, eine alte Dame mit roter Perücke und weißgekalkten Wangen, von der Françoise versicherte, sie sei eine verarmte Marquise, hatte damals die Gewohnheit, mir ein Kabinett aufzuschließen und zu sagen: »Möchten Sie nicht eintreten? Das ist ein ganz sauberes, für Sie ist's gratis«, vielleicht einfach so wie die Fräuleins bei Boissier oder Gouache, die mir, wenn Mama mit einer Bestellung kam, »für gar nichts« eines jener Bonbons anboten, die sie auf dem Ladenpult unter Glasglocken aufbewahrten (was mir übrigens nichts als Kummer brachte, denn Mama ließ es mich nicht annehmen); oder vielleicht weniger unschuldig, so wie eine der alten Blumenfrauen, die mir immer eine Rose schenken wollten und mir schöne Augen machten. Wenn aber die Marquise ganz junge Knaben mochte, so war es ihr bei ihrer Großzügigkeit, mit der sie die Pforten dieser unterirdischen, ägyptischen Grabkammern ähnlichen Kuben, in denen die Menschen wie Sphinxe kauern, für uns öffnete, weniger um die Hoffnung zu tun, uns zu verderben, als um die Lust, sich umsonst zu verausgaben für das, was man liebt, denn ich hatte bei ihr nie einen anderen Besucher gesehen als einen alten Parkwächter. Und eben ihn traf ich wieder, als ich meiner Großmutter, die wahrscheinlich wegen einer Übelkeit die Hand vor den Mund hielt, nachging und die Stufen zu dem kleinen, mitten in der Anlage stehenden ländlichen Theater hinaufstieg. Am Eingang saß, wie beim Jahrmarkts-Zirkus, wo der Clown mehlgepudert und bereit für seinen Auftritt eigenhändig die Karten verkauft, die »Marquise« mit ihrem riesigen, unregelmäßigen, verputzten Gesicht nach wie vor das Geld kassierend da, samt kleinem Hut mit roten Blumen und schwarzer Spitze und der roten Perücke darunter. Aber ich glaube nicht, daß sie mich erkannte. Der Parkwächter vernachlässigte die Beaufsichtigung des Grünzeugs, von dessen Farbe seine Uniform war, und saß plaudernd neben ihr. »Sie sind also noch immer da«, sagte er. »In Pension gehen wollen Sie nicht.« – »Und warum sollte ich in Pension gehen, Monsieur? Können Sie mir sagen, wo ich's besser hätte als hier, wo's mir wohler wäre und bequemer. Und dann immer ein Kommen und Gehen, immer Abwechslung; das nenne ich mein kleines Paris! Was los ist, erfahre ich von meinen Kunden. Da bitte, es ist noch keine fünf Minuten her, da ist einer herausgekommen, ein ganz hoher Beamter. Und, Monsieur«, rief sie hitzig, als sei sie bereit, dieser Behauptung mit Gewalt Nachdruck zu verleihen, falls der Vertreter der Obrigkeit Miene gemacht hätte, an ihrer Richtigkeit zu zweifeln, »seit acht Jahren, jeden Tag, den Gott werden läßt, ist er Schlag drei Uhr da, immer höflich, nie ein lautes Wort, und bleibt mehr als eine halbe Stunde, um seine Zeitungen zu lesen, während er seine kleinen Geschäfte verrichtet. Ein einziges Mal ist er nicht gekommen. Im Augenblick habe ich es nicht bemerkt. Aber am Abend sagte ich plötzlich zu mir: ›Aber da ist doch der Herr nicht gekommen. Der muß gestorben sein.‹ Das hat mir was ausgemacht, weil ich die Leute gern mag, wenn sie anständig sind. Und so war ich ganz schön froh, als ich ihn am nächsten Tag wiedergesehen habe, und ich habe zu ihm gesagt: ›Monsieur, es ist Ihnen gestern doch nichts zugestoßen.‹ Und da sagt er einfach so, ihm sei nichts zugestoßen, seine Frau aber, die sei gestorben, und das habe ihn so erschüttert, daß er nicht kommen konnte. Naja, traurig sah er schon aus, aber er schien doch auch froh, wieder da zu sein. Man konnte spüren, daß seine kleinen Gewohnheiten ganz durcheinander waren. Ich sag's, wie es ist, Monsieur«, fügte sie in sanfterem Ton hinzu, da sie feststellte, daß der Hüter des Rasens und der Boskette ihr gutmütig zuhörte und nicht daran dachte, ihr zu widersprechen, und auch sein Säbel, der eher wie ein Gartenwerkzeug oder sonst ein ländliches Attribut aussah, blieb friedlich in der Scheide.

»Ja, und dann wähle ich mir meine Kunden aus, ich empfange nicht jeden in meinem Salon, wie ich es nenne.«

Endlich kam meine Großmutter heraus, und da ich mir schon dachte, sie würde nicht mit einem Trinkgeld zu überspielen suchen, daß es unfein gewesen war, so lange drinnen zu bleiben, trat ich den Rückzug an, um nichts von der Verachtung abzubekommen, die ihr die Marquise bestimmt zeigen würde, und bog in die Allee ein, allerdings langsam, damit mich meine Großmutter leicht einholen und mit mir weitergehen konnte. Das geschah dann auch bald. Ich dachte, meine Großmutter würde sagen: »Du hast lange warten müssen, ich hoffe, du verpaßt deine Freunde trotzdem nicht«, aber sie sagte kein Wort, so daß ich ein bißchen enttäuscht war und nicht als erster sprechen mochte; schließlich schaute ich sie an und sah, daß sie zwar neben mir her ging, aber den Kopf abgewandt hielt. Ich fürchtete, es sei ihr immer noch übel. Ich schaute sie besser an und war überrascht von ihrem abgehackten Gang. Ihr Hut war verrutscht, ihr Mantel schmutzig, sie hatte das unordentliche, erboste, gerötet-besorgte Aussehen einer Person, die von einem Wagen angefahren worden ist oder die man aus einem Straßengraben hat herausziehen müssen. »Ich hatte Angst, es sei dir übel, Großmutter; geht es dir besser?« sagte ich. Bestimmt dachte sie, es bleibe ihr nichts anderes übrig, als mir zu antworten, wenn sie mich nicht beunruhigen wollte. »Ich habe die ganze Konversation zwischen der Marquise und dem Parkwächter gehört«, sagte sie. »Das war ja durch und durch Guermantes und kleiner Verdurin-Clan. Gott, wie waren doch diese Dinge galant formuliert.« Das sagte sie und hatte ihre ganze Finesse, ihren Geschmack an Zitaten, ihre Kenntnis der Klassiker hineingelegt, sogar etwas mehr als gewöhnlich und wie um mir zu zeigen, daß sie das alles durchaus noch beherrschte. Doch diesen Satz erriet ich eher, als daß ich ihn hörte, so brummend sprach sie und hatte dabei die Zähne so stark aufeinandergepreßt, daß es nicht nur an der Angst liegen konnte, erbrechen zu müssen. »Na«, sagte ich leichthin, um wegen ihres Unwohlseins nicht allzu besorgt zu scheinen, »da dir ein bißchen übel ist, gehen wir nach Hause, wenn es dir recht ist; ich mag nicht eine Großmutter auf den Champs-Elysées spazierenführen, die sich den Magen verdorben hat.« – »Ich habe mich nicht getraut, es dir vorzuschlagen«, sagte sie. »Aber das wird das Klügste sein. Mein armer Liebling, verpaßt wegen mir seine Verabredungen.« Ich fürchtete, es würde ihr bewußt, auf welche Art sie die Wörter aussprach. »Hör doch«, sagte ich abrupt, »streng dich nicht mit Reden an, das ist doch absurd, wenn dir schlecht ist. Warte wenigstens, bis wir zu Hause sind.« Sie lächelte mir traurig zu und drückte mir die Hand. Sie sah, daß ich gemerkt hatte, daß es ein kleiner Schlaganfall gewesen war.

Wir überquerten die Avenue Gabriel wieder, inmitten einer Menge von Spaziergängern. Ich setzte sie auf einen Stuhl und ging einen Fiaker rufen. Sie, in deren Herz ich mich stets versetzte, auch wenn ich bloß über irgendeinen Passanten urteilte, war mir jetzt verschlossen, war selbst ein Teil der Außenwelt geworden, und noch mehr als diesen Fußgängern mußte ich ihr verschweigen, was ich von ihrem Zustand hielt und daß ich beunruhigt war. Ich konnte nicht im Vertrauen zu ihr sprechen. Sie gab mir den Kummer, die Gedanken zurück, die ich ihr seit meiner Kindheit auf immer anvertraut hatte. Sie war noch nicht tot. Schon war ich allein. Schon war sie mir fremd. Und selbst diese Anspielungen auf die Guermantes, auf Molière, auf unsere Gespräche über den kleinen Clan, hatten jetzt einen unverankerten, grundlosen, unwirklichen Aspekt, weil sie dem Nichts dieses Menschen entsprangen, den es morgen vielleicht nicht mehr geben, für den sie überhaupt keinen Sinn mehr haben würden, dem solcher Äußerungen unfähigen Nichts, das meine Großmutter bald sein würde.

Wir mögen wohl sagen, die Stunde des Todes sei ungewiß, aber wenn wir das sagen, stellen wir uns diese Ungewißheit als einen unbestimmten und ziemlich entfernten Raum vor und denken nicht daran, daß sie irgendwie mit dem bereits begonnenen Tag zusammenhängt und vielleicht bedeutet, daß der Tod – oder seine erste Besitznahme von uns, wonach er uns nicht mehr losläßt – gerade an dem heutigen Nachmittag eintreten kann, der gar nicht ungewiß ist mit seinen im voraus eingeteilten und geregelten Stunden. Man hält an seinem Spaziergang fest, um das monatlich notwendige Quantum frischer Luft zu haben, man hat überlegt, welchen Mantel man mitnehmen, welchem Kutscher man winken soll, man sitzt im Fiaker, hat den ganzen Tag vor sich, der kurz ist, weil man für den Besuch einer Freundin zu Hause sein will; man wünscht sich, auch morgen wäre das Wetter schön; und man ahnt nicht, daß der Tod, der auf einer anderen Ebene, in uns drin, durch undurchdringliches Dunkel seines Weges ging, genau diesen Tag gewählt hat, um auf den Plan zu treten, in ein paar Minuten, ungefähr in dem Augenblick, da der Wagen die Champs-Elysées erreicht. Vielleicht werden jene, die das Entsetzen über die besondere Einzigartigkeit des Todes verfolgt, etwas Beruhigendes finden an dieser Art von Tod – an dieser Art von erstem Kontakt mit dem Tod –, weil er hier bekannt, vertraut, alltäglich in Erscheinung tritt. Vorher war da noch ein gutes Mittagessen und eine Spazierfahrt, wie sie die Gesunden unternehmen. Eine Rückkehr im offenen Wagen überlagert seinen ersten Schlag, und so krank auch meine Großmutter war, so hätten doch mehrere Personen sagen können, sie hätten sie um sechs Uhr, als wir von den Champs-

Elysées zurückkehrten, gegrüßt, während sie im offenen Wagen vorbeifuhr, bei schönstem Wetter. Sogar Legrandin lüftete den Hut, blieb stehen und schien erstaunt. Ich, der vom Leben noch nicht losgelöst war, fragte meine Großmutter, ob sie seinen Gruß erwidert habe, da er ja empfindlich sei. Meine Großmutter, die mich bestimmt sehr leichtfertig fand, hob die Hand, als wollte sie sagen: »Was liegt schon daran? das ist doch überhaupt nicht wichtig!«

Ja, man hätte sagen können, daß meine Großmutter vorhin, als ich den Fiaker holte, in der Avenue Gabriel auf einer Bank saß, daß sie kurz darauf im offenen Wagen vorbeifuhr. Aber hätte das auch gestimmt? Um in einer Avenue zu stehen, braucht eine Bank – auch wenn sie bestimmten Bedingungen des Gleichgewichts unterworfen ist – kein Leben. Damit sich aber ein Lebewesen aufrecht halten kann, und sei es auch gestützt, sei es auch auf einer Bank oder in einem Wagen angelehnt, braucht es eine Anspannung der Kräfte, die uns gewöhnlich nicht stärker auffällt als der atmosphärische Druck, weil sie in alle Richtungen wirkt. Aber wenn man eine Leere in uns schüfe und wir den Luftdruck aushalten müßten, würden wir vielleicht jenen Augenblick lang, der unserer Vernichtung vorangeht, das furchtbare Gewicht spüren, und nichts würde es mehr ausgleichen. Wenn sich also die Abgründe der Krankheit und des Todes in uns auftun und wir der Wucht, mit der sich die Welt und unser eigener Körper auf uns werfen, nichts mehr entgegenhalten können, dann wird nur schon das Ertragen des Gewichts unserer Muskeln, des markdurchwühlenden Schauders, nur schon die Reglosigkeit in einer stabilen Situation, die wir gewöhnlich nur für den negativen Zustand einer Sache halten, die aber, soll der Kopf gerade, der Blick ruhig bleiben, tatsächlich Lebenskraft erfordert, wird all dies Gegenstand eines ebenso erschöpfenden, ebenso verzweifelten Kampfes, wie wenn man sich mit dem kleinen Finger an einem Balkongeländer festhielte, über der Leere.

Und wenn uns Legrandin so erstaunt angeschaut hatte, dann deshalb, weil ihm wie auch anderen meine Großmutter im Fiaker, in dem sie scheinbar auf der Bank saß, am Ertrinken schien, am Abgleiten in den Abgrund, während sie sich an den Kissen festklammerte, die ihrem herumgeworfenen Körper keinen Halt boten, das Haar zerzaust, der Blick irr, unfähig, dem Ansturm der Bilder standzuhalten, die ihre Pupillen nicht mehr aufzunehmen vermochten. Sie schien, obwohl sie neben mir saß, untergetaucht in jener unbekannten Welt, wo sie bereits die Schläge erhalten hatte, deren Spuren sie trug, als ich sie soeben auf den Champs-Elysées erblickt hatte und ihr Hut, ihr Gesicht, ihr Mantel durcheinandergebracht waren von der Hand des unsichtbaren Engels, mit dem sie gerungen hatte.

Die Sonne senkte sich; sie entzündete eine endlose Mauer, die der Fiaker entlangfahren mußte, um unsere Straße zu erreichen, und auf der sich, projiziert von der untergehenden Sonne, die Schatten von Wagen und Pferd schwarz von einem rötlichen Hintergrund abhoben wie ein Leichenwagen auf einem Tongefäß aus Pompeji. Endlich kamen wir zu Hause an. Ich ließ meine Großmutter im Vestibül unterhalb der Treppe Platz nehmen und ging hinauf, um meine Mutter zu benachrichtigen. Ich sagte, meine Großmutter sei mit einem leichten Unwohlsein nach Hause gekommen, sie habe einen Schwindelanfall gehabt. Bei meinen ersten Worten trat auf dem Gesicht meiner Mutter eine ungeheure und schon ganz resignierte Verzweiflung hervor, und ich begriff, daß sie sie seit Jahren schon bereithielt für einen unbestimmten, schicksalhaften Tag. Sie stellte mir keine Fragen; so wie die Bosheit das Leiden der anderen gern übertreibt, so schien sie aus Zärtlichkeit nicht zugeben zu wollen, daß ihre Mutter sehr krank war, vor allem, daß sie an etwas litt, das die Intelligenz beeinträchtigen kann. Meine Mutter zitterte, ihr Gesicht weinte tränenlos, sie eilte, um einen Arzt holen zu lassen, aber als Françoise fragte, wer krank sei, konnte sie nicht antworten, die Stimme blieb ihr in der Kehle stecken. Sie lief mit mir hinunter und löschte von ihrem Gesicht das Schluchzen, das es entstellte. Meine Großmutter wartete unten auf dem Kanapee des Vestibüls, doch als sie uns hörte, richtete sie sich auf, hielt sich gerade und winkte Mama fröhlich zu. Ich hatte ihr den Kopf halb in ihren Spitzenschleier gehüllt und gesagt, ich täte es, damit ihr im Treppenhaus nicht kalt werde. Ich wollte nicht, daß meiner Mutter die Veränderung des Gesichts, die Schiefe des Mundes zu sehr auffielen; die Vorsichtsmaßnahme war unnötig: meine Mutter ging auf Großmutter zu, küßte ihr die Hand wie die ihres Gottes, umfaßte sie, stützte sie bis zum Lift, mit unendlicher Sachtheit, in der neben der Angst, ungeschickt zu sein und ihr wehzutun, die Demut lag, in der man sich unwürdig fühlt, das Kostbarste zu berühren, doch kein einziges Mal hob sie die Augen, schaute sie der Kranken ins Gesicht. Vielleicht, damit diese nicht traurig würde beim Gedanken, daß ihr Anblick ihrer Tochter Sorgen mache. Vielleicht aus Angst vor einem zu starken Schmerz, dem sie sich nicht zu stellen wagte. Vielleicht aus Respekt, weil sie dachte, sie beginge eine Pietätlosigkeit, wenn sie auf dem verehrten Gesicht die Spur einer Schwächung des Geistes feststellte. Vielleicht, um später ein ganz intaktes Bild von dem wirklichen Gesicht ihrer Mutter zu bewahren, das vor Geist und Güte strahlte. So fuhren sie nebeneinander hinauf – und schockierten fast mit ihrer Kälte Françoise, die sich gewünscht hätte, sie würden einander schluchzend in die Arme fallen –, meine Großmutter versteckt in ihrem weißen Tuch, meine Mutter abgewandten Blickes.

... Meine Großmutter, die merkte, daß man sie nicht mehr verstand, gab es jetzt auf, etwas sagen zu wollen, und rührte sich nicht. Als sie mich erblickte, fuhr sie auf eine Art zusammen, wie jemand, dem plötzlich die Luft ausgeht; sie wollte zu mir sprechen, brachte aber nur unverständliche Töne hervor. Bezwungen gerade durch ihre Kraftlosigkeit, ließ sie den Kopf zurückfallen, streckte sich auf dem Bett aus, das Gesicht tiefernst, marmorbleich, die Hände reglos auf der Decke oder mit einer rein sachlichen Handlung beschäftigt, etwa damit, sich mit dem Taschentuch die Hände zu trocknen. Sie wollte an nichts denken. Dann begann bei ihr eine ständige Unruhe. Sie wollte fortwährend aufstehen. Aber das ließ man nicht zu, damit sie sich ihrer Lähmung nicht bewußt würde. Eines Tages, da wir sie einen Augenblick allein gelassen hatten, fand ich sie, wie sie im Nachthemd dastand und das Fenster zu öffnen versuchte. Getrieben vielleicht von einer jener Ahnungen, die wir manchmal aus unserem geheimnisvoll-obskuren, doch anscheinend auch unsere Zukunft beharrlich spiegelnden organischen Leben herauslesen, hatte sie in Balbec an dem Tag, da eine Witwe sich ins Wasser geworfen hatte und gegen ihren Willen gerettet worden war, zu mir gesagt, sie kenne nichts Grausameres, als eine Verzweifelte dem freiwilligen Tod zu entreißen und ihren Qualen wieder zuzuführen. Wir kamen gerade rechtzeitig, um meine Großmutter zu packen, sie führte mit meiner Mutter einen fast brutalen Kampf, besiegt dann und gewaltsam in den Fauteuil zurückgesetzt, wollte sie plötzlich nichts mehr, bedauerte sie nichts mehr, ihr Gesicht wurde wieder gleichgültig, und sie begann sorgfältig die Fellhaare zu entfernen, die auf ihrem Nachthemd zurückgeblieben waren von dem Mantel, den wir ihr übergeworfen hatten, als sie sich ergab.

Ihr Blick wurde ganz anders, oft unruhig, klagend, verstört, nicht mehr ihr Blick von früher, sondern der verdrießliche Blick einer alten, senilen Frau.

Françoise hatte meine Großmutter so oft gefragt, ob sie nicht frisiert zu werden wünschte, daß sie schließlich überzeugt war, meine Großmutter habe sie darum gebeten. Sie holte Bürsten, Kämme, Kölnisch Wasser, einen Bademantel herbei. Sie sagte: »Das kann Madame Amédée nicht ermüden, wenn ich sie kämme, und wenn man noch so schwach ist, so kann man doch gekämmt werden.« Das heißt, man ist nie so schwach, daß eine andere Person ihrerseits einen nicht kämmen könnte. Als ich aber ins Zimmer trat, sah ich unter den grausamen Händen von Françoise, die entzückt war, als sei sie dabei, meiner Großmutter die Gesundheit wiederzugeben, die Trostlosigkeit alten Haars, das die Berührung des Kamms nicht mehr ertrug, und sah, wie dieser Kopf, für den es eine übermenschliche Anstrengung gewesen wäre, auch nur einen Augenblick die Stellung zu wahren, die man ihm gab, in einem unaufhörlichen Wirbel von Erschöpfung und Schmerz hin und her geworfen wurde. Ich spürte, daß der Moment bevorstand, da Françoise fertig war, und ich wagte nicht, sie zur Eile anzutreiben und zu sagen »Das genügt«, weil ich fürchtete, sie würde mir nicht gehorchen. Hingegen warf ich mich dazwischen, als Françoise, so unschuldig wie unbarmherzig meiner Großmutter, die wissen sollte, ob sie gut frisiert war, einen Spiegel hinzuhalten begann. Zuerst war ich sehr froh, daß ich ihn ihr noch rechtzeitig entreißen konnte, bevor meine Großmutter, von der man bisher jeden Spiegel sorgfältig ferngehalten hatte, unversehens ein Bild ihrer selbst erblickte, von dem sie keine Vorstellung haben konnte. Aber ach, als ich mich gleich darauf über sie beugte, um diese schöne Stirn zu küssen, der man so zugesetzt hatte, schaute sie mich erstaunt, entsetzt, mißtrauisch an: sie hatte mich nicht erkannt.

Le Côté de Guermantes I/II, Ed. Pléiade II (1988), S. 316–333, 339–341, 358–367, 418–423, 438–440, 453–459, 594–596, 605–615.

Kleine Skizze des Kummers über eine Trennung, und wie das Vergessen unregelmässig fortschreitet

Ich sollte mich bald in einer der schwierigen Lagen befinden, in die man allgemein im Leben mehrere Male gerät und mit denen man sich, auch wenn man weder charakterlich noch im Naturell anders geworden ist – im Naturell, das unsere Liebe und fast auch die Frauen, die wir lieben, ja sogar ihre Fehler selber erschafft –, nicht bei jedem Mal, das heißt in jedem Alter, in gleicher Weise auseinandersetzt. In solchen Momenten ist unser ganzes Leben aufgespalten und gleichsam auf die beiden Schalen einer Waage verteilt. In der einen ist unser Wunsch, dem Menschen, den wir lieben, ohne ihn zu verstehen, nicht zu mißfallen, nicht zu unterwürfig zu erscheinen, sondern ihn, das halten wir für geschickter, ein bißchen auf der Seite zu lassen, damit er sich nicht unentbehrlich vorkommt und wir ihm dabei verleiden; andererseits ist da ein Schmerz – und zwar nicht ein lokalisierter, teilweiser Schmerz –, der nur gelindert werden könnte, wenn wir, statt dieser Frau gefallen und vormachen zu wollen, wir brauchten sie nicht, zu ihr gingen. Man hebe von der Schale mit dem Stolz bloß ein kleines Quantum Willen ab, der sich – wir waren schwach genug, es zuzulassen – mit den Jahren abgenützt hat, man füge zu der Schale mit dem Leid eine physische Störung – die wir uns zugezogen und verschleppt haben –, und anstelle der mutigen Lösung, für die wir uns mit zwanzig entschieden hätten, ist es die andere Schale, zu schwer geworden, ohne genügendes Gegengewicht, die uns mit fünfzig hinunterzieht. Um so eher, als sich die Situationen zwar wiederholen, aber auch verändern und wir in der Mitte oder am Ende unseres Lebens vielleicht noch dazu so selbstgefällig sind, die Liebe um einen Anteil an Gewohnheit zu komplizieren, die man in der Jugend, zu sehr mit anderem beschäftigt, von sich aus zu wenig frei, nicht kennt.

Nachdem ich Gilberte einen Brief geschrieben hatte, in dem

ich meinem Zorn donnernden Lauf ließ, allerdings nicht ohne scheinbar zufällig plazierte Wörter auszuwerfen wie Rettungsringe, an denen meine Freundin eine Versöhnung festmachen konnte, drehte der Wind, und ich schrieb ihr zärtliche Sätze um der Süße untröstlicher Ausdrücke willen, jene »Nie mehr« und ähnliches, so rührend für den, der sie braucht, so lästig für die, die sie liest, sei es, sie halte sie für Lügen und übersetze »nie mehr« mit »noch heute abend, wenn du mich brauchen kannst«, sei es, sie glaube ihnen und verstehe sie als Ankündigung einer jener endgültigen Trennungen, die uns im Leben so völlig gleichgültig sind, wenn es um jemanden geht, in den wir nicht verliebt sind.

Wenn wir aber schon, solange wir lieben, unfähig sind, uns als würdige Vorgänger des nächsten Menschen zu verhalten, der wir sein werden und der nicht mehr verliebt sein wird, wie sollten wir uns dann die geistige Verfassung einer Frau ganz vorstellen können, die wir in unseren Phantasien, selbst wenn wir wüßten, daß wir ihr gleichgültig sind, fortwährend verliebte Dinge sagen lassen – um uns in einem schönen Traum zu wiegen, oder zum Trost nach einem großen Kummer. Angesichts der Gedanken, Handlungen der geliebten Frau sind wir ebenso ratlos wie es die ersten Physiker angesichts der Naturphänomene wohl waren (bevor sich die Wissenschaft gebildet und ein bißchen Licht ins Unbekannte gebracht hat). Oder noch schlimmer, wie ein Mensch, für dessen Denken das Kausalitätsprinzip kaum gälte, ein Mensch, der unfähig wäre, ein Phänomen mit einem anderen in Verbindung zu bringen, und für den der Anblick der Welt verschwommen wäre wie ein Traum. Gewiß, ich bemühte mich, aus dieser Zusammenhanglosigkeit herauszukommen, Gründe zu entdecken. Ich versuchte sogar, »objektiv« zu sein und das Mißverhältnis zu bedenken, das zwischen Gilbertes Wichtigkeit für mich und nicht nur meiner Wichtigkeit für sie, sondern auch ihrer Wichtigkeit für andere Menschen bestand, ein Mißverhältnis, das ich einberechnen mußte, wenn ich eine einfache Freundlichkeit meiner Freundin nicht für ein leidenschaftliches Geständnis, eine groteske und erniedrigende Demarche meinerseits nicht für die natürlich-anmutige Bewegung halten wollte, mit der man auf ein schönes Mädchen zugeht. Aber ich fürchtete auch, in das andere Extrem zu verfallen und zum Beispiel in Gilbertes Unpünktlichkeit bei einem Rendezvous eine Regung schlechter Laune, eine nicht wieder gutzumachende Feindseligkeit zu erblicken. Ich versuchte, zwischen diesen beiden gleicherweise entstellenden Sichtweisen jene zu finden, die für mich die Dinge in das rechte Licht rücken würde; die Berechnungen, die ich zu diesem Zweck anstellen mußte, lenkten mich ein bißchen von meinem Kummer ab; und sei es, daß ich der Antwort der Zahlen gehorchen wollte, sei es, daß ich sie hatte sagen lassen, was ich mir wünschte: ich beschloß am nächsten Tag, zu den Swanns zu gehen, glücklich, aber auf eine Art wie Leute, die sich wegen einer Reise, auf die sie keine Lust hatten, lange gequält haben und dann nur bis zum Bahnhof und gleich wieder nach Hause gehen, um ihre Koffer auszupacken. Während man zögert, entwickelt nur schon der Gedanke an einen möglichen Entschluß (es sei denn, man hätte diesen Gedanken außer Kraft gesetzt durch den Entschluß, nichts zu beschließen) wie ein kräftiger Same die Grundzüge, all die Feinheiten der Empfindungen, die aus dem vollzogenen Akt entstehen würden, und so fand ich, daß es recht absurd gewesen war zu beschließen, daß ich Gilberte nicht mehr treffen wollte, und mir damit ebenso viel Leid zuzufügen, wie wenn ich diesen Plan ausgeführt hätte, und daß ich, da ich im Gegenteil schließlich doch zu ihr ging, mir all die Aufregungen und die schmerzliche Resignation hätte ersparen können. Aber die Wiederaufnahme der freundschaftlichen Beziehungen dauerte nur so lange, bis ich bei den Swanns angelangt war; nicht, weil ihr Maître d'Hôtel, der mich gut leiden mochte, mir sagte, Gilberte sei ausgegangen (daß das stimmte, erfuhr ich noch am selben Abend von Leuten, die sie getroffen hatten), sondern wegen der Art, wie er mir sagte: »Monsieur, Mademoiselle ist ausgegangen, ich kann Monsieur versichern, daß ich nicht lüge. Wenn Monsieur das überprüfen möchte, kann ich das Zimmermädchen kommen lassen. Monsieur kann sich wohl denken, daß ich alles unternehmen würde, um ihm einen Gefallen zu tun, und daß ich ihn sogleich zu Mademoiselle führen würde, wenn sie da wäre.« Diese Worte von der einzig wichtigen Art, nämlich der unwillkürlichen, da sie uns zumindest eine summarische Radiographie der ungeahnten, sonst von wohlgesetzter Rede verhüllten Wirklichkeit vermittelt, zeigten mir, daß man in Gilbertes Umgebung den Eindruck hatte, ich sei ihr lästig; und so ließen diese Worte, kaum hatte der Maître d'Hôtel sie ausgesprochen, in mir Haß hochkommen, den ich lieber gegen ihn als gegen Gilberte richtete; er zog allen Zorn auf sich, den ich meiner Freundin gegenüber je schon haben konnte; und als ich den Zorn dank diesen Worten losgeworden war, blieb meine Liebe allein zurück; zugleich aber hatten sie mir gezeigt, daß ich mich eine Zeitlang bei Gilberte nicht melden sollte. Sie würde mir bestimmt schreiben und sich entschuldigen. Trotzdem würde ich sie dann nicht gleich besuchen, um ihr zu beweisen, daß ich ohne sie leben konnte. Im übrigen würde ich nach Erhalt ihres Briefs während einiger Zeit leichter auf den Kontakt mit ihr verzichten können, denn ich hätte die Gewißheit, ihn wieder aufnehmen zu können, wann immer ich wollte. Um aber die freiwillige Zurückhaltung als weniger trostlos zu empfinden, hätte mein Herz entlastet werden müssen von der schrecklichen Ungewißheit, ob wir für immer zerstritten waren, ob sie verlobt, verreist, entführt war. Die folgenden Tage glichen jener Neujahrswoche von einst, die ich ohne Gilberte hatte verbringen müssen. Aber damals war ich sicher, daß nach Ablauf einer Woche meine Freundin wieder auf die Champs-Elysées kommen und ich sie wiedersehen würde; da war ich mir sicher; und ich wußte auch mit nicht minderer Gewißheit, daß es keinen Wert hatte, auf die Champs-Elysées zu gehen, solange die Neujahrsferien dauerten. So daß ich während jener schon lange vergangenen traurigen Woche meine Traurigkeit ruhig ertragen hatte, weil sie weder mit Furcht noch mit Hoffnung vermischt war. Jetzt hingegen war es dieses letztere Gefühl, das fast ebensosehr wie die Furcht mein Leiden unerträglich machte. Nachdem gleichen Abends kein Brief von Gilberte gekommen war, hatte ich das auf ihre Nachlässigkeit, ihre anderen Beschäftigungen geschoben, und ich zweifelte nicht, daß ein Brief mit der Frühpost kommen würde. Ich erwartete sie täglich klopfenden Herzens, worauf Niedergeschlagenheit folgte, wenn nur Briefe von anderen Personen dabei waren oder gar keine, was nicht schlimmer war, da die Freundschaftsbeweise einer anderen Gilbertes Gleichgültigkeit für mich noch grausamer machten. Ich begann auf die Nachmittagspost zu hoffen. Auch in den Stunden zwischen den Postzustellungen wagte ich nicht auszugehen, denn sie hätte ja ihren Brief überbringen lassen können. Schließlich kam dann der Augenblick, da weder der Briefträger noch der Diener der Swanns eintreffen konnten und ich die Hoffnung, beruhigt zu werden, auf den nächsten Tag verschieben mußte, und so, im Glauben, mein Leiden würde aufhören, war ich gewissermaßen gezwungen, es immer wieder zu erneuern. Der Kummer mochte wohl derselbe sein, aber statt wie früher eine ursprüngliche Empfindung gleichmäßig zu verlängern, begann er mehrmals täglich von neuem, ausgehend von einer so oft wiederholten Empfindung, daß sie – eigentlich ein völlig physischer und momentaner Zustand – sich schließlich stabilisierte, und so gab es, da sich die Aufregung des Wartens kaum legen konnte, bevor ein neuer Grund zum Warten da war, am Tag keine Minute mehr, in der ich nicht diese Angst empfand, die man nur schon während einer Stunde kaum aushält. So war mein Leiden sehr viel grausamer als zur Zeit jenes 1. Januar, weil ich dieses Mal, statt das Leiden schlicht und einfach zu akzeptieren, fortwährend hoffte, es würde aufhören. Schließlich aber akzeptierte ich es doch; da begriff ich, daß es auf immer sein mußte, und ich gab Gilberte endgültig auf, gerade im Interesse meiner Liebe und weil ich vor allem wünschte, sie würde mich nicht in einer verächtlichen Erinnerung bewahren. Von da an nahm ich sogar, damit sie bei mir nicht eine Art verletzter Verliebtheit vermutete, ihre Einladungen oft an und sagte dann im letzten Augenblick ab, wobei ich mein Bedauern beteuerte, wie ich das bei jemandem getan hätte, den ich nicht wiederzusehen wünschte. Diese Ausdrücke des Bedauerns, die man gewöhnlich für belanglose Leute bereithält, würden Gilberte, so schien mir, von meiner Gleichgültigkeit eher überzeugen als der gleichgültige Ton, den man nur gegenüber jemandem annimmt, den man liebt. Wenn ich mit fortwährend wiederholten Taten besser als mit Worten ihr bewiesen hätte, daß ich keine Lust hatte, sie zu sehen, würde sie vielleicht wieder Lust auf mich bekommen. Ach! es würde vergeblich sein: sie nicht mehr sehen und ihr damit den Umgang mit mir wieder schmackhaft machen wollen hieß gleich viel wie sie für immer verlieren; erstens, weil ich, wenn es soweit wäre, nicht gleich nachgeben dürfte, damit der Zustand anhielt; dann hätte ich auch die schlimmsten Momente hinter mir; jetzt eben brauchte ich sie dringend, und ich hätte ihr zu bedenken geben wollen, daß sie, wenn sie mich träfe, bald nur noch einen sehr verminderten Schmerz lindern würde, der nicht mehr wie im gegenwärtigen Augenblick – den zu beenden es gälte – ein Grund zur Kapitulation, zur Versöhnung, zum Wiedersehen wäre. Und schließlich würde meine Zuneigung später, wenn ich sie Gilberte endlich gefahrlos gestehen könnte – die ihre für mich wäre ja dann wieder heftig aufgelebt –, eine so lange Abwesenheit nicht überstanden haben, und es gäbe sie nicht mehr; Gilberte wäre mir gleichgültig geworden. Ich wußte es, konnte es ihr aber nicht sagen; sie hätte gedacht, ich behaupte nur, ich würde sie nach zu langer Abwesenheit nicht mehr lieben, damit sie mich schnell wieder zu ihr kommen ließ. Inzwischen fiel es mir leichter, mich zu dieser Trennung zu verdammen, weil ich (damit ihr keinesfalls entging, daß ich, trotz meiner gegenteiligen Versicherungen, freiwillig und nicht etwa wegen einer Verhinderung, nicht wegen meines Gesundheitszustandes auf ein Treffen verzichtete) jedesmal, wenn ich wußte, daß Gilberte nicht zu Hause sein, mit einer Freundin ausgehen und auswärts essen würde, Madame Swann besuchen ging (die für mich wieder war wie damals, als ich ihre Tochter so selten treffen konnte und ich an den Tagen, da sie nicht auf die Champs-Elysées kam, auf der Avenue des Acacias spazierenging). Auf diese Art würde ich von Gilberte sprechen hören, sie würde von mir sprechen hören, und zwar in einer Weise, die ihr zeigte, daß ich keinen Wert auf sie legte. Und ich fand, wie alle, die leiden, daß meine traurige Situation auch hätte schlimmer sein können. Denn da ich zu dem Haus, wo Gilberte wohnte, freien Zutritt hatte, sagte ich mir, ich könnte – auch wenn ich entschlossen war, keinen Gebrauch davon zu machen – meinen Schmerzen ein Ende bereiten, falls sie zu stark würden. Ich war nur auf Abruf unglücklich. Und das ist noch zuviel gesagt. Wie oft pro Stunde (jetzt aber ohne die ängstliche Erwartung, die mich vor meiner Rückkehr zu den Swanns, in den ersten Wochen nach unserem Zerwürfnis beherrscht hatte) sagte ich mir nicht den Brief auf, den mir Gilberte eines Tages doch wohl schicken, vielleicht selber bringen würde. Die beständige Aussicht auf dieses imaginäre Glück half mir, die Zerstörung des wirklichen Glücks zu ertragen. Bei Frauen, die uns nicht lieben, so wie bei »Verschollenen«, hindert einen das Wissen, daß keine Hoffnung mehr ist, nicht am Weiterwarten. Man lebt auf der Lauer, auf dem Horchposten; Mütter, deren Söhne zu einer gefährlichen Expedition aufs Meer gefahren sind, denken fortwährend, obwohl das Unglück schon lange bestätigt ist, er könnte hereinkommen, wunderbar gerettet und wohlauf. Und je nach der Stärke der Erinnerung und der Widerstandskraft der Organe hilft ihnen diese Erwartung, Jahre zu überstehen und schließlich zu ertragen, daß ihr Sohn nicht mehr ist, ihn nach und nach ein wenig zu vergessen und weiterzuleben – oder sie sterben daran.

Andererseits war ich in meinem Kummer etwas getröstet, wenn ich bedachte, daß er meiner Liebe nützte. Jeder Besuch, den ich Madame Swann abstattete, ohne Gilberte zu sehen, fiel mir schrecklich schwer, doch fühlte ich, daß er in gleichem Maß mein Ansehen bei Gilberte erhöhte.

Wenn ich mich übrigens, bevor ich zu Madame Swann ging, immer vergewisserte, daß ihre Tochter abwesend war, so lag das an meinem Beschluß, mit ihr zerstritten zu sein, wie auch an der Hoffnung auf Versöhnung, die sich meinem Verzicht überlagerte (nur selten und zumindest nicht auf kontinuierliche Art ist in der menschlichen Seele ein Verzicht absolut, denn ihr Gesetz, verstärkt durch das unvermutete Auftauchen verschiedener Erinnerungen, ist das Aussetzen) und mir das allzu Grausame daran verhüllte. Ich wußte wohl, was an dieser Hoffnung trügerisch war. Ich war wie ein Armer, der sein trockenes Brot mit weniger Tränen ißt, wenn er sich sagt, demnächst würde ihm vielleicht ein reicher Unbekannter sein ganzes Vermögen hinterlassen. Um die Wirklichkeit erträglich zu machen, sind wir alle gezwungen, ein paar kleine Verrücktheiten zu nähren. Meine Hoffnung aber blieb intakter – während sich auch die Trennung besser vollzog –, wenn ich Gilberte nicht traf. Wären wir uns bei ihrer Mutter auf einmal gegenübergestanden, hätten wir vielleicht nicht wiedergutzumachende Dinge gesagt, die unser Zerwürfnis besiegelt, meine Hoffnung getötet und andererseits eine neue Angst geschaffen hätten, wodurch meine Liebe geweckt und meine Resignation erschwert worden wäre.

Vor langer Zeit schon, lange vor meinem Streit mit ihrer Tochter, hatte mir Madame Swann gesagt: »Schön und gut, daß Sie Gilberte besuchen kommen, aber ich möchte, daß Sie hin und wieder auch *meinetwegen* kämen, nicht zu meinem Jour fixe, wo Sie sich langweilen würden, weil zu viele Leute da sind, aber an den anderen Tagen, zu später Stunde.« Wenn ich sie besuchen ging, schien ich also bloß einem einstigen Wunsch von ihr nachträglich zu gehorchen. Und so ging ich sehr spät, am dunklen Abend, da sich meine Eltern schon beinahe zum Essen setzten, Madame Swann einen Besuch machen, bei dem ich, wie ich wußte, Gilberte nicht sehen und doch die ganze Zeit an sie denken würde. In diesem damals abgelegenen Viertel eines Paris, das dunkler war als heute und auch im Zentrum auf den Straßen keine und in den Häusern nur sehr wenig Elektrizität besaß, genügten die Lampen eines im Erdgeschoß oder in einem niedrigen Zwischenstock liegenden Salons (wie er auch in Madame Swanns Räumen gelegen war und wo sie Besuch zu empfangen pflegte), um die Straße zu beleuchten und die Augen des Passanten auf sich zu ziehen, der in ihrer Helligkeit den offensichtlichen und verschleierten Grund sah für die Anwesenheit einiger schön bespannter Coupés vor der Tür. Der Passant meinte, nicht ohne eine gewisse Erregung, in jenem geheimnisvollen Grund sei eine Veränderung eingetreten, wenn er sah, wie sich eines der Coupés in Bewegung setzte; es rührte jedoch nur daher, daß ein Kutscher befürchtete, seine Tiere könnten sich erkälten, und er sie deshalb von Zeit zu Zeit auf und ab gehen ließ, was um so eindrücklicher war, als die Gummireifen einen Hintergrund aus Stille bildeten, von dem sich der Schritt der Pferde deutlicher und nachhaltiger abhob.

Der »Wintergarten«, den der Passant in jenen Jahren gewöhnlich erblickte, welches auch immer die Straße war, solange nur die Wohnung nicht zu hoch über dem Gehsteig lag, ist nurmehr auf den Drucken in den Geschenkbüchern von P.-J. Stahl zu sehen, wo er im Gegensatz zu dem vereinzelten Blumenschmuck der heutigen Louis-XVI-Salons – eine Rose oder eine japanische Iris in einer schlanken, hohen Vase, in der nicht eine zusätzliche Blume Platz hätte – mit seinen üppig wuchernden, völlig unstilisiert angeordneten Zimmerpflanzen eher einer lebendigen, reizenden Botanik-Leidenschaft der Hausherrin zu entsprechen schien als einem kalten Bemühen um toten Dekor. Der Wintergarten der damaligen Wohnungen erinnerte, in größerem Maßstab, an eines jener winzigen, tragbaren Gewächshäuser, die am Morgen des ersten Januar unter der angezündeten Lampe standen – da die Kinder zu ungeduldig gewesen waren, die Tageshelle abzuwarten –, neben den anderen Neujahrsgeschenken, doch unter ihnen das schönste, weil es einen mit seinen Pflanzen, die wachsen würden, über die Kahlheit des Winters hinwegtröstete; mehr noch als an diese erinnerten die Wintergärten an ein Gewächshaus, das man in einem schönen Buch, einem weiteren Neujahrsgeschenk, gleich daneben abgebildet sah und das zwar nicht die Kinder selbst bekamen, sondern Mademoiselle Lili, die Heldin des Buchs, das sie aber so entzückte, daß sie noch heute, beinahe schon als Greise, sich fragen, ob in jenen glücklichen Jahren nicht der Winter die schönste Jahreszeit war. Hinten in dem Wintergarten aber, jenseits von Gesträuch verschiedener Art, das von der Straße aus gesehen das erleuchtete Fenster wie die Glaswand jener Kinder-Gewächshäuser erscheinen ließ, erblickte der Passant, wenn er sich auf die Fußspitzen stellte, gewöhnlich einen Mann im Gehrock, eine Gardenie oder eine Nelke im Knopfloch, vor einer sitzenden Frau stehend, beide verschwommen, wie zwei Topaz-Schnitte, tief drinnen in der Atmosphäre des Salons, die von den Dämpfen des Samowars – damals ein Neu-Import – in Ambraduft gehüllt wurde, wie es vielleicht heute noch der Fall ist, was aber nach langer Gewohnheit niemand mehr merkt. Madame Swann legte großen Wert auf diesen »Tee«; sie meinte, ihre Originalität zu beweisen und ihren Charme zu entfalten, wenn sie zu einem Mann sagte: »Sie finden mich jeden Tag zu späterer Stunde zu Hause, kommen Sie zum Tee«, wobei ein feines, sanftes Lächeln diese Worte begleitete, die sie mit einem englischen Augenblicks-Akzent aussprach und die sich ihr Gesprächspartner gut merkte, wobei er sich ernsthaft verneigte, als wären sie etwas Wichtiges und Besonderes, das Ehrfurcht und Aufmerksamkeit gebot. Es gab noch einen anderen Grund als die eben erwähnten, warum die Blumen in Madame Swanns Salon nicht einfach als Zier dienten, und dieser Grund hatte nichts mit der damaligen Zeit zu tun, sondern zum Teil mit dem Leben, das Odette einst geführt hatte. Eine große Kokotte, wie sie es gewesen war, lebt weitgehend für ihre Liebhaber, das heißt also zu Hause, was dazu führen kann, daß sie schließlich für sich selbst lebt. Die Dinge, die man bei einer anständigen Frau sieht und die dieser gewiß auch wichtig sind, haben für eine Kokotte jedenfalls das größte Gewicht. Der Höhepunkt ihres Tages ist nicht dann, wenn sie sich für die Gesellschaft anzieht, sondern wenn sie sich für einen Mann auszieht. Sie muß im Schlafrock, im Nachthemd ebenso elegant sein wie in der Ausgeh-Toilette. Andere Frauen zeigen ihre Juwelen, sie lebt in der Intimität ihrer Perlen. Odette sah übrigens viel jünger aus als vor zwanzig Jahren, denn sie hatte, in der Lebensmitte angekommen, eine eigene Physiognomie für sich entdeckt oder erfunden, einen unveränderlichen »Charakter«, eine bestimmte Art von Schönheit, und sie hatte ihren zusammenhanglosen Zügen, die so lange Zeit den zufälligen und ohnmächtigen Launen des Fleisches ausgeliefert gewesen waren, sie bei der geringsten Ermüdung für einen Augenblick um Jahre gealtert, vorübergehend irgendwie alt erscheinen ließen und ihr je nach Laune und Wohlbefinden ein aufgelöstes, unförmiges und charmantes Tagesgesicht verliehen hatten, diesen festen Typus auferlegt wie eine unvergängliche Jugend.

An den Tagen, da Madame Swann nicht ausgegangen war, fand man sie in einem Morgenmantel aus Crêpe de Chine, weiß wie der erste Schnee, manchmal auch in einem jener langen Röhren aus Seidenmousseline, die nur aus ausgestreuten, weißen oder rosa Blütenblättern zu bestehen schienen und die man heute für den Winter wenig geeignet fände – sehr zu Unrecht. Denn diese leichten Stoffe und diese zarten Farben verliehen der Frau – in der Hitze der damaligen Salons, die mit Türvorhängen abgeschlossen waren und von denen die mondänen Schriftsteller der Zeit nichts Eleganteres zu sagen wußten, als daß sie »mollig weich gepolstert« waren – das gleiche fröstelnde Aussehen wie den Rosen, die dem Winter zum Trotz in ihrer fleischroten Nacktheit neben der Frau blühten wie im Frühling. Und da die Töne von den Teppichen verschluckt wurden, fuhr die Hausherrin, die in einem Winkel zurückgezogen saß und der im Gegensatz zu heute das Eintreffen des Besuchs nicht angekündigt wurde, mit Lesen fort, bis man beinahe vor ihr stand, was jenen romanhaften Eindruck, jenen Zauber des gleichsam entdeckten Geheimnisses noch verstärkte, wie wir ihn heute in der Erinnerung an die schon damals aus der Mode gekommenen Roben wiederfinden, die Madame Swann vielleicht noch als einzige nicht abgelegt hatte und die aus der Frau, die sie trug, in unseren Augen eine Romanheldin machten, weil die meisten von uns sie eher nur in bestimmten Büchern von Henri Gréville gesehen haben.

»Man mag einfach nicht weggehen aus diesem Haus«, sagte Madame Bontemps zu Madame Swann, während Madame Cottard, überrascht, daß jemand genau ihren Eindruck wiedergab, ausrief: »Das sage ich mir auch immer, in meinem Köpfchen, ganz innen!«, und dem stimmten die Herren vom Jockey-Club zu, die sich nicht genug verneigen konnten und denen es schon beinahe zuviel der Ehre schien, wenn Madame Swann sie dieser nicht sehr liebenswürdigen Kleinbürgerin vorstellte, die vor Odettes illustren Freunden auf der Hut blieb, um nicht zu sagen in der »Defensive«, wie sie es nannte, denn sie drückte sich auch in den einfachsten Dingen stets gewählt aus. »Sie haben mich schon an drei Mittwochen versetzt«, sagte Madame Swann zu Madame Cottard. »Das stimmt, Odette, ich habe Sie schon seit *Jahrhunderten, seit Ewigkeiten* nicht mehr gesehen. Sie sehen, ich bekenne mich schuldig, aber ich muß Ihnen auch sagen«, fügte sie verschämt und unbestimmt hinzu, denn obwohl sie die Frau eines Arztes war, hätte sie niemals ohne Umschweife von Rheuma oder Nierenkoliken zu sprechen gewagt, »daß ich einige kleine *Beschwerden* hatte. Jedem die seinen. Und dann fand in meiner männlichen Dienerschaft eine Krise statt. Obzwar ich nicht stärker als jemand anderer auf meine Autorität poche, habe ich dennoch, um ein Exempel zu statuieren, meinen Vatel entlassen müssen, der wohl ohnehin eine lukrativere Stellung suchte. Doch sein Abgang hat beinahe die Demission des gesamten Ministeriums nach sich gezogen. Meine Kammerzofe wollte auch nicht mehr bleiben, es gab homerische Szenen. Trotz allem hielt ich das Steuer fest in der Hand, eine wahre Lektion in bestimmten Dingen, die an mir nicht verloren ist. Ich langweile Sie mit diesen Diener-Geschichten, aber Sie wissen ja so gut wie ich, welche Plackerei es bedeutet, wenn man gezwungen ist, Umstellungen im Personal vorzunehmen.«

»Aber schön sind Sie. *Redfern fecit?*«

»Nein, Sie wissen ja, daß ich glühende Anhängerin von Rauthnitz bin. Übrigens ist es etwas Wiederaufgefrischtes.«

»Aber so etwas von chic!«

»Was meinen Sie, wieviel? ... Nein, ändern Sie die erste Zahl.«

»Was, das ist ja nichts, das ist ja geschenkt. Mir hatte man dreimal soviel angegeben.«

»So wird Geschichte geschrieben«, schloß die Frau des Arztes. Und sie zeigte Odette das Halstuch, das diese ihr geschenkt hatte: »Schauen Sie, Odette, erkennen Sie es wieder?«

»Wen haben Sie angesetzt, Odette, daß Sie so schöne Blumen haben? Lemaître? Ich muß gestehen, daß letzthin bei Lemaître vor dem Geschäft ein großer rosaroter Strauch stand, der mich zu einem Leichtsinn verleitet hat.«

»Nein, ich habe nur Debac als ständigen Floristen.«

»Ich auch«, sagte Madame Cottard, »aber ich gestehe, daß ich ihm bisweilen mit Lachaume untreu werde.«

»Aha! Sie betrügen ihn mit Lachaume, das werde ich ihm erzählen«, sagte Odette, die sich bemühte, »das Gespräch im Gang zu halten«, ebenso wie »Leute zusammenzubringen«, »herauszustreichen«, »sich zurückzunehmen«, »als Bindestrich zu dienen« – all die Künste der Hausherrin, die genau besehen die Künste des Nichts sind.

Unterdessen war Madame Bontemps, die hundertmal gesagt hatte, sie wolle nicht zu den Verdurins gehen, und jetzt entzückt war, daß man sie zu den Mittwochen eingeladen hatte, damit beschäftigt, sich auszurechnen, auf welche Art sie möglichst oft dort erscheinen konnte. Sie wußte nicht, daß Madame Verdurin wünschte, daß man keinen ausließ; andererseits gehörte sie zu jenen wenig gefragten Personen, die, wenn sie von einer Hausherrin zu »Serien« eingeladen sind, sich nicht einfinden wie jene, die es stets verstehen, eine Freude zu bereiten, wenn sie Zeit und Lust zum Ausgehen haben; sie hingegen lassen sich den ersten und den dritten Abend entgehen, in der Meinung, ihre Abwesenheit würde bemerkt, und behalten sich den zweiten und den vierten vor; außer, sie hätten in Erfahrung gebracht, daß der dritte Abend besonders glanzvoll sein werde, und also umgekehrt vorgehen und dabei anführen, daß sie »das letzte Mal leider nicht frei« waren. So rechnete sich Madame Bontemps aus, wie viele Mittwoche es noch bis Ostern gab und in welcher Weise sie zu einem zusätzlichen kommen könnte, ohne sich aufzudrängen. Sie zählte auf Madame Cottard, mit der sie zurückfahren wollte (sie war immer entzückt, eine hilfsbereite Freundin zu finden, die einen »Automedon« besaß) und von der sie sich einige Auskünfte erhoffte. »Oh! Madame Bontemps, Sie stehen auf, wie ich sehe; es ist gar nicht nett, das Zeichen zur Flucht zu geben. Sie sind in meiner Schuld, weil Sie letzten Donnerstag nicht gekommen sind ... Ach, setzen Sie sich doch noch für einen Augenblick. Vor dem Abendessen machen Sie doch bestimmt keinen Besuch mehr. Lassen Sie sich wirklich nicht verlocken«, fügte Madame Swann hinzu und hielt eine Platte mit Gebäck hin, »diese kleinen Schweinereien sind gar nicht schlecht. Sie sehen nicht danach aus, aber versuchen Sie einmal, Sie werden staunen.« – »Im Gegenteil, das sieht köstlich aus«, sagte Madame Cottard, »bei Ihnen, Odette, fehlt es nie an Lebensmitteln. Ich brauche Sie nicht nach der Fabrikationsmarke zu fragen, ich weiß ja, daß Sie alles von Rebattet kommen lassen.«

Der 1. Januar war in jenem Jahr für mich besonders schmerzlich. Besondere Daten und Jahrestage sind es wohl immer, wenn man unglücklich ist. Rührt das aber zum Beispiel daher, daß man einen geliebten Menschen verloren hat, dann besteht das Leiden nur in einem lebhafteren Vergleich mit der Vergangenheit. In meinem Fall kam die heimliche Hoffnung hinzu, daß Gilberte es mir hatte überlassen wollen, den ersten Schritt zu tun, dann festgestellt hatte, daß ich ihn nicht tue, und so den 1. Januar zum Vorwand nehmen werde, um mir zu schreiben: »Was ist denn eigentlich los, ich bin ganz versessen auf dich, komm, laß uns eine ehrliche Aussprache haben, ich kann nicht leben, wenn ich dich nicht sehe.« Von den letzten Tagen des Jahres an schien mir dieser Brief wahrscheinlich. Das war er vielleicht nicht, aber der Wunsch, das Bedürfnis danach genügt, damit wir ihn uns so vorstellen. Der Soldat ist überzeugt, daß ihm eine unbestimmte Frist gewährt ist, bevor er getötet wird, ebenso der Dieb, bevor er verhaftet wird, und überhaupt meinen die Menschen, da sei eine lange Frist, bevor sie sterben müssen. Das ist das Amulett, das die Individuen – und manchmal die Völker – zwar nicht vor der Gefahr bewahrt, aber vor der Angst vor der Gefahr, eigentlich vor dem Glauben an die Gefahr, was einem in bestimmten Fällen erlaubt, ihr tapfer zu trotzen, ohne daß man tapfer zu sein braucht. Ein – ebensowenig begründetes – Vertrauen dieser Art stützt den Verliebten, der auf eine Versöhnung, einen Brief hofft. Um diesen nicht mehr zu erwarten, würde es genügen, ihn nicht mehr herbeizuwünschen. Auch wenn man noch so genau weiß, daß man der Frau, die man noch immer liebt, gleichgültig ist, unterstellt man ihr dennoch eine Reihe von Gedanken – und wenn es auch die der Gleichgültigkeit sind –, eine Absicht, sie zu äußern, eine Komplikation des Innenlebens, wo man vielleicht Gegenstand einer Antipathie, aber auch stetiger Aufmerksamkeit ist. Um mir vorzustellen, was in Gilberte vorging, hätte ich jedoch ganz einfach schon an diesem 1. Januar vorwegnehmen müssen, was ich an jenen der folgenden Jahre spüren würde, wenn Gilbertes Aufmerksamkeit oder ihr Schweigen oder ihre Zärtlichkeit oder ihre Kälte mehr oder weniger unbeachtet an mir vorbeigehen würden und ich nicht daran dächte, nicht einmal daran denken könnte, Lösungen für Probleme zu suchen, die sich mir nicht mehr stellten. Wenn man liebt, ist die Liebe zu groß, um ganz in uns Platz zu finden; sie strahlt gegen die geliebte Person, stößt da auf einer Oberfläche auf, muß an ihren Ausgangspunkt zurück, und diesen Rückstoß unserer eigenen Zärtlichkeit sehen wir für die Gefühle des anderen an und lassen uns von ihnen stärker bezaubern als auf dem Hinweg, weil wir nicht gewahr werden, daß sie von uns stammen. Der 1. Januar schlug alle seine Stunden, ohne daß der Brief von Gilberte kam. Und da ich einige verspätete oder zu spät zugestellte Wünsche erhielt, weil die Post an diesen Tagen überlastet war, hoffte ich auch am 3. und 4. Januar noch, allerdings immer weniger. An den folgenden Tagen weinte ich viel. Bestimmt, weil ich nicht ganz so ehrlich gewesen war, als ich Gilberte aufgab, sondern weiterhin auf diesen Neujahrsbrief von ihr gehofft hatte. Und da ich sah, wie meine Phiole geleert war, bevor ich Zeit gehabt hätte, mir eine andere zu besorgen, litt ich wie ein Kranker, der sein Morphium aufgebraucht und keines mehr in Griffnähe hat. Aber vielleicht hatte – und diese zwei Erklärungen schließen sich nicht aus, denn ein einziges Gefühl setzt sich manchmal aus Gegenteilen zusammen – die Hoffnung auf einen Brief das Bild Gilbertes in mir wiedererstehen, die Gefühle wieder aufleben lassen, wie sie die Erwartung, bei ihr zu sein, ihr Anblick, die Art ihres Umgangs mit mir früher jeweils erzeugt hatten. Die unmittelbar gegebene Möglichkeit einer Versöhnung hatte in mir etwas unterdrückt, dessen Ungeheuerlichkeit wir uns nicht bewußt machen – die Resignation. Die Neurastheniker können es nicht glauben, wenn man ihnen versichert, sie würden sich allmählich beruhigen, wenn sie im Bett blieben, keine Briefe empfingen, keine Zeitungen läsen. Sie meinen, diese Maßnahmen würden ihre Nervosität nur noch steigern. Ebenso können die Verliebten, die den Verzicht aus einem gegenteiligen Zustand heraus betrachten und ihn noch nicht ausprobiert haben, nicht an seine wohltätige Macht glauben. Wegen meines sehr heftigen Herzklopfens ließ man mich die Einnahme von Koffein verringern, und es hörte auf. Da fragte ich mich, ob nicht das Koffein der Grund gewesen war für die Angst, die ich empfunden hatte, als ich mit Gilberte mehr oder weniger zerstritten war, und die ich bei jedem Mal, da sie aufkam, dem Schmerz zugeschrieben hatte, daß ich meine Freundin nie mehr sehen würde, oder wenn doch, dann möglicherweise immer nur übel gelaunt. Wenn aber dieses Medikament die Schmerzen ausgelöst hatte, die dann durch meine Phantasie falsch ausgelegt worden waren (daran wäre nichts Außergewöhnliches, liegen doch die grausamsten moralischen Strafen für einen Liebhaber oft in den physischen Gewohnheiten der Frau begründet, mit der sie leben), dann in der Art des Tranks, der Tristan und Isolde noch verbindet, lange nachdem sie ihn getrunken haben. Denn die Verbesserung meines physischen Zustands, die mit der Verringerung der Koffein-Dosis fast sogleich eintrat, bremste die Entwicklung des Kummers nicht ab, den der Giftstoff wenn nicht hervorgerufen, so doch zumindest verschärft hatte.

Nur begann dann, als sich die Mitte des Januars näherte, meine Hoffnung auf einen Neujahrsbrief enttäuscht und der zusätzliche Schmerz, der diese Enttäuschung begleitet hatte, beruhigt war, mein Kummer von »vor den Festtagen« wieder. Er war wohl noch grausamer, denn ich selbst war sein Schmied, bewußt, freiwillig, unerbittlich und geduldig. Ich selbst arbeitete darauf hin, das einzige, worauf ich Wert legte, nämlich meine Beziehung zu Gilberte, unmöglich zu machen, indem ich allmählich und dank einer immer längeren Trennung nicht die Gleichgültigkeit meiner Freundin, sondern, was schließlich auf das gleiche herauskam, mir die meine schuf. Ich vollzog unausgesetzt einen langen und grausamen Selbstmord des Ich, das in meinem Inneren Gilberte liebte, und dabei sah ich ganz klar, was ich gegenwärtig tat, und auch das, was inskünftig daraus würde:

ich wußte nicht nur, daß ich nach einer gewissen Zeit Gilberte nicht mehr lieben, sondern auch, daß sie selbst das bedauern würde und daß dann ihre Versuche, mich zu sehen, ebenso vergeblich sein würden wie heute, aber nicht mehr, weil ich sie zu sehr liebte, sondern weil ich bestimmt eine andere Frau lieben würde, die ich während langer Stunden herbeisehnen, erwarten würde und keinen Bruchteil davon für Gilberte abzweigen könnte, da sie mir nichts mehr bedeutete. Und genau in diesem Augenblick, da ich (denn ich war ja entschlossen, sie nicht mehr zu sehen, außer sie suchte formell um eine Aussprache nach oder legte ein vollumfängliches Liebesgeständnis ab, worauf nicht die geringste Chance mehr bestand) Gilberte schon verloren hatte und sie um so mehr liebte, fühlte ich, was sie mir alles bedeutete, mehr noch als im Jahr zuvor, als ich ganz nach Belieben alle meine Nachmittage mit ihr verbringen konnte und unsere Freundschaft durch nichts bedroht sah, – in diesem Augenblick war mir der Gedanke zuwider, daß ich eines Tages die gleichen Gefühle für eine andere Frau haben würde, denn er nahm mir nicht nur Gilberte weg, sondern auch meine Liebe und meinen Schmerz. Meine Liebe, mein Schmerz, in denen ich weinend zu ergreifen suchte, was an ihnen Gilberte war, und erkennen mußte, daß sie nicht eigentlich zu ihr gehörten, sondern früher oder später der Anteil irgendeiner anderen Frau sein würden. Und so ist man – zumindest dachte ich das damals – von den Menschen immer abgelöst; wenn man liebt, fühlt man, daß diese Liebe nicht ihren Namen trägt, daß sie in der Zukunft wieder erstehen könnte und daß sie sogar in der Vergangenheit für eine andere als gerade diese Frau hätte erstehen können. Und wenn man zu Zeiten, da man nicht liebt, sich philosophisch mit der Widersprüchlichkeit der Liebe abfindet, dann eben deshalb, weil man diese Liebe, von der man so leichthin redet, im Augenblick gar nicht empfindet und also nichts von ihr weiß, denn das Wissen um diese Dinge ist nicht ununterbrochen und außerhalb der tatsächlichen Gegenwart des Gefühls nicht vorhanden. Gewiß wäre es noch an der Zeit gewesen, Gilberte zu warnen, daß die Zukunft, da ich sie nicht mehr lieben würde – was ich durch meinen Schmerz hindurch erriet, ohne es mir schon deutlich vorstellen zu können –, sich allmählich herausbilden und vielleicht nicht sogleich, aber unweigerlich kommen würde, wenn nicht sie, Gilberte, mir zu Hilfe eilte und meine zukünftige Gleichgültigkeit im Keim erstickte. Wie oft war ich doch darauf und daran, Gilberte zu schreiben oder hinzugehen und zu sagen: »Paß auf, ich habe beschlossen, daß dies der allerletzte Vorstoß sein soll. Ich komme ein letztes Mal zu dir. Bald werde ich dich nicht mehr lieben.« Wozu auch? Mit welchem Recht hätte ich Gilberte eine Gleichgültigkeit vorgeworfen, die ich gegenüber allem, was nicht sie war, hemmungslos an den Tag legte? Das letzte Mal! Mir kam das ungeheuerlich vor, weil ich Gilberte liebte. Ihr hätte das wahrscheinlich soviel Eindruck gemacht wie jene Briefe, in denen Freunde darum bitten, uns noch einmal, bevor sie auswandern, besuchen zu dürfen, was wir ihnen verweigern, so, wie den lästigerweise in uns verliebten Frauen, denn wir haben Vergnüglicheres vor. Die Zeit, die wir täglich zur Verfügung haben, ist elastisch; unsere eigenen Leidenschaften dehnen sie, die Leidenschaften, die andere für uns empfinden, lassen sie schrumpfen, und die Gewohnheit füllt sie auf.

Im übrigen hätte ich vergeblich zu Gilberte gesprochen, denn sie hätte mich nicht gehört. Wenn wir sprechen, stellen wir uns immer vor, unsere eigenen Ohren, unser eigener Verstand hörten zu. Meine Worte wären abgelenkt zu Gilberte gelangt, als hätten sie den bewegten Vorhang eines Wasserfalls durchdringen müssen, bevor sie bei meiner Freundin angekommen wären, unkenntlich, mit einem lächerlichen Klang, ohne irgendeinen Sinn. Die Wahrheit, die man in die Wörter legt, bahnt sich ihren Weg nicht direkt, ist nicht unwiderstehlich evident. Es muß noch einige Zeit vergehen, bis in den anderen eine gleich geartete Wahrheit entsteht. Da wird dann der politische Gegner, der allen Vernunftgründen und Beweisen zum Trotz den Verfechter der gegenteiligen Doktrin für einen Verräter hielt, sich selbst zu der verpönten Überzeugung bekehren, auf die jener, der sie vergeblich zu verbreiten suchte, gar keinen Wert mehr legt. Da wird dann das Meisterwerk, das nach Ansicht seiner Bewunderer, die es vorlasen, seine Qualität von selbst zu beweisen schien, während es den Zuhörern nur einen unsinnigen oder mittelmäßigen Eindruck machte, von diesen zum Meisterwerk erklärt, zu spät, als daß es der Autor noch erfahren könnte. So lassen sich auch, man kann tun, was man will, in der Liebe die Schranken nicht von außen abbrechen, nicht von dem, den sie zur Verzweiflung bringen; und erst, wenn er sich nicht mehr um sie kümmert, werden diese früher umsonst bestürmten Schranken unter der Wirkung der Arbeit, die sich anderswo, im Inneren der nicht verliebten Frau vollzieht, auf einmal und nutzlos fallen. Wäre ich gegangen und hätte Gilberte meine zukünftige Gleichgültigkeit und das dagegen anzuwendende Mittel verkündigt, hätte sie aus diesem Vorstoß geschlossen, daß meine Liebe zu ihr, mein Bedürfnis nach ihr stärker waren, als sie gedacht hatte, und es wäre ihr noch lästiger gewesen, mich zu sehen. Und im übrigen stimmt es wirklich, daß mir gerade diese Liebe mit den verschiedenartigen Stimmungen, die sie in mir erzeugte, dabei half, besser als Gilberte das Ende der Liebe vorauszusehen. Dennoch hätte ich vielleicht eine solche Warnung brieflich oder mündlich an Gilberte ergehen lassen, nach Ablauf einer nützlichen Frist, nach der sie mir zwar weniger unentbehrlich geworden wäre, ich aber auch bewiesen hätte, daß sie es nicht war. Leider sprachen ihr wohlmeinende oder übelgesinnte Personen in einer Weise von mir, die sie glauben ließ, es geschehe auf meine Bitten. Jedesmal, wenn ich also erfuhr, daß Cottard, sogar meine Mutter, ja, auch Monsieur de Norpois mit ungeschickten Worten das ganze Opfer, das ich gebracht hatte, nutzlos gemacht, das ganze Ergebnis meiner Zurückhaltung verdorben hatten, indem sie mich fälschlich so darstellten, als hätte ich diese Zurückhaltung aufgegeben, ärgerte ich mich doppelt. Erstens konnte ich meine mühevolle und fruchtbare Enthaltung nurmehr von dem Tag an zählen, da diese Langweiler sie ohne mein Wissen unterbrochen und demzufolge zunichte gemacht hatten. Aber ich hätte Gilberte jetzt auch weniger gern getroffen, da sie mich nicht mehr für würdevoll-resigniert hielt, sondern meinte, ich taktiere im Hintergrund zwecks einer Unterredung, die sie mir nicht gewähren wollte. Ich verfluchte das leere Geschwätz der Leute, die uns oft, ohne daß sie uns schaden oder nützen wollen, einfach so, um des Redens willen, manchmal auch, weil wir von ihnen geplaudert hatten und sie (wie wir) indiskret sind, im gegebenen Augenblick so viel Schaden zufügen. Allerdings spielen sie bei dem verhängnisvollen Werk der Zerstörung unserer Liebe noch lange nicht die gleiche Rolle wie zwei Personen, die aus übergroßer Güte beziehungsweise übergroßer Bosheit genau dann alles zu zerstören pflegen, wenn es sich eben hätte einrenken können. Diesen zwei Personen jedoch sind wir nicht gram wie den lästigen Cottards, denn die zweite Person ist die, die wir lieben, die erste sind wir selbst.

Indessen schrieb ich, da mich Madame Swann bei jedem meiner Besuche zum Goûter mit ihrer Tochter einlud und mich aufforderte, ihr direkt zu antworten, oft an Gilberte, und in dieser Korrespondenz wählte ich, so schien mir, nicht die Sätze, mit denen sie hätte überredet werden können; ich suchte nur dem Rinnsal meiner Tränen ein möglichst weiches Bett zu bahnen. Denn das Bedauern wie auch das Verlangen wollen sich nicht analysieren, sondern sich befriedigen; wenn man zu lieben beginnt, verbringt man seine Zeit nicht mit der Frage, was Liebe sei, sondern mit der Vorbereitung möglicher Rendezvous am nächsten Tag. Wenn man verzichtet, will man nichts über seinen Kummer wissen, sondern zu der Frau, die ihn verursacht, auf eine Art über ihn sprechen, die uns am zärtlichsten scheint. Man sagt Dinge, weil man das Bedürfnis hat, sie zu sagen, auch wenn sie der andere nicht verstehen wird; man spricht nur für sich selbst. Ich schrieb: »Ich hatte gedacht, so etwas sei nicht möglich. Ach! jetzt sehe ich, daß es gar nicht so schwer ist.« Ich sagte auch: »Ich werde dich wohl nie mehr sehen«, ich sagte es und legte dabei nach wie vor keine Kälte an den Tag, denn das hätte sie als Heuchelei deuten können, und ich weinte über diesen Worten, als ich sie schrieb, weil sie, wie ich spürte, nicht das ausdrückten, was ich gern geglaubt hätte, sondern das, was sich in der Tat einstellen würde. Denn bei der nächsten Aufforderung zum Rendezvous, die sie mir ausrichten ließe, wäre ich wiederum so mutig, nicht nachzugeben, und so käme von Absage zu Absage der Augenblick, da ich sie schon so oft nicht mehr gesehen hätte, daß ich es gar nicht mehr wünschte. Ich weinte, aber ich fand den Mut und hatte die Befriedigung, das Glück unseres Zusammenseins der Möglichkeit zu opfern, ihr eines Tages wieder genehm zu sein, eines Tages, da mir das Genehmsein leider gleichgültig sein würde. Selbst die doch so unwahrscheinliche Hypothese, daß sie mich jetzt eben liebte, wie sie das während meines letzten Besuchs behauptet hatte, daß das, was ich für jenes lästige Gefühl hielt, das man empfindet, wenn man von jemandem genug hat, vielleicht nur auf eifersüchtiger Empfindlichkeit beruhte, auf einer der meinen entsprechenden vorgetäuschten Gleichgültigkeit, machte meinen Entschluß höchstens weniger schwer. Ich dachte dann, wie in einigen Jahren, wenn wir einander vergessen hätten und ich ihr rückblickend sagen könnte, daß dieser Brief, den ich eben schrieb, keineswegs aufrichtig gewesen war, sie mir sagen würde: »Was? Du liebtest mich? Wenn du wüßtest, wie sehr ich auf diesen Brief wartete, wie sehr ich auf ein Rendezvous hoffte, wie sehr ich weinen mußte.« Der Gedanke, daß ich mit dem Brief, den ich ihr gleich nach dem Besuch bei ihrer Mutter schrieb, genau dieses Mißverständnis vollzog, dieser Gedanke ließ mich, eben weil er traurig war, weil er sich mit der angenehmen Vorstellung verband, daß Gilberte mich liebte, mit dem Schreiben fortfahren.

Wenn Gilberte, die ihre Goûters gewöhnlich am Empfangstag ihrer Mutter gab, im Gegenteil abwesend war und ich also zu Madame Swanns »Jour fixe« gehen konnte, traf ich diese in einem schönen Kleid an, das aus Taft oder aus Faille, aus Samt oder aus Crêpe de Chine, aus Satin oder aus Seide gefertigt war und nicht lose saß wie die Hauskleider, die sie sonst trug, sondern zusammengestellt war wie für eine Ausfahrt und an diesem Nachmittag ihrer häuslichen Muße etwas Waches und Wirksames verlieh.

Im Durcheinander des Salons, wo sie eben wieder eintrat, nachdem sie einen Besuch hinausbegleitet hatte, oder wo sie eine Schale mit Konfekt holte, um es jemandem anzubieten, nahm mich Madame Swann im Vorbeigehen beiseite: »Ich habe von Gilberte eigens den Auftrag, Sie für übermorgen zum Mittagessen einzuladen. Ich war nicht sicher, ob Sie kommen würden, und wollte Ihnen schon schreiben.« Ich widerstand nach wie vor. Und dieser Widerstand kostete mich immer weniger, denn man mag das Gift, das einem schadet, noch so gern haben – wenn es einem aus irgendeinem zwingenden Grund schon eine Weile entzogen worden ist, kann man nicht umhin, der Ruhe, wie man sie nicht mehr kannte, der Freiheit von Emotionen und Schmerzen einigen Wert beizumessen. Ist man auch nicht ganz ehrlich, wenn man sich sagt, man wolle die Geliebte nicht mehr sehen, so wäre man es auch nicht, wenn man sagte, man wolle sie wiedersehen. Denn zweifellos erträgt man ihre Abwesenheit nur, weil man sie sich kurz vorstellt und an den Tag denkt, an dem man sich wiedersehen wird, andererseits spürt man aber, wie diese täglichen Träume von einer baldigen und immer wieder aufgeschobenen Wiedervereinigung viel weniger schmerzhaft sind als ein Treffen, nach dem man vielleicht eifersüchtig wäre, und so würde einen dann der Bescheid, man könne die Geliebte wiedersehen, unangenehm berühren. Was man jetzt von Tag zu Tag hinausschiebt, ist nicht mehr das Ende der unerträglichen, von der Trennung verursachten Beklemmung, sondern das befürchtete Wiederaufflackern auswegloser Gefühle. Wie sehr zieht man doch einer solchen Begegnung die gefügige Erinnerung vor, die man nach Belieben mit Träumereien vervollständigt, in denen die Frau, die einen in Wirklichkeit gar nicht liebt, einem im Gegenteil ihre Liebe gesteht, wenn man ganz allein ist; wie sehr zieht man doch diese Erinnerung, in die man allmählich viele eigene Sehnsüchte hineinmischt und damit nach Wunsch wohltuend macht, der hinausgeschobenen Begegnung vor, bei der man es mit einem Menschen zu tun hätte, dem man die erwünschten Wörter nicht mehr diktieren kann, sondern der einen erneut mit seiner Kälte, seinen unerwarteten Rohheiten überfiele. Wenn wir nicht mehr lieben, wissen wir alle, daß das Vergessen, ja, auch die unbestimmte Erinnerung weniger schmerzlich sind als die unglückliche Liebe. Ich zog, ohne es mir einzugestehen, ein solches Vergessen, seine entspannende Süße vor.

Im übrigen wird eine solche mühsame Kur psychischer Ablösung und Isolierung aus einem anderen Grund immer weniger schlimm, nämlich weil sie, noch bevor die Heilung erfolgt, schon zur Abschwächung jener fixen Idee beiträgt, wie die Liebe sie ist. Die meine war noch so stark, daß ich Wert darauf legte, bei Gilberte mein ganzes Ansehen wiederzuerlangen; es sollte, dachte ich mir, mit der freiwilligen Trennung stetig zunehmen, und so waren diese stillen, traurigen Tage, da ich Gilberte nicht sah, einer nach dem anderen, ohne Unterbruch, ohne Freispruch (außer einer der Langweiler mischte sich in meine Angelegenheiten), nicht ein verlorener, sondern ein gewonnener Tag. Umsonst gewonnen vielleicht, denn bald würde man mich für geheilt erklären können. Die Resignation, eine Spielart der Gewohnheit, erlaubt bestimmten Kräften ein unbeschränktes

Wachstum. Diese Kräfte, die mir an dem ersten Abend meines Streits mit Gilberte noch kaum geholfen hatten, meinen Kummer zu ertragen, hatten sich seither ins Unendliche potenziert. Nur, die Neigung alles Bestehenden, sich immer weiter fortzusetzen, wird hin und wieder durch plötzliche Eingebungen unterbrochen, denen wir nachgeben und uns dabei gar nicht hemmungslos vorkommen, weil wir wissen, wie viele Tage, wie viele Monate wir uns schon enthalten konnten und noch können werden. Und oft leert man plötzlich die Geldbörse, in der man spart, kurz bevor sie voll ist, und oft gibt man eine Behandlung auf, ohne ihre Wirkung abzuwarten und wenn man sich schon an sie gewöhnt hat. Und eines Tages, als Madame Swann das Übliche sagte, nämlich wie sich Gilberte freuen würde, mich zu sehen, und damit das Glück, das ich mir schon so lange versagte, in meine Griffnähe rückte, war ich überwältigt bei dem Gedanken, daß ich es ja noch immer genießen könnte; und ich konnte kaum den nächsten Tag abwarten; ich hatte mich entschlossen, Gilberte vor dem Abendessen zu besuchen.

Was mir half, die ganze Länge eines Tages auszuharren, war ein Plan. Sobald alles vergessen wäre, sobald ich mich mit Gilberte versöhnt hätte, wollte ich ihr nur noch als Verliebter entgegentreten. Jeden Tag würde sie die schönsten Blumen von mir erhalten. Und falls mir Madame Swann, die zwar kein Recht hatte, eine allzu strenge Mutter zu sein, nicht jeden Tag eine Blumensendung erlaubte, würde ich wertvollere und weniger häufige Geschenke finden. Meine Eltern gaben mir nicht genug Geld, daß ich hätte teure Sachen kaufen können. Mir fiel die große chinesische Vase ein, die ich von meiner Tante Léonie geerbt hatte und von der, wie Mama täglich voraussah, Françoise irgendwann sagen würde: »Ist aus dem Leim gegangen«, so daß nichts mehr übrigblieb. War es unter diesen Umständen nicht klüger, sie zu verkaufen, um Gilberte so viele Freuden zu machen, wie ich wollte? Ich dachte, ich würde gut und gern tausend Francs dafür bekommen. Ich ließ sie einpacken, aus lauter Gewöhnung hatte ich sie gar nie gesehen; jetzt, da ich mich von ihr trennte, wurde ich wenigstens mit ihr bekannt. Ich nahm sie mit, bevor ich zu den Swanns ging, und als ich dem Kutscher die Adresse angab, sagte ich ihm, er solle über die Champs-Elysées fahren, wo an der Ecke ein großes Chinoiserie-Geschäft war, dessen Besitzer mein Vater kannte. Zu meiner großen Überraschung bot er mir auf der Stelle nicht tausend, sondern zehntausend Francs für die Vase. Ich nahm die Scheine entzückt entgegen; ein ganzes Jahr lang würde ich Gilberte mit Rosen und Flieder überschütten können. Als ich das Geschäft verlassen und den Wagen wieder bestiegen hatte, fuhr der Kutscher, da die Swanns am Bois de Boulogne wohnten, statt die übliche Route richtigerweise die Champs-Elysées hinunter. Er war schon über die Rue de Berri hinaus, als ich ganz nahe bei dem Haus der Swanns Gilberte zu erkennen meinte, die sich in die andere Richtung entfernte, langsamen, aber entschlossenen Schrittes an der Seite eines jungen Mannes, mit dem sie plauderte und dessen Gesicht ich nicht ausmachen konnte. Ich erhob mich im Wagen, wollte anhalten lassen, zögerte dann. Die beiden Spaziergänger waren schon ziemlich weit weg, und die zwei sanften, parallelen Linien, die ihr langsames Schreiten zog, verschwammen im elysäischen Dämmer. Bald war ich vor Gilbertes Haus angelangt. Madame Swann empfing mich: »Oh! sie wird untröstlich sein«, sagte sie, »ich weiß gar nicht, warum sie nicht da ist. Soeben, bei einer Lektion, war ihr sehr heiß gewesen, und sie hat gesagt, sie gehe mit einer Freundin frische Luft schnappen.« – »Mir scheint, ich habe sie auf den Champs-Elysées gesehen.« – »Ich glaube nicht, daß sie das war. Sagen Sie jedenfalls ihrem Vater nichts davon, er hat es nicht gern, wenn sie um diese Zeit ausgeht. *Good evening.*« Ich ging weg, sagte dem Kutscher, er solle den gleichen Weg zurückfahren, fand die beiden Spaziergänger aber nicht mehr. Wo waren sie gewesen? Was sagten sie so Vertrauliches in den Abend hinein?

Ich fuhr nach Hause, verzweifelter Besitzer der unverhofften zehntausend Francs, dank denen ich Gilberte so viele kleine Freuden hätte machen wollen, dieser Gilberte, die ich nicht mehr sehen mochte, jetzt war ich entschlossen. Gewiß, der Zwischenhalt im Chinoiserie-Geschäft war mir eine Freude gewesen, weil ich gehofft hatte, meine Freundin nie mehr anders zu sehen als dankbar und zufrieden mit mir. Hätte ich aber diesen Zwischenhalt nicht gemacht, wäre der Wagen nicht über die Champs-Elysées gefahren, wäre ich Gilberte und dem jungen Mann nicht begegnet. So trägt ein gleicher Sachverhalt entgegengesetzte Zweige, und das Unglück, das er zeitigt, hebt das

Glück auf, das er verursacht hatte. Mir war das Gegenteil von dem passiert, was sich so häufig zuträgt. Man sehnt sich nach einer Freude und hat die materiellen Mittel nicht, um sie zu verwirklichen. »Es ist traurig, verliebt zu sein und kein großes Vermögen zu haben«, sagt La Bruyère. Man kann dann nur noch versuchen, das Verlangen nach dieser Freude allmählich abzutöten. Ich hingegen hatte mir die materiellen Mittel beschafft, doch war mir im gleichen Augenblick, wenn nicht durch einen logischen Zusammenhang so doch in der zufälligen Folge jenes ersten Gelingens, die Freude entzogen worden. Was im übrigen offenbar immer so sein muß. Allerdings nicht immer am selben Abend, da wir uns besorgt haben, was sie ermöglichte. Zumeist schaffen und hoffen wir noch einige Zeit. Doch das Glück kann nie stattfinden. Wird man der Umstände Herr, so verschiebt die Natur den Kampf von außen nach innen und läßt unser Herz allmählich anders werden, so daß es nicht mehr das begehrt, was es erhalten wird. Und wenn sich die Ereignisse so schnell abgespielt haben, daß unser Herz keine Zeit hatte, sich zu verändern, gibt die Natur trotzdem die Hoffnung nicht auf, uns zu besiegen, wenn auch etwas später und auf subtilere, aber nicht weniger wirksame Art. Dann wird uns der Besitz des Glücks im letzten Augenblick entzogen, oder vielmehr überträgt die Natur mit teuflischer Tücke genau diesem Besitz die Aufgabe, das Glück zu zerstören. Sollte sie bei allem versagt haben, was zum Bereich der Tatsachen und des Lebens gehört, schafft die Natur eine allerletzte Unmöglichkeit, die psychologische Unmöglichkeit des Glücks. Das Phänomen des Glücks tritt nicht ein oder führt zu bittersten Reaktionen.

Ich hielt die zehntausend Francs krampfhaft fest. Sie nützten mir aber nichts mehr. Im übrigen gab ich sie noch viel schneller aus, als wenn ich Gilberte täglich Blumen geschickt hätte, denn abends war ich so unglücklich, daß es mich zu Hause nicht hielt und ich in den Armen von Frauen, die ich nicht liebte, mich ausweinen ging. Gilberte noch irgendeine Freude zu machen, das wünschte ich mir nicht mehr; wieder in Gilbertes Haus zu gehen, das hätte mir nur noch wehgetan. Gilberte wiederzusehen, was mir am Vortag noch so lieb gewesen wäre, hätte mir nicht mehr genügt. Denn die ganze Zeit, die ich nicht mit ihr verbracht hätte, wäre ich unruhig gewesen. Genau deshalb vergrößert eine Frau mit jedem neuen Schmerz, den sie uns – oft unwissentlich – zufügt, zwar ihre Macht über uns, aber auch unsere Ansprüche an sie. Mit dem, was sie uns angetan hat, umzingelt uns die Frau immer mehr, verdoppelt zwar unsere Ketten, aber auch jene, die uns bis dahin genügt hätten, um sie zu fesseln und dadurch selbst ruhiger zu sein. Noch am Vortag hätte ich, wenn ich nicht befürchtet hätte, sie zu langweilen, mich damit begnügt, gelegentliche Treffen zu verlangen, mit denen ich mich jetzt nicht mehr zufriedengegeben und die ich durch ganz andere Bedingungen ersetzt hätte. Denn anders als nach einer Schlacht verschärft man in der Liebe die Bedingungen um so mehr, je besiegter man ist, falls man überhaupt in der Lage ist, sie zu diktieren. Das war ich nicht, was Gilberte betrifft. Deshalb zog ich es vor, gar nicht erst wieder zu ihrer Mutter zu gehen. Wohl sagte ich mir nach wie vor, daß mich Gilberte nicht liebte, daß ich das schon ziemlich lange wußte, daß ich sie wiedersehen konnte, wenn ich wollte, und daß ich, wenn ich nicht wollte, sie mit der Zeit vergessen konnte. Aber diese Gedanken, ähnlich einem Medikament, das gegen bestimmte Beschwerden nicht wirkt, hatten nicht die geringste Wirkung gegen jene zwei parallelen Linien, die ich von Zeit zu Zeit wiedersah, gegen Gilberte und den jungen Mann, wie sie auf die Champs-Elysées hinausschlenderten. Es war ein neues Leiden, das sich eines Tages ebenfalls leerlaufen würde, ein Bild, das sich meinem Geist eines Tages von allem Schädlichen geklärt präsentieren würde, wie eines der tödlichen Gifte, mit denen man gefahrlos hantiert, oder wie ein klein wenig Dynamit, an dem man ohne Explosionsgefahr seine Zigarette anzünden kann. Inzwischen war in mir eine andere Kraft, die mit aller Gewalt gegen jene ungesunde Kraft kämpfte, die mir Gilbertes Spaziergang in der Dämmerung unverändert zeigte: um den wiederholten Ansturm der Erinnerung abzuwehren, arbeitete mein Vorstellungsvermögen nützlicherweise in entgegengesetzter Richtung. Gewiß, die erste dieser Kräfte zeigte mir nach wie vor die beiden Spaziergänger auf den Champs-Elysées und führte mir noch andere unangenehme Bilder vor, wie zum Beispiel Gilberte, die mit den Achseln zuckt, als ihre Mutter sie auffordert, bei mir zu bleiben. Die zweite Kraft aber arbeitete auf der Leinwand meiner Hoffnungen und entwarf eine viel gefälliger entfaltete Zukunft als diese im Grunde doch so eingeschränkte Vergangenheit. Für jede Minute, in der ich eine übelgelaunte Gilberte sah, gab es doch so viele andere Minuten, in denen ich mir zurechtlegte, welche Schritte sie zu unserer Versöhnung, vielleicht sogar Verlobung, unternehmen würde. Gewiß, das Vorstellungsvermögen schöpfte die Kraft, mit der es sich der Zukunft zuwandte, trotz allem aus der Vergangenheit. Je mehr sich meine Bedrücktheit darüber, daß Gilberte mit den Achseln gezuckt hatte, vermindern würde, um so mehr würde die Erinnerung an ihren Charme verblassen, eine Erinnerung, die mich wünschen ließ, sie käme zu mir zurück. Aber ich war von diesem Tod der Vergangenheit noch weit entfernt. Noch immer liebte ich sie, die ich allerdings zu hassen meinte. Doch jedesmal, wenn man fand, ich sei gut frisiert, ich sähe gut aus, wünschte ich mir, sie wäre da. Es ging mir auf die Nerven, daß es zu jener Zeit vielen Leuten ein Anliegen war, mich einzuladen, und ich lehnte ab. Es gab bei uns zu Hause eine Szene, weil ich meinen Vater nicht zu einem festlichen Diner begleitete, wo auch die Bontemps zugegen sein sollten, mit ihrer Nichte Albertine, einem ganz jungen Mädchen, fast noch einem Kind. So überkreuzen sich die verschiedenen Abschnitte unseres Lebens. Wegen jener, die man liebt und die einem später so gleichgültig sein wird, lehnt man es verächtlich ab, jene zu sehen, die einem heute gleichgültig ist, die man morgen lieben wird, die man vielleicht, hätte man sich zu einem Treffen mit ihr herbeigelassen, schon vorher hätte lieben können, und die einem das gegenwärtige Leiden abgekürzt hätte, allerdings um es durch ein anderes zu ersetzen. Das meine veränderte sich ständig. Ich staunte darüber, daß ich an einem Tag in mir drinnen das eine Gefühl erblickte, an dem folgenden das andere, beide jeweils geweckt von einer Hoffnung oder einer Furcht betreffend Gilberte. Betreffend jene Gilberte, die ich in mir trug. Ich hätte mir sagen sollen, daß die andere, die wirkliche, vielleicht ganz anders war, gar nichts wußte von dem Bedauern, das ich ihr zuschrieb, und wahrscheinlich nicht nur viel weniger an mich dachte als ich an sie, sondern als ich sie selbst an mich denken ließ, wenn ich mit meiner fiktiven Gilberte allein war, ihre wirklichen mich betreffenden Absichten zu erraten suchte und mir sie also in dieser Weise vorstellte, ihre Aufmerksamkeit stets mir zugewandt.

Zu den Zeiten, da der Kummer zwar schwächer wird, aber immer noch da ist, muß man unterscheiden zwischen jenem, den einem der ständige Gedanke an die Person zufügt, und dem, der von bestimmten Erinnerungen wiederbelebt wird, von einem bösen Satz, der gefallen war, von einem Wort, das in einem Brief gestanden hatte. Die verschiedenen Formen des Kummers mögen anläßlich einer späteren Liebe beschrieben werden, hier sei nur gesagt, daß von diesen beiden die zweite sehr viel weniger grausam ist. Das liegt daran, daß die Vorstellung von der Person immer in uns lebt und deshalb durch einen Nimbus verschönert wird, mit dem wir sie schon bald umgeben, so daß die Vorstellung zwar nicht die wiederholte Annehmlichkeit der Hoffnung, aber wenigstens die Ruhe einer stetigen Trauer in sich aufnimmt. (Im übrigen ist zu beachten, wie wenig Raum das Bild der Person, die uns leiden läßt, in den Komplikationen einnimmt, die einen Liebeskummer verschlimmern, verlängern, seine Heilung verhindern, so wie bei bestimmten Krankheiten die Ursache in keinem Verhältnis steht zu dem nachfolgenden Fieber und der Langsamkeit der Rekonvaleszenz.) Aber wenn auch der Widerschein einer im allgemeinen optimistischen Intelligenz auf die Vorstellung von der geliebten Person fällt, so gilt das nicht für die einzelnen Erinnerungen, jene bösen Worte, jene feindseligen Briefe (nur einer von Gilbertes Briefen war es), als wohnte die wirkliche Person in diesen doch so kleinen Fragmenten und wäre da auf eine Art potenziert, wie sie es in der üblichen Vorstellung, die wir von ihr als ganzer haben, bei weitem nicht ist. Den Brief haben wir nämlich nicht, wie das Bild der Geliebten, in der melancholischen Ruhe des Schmerzes betrachtet; wir haben ihn gelesen, verschlungen, durch das unerwartete Unglück schrecklich beklemmt. Ein solcher Kummer bildet sich auf andere Art; er kommt von außen und dringt über den Weg grausamsten Leidens in unser Herz hinein. Das Bild unserer Freundin, das wir für alt halten, haben wir in Wirklichkeit viele Male geändert. Die grausame Erinnerung hingegen hat nicht dasselbe Alter wie dieses restaurierte Bild, sie stammt aus einer früheren Zeit, seltener Zeuge einer furchtbaren Vergangenheit. Da aber diese Vergangenheit nach wie vor existiert – außer in uns, denn wir haben sie ja lieber durch ein wunderbares goldenes Zeitalter ersetzt, ein Paradies, in dem alle versöhnt sind –, holen uns diese Erinnerungen, diese Briefe in die Realität zurück und müßten uns durch den plötzlichen Schmerz, den sie uns verursachen, spüren lassen, wie weit wir uns in der verrückten Hoffnung täglicher Erwartung von ihr entfernt haben. Was nicht heißt, diese Realität sei immer dieselbe, obwohl auch das vorkommt. Es gab in unserem Leben zahlreiche Frauen, die wir nie wiederzusehen wünschten und die unser unbeabsichtigtes Schweigen ganz natürlich mit einem gleichen Schweigen beantwortet haben. Nur haben wir, da wir sie nicht liebten, die Jahre der Trennung nicht gezählt, und wir vernachlässigen dieses Gegenbeispiel, wenn wir über die Wirksamkeit der Isolierung nachdenken, genau so wie die Leute, die an Vorahnungen glauben, alle Fälle vernachlässigen, in denen sich die ihren nicht bewahrheitet haben.

Aber immerhin, die Entfernung kann ihre Wirkung haben. Der Wunsch, die Lust, uns wiederzusehen, kommen in dem Herzen, das uns jetzt verkennt, schließlich doch wieder auf. Es braucht nur Zeit. Unsere Ansprüche an die Zeit sind aber nicht weniger übersteigert als jene, die das Herz hat, das sich verändern soll. Erstens sind wir gerade mit der Zeit am wenigsten großzügig, denn unser Leiden ist grausam, und wir wollen es so schnell wie möglich beenden. Zweitens wird auch unser Herz die Zeit, die das andere zu seiner Veränderung braucht, zu seiner eigenen Veränderung benützen, so daß das Ziel, das wir uns setzten, in dem Augenblick erreichbar wird, da es für uns keines mehr ist. Übrigens ist der Gedanke, daß es erreichbar sein wird, daß es kein Glück gibt, das wir nicht erreichen könnten, sobald es für uns kein Glück mehr ist, – dieser Gedanke ist bis zu einem gewissen, aber nur bis zu einem gewissen Grad richtig. Das Glück fällt uns zu, wenn es uns gleichgültig geworden ist. Genau diese Gleichgültigkeit jedoch hat uns weniger anspruchsvoll werden lassen, und wir meinen jetzt im nachhinein, dieses Glück hätte uns damals entzückt, obwohl es uns vielleicht sehr unvollkommen vorgekommen wäre. Man ist nicht sehr heikel und urteilt auch nicht besonders richtig, wenn einem etwas völlig gleichgültig ist. Die Freundlichkeit eines Menschen, den wir nicht mehr lieben, scheint unserer Gleichgültigkeit übertrieben, während sie unserer Liebe vielleicht bei weitem nicht genügt hätte. Wir denken an die Freude, die uns diese zärtlichen Worte, diese Aufforderung zum Rendezvous bereitet hätten, und denken nicht an all die weiteren Worte und Aufforderungen, die wir uns gleich darauf gewünscht und gerade durch solche Gier vielleicht verhindert hätten. Also ist es ungewiß, ob das Glück, das sich einstellt, wenn man es nicht mehr genießen kann, wenn man nicht mehr liebt, wirklich dasselbe Glück ist, dessen Fehlen uns einst so unglücklich gemacht hatte. Eine einzige Person könnte das beurteilen, unser damaliges Ich; das gibt es nicht mehr; und zweifellos brauchte es nur zurückzukommen, damit das Glück, dasselbe oder nicht dasselbe, sich verflüchtigt.

Also war es gleicherweise unvernünftig zu meinen, ich hätte mich (das war einige Zeit her) friedlich im Glück eingerichtet, wie jetzt, da ich auf das Glück verzichtet hatte, so sicher zu sein, daß ich wenigstens ruhig geworden war und es bleiben konnte. Denn solange unser Herz dauernd das Bild eines anderen Menschen umschließt, kann nicht nur unser Glück jeden Augenblick zerstört werden; hat sich das Glück verflüchtigt, haben wir gelitten, und haben wir dann das Leiden mildern können, dann ist da etwas ebenso Trügerisches und Zerbrechliches wie das Glück, nämlich die Ruhe. Sie kam mir schließlich wieder, denn das, was über einen Traum in unseren Geist eingedrungen ist und dabei unsere seelische Verfassung, unsere Sehnsüchte verändert hat, verblaßt ebenfalls, ist doch nichts von Dauer und Bestand, nicht einmal der Schmerz. Im übrigen sind die, die aus Liebe leiden, wie gewisse Kranke ihr eigener Arzt. Da ihnen Trost nur von dem Menschen kommen kann, der ihr Leiden verursacht, und da dieses von ihm ausstrahlt, werden sie schließlich gerade darin das Heilmittel finden. Das Leiden selbst wird es ihnen irgendwann zeigen, denn während sie es in sich hin und her wälzen, entdeckt es ihnen einen anderen Aspekt der ersehnten Person, bald einen so hassenswerten, daß man nicht einmal mehr Lust hat, sie wiederzusehen – denn bevor es schön wäre mit ihr, müßte man sie quälen –, bald einen so sanften, daß man ihr diese angedichtete Sanftheit als Verdienst anrechnet und sich gerade deswegen Hoffnungen macht. Aber wenn die Schmerzen, die in mir aufgebrochen waren, sich auch wieder gelegt hatten, so wollte ich doch nur noch selten zu Madame Swann gehen. Zunächst weil die – auch uneingestandene – Erwartung bei denen, die lieben und verlassen worden sind, sich von selbst verwandelt und, zwar scheinbar noch immer gleich, einem ersten Zustand einen zweiten, entgegengesetzten folgen läßt. Der erste war die Folge, der Widerschein der schmerzlichen Begebenheiten, die uns erschüttert hatten. Die Erwartung dessen, was geschehen könnte, ist mit Schrecken durchsetzt, um so mehr, als wir in diesem Augenblick, falls von der Geliebten nichts Neues kommt, selber handeln wollen und nicht so recht wissen, welchen Erfolg unsere Schritte haben werden, wonach es vielleicht nicht mehr möglich ist, neue zu unternehmen. Bald aber wird, ohne daß wir uns dessen bewußt würden, unsere fortgesetzte Erwartung nicht mehr von der erlebten Vergangenheit bestimmt, sondern, wie wir gesehen haben, von der Hoffnung auf eine imaginäre Zukunft. Von da an ist sie fast schon angenehm. Und in ihrer ersten Erscheinungsform hat sie uns über eine gewisse Zeit hinweg an eine abwartende Haltung gewöhnt. Die Schmerzen, die wir während unserer letzten Rendezvous gelitten haben, leben in uns noch weiter, schlafen aber schon. Wir sind nicht sehr erpicht darauf, sie wieder zu wecken, um so weniger, als wir nicht recht sehen, was wir jetzt verlangen könnten. Besäßen wir von der Geliebten etwas mehr, wäre uns das, was wir nicht besitzen, nur um so notwendiger und bliebe dennoch, da Bedürfnisse aus Befriedigungen entstehen, etwas Unerreichbares.

Und schließlich kam noch ein anderer Grund hinzu, aus dem ich meine Besuche bei Madame Swann völlig einstellte. Dieser spätere Grund bestand nicht darin, daß ich Gilberte vergessen hätte, sondern in dem Versuch, sie schneller zu vergessen. Gewiß, seit mein großer Schmerz vorbei war, waren die Besuche bei Madame Swann für den Rest von Traurigkeit, der mir noch blieb, wieder zu jener Beruhigung und Ablenkung geworden, die mir am Anfang so wichtig gewesen waren. Doch der Grund für die Wirksamkeit der ersteren bildete gleichzeitig den Nachteil der letzteren, weil nämlich mit diesen Besuchen die Erinnerung an Gilberte eng verknüpft war. Die Ablenkung hätte mir nur genützt, wenn sie ein Gefühl, das nicht mehr von Gilbertes Gegenwart genährt war, mit Gedanken, Interessen, Leidenschaften bekämpft hätte, in denen Gilberte keine Rolle mehr spielte. Solche Bewußtseinszustände, in denen der geliebte Mensch fremd bleibt, nehmen einen Platz ein, der zwar zu Beginn gering sein mag, sich aber um so mehr absetzt von der Liebe, die die ganze Seele belegt hatte. Man muß diese Gedanken zu nähren, zu fördern suchen, während das Gefühl, das nur noch eine Erinnerung ist, allmählich vergeht, so daß die neueingeführten Elemente dem Geist einen immer größeren Teil der Seele streitig machen und entreißen, bis sie ihm ganz weggenommen ist. Es wurde mir bewußt, daß das die einzige Möglichkeit war, meine Liebe abzutöten, und ich war noch jung und mutig genug, es zu wagen, den grausamsten von allen Schmerzen auf mich zu nehmen, nämlich jenen, der aus der Gewißheit entsteht, daß es einem über kurz oder lang gelingen wird. In meinen Briefen an Gilberte begründete ich meine Absagen jetzt mit einer Anspielung auf ein geheimnisvolles, völlig fiktives Mißverständnis, das zwischen ihr und mir entstanden wäre und von dem ich zunächst hoffte, es würde sie veranlassen, mich um eine Erklärung zu bitten. Doch ein Briefpartner wird ja niemals, nicht einmal in den unbedeutendsten Beziehungen des Lebens, um eine Aufklärung bitten, wenn er weiß, daß ein dunkler, verlogener, anklagender Satz nur dasteht, um ihn zum Widerspruch zu reizen, und er freut sich dann nur zu sehr über das Gefühl, in den Vorgängen die Initiative und den Zugriff zu haben – und zu behalten. Um so mehr ist das in zärtlicheren Beziehungen der Fall, wo die Liebe so gesprächig, die Gleichgültigkeit so nicht neugierig ist. Da Gilberte dieses Mißverständnis weder anzweifeln noch kennenlernen mochte, wurde es für mich zu etwas Wirklichem, auf das ich mich in jedem Brief bezog. Und in diesen unechten Situationen, in der vorgetäuschten Distanziertheit, ist ein Zauber am Werk, der uns darin verharren läßt. So oft hatte ich geschrieben: »Seit unsere Herzen entzweit sind«, damit Gilberte mir schriebe: »Aber sie sind es doch gar nicht, laß uns darüber sprechen«, daß ich schließlich selbst an ihre Entzweiung glaubte. Ich wiederholte fortwährend: »Auch wenn sich unser Leben verändert hat, wird unser einstiges Gefühl nicht verblassen«, um endlich hören zu können: »Aber es hat sich gar nichts verändert, dieses Gefühl ist stärker denn je«, und so lebte ich mit dem Gedanken, daß sich das Leben tatsächlich verändert hatte, daß wir die Erinnerung an das nicht mehr vorhandene Gefühl bewahrten, so, wie nervöse Menschen eine Krankheit simulieren und schließlich andauernd krank sind. Jedesmal, wenn ich jetzt Gilberte schrieb, berief ich mich auf diese fiktive Veränderung, deren Existenz sie stillschweigend anerkannte, indem sie in ihren Antworten nicht darauf einging, bis es zwischen uns nun wirklich so stand. Dann änderte Gilberte ihr Vorgehen. Sie selbst nahm nun meinen Standpunkt ein; und wie bei den offiziellen Toasts, bei denen das Staatsoberhaupt, das empfangen wird, ungefähr die gleichen Ausdrücke verwendet wie das Staatsoberhaupt, das als Gastgeber fungiert, verfehlte es Gilberte nie, wenn ich schrieb: »Das Leben mag uns getrennt haben, die Erinnerung an unsere gemeinsame Zeit lebt weiter«, zu antworten: »Das Leben mag uns getrennt haben, es wird uns aber die schönen Stunden nicht vergessen lassen, die wir im Herzen bewahren« (es wäre uns recht peinlich gewesen, sagen zu müssen, inwiefern uns »das Leben« getrennt hatte, welche Veränderung eingetreten war). Ich litt nicht mehr sehr. Eines Tages aber, als ich ihr in einem Brief schrieb, ich hätte den Tod unserer alten Zuckerstangen-Verkäuferin von den Champs-Elysées erfahren, konnte ich bei den Worten: »Ich dachte, daß dir das bestimmt leid getan hat, bei mir hat es viele Erinnerungen aufgewühlt« meine Tränen nicht zurückhalten, denn ich merkte, daß ich in der Vergangenheit sprach und als handelte es sich um einen beinahe schon vergessenen Toten, um diese Liebe nämlich, an die ich trotz allem wie an etwas Lebendiges gedacht hatte, zumindest wie an etwas, das auferstehen konnte. Nichts Zärtlicheres als diese Korrespondenz zwischen Freunden, die sich nicht mehr sehen wollen. Gilbertes Briefe waren so taktvoll wie jene, die ich belanglosen Leuten schrieb, und sie gaben mir die gleichen Zeichen scheinbarer Zuneigung, die ich mit solcher Freude von ihr erhielt.

Im übrigen fiel es mir immer leichter, ihr abzusagen. Und da sie mir immer weniger bedeutete, hatten meine schmerzlichen Erinnerungen nicht mehr die Kraft, mit ihrer ständigen Wiederkehr das allmählich entstehende Vergnügen zu zerstören, das mir der Gedanke an Florenz, an Venedig bereitete. In diesen Augenblicken bedauerte ich, auf eine diplomatische Karriere verzichtet und eine seßhafte Existenz gewählt zu haben, so daß ich mich nicht von einem jungen Mädchen entfernen konnte, das ich nicht mehr wiedersehen würde und beinahe schon vergessen hatte. Man errichtet sein Leben für eine Person, und wenn man sie endlich darin aufnehmen könnte, kommt sie nicht, stirbt dann für uns, und man lebt in etwas gefangen, das nur für sie bestimmt war. Wenn meinen Eltern Venedig zu fern und zu fiebrig schien für mich, so konnte man sich wenigstens ohne Anstrengung in Balbec niederlassen. Dafür aber hätte ich Paris verlassen, auf die Besuche verzichten müssen, dank denen, wenn sie auch selten waren, ich hin und wieder Madame Swann von ihrer Tochter sprechen hörte. Ich begann übrigens dabei ein Vergnügen zu empfinden, das mit Gilberte nichts zu tun hatte.

Als der Frühling kam und mit ihm noch einmal die Kälte, die Graupelschauer der Karwoche und die Eisheiligen, empfing Madame Swann, die fand, man erfriere bei ihr, oft in ihren Pelzen, wobei ihre fröstelnden Hände und Schultern unter der weißglänzenden Schicht eines riesigen flachen Muffs und eines Kragens verschwanden, beide aus Hermelin, die sie beim Nachhausekommen nicht abgelegt hatte und die aussahen wie die letzten, hartnäckigen Schneeflecken des Winters, die weder von der Wärme des Salons noch durch das Fortschreiten der Jahreszeit geschmolzen waren. Und die ganze Wahrheit dieser eisigen, aber schon blühenden Wochen wurde mir in dem Salon, in den ich bald nicht mehr kommen würde, noch durch anderes, betörenderes Weiß nahegelegt, zum Beispiel das Weiß der »Schneeballen«, die oben auf ihren hohen, nackten Stengeln wie auf dem linearen Gesträuch der Präraphaeliten ihre unterteilten, aber doch einheitlichen Kugeln versammelten, die weiß waren wie Verkündigungsengel und von Zitronenduft umgeben. Denn die Schloßherrin von Tansonville wußte, daß auch ein eisiger April seine Blumen hat, daß Winter, Frühling, Sommer nicht so hermetisch voneinander abgeriegelt sind, wie das der Boulevardier glauben möchte, der sich vorstellt, bis zu der ersten Hitze bestehe die Welt bloß aus kahlen, verregneten Häusern. Daß Madame Swann sich mit den Sendungen begnügte, die ihr von ihrem Gärtner in Combray kamen, daß sie die Mängel einer ungenügenden Andeutung nicht mit Hilfe ihrer »ständigen« Floristin und mit Anleihen bei der mediterranen Frühblüte ausglich, das will ich nicht gesagt haben, und es war mir auch gleichgültig. Um mich nach dem Land zu sehnen, genügte es mir, daß neben dem Firn von Madame Swanns Muff die Schneeballen (die in der Vorstellung der Hausherrin vielleicht keinem anderen Zweck dienten als gemäß Bergottes Rat zusammen mit ihren Möbeln und ihrer Toilette eine »Symphonie in Weiß-Dur« zu bilden) mich daran erinnerten, daß der Karfreitagszauber ein Wunder der Natur nachbildet, an dem man, wäre man klüger, jedes Jahr teilhaben könnte, und daß sie, unterstützt von dem säuerlichen, berauschenden Duft von Blüten, deren Namen ich nicht kannte und die mich auf meinen Spaziergängen in Combray so oft hatten stillstehen lassen, Madame Swanns Salon zu etwas ebenso Jungfräulichem, zu etwas ebenso blätterlos-unschuldig Blühendem, zu etwas ebenso mit echten Düften Überladenem werden ließen wie den steilen kleinen Weg von Tansonville.

Aber noch war mir die Erinnerung an ihn zuviel. Noch hätte sie das wenige, das von meiner Liebe zu Gilberte übriggeblieben war, am Leben erhalten können. Um also während der Besuche bei Madame Swann überhaupt nicht mehr zu leiden, ging ich noch seltener hin, wollte sie noch weniger sehen. Höchstens, daß ich mir, da ich noch immer nicht aus Paris weggegangen war, hie und da einen Spaziergang mit ihr zugestand. Endlich war die schöne Jahreszeit gekommen und mit ihr die Wärme. Wie ich wußte, ging Madame Swann vor dem Mittagessen für eine Stunde aus, um in der Avenue du Bois ein paar Schritte zu machen, in der Nähe der Etoile und des Ortes, den man damals wegen der Leute, die sich hier die ihnen unbekannten Reichen anschauten, den »Club der Gescheiterten« nannte, und so setzte ich bei meinen Eltern durch, daß ich sonntags – denn an den Wochentagen war ich um diese Stunde nicht frei – erst viel später, um Viertel nach eins, zu Mittag essen und vorher noch kurz ausgehen durfte. Ich ließ es in jenem Mai kein einziges Mal aus, denn Gilberte war bei Freundinnen auf dem Land zu Besuch. Ich war gegen Mittag beim Arc de Triomphe. Ich legte mich an der Mündung der Avenue auf die Lauer und ließ die Ecke zu der kleinen Straße nicht aus den Augen, durch die Madame Swann, die nur ein paar Meter zurücklegen mußte, von zu Hause kam. Es war schon die Zeit, da viele Spaziergänger zum Mittagessen heimkehrten, und es blieben nur noch wenige und zumeist elegante Leute. Und dann erschien auf dem Sand der Allee Madame Swann, spät, langsam und üppig wie die schönste, erst am Mittag blühende Blume und ließ um sich herum eine Toilette aufgehen, die immer anders, aber, wenn ich mich recht erinnere, meist malvenfarben war; im Augenblick der vollständigsten Bestrahlung hob und entfaltete sie dann auf einem langen Stiel den Seidenpavillon eines großen Sonnenschirms, der ähnlich getönt war wie das Blütenblätterwerk ihres Kleids.

Madame Swann wandte sich zu mir: »Es ist also Schluß?« sagte sie, »Sie werden Gilberte nie mehr besuchen kommen? Ich bin froh, daß Sie bei mir eine Ausnahme machen und mich nicht völlig ›droppen‹. Ich sehe Sie gern, aber ich sah es auch gern, daß Sie auf meine Tochter einen guten Einfluß hatten. Ich glaube, sie bedauert es auch sehr. Na gut, ich will Sie nicht tyrannisieren, sonst kommt es noch so weit, daß Sie mich auch nicht mehr sehen wollen.« – »Odette, Sagan will dich grüßen«, sagte Swann zu seiner Frau. Und tatsächlich richtete der Fürst sein Pferd aus wie im Schlußbild einer Theater- oder Zirkusvorstellung und grüßte Odette mit einem ausladenden, theatralischen und gleichsam allegorischen Gruß, in dem die gesamte ritterliche Höflichkeit des Grandseigneurs nachhallte, der sich vor der Frau verneigt, und wäre es auch eine Frau, mit der seine Mutter oder Schwester nicht verkehren dürften. Im übrigen wurde Madame Swann, erkannt in dem flüssig-durchsichtigen, lackiert-leuchtenden Schatten, den ihr Sonnenschirm über sie ergoß, dauernd von den letzten verspäteten Reitern gegrüßt, die gleichsam kinematographisch über das Weißbesonnte der Avenue galoppierten, Männer vom Club, berühmte Namen für das Publikum – Antoine de Castellane, Adalbert de Montmorency und viele andere –, für Madame Swann die vertrauten Namen von Freunden. Und da die durchschnittliche Lebenserwartung – die relative Langlebigkeit – der Erinnerung an poetische Gefühle viel höher ist als die an Herzensqualen, ist der Kummer, den ich damals wegen Gilberte hatte, längst vergangen, überlebt von dem Vergnügen, das ich jedesmal empfinde, wenn ich im Mai die Minuten zwischen Viertel nach zwölf und eins von einer Art Sonnenuhr ablesen will und mich dabei wiedersehe, wie ich mit Madame Swann plaudere, unter ihrem Sonnenschirm wie in einer Glyzinienlaube.

Gilberte war mir fast völlig gleichgültig geworden, als ich zwei Jahre später mit meiner Großmutter nach Balbec reiste.

Wenn ich dem Charme eines neuen Gesichts erlag, wenn ich mit Hilfe eines anderen jungen Mädchens die gotischen Kathedralen, die Paläste und Gärten Italiens kennenzulernen hoffte, sagte ich mir traurig, daß unsere Liebe – als Liebe zu einem bestimmten Menschen – vielleicht etwas nicht sehr Wirkliches ist, denn wenn sie auch durch angenehme oder schmerzliche Träumereien eine Weile in unseren Gedanken mit einer Frau verbunden ist, bis wir schließlich glauben, diese Frau habe sie uns eingeflößt, so wird, haben wir freiwillig oder unbewußt diese Gedankenverbindungen aufgegeben, die Liebe scheinbar doch spontan und nur aus uns selbst wiedergeboren, um sich einer anderen Frau zuzuwenden. Aber im Augenblick der Abreise nach Balbec und in der ersten Zeit meines dortigen Aufenthalts setzte meine Gleichgültigkeit zuweilen noch aus. Oft (da ja unser Leben nicht sehr chronologisch ist, so viele Anachronismen in den Ablauf der Tage einfügt) lebte ich in der Zeit, die vor der eben verflossenen lag, nämlich als ich Gilberte geliebt hatte. Da schmerzte es mich plötzlich wieder wie damals, daß ich sie nicht sah. Das Ich, das sie geliebt hatte und schon fast völlig durch ein anderes ersetzt worden war, erstand wieder und kam viel öfter wegen einer Lappalie zurück als wegen etwas Wichtigem. Zum Beispiel – um auf meinen Aufenthalt in der Normandie vorzugreifen – hörte ich in Balbec, wie ein Unbekannter, den ich auf dem Deich kreuzte, sagte: »Die Familie des Direktors im Postministerium.« Nun hätten mir (da ich damals noch nicht wußte, welchen Einfluß diese Familie auf mein Leben haben sollte) diese Wörter völlig belanglos erscheinen sollen, und doch verursachten sie mir heftigen Schmerz, den Schmerz, den ein längst und weitgehend aufgehobenes Ich darüber empfand, daß es von Gilberte getrennt war. Denn ich hatte nie mehr an ein Gespräch gedacht, das Gilberte mit ihrem Vater gehabt hatte und in dem es um die Familie des »Direktors im Postministerium« ging. Nun aber bilden die Liebeserinnerungen keine Ausnahme in den allgemeinen Gesetzen des Erinnerungsvermögens, die ihrerseits von den noch allgemeineren Regeln der Gewohnheit bestimmt sind. Weil diese alles abschwächt, erinnert uns gerade das Vergessene am ehesten an einen Menschen (denn es war unbedeutend gewesen, und so haben wir ihm seine ganze Kraft gelassen). Deshalb ist der beste Teil unseres Erinnerungsvermögens außerhalb von uns, in einem nach Regen riechenden Windhauch, im eingeschlossenen Geruch eines Zimmers oder im Geruch aufflackernden Feuers, überall dort, wo wir von uns selbst wiederfinden, was unsere Intelligenz nicht gebraucht und verworfen hatte, den letzten Vorrat der Vergangenheit, den besten, der uns, auch wenn alle unsere Tränen versiegt scheinen, noch zum Weinen bringen kann. Außerhalb von uns? In uns, besser gesagt, aber unseren eigenen Blicken entzogen, in einem mehr oder weniger langanhaltenden Vergessen. Nur dank diesem Vergessen können wir zuweilen den Menschen wiederfinden, der wir waren, uns zu den Dingen stellen, wie dieser Mensch es tat, von neuem leiden, denn wir sind nicht mehr wir selbst, sondern er, und er hatte geliebt, was uns jetzt gleichgültig ist. Im hellen Licht des gewöhnlichen Erinnerungsvermögens verblassen die Bilder der Vergangenheit allmählich, verschwinden, nichts bleibt mehr von ihnen, wir finden die Vergangenheit nicht wieder. Oder eher: wir würden sie nicht wiederfinden, wären nicht ein paar Wörter (wie »Direktor im Postministerium«) sorglich im Vergessen beschlossen, so wie in der Bibliothèque Nationale ein Exemplar eines Buches hinterlegt wird, das sonst vielleicht ungreifbar würde.

Doch dieser Schmerz und dieses Wiederaufkommen der Liebe zu Gilberte dauerten nicht länger als ein Traum, und diesmal im Gegenteil, weil es in Balbec die einstige Gewohnheit, die ihnen hätte Dauer verleihen können, nicht mehr gab. Und mögen die Wirkungen der Gewohnheit auch widersprüchlich erscheinen – sie gehorcht eben verschiedenen Gesetzen. In Paris war ich Gilberte gegenüber immer gleichgültiger geworden, dank der Gewohnheit. Die Änderung der Gewohnheiten, das heißt die vorübergehende Aufhebung der Gewohnheit, führte ihr Werk zu Ende, als ich nach Balbec fuhr. Sie schwächt, stabilisiert aber auch, sie führt zum Zerfall, zieht ihn aber endlos in die Länge. Seit Jahren richtete ich täglich meinen Seelenzustand schlecht und recht auf jenen des Vortags aus. In Balbec sollte ein neues Bett, an das mir ein anderes Frühstück als in Paris gebracht wurde, die Gedanken nicht mehr unterstützen, aus denen sich meine Liebe zu Gilberte genährt hatte: es gibt (allerdings ziemlich seltene) Fälle, in denen die Seßhaftigkeit die Tage stagnieren läßt und man also am besten den Ort wechselt, um Zeit zu gewinnen. Meine Reise nach Balbec war wie der erste Ausflug eines Rekonvaleszenten, der nur noch das brauchte, um zu merken, daß er geheilt ist.

A l'ombre des jeunes filles en fleurs I/II, Ed. Pléiade I (1987), S. 575–589, 592–593, 597–604, 609–625, 629–630. II (1988), S. 3–5.

In Venedig

Meine Mutter hatte mich für ein paar Wochen nach Venedig mitgenommen. Und da es Schönheit ebenso wie in den unscheinbarsten auch in den kostbarsten Dingen geben kann, nahm ich dort Eindrücke auf, wie ich sie einst in Combray hatte, doch nun übertragen in eine ganz andere, reichere Tonart. Wenn morgens um zehn Uhr meine Läden geöffnet wurden, sah ich anstatt des schwarzen Marmors, zu dem die Schiefersteine von St-Hilaire im Morgenglanz wurden, den goldenen Engel des Campanile von San Marco. Schimmernd in einer Sonnenhelle, die seinen Umriß dem Blick beinahe entzog, verhieß er mir mit seinen weit geöffneten Armen – da ich in einer halben Stunde auf der Piazzetta sein würde – eine Freude, gewisser, als er sie einst wohl den Menschen guten Willens zu verkündigen hatte. Ich konnte, solang ich noch lag, nur ihn sehen, da aber die Welt eine einzige große Sonnenuhr ist, auf der ein beleuchteter Abschnitt uns gleich die Stunde verrät, fielen mir schon am frühen Morgen die Läden von Combray am Platz vor der Kirche ein, die am Sonntag gerade geschlossen wurden, wenn ich zur Messe ging, während vom Marktplatz in der schon heißen Sonne ein kräftiger Strohgeruch aufstieg.

Doch was ich am zweiten Tag beim Erwachen sah und weswegen ich geschwind aufstand (da es in meinem Gedächtnis und meinem Verlangen die Erinnerungen von Combray abgelöst hatte), das waren die Eindrücke meines ersten Morgengangs in Venedig – in Venedig, wo das Alltagsleben nicht weniger wirklich war als in Combray und wo man am Sonntagmorgen ebenso wie in Combray das Vergnügen empfand, auf eine festtägliche Straße hinauszutreten, wo diese ganze Straße jedoch aus saphirenem Wasser bestand, das von lauen Lüften gefächelt wurde und dessen Farbe so festen Grund bot, daß meine ermüdeten Augen, um sich zu entspannen und ohne Furcht, daß sie nachgeben könnte, den Blick auf ihr ruhen ließen.

Wie in Combray die braven Bürger der Rue de l'Oiseau kamen auch an dem neuen Ort die Bewohner aus Häusern, die an der Hauptstraße nebeneinander in einer Reihe standen; doch die Rolle von Häusern, die ein wenig Schatten vor ihre Füße werfen, war in Venedig Palästen aus Porphyr und buntem Marmor anvertraut, über deren Torbogen das Haupt eines bärtigen Gottes aus der Baulinie vorragte wie der Türklopfer eines Haustors in Combray, mit dem Ergebnis, daß nicht das Braun des Erdbodens dunkler wurde, sondern das strahlende Blau des Wassers, auf dem seine Form widerschien. Auf der Piazza kam der Schatten, den in Combray die Markise eines Modegeschäfts oder das Ladenschild des Coiffeurs geworfen hätte, von den blauen Blümchen, die das Relief einer Renaissance-Fassade auf die Wüste des sonnenbeschienenen Pflasters zu seinen Füßen sät. Nicht daß man bei starkem Sonnenschein in Venedig nicht ebenso wie in Combray genötigt gewesen wäre, die Rouleaus herunterzulassen, selbst auf den Kanal hinaus. Aber sie waren zwischen das Laubwerk und die Palmetten gotischer Fenster gespannt. Das gilt auch für unser Hotel, wo meine Mutter jeweils am Geländer über dem Kanal mit einer Geduld auf mich wartete, die sie mir einst in Combray nicht bewiesen hätte, da sie noch Hoffnungen in mich setzte, die sich seither nicht erfüllt hatten, und mir nicht zeigen wollte, wie sehr sie mich liebte. Jetzt aber spürte sie, daß ihre scheinbare Kälte nichts mehr geändert hätte, und so war die große Zärtlichkeit, die sie mir zuwandte, wie die verbotene Kost, die man Kranken nicht mehr verweigert, wenn einmal feststeht, daß sie nicht mehr gesund werden. Ja, die kleinen Besonderheiten, die das Fenster meiner Tante Leonie über der Rue de l'Oiseau zu etwas Einmaligem machten, seine Asymmetrie wegen des ungleichen Abstands zu den benachbarten Fenstern, die ungewöhnliche Höhe seines hölzernen Simses und die gewinkelte Stange, mit der man die Läden aufstieß, die beiden Bahnen aus schillerndem blauen Satin, die eine Vorhangschlaufe auseinanderzog, sie alle hatten ihr Gegenstück in dem Hotel in Venedig, und auch die besonderen und beredten Worte vernahm ich dort, an denen wir schon von weitem die Behausung erkennen, in die wir zum Mittagessen zurückkehren, und die uns später in Erinnerung bleiben wie zum Beweis, daß diese Behausung eine Zeitlang die unsere war; doch sie auszusprechen war in Venedig nicht wie in Combray und fast überall sonst den unscheinbarsten, den unansehnlichsten Dingen überlassen, sondern dem halb noch arabischen Spitzbogen der Fassade, welcher in allen Museen und illustrierten Kunstbüchern als ein Meisterwerk weltlicher Baukunst des Mittelalters gezeigt wird; von weitem schon, und kaum war ich an San Giorgio vorbei, erkannte ich diesen Bogen, der mich gesehen hatte, und im Schwung seiner durchbrochenen Rippen verband sich das Lächeln seines Willkomms mit der Würde eines höher gerichteten, beinahe unverstandenen Blicks.

Und weil hinter den verschiedenfarbigen Marmorsäulen seines Geländers Mama mich lesend erwartete, das Gesicht hinter einem Tüllschleier, dessen Weiß mir ebenso wie das Weiß ihrer Haare das Herz zerriß, da ich wußte, daß meine Mutter, die hinter ihm ihre Tränen verbarg, ihn an den Strohhut geheftet hatte, um für das Hotelpublikum »angezogener« auszusehen, vor allem aber um mir nicht mehr so in Trauer, nicht mehr so betrübt, fast getröstet über den Tod meiner Großmutter zu erscheinen; weil sie mir in dem Augenblick, da ich sie (die mich nicht gleich erkannt hatte) von der Gondel aus anrief, vom Grund ihres Herzens ihre Liebe zusandte, die da erst nicht weiter kam, wo ihr nichts Stoffliches mehr einen Halt bot, – wo sich ihr inniger Blick noch so nahe wie möglich zu mir heran, mir entgegen hob und ihre vorgeschobenen Lippen mich lächelnd zu küssen schienen, – in dem Rahmen und unter dem Baldachin des noch heimlicheren Lächelns jenes Bogens im Schein der Mittagssonne: deshalb hat jenes Fenster in meinem Gedächtnis die Süße der Dinge angenommen, die gleichzeitig mit uns, neben uns ihren Teil hatten an einer bestimmten Stunde, derselben, die ihnen und uns schlug; und so reich an wunderbaren Formen seine Fassung auch ist, für mich bewahrt das berühmte Fenster doch das Persönliche, wie wir es an einem großen Mann kennen, mit dem wir einen Monat am selben Ort auf dem Lande verbracht haben und der dort mit uns so etwas wie Freundschaft geschlossen hat; und wenn ich seitdem, sooft ich einen Abguß dieses Fensters in einem Museum erblicke, meine Tränen zurückhalten muß, so einfach deswegen, weil es mir das sagt, was mich am tiefsten rührt: »Ich erinnere mich sehr gut an Ihre Mutter.«

Und wenn ich dann meiner Mutter entgegenging, die das Fenster verlassen hatte, und die Hitze draußen zurückblieb, empfand ich wohl auch die Kühle, wie ich sie einst in Combray gespürt hatte, wenn ich in mein Zimmer hinaufging; doch in Venedig brachte die Meeresluft sie hervor, nicht auf einer engen Holztreppe mit schmalen Tritten, sondern über der edlen Glätte von Marmorstufen, die jeden Augenblick ein meergrüner Sonnenstrahl übersprühte und die zu dem einst empfangenen Unterricht Chardins die Lektion Veroneses hinzufügten. Und da es in Venedig den Kunstwerken, den prachtvollsten Gegenständen obliegt, uns die vertrauten Eindrücke des Lebens zu vermitteln, heißt es den Charakter dieser Stadt – unter dem Vorwand, das Venedig gewisser Maler erscheine in seinen berühmtesten Ansichten kalt ästhetisch – verfälschen, wenn man sie nur (mit Ausnahme der großartigen Skizzen von Maxime Dethomas) in ihren Elendserscheinungen darstellt, wo das sich verflüchtigt, was ihren Glanz ausmacht, und wenn man Venedig, um es echter und wahrer zu zeigen, aussehen läßt wie Aubervilliers. Viele Künstler haben aus begreiflichem Widerwillen gegen das falsche Venedig der schlechten Maler den Fehler gemacht, sich ausschließlich an das, wie sie glaubten, wirklichkeitsnähere Venedig der ärmlichen Campi, der verlassenen kleinen Kanäle zu halten.

Dieses Venedig durchstreifte ich oft am Nachmittag, wenn ich nicht mit meiner Mutter ausging. Dort fand ich leichter junge Frauen aus dem Volk, solche, die Streichhölzer verkaufen, Perlen aufziehen, Glas bearbeiten oder Spitzen herstellen, kleine Arbeiterinnen mit großen schwarzen, gefransten Umhängen. Meine Gondel folgte den schmalen Kanälen; wie eine verborgene Geisterhand, die mich durch die verschlungenen Gassen dieser orientalischen Stadt geführt hätte, schienen sie mir nach und nach, so wie ich dahinfuhr, eine Bahn aufzutun, mitten ins Herz eines Viertels, das sie zerteilten, indem sie nur eben durch eine willkürlich gezogene Rille die hohen Häuser mit ihren kleinen maurischen Fenstern auseinanderschoben; und als hätte der unsichtbare Lotse eine Kerze gehalten und mir die Durchfahrt erhellt, ließen sie einen Sonnenstrahl aufleuchten, dem sie seinen Weg bahnten.

Man spürte, daß zwischen den armen Behausungen, die der kleine Kanal soeben getrennt hatte und die sonst ein festes Ganzes gebildet hätten, kein Platz übrig gewesen war. So hingen der

Campanile der Kirche oder die Weinlauben der Gärten über den Rio wie in einer überfluteten Stadt. Aber Kirchen wie Gärten – dank derselben Übertragung wie am Canal Grande, wo das Meer die Aufgabe eines Verbindungswegs übernimmt, stiegen zu beiden Seiten des kleinen Kanals die Kirchen des alten volkstümlichen Viertels aus dem Wasser empor, aus ärmlichen, dicht bewohnten Pfarreien, und wiesen den Stempel ihrer Notwendigkeit, des Kommens und Gehens vieler kleiner Leute auf, – ließen die Gärten, durch die der Kanal gedrungen war, ihr Laub oder ihre Früchte verwundert ins Wasser hängen, und auf dem Vorsprung des Hauses, dessen grob gespaltener Sandstein noch rauh war, als sei er eben erst hastig zersägt worden, ließen überraschte Buben, das Gleichgewicht wahrend, ihre Beine schön senkrecht baumeln, wie Matrosen auf einer Drehbrücke, deren Hälften sich voneinander gelöst und dem Meer einen Durchgang gewährt haben.

Mitunter erschien ein schöneres Bauwerk, stand da wie eine Überraschung in einem Kästchen, das wir soeben geöffnet haben, ein kleiner Elfenbeintempel mit seinen korinthischen Säulen und mit seiner allegorischen Figur an dem Giebel, der zwischen den Gebrauchsgegenständen, unter die er geraten war, ein wenig verloren wirkte, und die Vorhalle, die der Kanal ihm einräumte, glich trotz allem einer Landestelle für Gemüsehändler.

Die Sonne stand noch hoch am Himmel, wenn ich meine Mutter auf der Piazzetta wieder traf. Die Gondel trug uns auf dem Canal Grande zurück, wir sahen, wie die Paläste, an denen wir vorbeifuhren, das Licht und die Stunde auf ihren rosa Mauern spiegelten und sich mit ihnen veränderten, weniger nach der Art von Wohnhäusern und berühmten Bauwerken als von Marmorhängen, an deren Fuß man abends im Boot entlangfährt, um den Sonnenuntergang zu betrachten. Und so erinnerten auch die Häuser beidseits dieser Wasserstraße an Naturerscheinungen, eine Natur jedoch, die ihre Werke mit menschlicher Phantasie geschaffen hätte. Aber dank dem besondern, fast mitten im Meer dennoch städtischen Aussehen Venedigs, wo sich zweimal am Tag das Steigen und Sinken des Wassers bemerkbar macht, das die prachtvollen Aufgänge zu den Palästen bei Flut bedeckt und bei Ebbe enthüllt, begegneten wir nicht anders als in Paris auf den Boulevards, den Champs-Elysées, im Bois, auf jeder breiten, vielbesuchten Avenue, im Streulicht des Abends den elegantesten Frauen, fast lauter Ausländerinnen, die weich auf die Kissen ihrer schwimmenden Equipagen gelagert einander folgten, vor einem Palazzo anhalten ließen, wo sie eine Freundin besuchen wollten, und fragen ließen, ob sie zu Hause sei; und während sie in Erwartung der Antwort für alle Fälle ihre Karte bereitmachten, um sie dazulassen, wie sie es auch am Tor des Hôtel de Guermantes getan hätten, schauten sie in ihrem Führer nach, in welche Epoche, zu welchem Stil der Palazzo gehörte, wobei sie wie auf dem Kamm einer blauen Welle von der unruhigen Bewegung des funkelnden Wassers geschaukelt wurden, das sich in der Enge zwischen der tanzenden Gondel und dem widerhallenden Marmor aufbäumte. So war das Spazierenfahren, selbst wenn es einzig Visiten oder Einkäufen galt, dreifach und einmalig in dieser Stadt, wo das bloße Kommen und Gehen des Gesellschaftslebens zugleich die Form und den Zauber eines Museumsbesuchs und einer Meerfahrt annimmt.

Am Canal Grande waren mehrere Paläste in Hotels umgewandelt worden, und aus einem Wunsch nach Abwechslung oder aus Liebenswürdigkeit gegenüber Madame Sazerat, die wir hier angetroffen hatten – die unerwartete und unerwünschte Bekannte, der man auf jeder Reise begegnet – und die Mama eingeladen hatte, wollten wir eines Abends statt in unserem Hotel in einem anderen speisen, dessen Küche als besser galt. Während meine Mutter den Gondoliere bezahlte und mit Madame Sazerat in den Salon trat, den sie reserviert hatte, schaute ich für einen Augenblick in den großen Speisesaal mit seinen schönen Marmorpfeilern und seinen Fresken, die einst alle Wände bedeckten und seither schlecht restauriert worden sind. Zwei Kellner unterhielten sich in einem Italienisch, das ich übersetze:

»Essen die Alten auf ihrem Zimmer? Sie sagen nie Bescheid. Es ist lästig, ich weiß nie, ob ich ihren Tisch für sie freihalten soll (›non so se bisogna conservar loro la tavola‹). Na schön, dann ist er eben besetzt, wenn sie kommen! Ich verstehe das nicht, *forestieri* wie die in einem so feinen Hotel. Was haben sie hier zu suchen.«

Seiner Verachtung zum Trotz hätte der Kellner gern gewußt, was er mit dem Tisch machen sollte, und er wollte gerade dem Liftboy auftragen lassen, er solle sich oben erkundigen; doch da erhielt er schon die Antwort: er sah, wie die alte Dame hereintrat. Trotz des Gepräges der Trauer und Müdigkeit, das die wachsende Last der Jahre einem Gesicht verleiht, und trotz einer Art von Ekzem, einem roten Ausschlag, der das ihre bedeckte, erkannte ich unter ihrer Haube, in ihrem taillenlosen schwarzen Kleid, das bei W... gearbeitet war, für Unkundige aber dem einer alten Hausmeisterin glich, mühelos die Marquise de Villeparisis. Der Zufall wollte, daß der Ort, wo ich stand, um die Spuren eines Freskos zu betrachten, an der schönen marmorverkleideten Längswand gerade hinter dem Tisch lag, an den Madame de Villeparisis sich gesetzt hatte.

»Da wird Monsieur de Villeparisis auch gleich kommen. Seit einem Monat sind sie hier, und nicht einmal hat er oder sie allein gegessen«, sagte der Kellner.

Ich fragte mich noch, mit welchem Verwandten sie wohl hergereist war, den man Monsieur de Villeparisis nannte, als ich auch schon in dem Herrn, der auf ihren Tisch zuging und sich neben sie setzte, ihren alten Liebhaber erkannte, Monsieur de Norpois.

Sie bewahrte während einiger Minuten das Schweigen einer betagten, in Erinnerungen versunkenen Frau, der die Schwäche des Alters die Rückkehr in die Gegenwart schwer gemacht hat. Dann, mit schwacher und doch gebieterischer Stimme wieder bei den ganz praktischen Fragen, in denen eine wechselseitige Liebe noch weiterklingt:

»Warst du bei Salviati?«

»Ja.«

»Schicken sie's morgen?«

»Ich habe die Schale selbst hergebracht, ich zeige sie dir nach dem Essen. Sehen wir uns die Karte an. Als Vorspeise gibt es Rötlinge; nehmen wir sie?«

»Ich schon; aber du darfst sie nicht essen, du weißt doch. Du könntest Risotto nehmen, aber der ist hier nicht gut.«

»Das macht nichts. Garçon, die Rötlinge für Madame und Risotto für mich, und zwei halbe Evian!«

Wieder ein langes Schweigen.

»Ach ja, ich habe dir den ›Corriere della Sera‹ und das ›Giornale d'Italia‹ mitgebracht. Auch den ›Temps‹ habe ich. Ich will mir die Börsenberichte ansehen«, fügte er in dem gleichen besorgten Ton hinzu, wie wenn es sich um die Nachrichten von einem Kranken gehandelt hätte.

Und tatsächlich sagte er kurz darauf:

»Unsere Anleihen stehen besser, aber die Montanindustrie ist weiterhin schwach. De Beers erholt sich zusehends, vielleicht sogar etwas zu rasch. Daß sie dann nur nicht wieder fällt. Die Erdölwerte kommen in Bewegung. Lies doch das ›Giornale d'Italia‹, die Zeitung Sonninos.«

Nach langem Schweigen fragte Madame de Villeparisis:

»Sonnino, ist das nicht der Verwandte von Monsieur de Venosa?«

»Ach, keine Spur«, antwortete Monsieur de Norpois ungeduldig, »das ist ein englischer Jude namens Sidney (nicht zu verwechseln mit dem reizenden Sidney Schiff). Er scheint eine Kapazität zu sein, aber er hat einen miserablen Charakter.«

Monsieur de Norpois las weiter in seiner Zeitung.

»Hast du daran gedacht, den Minister aufzusuchen?« fragte Madame de Villeparisis mit der Strenge der Liebe, die von der Sanftmut des Alters gemildert wurde.

»Ja, ich habe bei ihm hereingeschaut, als ich zu Salviati ging. Er hat mir sehr merkwürdige Dinge erzählt. Zum Beispiel wußte ich nicht, daß Briand, als er noch an der Macht war, eine Depesche an den Palazzo Farnese gesandt hatte mit der Weisung, ›sich nicht zu widersetzen, wenn die italienische Regierung die Ausweisung von Monsieur Caillaux verlangen sollte‹. Das war sehr gescheit und beweist ein diplomatisches Geschick, das die Italiener leider noch übertrafen, indem sie sich hüteten, etwas zu verlangen. Er hat das mit zwei Telegrammen Ribots an Jonnart verglichen, die ich auch nicht kannte. Ribot, erschrocken über das brüske Vorgehen Jonnarts, der König Konstantin unter Druck setzt, predigt ihm in der ersten Depesche Mäßigung und erklärt ihm, daß er auf eigene Verantwortung handle. Als dann Jonnart Erfolg hat, läßt sich Ribot nichts anmerken und schickt ihm ein überaus herzlich gehaltenes Telegramm, beglückwünscht ihn und setzt hinzu: ›Im übrigen wissen Sie ja, daß ich da war und Ihnen, wenn Sie auf das geringste Hindernis gestoßen wären, mit allen meinen Kräften geholfen hätte, es aus dem Wege zu räumen.‹ Diese etwas rasche Art, sich zu exkulpieren, vermindert keinesfalls meine

Sympathie für Ribot. Wollte Gott, wir hätten nur Leute wie ihn und Briand!«

»Und diese Fiume-Geschichte?« fragte Madame de Villeparisis nach einer Pause.

»Nun, da hat es sich herausgestellt, daß Nitti, für dessen ›Adlatus‹ ich D'Annunzio hielt, sich gar nicht für Fiume erwärmt. Bei dem Minister war ein französischer Schriftsteller, ein völlig unbekannter Marcel – Soundso, der sich für D'Annunzio einsetzt; er vergleicht dessen freiwilliges Exil in Frankreich mit Dantes Verbannung; er hat voraus- oder eher rückblickend drei Vergilverse verfaßt, in denen Aeneas vor Fiume von D'Annunzio kündet; er zitierte einen Vers Hugos, vielleicht aus dem ›Petit Roi de Galice‹, wo die Einnahme von Städten sehr an die Aktion D'Annunzios gemahnt, und anscheinend schwitzt sogar in D'Annunzios Stücken der Boden eine historische Vergangenheit aus. Aber die italienische Regierung nimmt die Sache ernster, ja geradezu tragisch. Natürlich will sie das Gesicht wahren. Aber es geht nicht darum, D'Annunzio auf den Schild zu heben; auch ein Blankett will man ihm nicht ausstellen. Man will ihn sich so oder so gefügig machen, und da man so freundlich war, mich nach meiner Meinung zu fragen, habe ich bei all meinen Vorbehalten gegen die Risorgimento-Politik doch zu bedenken gegeben, daß es verhängnisvoll wäre, das Palaver hinauszuziehen, denn dies alles könnte zu einem Partisanenkrieg ausarten, der den Funken ins Pulverfaß werfen und Italien um seinen Platz am grünen Tisch bringen würde.«

Ein Herr, der seine Mahlzeit beendete, grüßte zu Monsieur de Norpois herüber.

»Ah, das ist ja der Fürst von B ...«, sagte der Marquis.

»Ah – ich weiß nicht genau, wen du meinst«, seufzte Madame de Villeparisis.

»Aber natürlich – Fürst Odo. Der direkte Schwager deiner Cousine Doudeauville. Du erinnerst dich doch, ich war mit ihm auf der Jagd in Bonnétable.«

»Ah! Odo – ist das der, der auch malte?«

»Aber nein, das ist der, der die Schwester des Großherzogs N ... geheiratet hat.«

Monsieur de Norpois sagte das alles in dem ungnädigen Ton eines Lehrers, der mit seiner Schülerin nicht zufrieden ist, und richtete aus seinen blauen Augen einen strengen Blick auf Madame de Villeparisis.

Als der Fürst seinen Kaffee getrunken hatte und aufbrach, erhob sich Monsieur de Norpois, ging in beflissener Haltung auf ihn zu, trat dann aber mit einer ausladenden Geste zur Seite und stellte ihn Madame de Villeparisis vor. Und da sich der Fürst für ein paar Minuten zu ihnen setzte, wandte Monsieur de Norpois die blauen Augen nie von Madame de Villeparisis ab, überwachte sie mit dem Wohlgefallen oder der Strenge des alten Liebhabers oder noch eher in Sorge, sie könnte sich eine der ausfälligen Bemerkungen gestatten, die er goutiert hatte, die er aber fürchtete. Sowie sie zu dem Fürsten etwas sagte, das nicht ganz stimmte, berichtigte er ihre Äußerung und hielt seinen Blick mit der beharrenden Eindringlichkeit eines Magnetiseurs auf die benommene, fügsame Marquise gerichtet.

Ein Kellner kam, um mir zu sagen, meine Mutter warte auf mich; ich ging hinüber und entschuldigte mich bei Madame Sazerat; ich sagte, es habe mir Spaß gemacht, Madame de Villeparisis zu sehen. Bei diesem Namen wurde Madame Sazerat blaß und schien einer Ohnmacht nahe.

Sie nahm sich aber zusammen:

»Madame de Villeparisis – Mademoiselle de Bouillon?« fragte sie.

»Ja.«

»Könnte ich sie nicht einen Augenblick sehen? Das ist mein größter Traum.«

»Dann dürfen Sie keine Zeit verlieren, Madame, sie wird mit dem Essen gleich fertig sein. Aber was interessiert Sie so an ihr?«

»Madame de Villeparisis war doch in erster Ehe die Herzogin von Harvé, schön wie ein Engel, böse wie ein Dämon – sie hat meinen Vater um den Verstand gebracht, hat ihn ruiniert und gleich danach verlassen. Nun, und jetzt, da mein Vater tot ist – sie mag an ihm gehandelt haben wie die letzte Dirne, sie war schuld, daß ich und die Meinen als kleine Leute in Combray leben mußten, ich tröste mich damit, daß mein Vater die schönste Frau seiner Zeit geliebt hat, und da ich sie nie gesehen habe, wird es mir trotz allem wohl tun …«

Ich begleitete Madame Sazerat, die vor Aufregung zitterte,

bis zur Tür des Speisesaals und zeigte ihr Madame de Villeparisis.

Aber wie bei den Blinden, die ihrem Blick eine falsche Richtung geben, blieben Madame Sazerats Augen nicht auf den Tisch gerichtet, an dem Madame de Villeparisis saß, sondern suchten nach einer anderen Stelle im Saal:

»Sie muß schon fort sein; dort, wo Sie meinen, sehe ich sie nicht.«

Und sie suchte weiter, von dem verhaßten und bewunderten Traumbild geleitet, das seit so langer Zeit in ihrer Phantasie lebte.

»Doch – da, am zweiten Tisch.«

»Dann zählen wir nicht vom selben Punkt aus. So wie ich zähle, ist der zweite Tisch der, an dem nur ein alter Herr sitzt und neben ihm eine abscheuliche kleine, rotgesichtige Bucklige.«

»Das ist sie!«

Nach dem Mittagessen ging ich, wenn ich nicht allein durch Venedig streifen wollte, auf mein Zimmer und machte mich zurecht, um mit meiner Mutter auszugehen. Die schroff nach innen gewinkelte Mauer ließ mich die Einschränkung fühlen, die das Meer verfügte, den Mangel an Baugrund. Und wenn ich hinunterging, um meine Mutter zu treffen, die mich um die Zeit erwartete, da es in Combray so angenehm war, im Dunkeln hinter den geschlossenen Läden die Sonne ganz nahe zu spüren, wurde hier über die ganze Marmortreppe, bei der man so wenig wie auf einem Gemälde der Renaissance wußte, ob sie in einen Palast oder auf eine Galeere gehörte, die gleiche Kühle und das gleiche Gefühl der Helligkeit draußen von dem wehenden Sonnensegel an den stets offenen Fenstern erzeugt, durch die laues Dämmer- und grünliches Sonnenlicht in einem ununterbrochenen Luftzug wie auf einer schwankenden Fläche hereindrang und an die bewegte Nachbarschaft, das Leuchten, die spiegelnde Unstete des Wassers gemahnte. Am Tag vor unserer Abreise kamen wir bis Padua, zu jenen »Lastern« und »Tugenden«, deren Reproduktionen mir Swann geschenkt hatte; nachdem wir im hellen Sonnenschein durch die Anlagen der Arena gegangen waren, trat ich in die Giotto-Kapelle, wo die ganze Wölbung und der Hintergrund der Fresken von solchem Blau sind, daß es scheint, als sei zugleich mit dem Besucher auch der strahlende Tag über die Schwelle geschritten, für einen Augenblick in den Schatten und in die Kühle mit seinem blauen Himmel, der kaum etwas dunkler wurde, da ihn das Sonnenlicht nicht mehr vergoldete – so wie die schönsten Tage eine kurze Unterbrechung erfahren, wenn die Sonne einmal, ohne daß man eine Wolke gesehen hat, ihren Blick abwendet und das Azur des Himmels ein wenig dunkler und dabei noch weicher wird –; auf dem bläulichen Stein flogen Engel mit solchem himmlischen oder wenigstens kindlichen Eifer umher, daß sie als Flügelwesen einer besonderen Gattung erschienen, die wirklich existiert und in der Naturkunde zur Zeit des Alten und Neuen Testaments figuriert hätten und die stets vor den Heiligen herfliegen, wenn sie spazierengehen; immer sind einige über ihnen losgelassen worden, und da sie wirkliche und tatsächlich fliegende Geschöpfe sind, sieht man sie aufsteigen, Kreise ziehen, mit der größten Leichtigkeit »Loopings« vollführen, kopfüber auf die Erde zustürzen und sich mit großem Geflatter in einer Lage behaupten, die den Gesetzen der Schwerkraft widerspricht, und sie erinnern viel eher an eine Vogelart oder an junge Schüler Foncks, die den Schwebeflug üben, als an die Engel der Renaissance oder späterer Zeit, deren Flügel nur noch Embleme sind und deren Haltung gewöhnlich die gleiche ist wie die von ungeflügelten Himmelsbewohnern.

Am Abend ging ich allein durch die verzauberte Stadt, mitten in fremden Vierteln wie eine Gestalt aus Tausendundeiner Nacht. Fast immer entdeckte ich so, vom Zufall geleitet, einen großen unbekannten Platz, von dem kein Führer, kein Reisender mir gesprochen hatte.

Ich war in ein Netz von kleinen Gäßchen, von Calli geraten, die durch das abgeteilte Stück Venedig zwischen einem Kanal und der Lagune nach allen Richtungen ihre Furchen zogen, so daß es diesen unzähligen winzig-zarten Formen entsprechend kristallisiert schien. Auf einmal kam es mir vor, als träte in dieser kristallisierten Materie eine Entspannung ein. Ein Campo, den ich so weit und prachtvoll in diesem Netz kleiner Gassen gewiß nicht vermutet und schon nicht untergebracht hätte, dehnte sich vor mir aus, umgeben von zauberhaften Palazzi im blassen

Mondschein. Es war eines jener architektonischen Gebilde, auf die in einer anderen Stadt die Straßen zulaufen, deuten und hinführen. Hier schien es in einem Gewirr von Gäßchen absichtlich verborgen zu sein wie jene Paläste in orientalischen Märchen, in die man eines Nachts jemanden geleitet, der noch vor Tag nach Hause gebracht wird und die verwunschene Stätte nicht wieder finden darf, so daß er am Ende glaubt, er sei nur im Traum dort gewesen.

Am nächsten Morgen machte ich mich auf die Suche nach dem schönen nächtlichen Platz, ich folgte den Calli, die alle einander glichen und mir nicht den leisesten Wink gaben, es sei denn um mich noch mehr in die Irre zu führen. Bisweilen weckte ein flüchtiges Zeichen, das ich zu erkennen glaubte, die Erwartung in mir, daß der schöne verschwiegene Platz in seiner Umfriedung, seiner Stille und Einsamkeit mir nun sogleich erscheinen werde. Dann ließ mich ein böser Geist, der die Gestalt einer unbekannten Calle angenommen hatte, wider besseres Wissen umkehren, und plötzlich fand ich mich am Canal Grande wieder. Und da es zwischen der Erinnerung an einen Traum und der Erinnerung an etwas Wirkliches keine großen Unterschiede gibt, fragte ich mich zuletzt, ob ich nicht geschlafen hatte und sich in einer dunkeln venezianischen Kristallisierung die Bilder verschoben hatten, um den Mondschein über einen weiten, von romantischen Palästen umgebenen Platz meditieren zu lassen.

Am selben Tag, an dem wir nach Paris zurückreisen wollten, erfuhr ich, daß Madame Putbus und also auch ihre Kammerzofe soeben in Venedig angekommen waren, und bat meine Mutter, die Abreise um ein paar Tage zu verschieben; ihre Art, meine Bitte nicht in Betracht zu ziehen und nicht einmal ernstzunehmen, weckte in meinen vom venezianischen Frühling erregten Nerven das alte Verlangen nach Widerstand gegen ein vermeintliches Komplott meiner Eltern (die sich vorstellten, ich würde ja doch gehorchen müssen) – das Kampfbedürfnis, das mich früher dazu trieb, gerade denen, die ich liebte, meinen Willen gewaltsam aufzuzwingen, immer bereit, mich dem ihren zu fügen, wenn es mir einmal gelungen war, sie zum Nachgeben zu bewegen. Ich sagte meiner Mutter, ich würde nicht abreisen, sie aber hielt es für klüger, darauf gar nicht einzugehen; sie antwortete nicht einmal. Darauf sagte ich noch, sie werde schon sehen, ob es mir ernst sei oder nicht. Und als die Stunde gekommen war, da sie mitsamt meinem ganzen Gepäck zum Bahnhof fuhr, ließ ich mir auf die Terrasse über dem Kanal ein Getränk bringen, ließ mich dort nieder und betrachtete den Sonnenuntergang, während auf einer Barke dem Hotel gegenüber ein Musikant ›Sole mio‹ sang.

Die Sonne sank tiefer und tiefer. Meine Mutter konnte nicht mehr weit vom Bahnhof sein. Bald würde sie abgereist sein, ich würde allein in Venedig bleiben, allein mit dem traurigen Wissen, daß sie meinetwegen bekümmert war, und ohne ihre Gegenwart, die mich getröstet hätte. Die Abfahrtszeit rückte näher. Meine unwiderrufliche Einsamkeit stand so nahe bevor, daß mich dünkte, sie sei schon angebrochen und sei vollkommen.

Die Dinge waren mir fremd geworden. Ich hatte nicht mehr die Ruhe, meinem pochenden Herzen ein wenig Stetigkeit abzugewinnen und sie ihnen zu geben. Die Stadt, die ich vor mir hatte, war nicht mehr Venedig. Ihre Persönlichkeit, ihr Name erschienen mir als lügenhafte Erfindung; ich hatte nicht mehr den Mut, sie in die Steine hineinzulesen. Von den Palästen sah ich nur noch die Bestandteile, bloße Massen von Marmor, wie es sie überall gibt, und im Wasser eine Verbindung von Wasser- und Stickstoff, ewig und blind, vor und außer jedem Zusammenhang mit Venedig, ohne eine Ahnung von den Dogen und von Turner. Und dieser beliebige Ort hatte doch etwas Eigentümliches wie ein Ort, an dem wir eben erst angekommen sind, der uns noch nicht kennt – wie einer, von dem wir abgereist sind und der uns schon vergessen hat. Ich konnte ihm von mir nichts mehr sagen, konnte nichts mehr von mir auf ihn übergehen lassen, ich blieb verkrampft vor ihm sitzen, ich war nur noch ein pochendes Herz und bange Aufmerksamkeit für den Ablauf von ›Sole mio‹. Ich konnte mich noch so verzweifelt auf die schöne charakteristische Bogenlinie des Rialto konzentrieren, er kam mir in all der Mittelmäßigkeit des Eindeutigen wie eine Brücke vor, die nicht nur hinter der Vorstellung, die ich von ihm hatte, zurückblieb, sondern dieser Vorstellung ebenso fremd war, wie ich von einem Schauspieler trotz seiner blonden Perücke und seinem schwarzen Gewand gewußt hätte, daß er im Kern seines

Wesens nicht Hamlet sei. So war den Palästen, dem Kanal, dem Rialto die Idee genommen, die ihre Individualität ausmachte, sie waren aufgelöst in ihre gemeinen stofflichen Elemente. Aber gleichzeitig schien mir dieser mittelmäßige Ort weit entfernt. Das Hafenbecken des Arsenals zeigte infolge eines gleichfalls naturwissenschaftlichen Elements – seines Breitengrades – die Eigenart der Dinge, die sich auch dann, wenn sie denen unseres Landes anscheinend gleichen, als fremd, als verbannt unter andere Himmel darstellen; mir war, als sei der Horizont, so nahe zwar, daß ich ihn in einer Stunde hätte erreichen können, doch eine ganz andere Krümmung der Erde als jene vor Frankreichs Küsten, eine ferne, durch den Kunstgriff der Reise in meiner Nähe verankerte Krümmung; so daß dieses gleichzeitig unbedeutende und entfernte Becken des Arsenals mich mit jener Mischung von Ekel und Schrecken erfüllte, die ich als kleines Kind empfunden hatte, da ich zum erstenmal meine Mutter zu den Deligny-Bädern begleitete; vor der gespenstischen Szene, dem düsteren Gewässer, über dem es nicht Himmel noch Sonne gab und von dem man doch spürte, daß es, durch Kabinen begrenzt, mit unsichtbaren, von Menschenleibern in Badehosen bedeckten Tiefen verbunden war, hatte ich mich gefragt, ob nicht diese durch Bretterbuden vor den Sterblichen verborgenen, von der Straße aus nicht zu vermutenden Tiefen der Eingang zu den Eismeeren seien, ob nicht die Pole mit eingeschlossen seien und ob dieser enge Raum nicht selber das freie Polarmeer sei; das unwirkliche, mir nicht zugetane Venedig, wo ich nun allein bleiben würde, schien mir nicht weniger abgesondert, nicht weniger irreal, das ›Sole mio‹, das wie ein Klagelied auf das Venedig erklang, das ich gekannt hatte, schien meine Herzensangst als Zeugen anzurufen. Kein Zweifel, ich durfte ihm nicht länger zuhören, wenn ich die Mutter noch einholen und zusammen mit ihr den Zug nehmen wollte, ich mußte mich augenblicklich zum Aufbruch entschließen, doch eben dies konnte ich nicht: ich blieb reglos sitzen, unfähig aufzustehen, ja auch nur aufstehn zu wollen.

Mein ganzes Denken sammelte sich, um jeder Entscheidung auszuweichen, auf die Abfolge der Strophen von ›Sole mio‹, die ich innerlich mitsang, auf das Ansteigen der Melodie, durch das ich mich mitziehen ließ, um mit ihr wieder zu sinken.

Gewiß, dieser hundertmal vernommene Singsang war mir ganz gleichgültig. Ich tat weder mir noch sonst jemand einen Gefallen, indem ich ihm bis zum Ende mit solcher Andacht zuhörte. Auch konnte keiner der mir so geläufigen Verse des Gassenhauers mir den Entschluß nahelegen, den ich jetzt fassen mußte; vielmehr wurde jede Strophe, wenn sie an die Reihe kam, zu einem Hindernis für die Verwirklichung dieses Entschlusses, ja sie nötigte mich zu der entgegengesetzten Entscheidung – nicht abzufahren –, indem sie mich aufhielt. So nahm die ohnehin nicht erfreuliche Beschäftigung, mir ›Sole mio‹ anzuhören, eine tiefe, fast verzweifelte Traurigkeit an. Ich spürte wohl, daß ich schon durch mein Sitzenbleiben die Entscheidung traf, nicht abzureisen; mir zu sagen: »ich reise nicht«, was ich in dieser direkten Form nicht vermochte, gelang mir zwar in dieser andern: »Ich will mir noch eine Strophe von ›Sole mio‹ anhören«; aber die praktische Bedeutung dieser übertragenen Rede entging mir nicht, und wenn ich mir sagte: »Ich will mir ja nur noch die nächste Strophe anhören«, wußte ich, daß dies bedeutete: »Ich bleibe allein in Venedig.« Und vielleicht machte diese Traurigkeit wie eine Art von betäubender Kälte den verzweifelten, aber berückenden Zauber dieses Gesangs aus. Jeder Ton, den die Stimme des Sängers mit prahlerischer und fast muskulöser Kraft ausstieß, traf mich mitten ins Herz. Und als die Strophe abgeschlossen, das Stück anscheinend beendet war, hatte der Sänger noch nicht genug und fing wieder von vorn an, als müßte er noch einmal meine Einsamkeit und meine Verzweiflung verkünden.

Meine Mutter mußte am Bahnhof angekommen sein. Bald würde sie fort sein. Mich würgte die Angst, die mir angesichts des Kanals, der so klein geworden war, seit die Seele Venedigs aus ihm gewichen, und angesichts der banalen Brücke, die kein Rialto mehr war, die verzweifelte Klage einflößte, zu der ›Sole mio‹ wurde und die, vor wankenden Palästen ausgestoßen, sie vollends zusammenstürzen ließ und die Zerstörung Venedigs besiegelte; ich wohnte der langsamen Herstellung meines Unglücks bei, wie es ohne Hast, nach den Regeln der Kunst, Ton um Ton geformt wurde von dem Sänger, auf den die Sonne verwundert herabsah, da sie jetzt hinter San Giorgio stand, so daß diese Abendbeleuchtung in meinem Erinnern mit meinem

Schaudergefühl und der metallischen Stimme des Sängers eine zweideutige, unveränderliche und peinigende Verbindung einging.

So saß ich unbeweglich, willenlos, ohne Anzeichen einer Entscheidung; zweifellos ist sie in solchen Augenblicken schon getroffen: unsere Freunde können sie sogar oft voraussehen. Aber wir selber sehen sie nicht, sonst würde uns viel Leid erspart bleiben.

Doch schließlich stieg aus Tiefen, dunkler noch als die, aus denen der Komet auftaucht, den man vorausberechnen kann, – dank der ungeahnten Widerstandskraft der eingefleischten Gewohnheit, dank den verborgenen Reserven, die sie aus plötzlichem Antrieb im letzten Augenblick in die Schlacht wirft, das Handeln in mir empor, ich lief, was ich konnte, und kam, als schon die Wagentüren geschlossen waren, noch rechtzeitig bei meiner Mutter an, die, rot vor Aufregung, ihre Tränen zurückhalten mußte, weil sie glaubte, ich käme nicht mehr. Dann fuhr der Zug ab, und wir sahen Padua, Verona, wie sie uns entgegen- und fast bis zur Bahn kamen, um von uns Abschied zu nehmen, und dann – als wir weiterfuhren – zurückblieben, ihr Leben wieder aufnahmen, das eine in seiner Ebene, das andere an seinem Hügel.

Albertine disparue III, Ed. Pléiade IV (1989), S. 202–234.

»Ich habe alles Verständnis, Monsieur, Sie sind aber nicht bei mir angemeldet, Sie stehen nicht auf der Liste. Außerdem habe ich heute keine Sprechstunde. Sie haben doch sicherlich Ihren Hausarzt. Ich kann nicht für ihn einspringen, es sei denn, er zieht mich zu einer Konsultation hinzu. Das ist eine Sache der Standesregeln …« Ich war dem berühmten Professor E. begegnet, der mit meinem Vater und meinem Großvater beinahe befreundet, jedenfalls gut bekannt war, und einer plötzlichen Eingebung folgend hatte ich ihn aufgehalten, wie er gerade nach Hause kam; denn ich dachte mir, er könnte vielleicht meiner Großmutter einen wertvollen Rat geben. Er war aber in Eile, und nachdem er seine Post in Empfang genommen hatte, wollte er mich loswerden; um mit ihm zu sprechen, mußte ich ihm in den Aufzug folgen, wo er mich bat, ihm das Drücken der Knöpfe zu überlassen; das war bei ihm eine Manie. »Aber, Monsieur, ich bitte Sie ja nicht, meine Großmutter zu empfangen; sie ist dazu, wie Sie sich nach meiner Schilderung werden vorstellen können, auch schwerlich imstande; ich bitte Sie vielmehr, in einer halben Stunde bei uns vorbeizukommen, wenn sie wieder zu Hause ist.« »Bei Ihnen vorbeikommen, aber Monsieur, wo denken Sie hin? Ich speise beim Handelsminister, ich muß vorher noch einen Besuch machen, ich kleide mich jetzt gleich um, zu allem Unglück ist mein Frack beschädigt, und der andere hat kein Knopfloch für die Orden. Bitte tun Sie mir den Gefallen, die Knöpfe hier nicht zu berühren, Sie können mit dem Aufzug nicht umgehen, man muß in allem vorsichtig sein. Dieses Knopfloch wird mich noch aufhalten. Nun denn, aus Freundschaft für Ihre Familie will ich Ihre Großmutter empfangen, wenn sie augenblicklich kommt, aber Sie müssen wissen, daß ich nur eben eine knappe Viertelstunde für sie erübrigen kann.« Ich hatte mich gleich wieder auf den Weg gemacht und nicht einmal den Aufzug verlassen, den Professor E. selbst nach unten fahren ließ, nicht ohne mir mißtrauisch nachzublicken. Ich habe mir seither überlegt, daß meine Großmutter von ihrem Anfall in diesem Augenblick wohl nicht völlig überrascht worden war, daß sie ihn vielleicht sogar lange vorausgesehen, in seiner Erwartung gelebt hatte. Nicht daß sie gewußt hätte, wann dieser Schicksalsaugenblick kommen würde; sie war sich nicht sicher gewesen, so wie die Liebenden sich in ähnlicher Ungewißheit über die Treue ihrer Geliebten bald vernunftwidrige Hoffnungen machen, bald einen unbegründeten Verdacht hegen. Doch kommt es nur selten vor, daß solch schwere Krankheit wie die, welche bei ihr nun zugeschlagen hatte, nicht bei dem Kranken schon lange, bevor sie ihn umbringt, Wohnung genommen und sich in dieser Zeit ziemlich schnell, wie ein Nachbar oder ein »netter« Mieter, mit ihm bekannt gemacht hat. Sie ist eine schlimme Bekanntschaft, weniger wegen der Leiden, die sie verursacht, als wegen der unheimlich neuartigen Beschränkungen, die sie dem Leben endgültig auferlegt. In diesem Fall sieht man sich sterben, nicht etwa im Augenblick des Todes selbst, sondern Monate, manchmal Jahre zuvor, seit er perfiderweise bei uns eingezogen ist. Die Kranke lernt den Fremden kennen, den sie in ihrem Gehirn kommen und gehen hört. Sie kennt ihn nicht vom Sehen, doch aus den Geräuschen, die sie regelmäßig von ihm hört, schließt sie auf seine Gewohnheiten. Ist er ein Übeltäter? Eines Morgens hört sie ihn nicht mehr. Er ist weg. Ach, wenn er nur fort bliebe! Am Abend ist er zurück. Was hat er im Sinn? Der Spezialist, den man ausfragt wie eine vergötterte Geliebte, antwortet mit Schwüren, denen man an einem Tag glaubt, am andern mißtraut. Und der Arzt spielt noch eher die Rolle der verhörten Dienerschaft als die der Geliebten. Das sind nur Dritte. Sie, in die wir dringen, von der wir argwöhnen, sie sei im Begriff, uns zu hintergehen, sie ist das Leben selbst, und obschon wir spüren, daß sie nicht mehr dieselbe ist, glauben wir noch an sie und bleiben im Ungewissen bis zu dem Tag, da sie uns schließlich verlassen hat.

Ich half meiner Großmutter in den Aufzug des Professors E., und gleich danach kam er selbst und führte uns in sein Sprechzimmer. Dort aber verwandelte sich sein unwirsches Gehabe, denn die Gewohnheiten behalten die Oberhand, und er hatte sich die eines liebenswürdigen, ja scherzhaften Umgangs mit seinen Patienten bewahrt. Da er meine Großmutter als sehr belesen kannte und es auch selbst war, zitierte er für sie während zwei oder drei Minuten schöne, auf das strahlende Wetter bezügliche Verse und ließ sie dann in einem Sessel Platz nehmen, so daß er selbst mit dem Rücken zum Licht saß und sie genau betrachten konnte. Seine Untersuchung war so gründlich, daß ich sogar für einen Augenblick hinausgehen mußte. Er setzte sie dann noch fort, und als er fertig war, unterhielt er meine Großmutter, obwohl die Viertelstunde zu Ende ging, nochmals mit Zitaten. Ja, er fand für sie ein paar recht subtile Scherzworte, die ich an sich zwar lieber an einem anderen Tag gehört hätte, die mich aber durch ihren heiteren Ton vollkommen beruhigten. Mir fiel dabei ein, daß vor mehreren Jahren der Senatspräsident Fallières drei Tage nach einem vermeintlichen Schlaganfall zur Verzweiflung seiner Konkurrenten seine Arbeit wieder aufgenommen hatte und, wie es hieß, über kurz oder lang für das Amt des Präsidenten der Republik kandidieren wollte. Mein Vertrauen in eine rasche Genesung meiner Großmutter wurde vollends gefestigt, als ich in eben dem Augenblick, da mir das Beispiel Fallières' einfiel, aus meinen Gedanken über diesen ähnlichen Fall durch ein ganz ungezwungenes Gelächter gerissen wurde, mit dem Professor E. eine scherzhafte Bemerkung beendete. Danach zog er die Uhr, runzelte in fieberhafter Unruhe die Stirn, da er sah, daß er um fünf Minuten im Rückstand war, und noch während er sich von uns verabschiedete, klingelte er, damit man ihm unverzüglich den Frack bringe. Ich ließ meine Großmutter vorangehen, schloß die Tür wieder und bat den Professor, mir die Wahrheit zu sagen. »Ihre Großmutter ist verloren«, sagte er. »Der Schlaganfall rührt von einer Urämie her. Die Urämie ist an sich nicht unbedingt eine tödliche Krankheit, aber der Fall scheint mir hoffnungslos. Ich brauche Ihnen nicht zu sagen, daß ich mich noch so gern täuschen würde. Im übrigen sind Sie bei Cottard in den besten Händen. Entschuldigen Sie mich«, setzte er hinzu, da er sah, daß das Zimmermädchen seinen Frack hereinbrachte. »Ich speise, wie Sie wissen, beim Handelsminister und muß vorher noch einen Besuch machen. Ach, das Leben besteht nicht nur aus Rosen, wie man in Ihrem Alter glaubt.« Er reichte mir liebenswürdig die Hand. Ich hatte die Tür hinter uns geschlossen, und ein Diener begleitete meine Großmutter und mich ins Vorzimmer, als wir einen lauten

Zornausbruch hörten. Das Zimmermädchen hatte vergessen, das Knopfloch für die Orden aufzuschneiden. Das würde weitere zehn Minuten kosten. Der Professor tobte noch immer, während ich im Treppenhaus meine Großmutter anschaute, die verloren war. Ein jeder ist sehr allein. Wir machten uns auf den Heimweg.

Als meine Großmutter dank der vorbildlichen Fürsorge Françoises ins Bett gelangt war, stellte sie fest, daß ihr das Sprechen viel leichter fiel; offenbar hatte die Urämie nur einen ganz kleinen Riß oder eine schwache Stauung in einem Gefäß verursacht. So wollte sie nun Mama nicht sich selbst überlassen, wollte ihr in den grausamsten Augenblicken, die sie je durchgemacht hatte, beistehen.

»Nun, mein Kind«, sagte sie und gab ihr die Hand, während sie die andere vor den Mund hielt, um so einen Grund für die leichte Schwierigkeit vorzutäuschen, die ihr das Aussprechen bestimmter Wörter noch bereitete, »so steht es um dein Mitleid mit deiner Mutter! Du meinst wohl, eine Magenverstimmung sei nichts weiter Unangenehmes!«

Da richteten sich zum ersten Mal die Augen der Mutter mit aller Inständigkeit auf die meiner Großmutter, ohne das übrige Gesicht sehen zu wollen, und sie begann die Reihe jener falschen Schwüre, die wir nicht halten können, mit den Worten:

»Mama, du wirst bald gesund werden, deine Tochter steht dafür ein.«

Und indem sie all ihre Liebe, ihren ganzen Willen, daß ihre Mutter gesund werde, in einen Kuß einschloß, sie ihm anvertraute und ihn mit ihrem Denken, mit ihrem ganzen Dasein bis an den Rand ihrer Lippen begleitete, ließ sie ihn demütig, fromm auf die geliebte Stirn niedersinken. Meine Großmutter beklagte sich über eine Anschwemmung von Bettdecken, immer gegen dieselbe Seite ihres linken Beins, die sie nicht abwehren konnte. Sie erkannte aber nicht, daß sie selbst die Ursache war (so daß sie Françoise zu Unrecht vorwarf, sie schüttle ihr Bett nicht gut auf). Mit einer krampfhaften Bewegung warf sie das ganze Gewoge der schäumenden feinen Wolldecken auf diese Seite, so daß sie sich aufhäuften wie der Sand in einer Bucht, die sich (wenn da kein Damm gebaut wird) durch das beständige Anschwemmen der Flut sehr rasch in einen Strand verwandelt.

Meine Mutter und ich (deren Lüge Françoise, scharfblickend und verletzend, von vornherein durchschaute) wollten nicht einmal sagen, daß meine Großmutter schwer erkrankt sei, so als hätte das ihre Feinde – die sie gar nicht hatte – freuen können und als wäre es liebevoller zu meinen, es gehe ihr gar nicht so schlecht; aus dem gleichen instinktiven Gefühl hatte ich angenommen, Andrée zeige für Albertine zu viel Mitleid, um sie sehr zu lieben. Die gleichen Erscheinungen treten in schweren Krisen wie bei den einzelnen auch bei der Masse auf. In einem Krieg spricht einer, der sein Land nicht liebt, nicht etwa schlecht von ihm, aber er glaubt es verloren, bedauert es, sieht die Dinge schwarz.

Françoise leistete uns einen unschätzbaren Dienst mit ihrer Fähigkeit, ohne Schlaf auszukommen und die schwersten Arbeiten zu verrichten. Und wenn sie sich nach mehreren Nächten, in denen sie auf den Beinen geblieben war, schlafen gelegt hatte und man sie eine Viertelstunde, nachdem sie eingeschlafen war, wieder rufen mußte, war sie so glücklich, beschwerliche Dinge tun zu können, als wären sie das Einfachste von der Welt, daß ihr Gesicht keinerlei Verdruß, sondern Befriedigung und Bescheidenheit spiegelte. Nur wenn die Stunde der Messe und die des Frühstücks heranrückte, hätte meine Großmutter im Sterben liegen können, und Françoise wäre rechtzeitig verschwunden, um sich nicht zu verspäten. Nichts durfte ihr junger Laufbursche ihr abnehmen. Er hatte bei mir nach dem Vorbild Victors alles Briefpapier an sich genommen und dann auch angefangen, sich Gedichtbände zu holen. Er las den halben Tag lang darin, aus Bewunderung für die Dichter, die sie verfaßt hatten, aber auch um in der anderen Hälfte seiner Zeit die Briefe, die er seinen Freunden im Dorf schrieb, mit Zitaten zu schmükken. Natürlich sollte ihnen das Eindruck machen. Da er aber kaum zu klarem Denken neigte, war er auf die Idee gekommen, die Gedichte, die er in meiner Bibliothek fand, seien jedermann geläufig und es sei allgemein üblich, sich auf sie zu beziehen. So daß er in seinen Briefen an die Bauern, mit deren Staunen er im voraus rechnete, unter seine eigenen Beobachtungen, wie man noch sehen wird, Verse von Lamartine mischte, so wie man sagen würde: Kommt Zeit, kommt Rat, oder auch einfach: Grüß Gott.

Wegen ihrer Schmerzen ließ man meine Großmutter Morphium nehmen. Unglücklicherweise dämpfte es nicht nur die Schmerzen, sondern setzte auch den Eiweiß-Spiegel herauf. Die Schläge, die wir dem Übel, das sich in Großmutter eingenistet hatte, versetzen wollten, gingen stets fehl, sie selber empfing sie, ihr armer Körper, der dazwischen lag, und sie beklagte sich einzig mit einem schwachen Stöhnen. Auch konnten wir ihr nichts Gutes tun, das die Schmerzen, die wir ihr bereiteten, aufgewogen hätte. Das grausame Übel, das wir hätten austilgen wollen, hatten wir bloß gestreift, wir reizten es nur und beschleunigten vielleicht noch die Stunde, da sein Opfer verzehrt würde. An den Tagen, an denen der Eiweiß-Spiegel zu hoch gestiegen war, setzte Cottard nach einigem Zögern das Morphium ab. An diesem so unbedeutenden, so gewöhnlichen Mann zeigte sich in den kurzen Augenblicken, da er überlegte, da die Gefahren einer Behandlung und die einer anderen sich gegenüberstanden, bis er sich für die eine entschied, eine Art von Größe, wie sie ein Feldherr hat, der sonst im Leben ein Dutzendmensch, aber ein großer Stratege ist und sich in einem gefahrvollen Augenblick nach kurzer Überlegung für das militärisch Klügste entscheidet und sagt: »Macht Front nach Osten.« Vom medizinischen Standpunkt durfte man, so wenig man auch hoffen konnte, mit der Urämie fertig zu werden, die Nieren nicht belasten. Wenn aber meine Großmutter kein Morphium bekam, wurden ihre Schmerzen unerträglich; sie setzte immer wieder zu einer bestimmten Bewegung an, die sie ohne Stöhnen kaum ausführen konnte, denn der Schmerz ist zum großen Teil ein Bedürfnis des Organismus, einen neuen Zustand, der ihn beunruhigt, sich bewußt zu machen, das Fühlen auf diesen Zustand einzustimmen. Man kann diesen Ursprung des Schmerzes in Fällen von Unbehagen feststellen, die nicht für jedermann die gleichen sind. Zwei dickhäutige Menschen können in einen Raum kommen, den ein durchdringend riechender Rauch erfüllt, und da ihre Arbeit tun; einem dritten, feiner veranlagten, wird man eine unaufhörliche Unruhe anmerken. Seine Nüstern schnuppern beständig den Rauch ein, vor dem er sich, möchte man meinen, so sehr wie nur möglich abschirmen sollte und den er von Mal zu Mal durch immer genauere Kenntnis in seinen bedrängten Geruchssinn aufzunehmen sucht. Daher rührt es wohl, daß man zu beschäftigt sein kann, um über Zahnschmerzen zu klagen. Wenn meine Großmutter solche Schmerzen litt, rann ihr der Schweiß über die hohe, malvenfarbene Stirn, so daß ihre weißen Haarsträhnen daran klebten, und wenn sie meinte, wir seien nicht im Zimmer, stieß sie Schreie aus: »Ah! das ist furchtbar!«, aber wenn sie dann meine Mutter sah, bot sie alle Kraft auf, um die Spuren des Leidens aus ihrem Gesicht zu verbannen, oder sie wiederholte im Gegenteil ihre Klagen und versah sie mit Erklärungen, welche denen, die wir gehört haben mochten, nachträglich einen anderen Sinn gaben:

»Ah! mein Kind, es ist furchtbar, bei diesem schönen Sonnenschein im Bett zu liegen, wenn man spazierengehen möchte, ich weine vor Wut über euere Vorschriften.«

Aber das Seufzen, das in ihrem Blick lag, den Schweiß auf ihrer Stirn, das krampfhafte, sogleich unterdrückte Aufzucken ihrer Glieder konnte sie nicht verbergen.

Und meine Mutter, am Fußende des Bettes festgebannt auf dieses Leiden, so als müßte sie allein mit ihrem Blick durch die zermarterte Stirn, durch den Körper, der seine Qual zu verheimlichen suchte, den Schmerz schließlich fassen und von ihr nehmen, sagte dann:

»Nein, Mama, wir lassen dich nicht weiter so leiden, deine Tochter verspricht es dir, man wird etwas finden, hab nur noch ganz wenig Geduld, erlaubst du, daß ich dich küsse, wenn du dich nicht bewegen mußt?«

Und über das Bett gebeugt, halb kauernd, halb kniend, als könnte sie durch ihre demütige Haltung eher erwirken, daß die inständige Darbringung ihrer selbst erhört werde, neigte sie meiner Großmutter ihr ganzes Leben in ihrem Gesicht zu wie in einer Monstranz, die sie über sie hielt mit dem Schmuck seiner kleinen Vertiefungen, Falten, so leidenschaftlich, so verzweifelt, so sanft, daß man nicht wußte, ob dieses Relief von einem Kuß, von einem Schluchzen oder einem Lächeln gemeißelt war. Auch meine Großmutter versuchte, Mama ihr Gesicht entgegenzuhalten. Es war so verändert, daß man sie, hätte sie noch ausgehen können, gewiß nur an ihrer Hutfeder erkannt haben würde. Ihre Züge schienen sich durch eine Anstrengung, die sie von allem anderen abhielt, wie in der Bildhauerarbeit einem Modell anzupassen, das wir nicht kannten. Diese Bildhauerarbeit ging ihrem Ende entgegen, und das Gesicht meiner Großmutter war dabei kleiner und zugleich härter geworden. Die Adern, die es durchzogen, schienen nicht die eines Marmors zu sein, sondern die eines rauheren Steins. Immer vornübergeneigt wegen der Atemnot und gleichzeitig aus Müdigkeit in sich zusammengesunken, erschien ihr verwittertes, eingefallenes und erschreckend ausdrucksvolles Gesicht wie in einem primitiven, fast prähistorischen Bildwerk das rohe, blaurote und verzweifelte Gesicht einer wilden Grabhüterin. Aber das Werk war nicht ganz vollendet. Es mußte noch zerbrochen werden, und dann würde man in das Grab – das so mühevoll und krampfhaft bewachte – hinabsteigen.

In einem der Augenblicke, da man nach einem volkstümlichen Ausdruck nicht weiß, zu welchem Heiligen beten, folgten wir, da meine Großmutter häufig niesen und husten mußte, dem Rat eines Verwandten, der uns versicherte, mit dem Spezialisten X habe man die Sache innerhalb von drei Tagen hinter sich. In der Gesellschaft sagt man das von seinem Arzt, und es wird geglaubt, so wie Françoise den Reklamen in den Zeitungen glaubte. Der Spezialist kam mit seiner Tasche, die wie der Schlauch des Äolus mit allen Erkältungen seiner Patienten gefüllt war. Meine Großmutter lehnte es rundweg ab, sich untersuchen zu lassen. Und wir, denen es peinlich war, daß der Kliniker sich umsonst bemüht hatte, fügten uns seinem Wunsch, sich unsere Nasen anzusehen, denen aber nichts fehlte. Doch, behauptete er: Migräne, Kolik, Herzleiden oder Diabetes, das alles sei eine nicht erkannte Nasenkrankheit. Jedem von uns sagte er: »Da haben wir eine kleine Verhärtung, die ich mir gern wieder ansehen würde. Warten Sie nicht zu lang. Mit ein paar Brenntupfen werde ich Ihnen Erleichterung schaffen.« Wir hatten wahrhaftig anderes im Kopf. Trotzdem fragten wir uns: »Erleichterung – wovon?« Kurz, unsere Nasen waren allesamt krank. Und nur darin täuschte er sich, daß er in der Gegenwart sprach. Denn schon am nächsten Tag hatten seine Untersuchung und seine vorläufige Behandlung ihre Wirkung getan. Jeder von uns war erkältet. Und da er auf der Straße meinem Vater begegnete, der von Hustenanfällen geschüttelt wurde, mußte er bei dem Gedanken lächeln, daß ein Unwissender glauben könnte, das Übel rühre von seiner Behandlung her. Er hatte uns untersucht, als wir gerade schon krank waren.

Die Krankheit meiner Großmutter gab verschiedenen Personen Anlaß, ein Übermaß oder einen Mangel an Mitgefühl an den Tag zu legen, die uns ebensosehr wie die Zufälle überraschten, durch die uns die einen oder die anderen auf Beziehungen, umstandsbedingte oder selbst freundschaftliche, aufmerksam machten, die wir gar nicht vermutet hätten. Die Teilnahme aber, die uns von Leuten bezeigt wurde, die immer wieder Erkundigungen einholten, bewies uns die Schwere einer Krankheit, die wir bis dahin aus den unzähligen schmerzlichen Eindrücken am Bett meiner Großmutter nicht genügend herausgelöst hatten. Ihre Schwestern, denen man telegraphiert hatte, blieben in Combray. Sie hatten einen Künstler entdeckt, der für sie vorzüglich Kammermusik spielte, bei welcher sie eher als am Krankenbett eine Sammlung, eine schmerzliche Erhebung zu finden meinten, deren Form freilich ungewöhnlich anmutete. Madame Sazerat schrieb an Mama, aber wie jemand, von dem uns die plötzlich aufgekündigte Verlobung (die Aufkündigung war die Parteinahme für Dreyfus) auf immer getrennt hat.

Am sechsten Tag mußte Mama den Bitten meiner Großmutter nachgeben, sie auf einen Augenblick verlassen und tun, als ginge sie sich ausruhen. Ich hätte gewünscht, daß Françoise noch ein wenig sitzen bleibe, damit meine Großmutter einschlafen könne. Trotz meiner dringenden Bitten ging Françoise aus dem Zimmer; sie liebte meine Großmutter, in ihrem hellsichtigen Pessimismus hatte sie sie aufgegeben. So hätte sie gerne alles für sie getan. Aber sie hatte gehört, daß ein Elektriker da war, Schwager des Geschäftsinhabers, im Hause geschätzt, besonders von Jupien, und hier seit vielen Jahren beschäftigt. Man hatte diesen Arbeiter bestellt, bevor meine Großmutter krank wurde. Mir schien, man hätte ihn wegschicken oder warten lassen können. Aber die Anstandsregeln von Françoise ließen es nicht zu, sie hätte es an Aufmerksamkeit für den guten Mann fehlen lassen, der Zustand meiner Großmutter kam nicht mehr in Betracht. Als ich sie nach einer Viertelstunde, am Ende meiner Geduld, in der Küche suchte, plauderte sie mit ihm auf dem Absatz der Dienstbotentreppe bei offener Tür, was den Vorteil hatte, daß man, wenn jemand von uns kam, so tun konnte, als verabschiedete man sich gerade; doch bewirkte es schrecklichen Durchzug. Françoise nahm also Abschied von dem Arbeiter, rief ihm aber noch Grüße, die sie vergessen hatte, an seine Frau und den Schwager nach. Die für Combray bezeichnende Sorge, ja keine Aufmerksamkeit zu versäumen, übertrug Françoise sogar auf die Außenpolitik. Dummköpfe stellen sich vor, die sozialen Erscheinungen in ihren großen Dimensionen böten eine vorzügliche Gelegenheit, tiefer in die menschliche Seele einzudringen; sie müßten im Gegenteil begreifen, daß man in eine Individualität tiefer eindringen muß, um jene Erscheinungen zu begreifen. Françoise fand, und sie hatte es in Combray dem Gärtner tausendmal wiederholt, daß der Krieg das unsinnigste aller Verbrechen sei und daß nur das Leben zähle. Als nun der russisch-japanische Krieg ausbrach, war es ihr peinlich, daß wir nicht in den Krieg zogen, um »den armen Russen« zu helfen, »wo man doch allianziert ist«. Sie fand das nicht aufmerksam gegenüber dem Zaren, der »immer ein gutes Wort für uns hatte«; ihr hätte es derselbe Kodex nicht erlaubt, bei Jupien ein Gläschen auszuschlagen, von dem sie wußte, daß es »ihre Verdauung verstimmen« würde, und noch so kurz vor dem Tod meiner Großmutter hätte sie die Unschicklichkeit, die sich Frankreich nach ihrem Urteil durch seine Neutralität gegenüber Japan zuschulden kommen ließ, selber begangen, hätte sie sich nicht persönlich bei dem guten Elektriker entschuldigt, der sich solche Mühe gemacht hatte.

Sehr schnell wurden wir glücklicherweise die Tochter von Françoise los, die für mehrere Wochen verreisen mußte. Sie hatte den üblichen Ratschlägen, die man in Combray der Familie eines Kranken gab: »Sie sollten es doch einmal mit einer kleinen Reise versuchen, die Luftveränderung, wieder zu Appetit kommen usw.«, die fast einmalige Idee beigefügt, die sie sich für den besonderen Fall zurechtgemacht hatte und daher unermüdlich, wann immer man sie sah, wiederholte, wie um sie den Köpfen der anderen einzuhämmern: »Man hätte sie gleich von Anfang an radikal behandeln müssen.« Sie gab keiner Art der Behandlung den Vorzug, wenn es nur eine radikale Behandlung war. Françoise dagegen sah, daß meine Großmutter nur wenige Medikamente bekam. Überzeugt, wie sie war, daß Medikamente einem nur den Magen verderben, war sie glücklich darüber, noch mehr aber war sie beschämt. Sie hatte ziemlich wohlhabende Verwandte im Süden, deren Tochter im Jugendalter erkrankt und mit dreiundzwanzig gestorben war. Ein paar Jahre lang, bis zu ihrem Tod, hatten die Eltern sich ruiniert, für Heilmittel, für verschiedene Ärzte, für Wallfahrten von einem Thermalbad zum andern. Françoise erschien das als eine Art Luxus, den ihre Verwandten sich leisteten, als hätten sie Rennpferde gehalten, ein Schloß besessen. Sie selbst, so betrübt sie auch waren, taten sich etwas zugute auf solchen Aufwand. Sie hatten nichts mehr, vor allem das ihnen Teuerste nicht mehr, ihre Tochter, aber sie freuten sich, immer wieder sagen zu können, daß sie ebenso viel und noch mehr als die reichsten Leute für sie getan hatten. Besonders stolz waren sie auf die ultravioletten Strahlen, denen man die Ärmste während Monaten mehrmals täglich ausgesetzt hatte. Der Vater schwelgte bei allem Schmerz in einer Art Ruhm, und schließlich sprach er von seiner Tochter bisweilen wie von einer Operndiva, für die er sich ruiniert hätte. Françoise war für solch aufwendige Regie nicht unempfänglich. Diejenige, die der Krankheit meiner Großmutter zuteil wurde, erschien ihr ein wenig dürftig, gut genug für eine Krankheit auf einem kleinen Provinztheater.

In einem bestimmten Augenblick griff die Urämie auf die Augen meiner Großmutter über. Ein paar Tage lang sah sie nicht mehr. Ihre Augen waren nicht etwa die einer Blinden, sie waren wie sonst. Daß sie nicht sah, erkannte ich nur an einem seltsamen Lächeln, mit dem sie einen begrüßte, sowie man die Tür öffnete, und das sie beibehielt, bis man ihre Hand nahm, um ihr guten Tag zu sagen, ein Lächeln, das zu früh begann und unverändert auf ihren Lippen blieb, unbeweglich, aber immer so geradeaus gerichtet, daß man es von überall her sehen sollte, weil der Blick ihm nicht mehr half, es nicht lenkte, ihm keine Zeit, keine Richtung angab, es nicht einstellte und sich umstellen ließ, je nach dem wechselnden Ort und Gesichtsausdruck der Person, die hereinkam; weil es für sich blieb, ohne Verbindung mit einem Lächeln der Augen, das die Aufmerksamkeit des Besuchers ein wenig von ihm abgelenkt hätte, und so in seiner Unbeholfenheit eine zu große Bedeutung erhielt und den Eindruck übertriebener Liebenswürdigkeit hervorrief ... Dann stellte sich das

Sehvermögen wieder völlig her, und von den Augen wanderte das Übel weiter zu den Ohren. Ein paar Tage lang war meine Großmutter taub. Und da sie Angst davor hatte, durch das plötzliche Erscheinen von jemandem überrascht zu werden, den sie nicht hatte kommen hören, drehte sie unaufhörlich (obschon sie an der Wand lag) den Kopf mit einem Ruck nach der Tür. Aber ihr Hals bewegte sich ungeschickt, denn man stellt sich nicht in wenigen Tagen darauf ein, Geräusche zu sehen oder wenigstens mit den Augen zu hören. Endlich verminderten sich die Schmerzen, aber die Behinderung beim Sprechen nahm zu. Man mußte meine Großmutter fast alles, was sie sagte, wiederholen lassen.

Der Arzt sah darin ein Symptom für einen verstärkten Blutandrang zum Gehirn. Man mußte es entlasten. Cottard zögerte. Françoise hoffte einen Augenblick, man werde Schröpfköpfe verwenden – »des ventouses clarifiées«. Sie suchte in meinem Lexikon nach Angaben über deren Wirkung, konnte sie aber nicht finden. Auch wenn sie nicht »clarifiées«, sondern »scarifiées« gesagt hätte, würde sie das Adjektiv nicht gefunden haben, denn sie suchte es nicht unter S und auch nicht unter C, sondern unter E: sie sagte zwar »clarifiées«, schrieb aber (und meinte daher, man schreibe) »escarifiées«. Zu ihrer Enttäuschung zog Cottard, ohne große Zuversicht, Blutegel vor. Als ich nach ein paar Stunden bei meiner Großmutter eintrat, wanden sich an ihrem Genick, an den Schläfen, an den Ohren kleine schwarze Schlangen in ihrem blutigen Haar wie in dem der Meduse. Aber in ihrem bleichen und friedlichen, vollkommen unbewegten Gesicht sah ich weit offene und still leuchtende Augen, ihre schönen Augen von einst (vielleicht noch geistvoller als sie vor ihrer Krankheit gewesen waren, denn da sie nicht sprechen konnte, sich nicht bewegen durfte, vertraute sie einzig den Augen ihr Denken an, das Denken, das bald einen unermeßlichen Raum in uns einnimmt und uns unerwartete Schätze beschert, bald zu nichts zusammenzusinken scheint, dann von neuem entstehen kann wie durch Selbstzeugung, dank ein paar Tropfen Blut, die man uns entzieht), ihre sanften Augen, feuchtschimmernd wie Öl, auf denen der Schein des wieder angezündeten Feuers die neu gewonnene Welt vor der Kranken erhellte. Ihre Ruhe war nicht mehr die Weisheit der Verzweiflung, sondern der Hoffnung. Sie erkannte, daß es ihr besser ging, wollte vorsichtig sein, rührte sich nicht und machte mir nur das Geschenk eines schönen Lächelns, damit ich wisse, es gehe ihr besser, und drückte mir leicht die Hand.

Ich kannte den Abscheu meiner Großmutter vor dem Anblick und erst recht vor der Berührung gewisser Tiere. Ich wußte, daß sie die Blutegel nur in Anbetracht eines höheren Nutzens ertrug. So trieb mich Françoise die Wände hoch, indem sie ihr mit dem Kichern, durch das man ein Kind zum Spielen anreizen will, immer wieder sagte: »Oh! die kleinen Tierlein, die auf Madame herumlaufen.« Das hieß auch, die Kranke respektlos behandeln, so als wäre sie kindisch geworden. Doch meine Großmutter, deren Gesicht nun die ruhige Tapferkeit eines Stoikers ausdrückte, schien gar nicht hinzuhören.

Leider setzte der Blutandrang, kaum hatte man die Blutegel entfernt, wieder ein und verstärkte sich immer mehr. Ich war überrascht, daß Françoise gerade jetzt, da es meiner Großmutter so schlecht ging, immer wieder verschwand. Sie hatte aber eine Trauertoilette bestellt und wollte die Schneiderin nicht warten lassen. Im Leben der meisten Frauen läuft alles, auch der größte Kummer, auf eine Kleiderfrage hinaus.

Ein paar Tage danach weckte mich meine Mutter mitten in der Nacht aus dem Schlaf. Mit einer liebevollen Rücksicht, wie sie in großen Augenblicken die Menschen unter der Last tiefen Leids noch für die kleinen Unannehmlichkeiten der andern bezeigen, sagte sie:

»Verzeih mir, daß ich deinen Schlaf störe.«

»Ich habe nicht geschlafen.«

Ich meinte es aufrichtig: die große Veränderung, die das Erwachen in uns hervorruft, besteht weniger darin, uns in das helle lebendige Bewußtsein zu führen, als uns die Erinnerung an das gedämpftere Licht zu nehmen, in dem unser Geist wie auf dem opalenen Grund des Wassers ruhte. Die halb verschleierten Gedanken, auf denen wir eben noch dahintrieben, verliehen uns eine Bewegung, die durchaus genügte, damit wir sie mit dem Namen des Wachens bezeichnen konnten. Doch durch das Erwachen erfährt die Erinnerung eine Störung. Wir nennen es kurz danach Schlaf, weil wir uns nicht mehr darauf besinnen. Und wenn jener strahlende Stern noch scheint, der im Augenblick des Erwachens hinter dem Schläfer seinen Schlaf ganz erhellt, läßt er ihn ein paar Sekunden lang glauben, es sei nicht Schlaf, sondern Wachen gewesen; eine Sternschnuppe freilich schon eher, die mit ihrem Licht das trügerische Dasein, aber auch die Bilder des Traums davonträgt, und einem, der aufwacht, nur noch erlaubt, sich zu sagen: »Ich habe geschlafen.«

Mit einer so sanften Stimme, als fürchte sie, mir wehzutun, fragte mich meine Mutter, ob es mir zuviel würde, aufzustehen; sie streichelte mir die Hände und sagte:

»Mein armes Kind, jetzt kannst du nur noch auf deinen Papa und deine Mama zählen.«

Wir traten in das Zimmer. Auf dem Bett im Halbkreis gekrümmt, keuchte und wimmerte ein anderes Wesen als meine Großmutter: ein Tier, das sich ihr Haar aufgesetzt und sich in ihre Laken gelegt hatte und in seinen Krämpfen die Decken umherwarf. Die Lider waren geschlossen, und eher weil sie nicht richtig zu waren als weil sie sich öffneten, konnte man einen verschleierten, triefenden Winkel des Augapfels sehen, der das Dunkel eines organischen Schauens und eines inneren Leidens spiegelte. Dieses erregte Tun galt nicht uns, die sie weder kannte noch sah. Wenn da aber nur noch ein Tier sich bewegte, wo war meine Großmutter? Freilich erkannte man die Form ihrer Nase, die jetzt in keinem Verhältnis zum übrigen Gesicht stand, in deren Winkel aber ein kleines Mal noch saß, und ihre Hand, die gegen die Decken stieß mit einer Bewegung, die früher bedeutet hätte, daß diese Decken sie störten, und die jetzt nichts mehr bedeutete.

Mama bat mich, etwas Wasser und Essig zu holen, um meiner Großmutter die Stirn zu befeuchten. Das mochte das einzige sein, was sie erfrischte, dachte Mama, als sie sah, wie sie ihre Haare zurückstreichen wollte. Man gab mir aber von der Tür her ein Zeichen, ich solle kommen. Die Nachricht, daß meine Großmutter im Sterben lag, hatte sich sogleich im Haus verbreitet. Eine der Hilfskräfte, die man unter besonderen Umständen kommen läßt, um die Dienstboten zu entlasten, was den Sterbefällen etwas Festliches gibt, hatte den Herzog von Guermantes eingelassen, der nun im Vorzimmer nach mir fragte: es gab kein Entrinnen.

»Ich habe soeben die furchtbare Nachricht erhalten, lieber

Freund«, sagte er. »Ich möchte zum Zeichen meiner Teilnahme Ihrem Herrn Vater die Hand drücken.« Ich bat um Entschuldigung, da es schwierig sei, ihn in diesem Moment zu stören. Monsieur de Guermantes platzte herein wie im Augenblick einer Abreise. Er war aber von der Bedeutung der Höflichkeit, die er uns erwies, so durchdrungen, daß er für nichts anderes Augen hatte und unbedingt in den Salon treten wollte. Er war es nun einmal gewohnt und hielt darauf, die Förmlichkeiten, mit denen er jemanden auszeichnete, bis ins letzte zu erfüllen, und kümmerte sich wenig darum, ob die Koffer gepackt waren oder der Sarg bereitstand.

»Haben Sie Dieulafoy kommen lassen? Ah! das hätten Sie tun sollen. Wenn Sie es mir gesagt hätten, wäre er meinetwegen gekommen, er verweigert mir nichts, wenn er sich auch geweigert hat, zu der Herzogin von Chartres zu gehen. Sie sehen, ich stelle mich rundweg über eine Prinzessin von Geblüt. Im übrigen sind wir vor dem Tod alle gleich«, fügte er hinzu, nicht um mich davon zu überzeugen, daß meine Großmutter ihm nun ebenbürtig werde, sondern weil er vielleicht gemerkt hatte, daß ein längeres Gespräch über seinen Einfluß auf Dieulafoy und seinen Vorrang vor der Herzogin von Chartres nicht sehr geschmackvoll wäre.

Übrigens erstaunte sein Rat mich nicht. Ich wußte, daß bei den Guermantes der Name Dieulafoys stets (und mit nur etwas mehr Respekt) wie der eines unübertrefflichen Lieferanten genannt wurde. Und die alte Herzogin von Mortemar, geborene Guermantes (aus unerfindlichen Gründen sagt man bei einer Herzogin immer »die alte Herzogin von« oder aber, wenn sie jung ist, mit einem feinen, an Watteau geschulten Lächeln »die kleine Herzogin von«), erklärte sich in schweren Fällen fast mechanisch und mit so nachdrücklichem Augenzwinkern für »Dieulafoy, Dieulafoy«, wie sie »Poiré Blanche« sagte, wenn man Gefrorenes, oder »Rebattet, Rebattet«, wenn man Konfekt brauchte. Ich wußte aber nicht, daß mein Vater tatsächlich soeben Dieulafoy hatte kommen lassen.

In diesem Augenblick kam meine Mutter, die ungeduldig auf die Sauerstoffflaschen wartete, die meiner Großmutter das Atmen erleichtern sollten, selber ins Vorzimmer, ohne zu ahnen, daß sie hier Monsieur de Guermantes antreffen werde. Ich hätte ihn gern irgendwo versteckt. Er aber, überzeugt, daß es nichts Wichtigeres gebe, daß nichts ihr mehr schmeicheln und nichts anderes ihm den Ruf eines vollendeten Edelmannes erhalten könne, packte mich beim Arm, und obwohl ich mich durch ein wiederholtes »Monsieur, Monsieur, Monsieur« wie gegen eine Vergewaltigung wehrte, zog er mich zu Mama hin mit den Worten: »Wollen Sie mir die große Ehre erweisen, mich Ihrer Frau Mutter vorzustellen!«, wobei sich ihm bei dem Wort »Mutter« die Stimme ein wenig überschlug. Und so sehr war es ihm bewußt, daß die Ehre ja auf ihrer Seite war, daß er sich nicht enthalten konnte, trotz seiner Trauermiene zu lächeln. Mir blieb nichts übrig, als ihn vorzustellen, was bei ihm augenblicklich Verbeugungen und Reverenzen auslöste; er war im Begriff, die ganze Begrüßungszeremonie in Gang zu setzen. Er wollte sogar eine Unterhaltung anknüpfen, aber meine vom Schmerz ganz benommene Mutter sagte mir nur, ich solle schnell kommen, und antwortete nicht einmal auf die Worte Monsieur de Guermantes', der erwartete, als Besuch empfangen zu werden, und statt dessen im Vorzimmer stehengelassen wurde. Er wäre wohl schließlich gegangen, hätte er nicht in diesem Augenblick Saint-Loup gesehen, der an eben dem Morgen angekommen und auf die Nachricht herbeigeeilt war. »Das trifft sich ja großartig!« rief der Herzog vergnügt und zerriß seinem Neffen beinahe den Ärmel, an dem er ihn festhielt, ohne sich um die Gegenwart meiner Mutter zu kümmern, die wieder durch das Vorzimmer ging. Saint-Loup war es, verstimmt wie er gegen mich war, trotz seiner aufrichtigen Betrübnis wohl ganz recht, mich nicht sehen zu müssen. Er ließ sich von seinem Onkel fortziehen, der ihm etwas sehr Wichtiges zu sagen hatte, deswegen beinahe nach Doncières gefahren wäre und nun vor Freude strahlte, da er sich diese Mühe ersparen konnte. »Ah, wenn mir einer gesagt hätte, ich brauchte nur über den Hof zu gehen und würde dich hier finden, ich hätte es für einen schlechten Witz gehalten; Klasse, wie dein Freund Bloch sagen würde.« Und während er mit Robert fortging, den er an der Schulter festhielt, redete er weiter: »Wie auch immer, ich habe da wirklich den Strick des Gehenkten berührt oder etwas dergleichen; ich habe schon ein unverschämtes Glück.« Nicht daß der Herzog von Guermantes schlecht erzogen gewesen wäre, im Gegenteil. Aber er gehörte zu den Menschen, die außerstande sind, sich in die Lage anderer zu versetzen, zu den Menschen – die meisten Ärzte und Leichenträger stehen an ihrer Spitze –, die eine Trauermiene aufsetzen und sagen: »Das sind sehr schmerzliche Augenblicke«, die uns wenn nötig in die Arme schließen und uns Ruhe anraten, die aber einen Todeskampf oder ein Begräbnis als gesellschaftliche Veranstaltung in einem mehr oder weniger engen Kreis betrachten, wo sie mit nur kurz unterdrückter Jovialität nach jemandem Ausschau halten, mit dem sie über ihre kleinen Probleme sprechen und ihn bitten können, sie mit einer anderen Person bekannt zu machen, oder dem sie für die Rückfahrt einen Platz in ihrem Wagen offerieren können. So sehr sich der Herzog von Guermantes zu dem »guten Wind« beglückwünschte, der ihn zu seinem Neffen geführt hatte – durch die doch ganz begreifliche Art, wie ihn meine Mutter empfangen hatte, war er dermaßen überrascht, daß er später erklärte, sie sei ebenso unfreundlich, wie mein Vater wohlerzogen sei, sie habe »Absenzen«, während deren sie offenbar nicht einmal höre, was man ihr sage, und seiner Meinung nach sei sie nicht ganz richtig im Kopf. Er war aber, wie man mir sagte, bereit, dies zum Teil den Umständen zuzuschreiben und einzuräumen, daß meine Mutter von dem Ereignis anscheinend sehr »angegriffen« gewesen sei. Doch die Verbeugungen und Reverenzen, die man ihn nicht hatte ausführen lassen, steckten ihm noch in den Beinen, und von Mamas Kummer begriff er so wenig, daß er mich am Vorabend der Beerdigung fragte, ob ich nicht versuche, sie zu zerstreuen.

Ein Schwager meiner Großmutter, ein Ordensgeistlicher, den ich nicht kannte, telegraphierte seinem Obern nach Österreich und kam, da er als besondere Vergünstigung die Erlaubnis erhalten hatte, an jenem Tag. Von Trauer überwältigt las er am Bett der Kranken Gebete und Meditationen, ohne seinen sich ansaugenden Blick von ihr loszureißen. In einem Augenblick, da meine Großmutter nicht bei Bewußtsein war, betrachtete ich ihn; die Traurigkeit dieses Priesters berührte mich schmerzlich. Er schien von meinem Mitgefühl überrascht, und da geschah etwas Merkwürdiges. Er bedeckte das Gesicht mit den Händen wie ein Mensch, der in leidvolle Meditation ganz versunken ist; da er aber meinte, ich würde die Augen nun von ihm abwenden, ließ er einen kleinen Spalt zwischen den Fingern offen. Und wie ich wegschaute, bemerkte ich noch, wie sein scharfer Blick aus der Deckung seiner Hände hervor prüfte, ob mein Schmerz echt sei. Er lag da auf der Lauer wie im Dunkel eines Beichtstuhls. Dann merkte er, daß ich hinsah, und das Gitter, das er ein wenig offengelassen hatte, schloß sich. Ich habe ihn später wiedergesehen, und wir erwähnten diesen Augenblick nie. Es war stillschweigend ausgemacht, daß ich nicht bemerkt hatte, wie er mich beobachtete. Der Priester hat wie der Irrenarzt immer etwas von einem Untersuchungsrichter. Bei welchem noch so teuern Freund aber gibt es in der Vergangenheit, die uns verbindet, nicht solche Minuten, von denen wir gerne annehmen, er habe sie vergessen.

Der Arzt machte eine Morphiuminjektion, und um die Atembeschwerden zu lindern, ließ er Sauerstoffflaschen bringen. Meine Mutter, der Arzt und die Krankenschwester hielten die Flaschen, und wenn eine leer war, reichte man ihnen die nächste. Ich war einen Augenblick aus dem Zimmer gegangen. Als ich zurückkam, stand ich vor einem Wunder. Von einem unausgesetzten leisen Summen begleitet, schien meine Großmutter uns einen langen, glücklichen Gesang vorzutragen, der das Zimmer mit einer schnellen melodischen Bewegung erfüllte. Ich begriff bald, daß er kaum weniger unbewußt, daß er ebenso rein mechanisch war wie zuvor das Röcheln. Vielleicht sprach aus ihm ein Anflug von Wohlgefühl, das vom Morphium erzeugt wurde. Vor allem rührte er von einem Registerwechsel der Atmung her, weil die Luft nicht mehr in der gleichen Weise durch die Bronchien ging. Gelöst dank der doppelten Wirkung des Sauerstoffs und des Morphiums glitt der Atem meiner Großmutter ohne Mühe, ohne jenes Wimmern, lebhaft und leicht wie ein Eisläufer in den strömenden Wohlklang. Und mit dem Atem, der unmerklich wie der Wind durch ein Schilfrohr ging, mochten sich in dem Gesang die menschlicheren Seufzer vermischen, die beim Nahen des Todes freigesetzt werden und Schmerz- oder Glücksempfindungen derer, die schon nichts mehr spüren, vermuten lassen, und hatten nun, ohne den Rhythmus zu verändern, einen melodischeren Klang in die lange Tonfolge eingeführt, die aufstieg und weiter stieg, dann zurücksank, um aus der leicht gewordenen Brust, dem Sauerstoff nach, wieder aufzusteigen. War er dann mit aller Kraft in höchster Lage ausgehalten worden, schien der Gesang, in den sich ein flehentlich-lustvolles Murmeln mischte, ganz still zu stehen, so wie eine Quelle versiegt.

Wenn Françoise einen großen Kummer hatte, verspürte sie das ganz unnötige Bedürfnis, verfügte aber nicht über die ganz einfache Kunst, sich auszudrücken. Da sie meine Großmutter endgültig verloren gab, legte sie Wert darauf, uns ihre eigenen Empfindungen mitzuteilen. Und da konnte sie nur immer wieder erklären: »Das macht mir ganz viel«, im selben Ton, wie sie nach zuviel Kohlsuppe sagte: »Ich habe wie einen Stein im Magen«, was beides nicht so erstaunlich war, wie sie offenbar annahm. So dürftig sie ihn wiedergab, war ihr Kummer doch groß, besonders auch deshalb, weil ihre Tochter aus Combray (für die junge Pariserin jetzt ein »Kaff«, wo aus ihr noch ein »Landei« werde) nicht wegkam und wohl nicht rechtzeitig zur Trauerfeier zurück sein konnte, die sich Françoise als etwas Großartiges vorstellte. Da sie wußte, daß wir über unsere Gefühle wenig Worte machten, hatte sie sich Jupien aufs Geratewohl für alle Abende der Woche im voraus bestellt. Sie wußte, daß er zur Stunde der Beerdigung nicht frei sein würde. Sie wollte ihm wenigstens »referieren«.

Schon mehrere Nächte lang hatten mein Vater, mein Großvater und ein Vetter Wache gehalten und gingen nicht mehr aus dem Haus. Ihr hingebender Dienst erhielt allmählich einen Anstrich von Gleichgültigkeit, und bei dem untätigen Herumsitzen während dieser Agonie begannen sie die gleichen Gespräche zu führen, wie sie auf langen Eisenbahnfahrten unweigerlich in Gang kommen. Übrigens weckte dieser Vetter (der Neffe meiner Großtante) in mir so viel Abneigung, wie er sonst Wertschätzung fand und verdiente.

Man »traf« ihn bei allen ernsten Anlässen, und um die Sterbenden war er so unermüdlich bemüht, daß die Familien, in denen man wissen wollte, daß er trotz seines robusten Aussehens, seiner Baßstimme und seines Fuhrmannsbartes von zarter Gesundheit sei, ihn jedesmal mit den üblichen Umschreibungen beschworen, nicht zur Beerdigung zu kommen. Ich wußte im voraus, daß ihm Mama, die noch mitten im tiefsten Schmerz an die anderen dachte, in ihren ganz eigenen Worten das sagen würde, was er seit je zu hören gewohnt war:

»Versprechen Sie mir, daß Sie ›morgen‹ nicht kommen werden. Um ›ihretwillen‹. Gehen Sie wenigstens nicht ›mit hinaus‹. Sie hätte Sie gebeten, nicht zu kommen.«

Nichts half; er war immer der erste im Trauerhaus, weshalb man ihm, was wir nicht wußten, in einem anderen Kreis den Spitznamen »Keine Blumen keine Kränze« gegeben hatte. Und bevor er zu »allem« ging, hatte er immer »an alles gedacht«, was ihm den Spruch eintrug: »Ihnen zu danken wäre fehl am Platz«.

»Wie?« fragte mein Großvater laut, weil er nicht mehr gut hörte und ihm etwas entgangen war, das der Vetter zu meinem Vater gesagt hatte. »Nichts«, antwortete der Vetter. »Ich sagte bloß, daß ich heute früh einen Brief aus Combray bekommen habe, wo scheußliches Wetter ist, während die Sonne hier nur so brennt.«

»Dabei steht das Barometer sehr tief«, sagte mein Vater.

»Wo, sagten Sie, ist das Wetter schlecht?« fragte mein Großvater.

»In Combray.«

»Ah! das wundert mich nicht; immer wenn es hier regnet, ist es in Combray schön und vice versa. Ah, mein Gott, da Sie von Combray sprechen: hat man daran gedacht, Legrandin zu benachrichtigen?«

»O ja, keine Sorge, das ist geschehen«, sagte mein Vetter, und über seine Wangen, denen der zu starke Bart einen Bronzeton verlieh, ging ein unmerkliches Lächeln der Befriedigung, weil er daran gedacht hatte.

In diesem Augenblick eilte mein Vater fort; ich glaubte schon, es sei eine Wendung zum Besseren oder zum Schlimmeren eingetreten. Doch war nur der Doktor Dieulafoy eingetroffen. Mein Vater empfing ihn nebenan im Salon wie einen Schauspieler, der nun auftreten soll. Man hatte ihn nicht zur Behandlung kommen lassen, sondern zur Feststellung, wie eine Art Notar. Dieser Doktor Dieulafoy mag tatsächlich ein großer Arzt, ein hervorragender Lehrer gewesen sein; zu den verschiedenen Rollen, in denen er sich auszeichnete, gehörte aber noch eine andere, in der er vierzig Jahre lang nicht seinesgleichen hatte, eine ebenso ursprüngliche Rolle wie die der »ernsten Person«, des Hanswursts oder des Heldenvaters, eine Rolle, die darin bestand, daß er kam, um Agonie oder Tod festzustellen. Schon sein Name kündigte die Würde an, mit der er seine Aufgabe erfüllen würde, und wenn das Dienstmädchen sagte: »Monsieur Dieulafoy«, glaubte man Molière zu hören. Zu seiner würdigen Haltung gesellte sich unauffällig die Eleganz eines gut gebauten Mannes. Ein sonst wohl allzu schönes Gesicht wurde durch die Einstimmung auf schmerzliche Umstände abgetönt. In seinem vornehmen schwarzen Gehrock trat der Professor ein, stellte seine Trauer nicht zur Schau, sprach kein Beileid aus, das nicht echt gewirkt hätte, und beging nicht den leisesten Verstoß gegen das Taktgefühl. An einem Sterbebett war er und nicht der Herzog von Guermantes der Grandseigneur. Nachdem er sich meine Großmutter, ohne sie zu ermüden und aus Höflichkeit gegen den behandelnden Arzt mit betonter Zurückhaltung angesehen hatte, richtete er ein paar leise Worte an meinen Vater und verneigte sich ehrerbietig vor meiner Mutter, zu der mein Vater, wie ich merkte, beinahe »Professor Dieulafoy« gesagt hätte. Aber schon hatte der Arzt sich abgewandt, wollte nicht länger stören und trat in der schönsten Form wieder ab, wobei er das Kuvert, das man ihm reichte, schlicht in Empfang nahm. Er schien es gar nicht bemerkt zu haben, und wir fragten uns selbst einen Augenblick, ob wir es ihm gegeben hätten, so taschenspielerisch gewandt hatte er es verschwinden lassen, ohne deswegen etwas einzubüßen von der eher noch gesteigerten Eindrücklichkeit des großen Mediziners im langen Gehrock mit den seidenen Aufschlägen, auf dessen schönem Kopf sich edles Mitgefühl darstellte. Seine gelassene Regsamkeit zeigte, daß er nicht beeilt wirken wollte, auch wenn er noch hundert Besuche zu machen hatte. Denn er war das Taktgefühl, die Klugheit und die Güte selbst. Dieser bedeutende Mann lebt nicht mehr. Andere Ärzte, andere Professoren mögen es ihm gleichgetan, ihn vielleicht übertroffen haben. Das »Amt« aber, worin ihm sein Wissen, seine körperlichen Vorzüge, seine musterhafte Erziehung zur Größe verhalfen, gibt es nicht mehr, weil sich keine Nachfolger dafür gefunden haben. Mama hatte Monsieur Dieulafoy nicht einmal bemerkt; für sie war nur meine Großmutter da. Ich erinnere mich (und ich greife hier vor), daß auf dem Friedhof, wo man sie wie eine überirdische Erscheinung schüchtern zum Grab treten sah, als schaute sie einem entflogenen, schon weit entfernten Wesen nach, mein Vater zu ihr sagte:

»Unser Freund Norpois war im Haus, in der Kirche und ist auf den Friedhof gekommen, er hat ein für ihn wichtiges Geschäft versäumt, du solltest ihm etwas sagen, das würde ihm wohltun«; daß aber meine Mutter, als sich der Botschafter vor ihr verbeugte, nur sanft ihr tränenloses Gesicht neigen konnte. Zwei Tage zuvor – um nochmals vorzugreifen, ehe ich zu dem Sterbebett meiner Großmutter zurückkehre –, als man die Totenwache für sie hielt, schrak Françoise, die den Geisterglauben nicht gänzlich ablehnte, beim geringsten Geräusch zusammen und sagte: »Ich glaube, das ist sie.« Doch meiner Mutter flößten diese Worte nicht Schrecken, sondern ein unendlich süßes Gefühl ein, so sehr hätte sie gewünscht, die Toten kehrten wieder, damit ihre Mutter bisweilen bei ihr sei.

Ich komme nun zu jenen Sterbestunden zurück.

»Wissen Sie, was ihre Schwestern uns telegraphiert haben?« fragte der Großvater meinen Vetter.

»Ja, ›Beethoven‹, man hat es mir gesagt; es ist zum Einrahmen, und es wundert mich nicht.«

»Meine arme Frau hatte sie wirklich gern«, sagte mein Großvater und wischte sich eine Träne ab. »Man darf ihnen nicht böse sein. Sie gehören ins Irrenhaus, ich habe es immer gesagt. Was ist los, gibt man ihr keinen Sauerstoff mehr?«

»Aber dann kann doch Mama wieder nicht atmen«, sagte meine Mutter.

»O doch«, gab der Arzt zurück, »die Wirkung des Sauerstoffs hält noch eine ganze Weile an; wir beginnen gleich wieder.«

Mir schien, bei einer Sterbenden hätte man das nicht gesagt; wenn diese Wirkung anhalten sollte, so konnte man für ihr Leben noch etwas tun. Das Pfeifgeräusch des Sauerstoffs setzte für einige Augenblicke aus. Aber der glückliche Klagegesang der Atmung strömte noch weiter, eilig und aufgewühlt, abbrechend und immer wieder einsetzend. Für Augenblicke schien alles zu Ende zu sein, der Atem stand still, sei es infolge der gleichen Oktavensprünge, wie sie zur Atmung des Schläfers gehören, sei es durch ein natürliches Aussetzen, eine Folge der Betäubung, ein fortschreitendes Ersticken, ein Versagen des Herzens. Der Arzt griff wieder nach dem Puls meiner Großmutter, aber schon floß, als füllte ein Nebenlauf den versiegten Strom wieder auf, ein neuer Gesang in die unterbrochene Tonfolge ein.

Und sie wieder setzte sich fort, in einer anderen Stimmlage, mit dem gleichen unermüdlichen Schwung. Mag sein, daß sich viele glückliche und zärtliche Stimmungen, ohne daß meine Großmutter davon wußte, jetzt aus ihr lösten, da sie das Leiden nicht mehr unterdrückte, so wie jene leichteren Gase, die man lange zurückgedrängt hat. Es war, als ströme nun alles, was sie uns sagen wollte, dahin und als seien wir es, zu denen sie so beredt, so eindringlich, so von Herzen sprach. Wenn Wagner, der so viele Rhythmen der Natur und des Menschenlebens, vom Rauschen des Meers bis zum Klopfen des Schusters, vom Hämmern des Schmieds bis zum Vogelgesang, in seine Musik aufgenommen hat, je einem solchen Sterben beiwohnte, könnte er ihm seine unerschöpflichen Variationen abgelauscht haben, um sie in Isoldes Tod zu verewigen. Am Fußende des Bettes, sich krümmend unter dem Anhauch des Todeskampfs, ohne zu weinen, aber bisweilen tränenüberströmt, war meine Mutter so besinnungslos verzweifelt wie ein Blatt, das der Regen peitscht und an dem der Wind zerrt. Man hieß mich meine Augen trocknen, ehe ich zu meiner Großmutter trat, um sie zu küssen.

»Ich dachte doch, sie sieht nicht mehr«, sagte mein Vater.

»Man kann nie wissen«, antwortete der Arzt.

Als meine Lippen sie berührten, gerieten die Hände meiner Großmutter in Bewegung, ein langer Schauer ging durch ihren ganzen Körper, vielleicht ein Reflex, vielleicht eine Zärtlichkeit, deren gesteigertes Empfinden noch durch den Schleier der Bewußtlosigkeit erkannte, was sie fast ohne Hilfe der Sinne zu lieben vermochte. Mit einemmal richtete sich meine Großmutter halb auf und bewegte sich so heftig wie jemand, der um sein Leben kämpft. Bei dem Anblick konnte Françoise nicht anders als in Schluchzen auszubrechen. Ich dachte daran, was der Arzt gesagt hatte, und wollte sie aus dem Zimmer führen. In diesem Augenblick öffnete meine Großmutter die Augen. Ich stürzte mich auf Françoise, um ihre Tränen zu verbergen, während meine Eltern zu der Kranken sprechen würden. Das Geräusch des Sauerstoffs war verstummt, der Arzt trat vom Bett zurück. Meine Großmutter war tot.

Ein paar Stunden danach konnte Françoise ein letztes Mal, und ohne ihm wehzutun, das schöne Haar kämmen, das eben erst ergraute und bisher weniger alt gewirkt hatte als meine

Großmutter. Nun setzte im Gegenteil einzig ihr Haar die Krone des Alters auf ihr wieder jung gewordenes Gesicht, aus dem die Falten, die Schwellungen, Spannungen, das Verbogene und Verkrampfte – all das gewichen war, was ihm das Leiden vieler Jahre gebracht hatte. Wie in der lange vergangenen Zeit, als ihre Eltern für sie einen Gatten gewählt hatten, waren ihre Züge von Reinheit und Ergebenheit zart gezeichnet, ihre Wangen leuchteten vor keuscher Hoffnung, erträumtem Glück, ja vor unschuldiger Heiterkeit, wie die Jahre sie nach und nach getilgt hatten. In seinem Schwinden hatte das Leben die Enttäuschungen des Lebens mit sich genommen. Ein Lächeln schien auf den Lippen meiner Großmutter zu liegen. Auf das Sterbebett hatte der Tod wie ein mittelalterlicher Bildhauer sie hingelegt in der Gestalt eines jungen Mädchens.

Le Côté de Guermantes II, 1, Ed. Pléiade II (1988), S. 609–641.

Ein Kuss

Ich war, obwohl es einfach ein Sonntag im Herbst war, wiedergeboren worden, die Existenz lag unberührt vor mir, denn nach einer Reihe von milden Tagen war es am Morgen und bis gegen Mittag neblig und kalt gewesen: ein Wetterumschlag genügt, um die Welt und uns selber neu zu erschaffen. Wenn früher der Wind in meinen Kamin blies, vernahm ich die Schläge, die er gegen die Klappe führte, mit ebensolcher Bewegung, als wären sie gleich dem berühmten Einsatz der Streicher, mit dem die Fünfte Sinfonie beginnt, der unabweisliche Anruf eines geheimnisvollen Schicksals gewesen. Jede sichtbare Veränderung der Natur bietet uns eine vergleichbare Wandlung an, indem sie unsere Wünsche dem neuen Zustand der Dinge gemäß übereinstimmen läßt. Seit ich erwacht war, hatte der Nebel aus mir, aus dem zentrifugalen Wesen, das man an schönen Tagen ist, einen eingezogenen, nach dem Kaminfeuer und dem gemeinsamen Bett verlangenden Menschen gemacht, einen fröstelnden Adam auf der Suche nach einer häuslichen Eva in dieser veränderten Welt.

Zwischen der grauen, weichen Tönung einer morgendlichen Landschaft und dem Geschmack einer Tasse Schokolade war mir die ganze Eigenart des körperlichen, geistigen und seelischen Lebens gegenwärtig, das ich etwa ein Jahr zuvor nach Doncières mitgebracht hatte und das unter einem Wappen in der länglichen Form eines kahlen Hügels – der immer, auch unsichtbar, da war – in mir eine Reihe ganz verschiedener Freuden hervorrief, die gegenüber Freunden nicht mitteilbar waren, da sie für mich und auch ohne mein Wissen viel eher von den reich ineinander verwobenen Eindrücken, die sie instrumentierten, geprägt waren als von den Tatsachen, die ich hätte berichten können. So gesehen, war die neue Welt, in die mich der Nebel an diesem Morgen versetzt hatte, eine mir schon bekannte Welt, was ihr nur noch mehr Wahrheit verlieh, und eine Welt, die ich eine Zeitlang vergessen hatte, wodurch sie ihre ganze Frische wiedergewann. Und ich konnte einige der Nebelbilder betrachten, die mein Gedächtnis sich angeeignet hatte, vor allem solche mit dem Titel »Morgen in Doncières«, sei es der erste Tag im Viertel, sei es ein anderes Mal in einem nahegelegenen Schloß, wohin mich Saint-Loup für einen Tag und eine Nacht gebracht hatte: vor dem Fenster, dessen Vorhänge ich im Morgengrauen geöffnet hatte, bevor ich mich wieder hinlegte, war mir auf dem ersten Bild ein Reiter, auf dem zweiten ein Kutscher, der auf einem schmalen Bord am Teich oder am Wald, von dem alles übrige in der einförmig milden Feuchte des Nebels versank, einen Zaum putzte, wie jene wenigen Gestalten erschienen, die kaum wahrnehmbar für das Auge, das sich im geheimnisvoll-unbestimmten Halbdunkel zurechtfinden muß, aus einem verblaßten Fresko noch auftauchen.

An dem Morgen betrachtete ich diese Erinnerungsstücke von meinem Bett aus, denn ich hatte mich wieder hingelegt, um den Augenblick abzuwarten, da ich mir die Abwesenheit meiner Eltern, die für ein paar Tage nach Combray gefahren waren, zunutze machen und an dem Abend eine kleine Aufführung hören wollte, die bei Madame de Villeparisis gegeben wurde. Wären sie wieder dagewesen, hätte ich das vielleicht nicht gewagt; in ihrer Gewissenssorge um das Andenken meiner Großmutter wünschte meine Mutter, daß die Beweise der Trauer aus freien Stücken und aufrichtig erbracht würden; sie hätte mir dieses Ausgehen nicht verboten, sie hätte es mißbilligt. Aus Combray dagegen hätte sie mir, wenn ich sie gefragt hätte, nicht mit einem traurigen »Tu, was du willst, du bist alt genug, um zu wissen, was du tun sollst« geantwortet, sondern sie hätte sich vorgeworfen, mich allein in Paris gelassen zu haben, und meinem Leid, das sie ihrem eigenen gleichsetzte, Ablenkungen gegönnt, die sie sich selbst versagt haben würde und von denen sie glauben wollte, daß meine Großmutter, die vor allem um meine Gesundheit und um das Gleichgewicht meiner Nerven besorgt war, mir zu ihnen geraten hätte.

In der Frühe war die neue Wasserheizung angestellt worden. Ihr störendes Geräusch, das von Zeit zu Zeit eine Art Schluckauf hervorbrachte, stand in keiner Verbindung mit meinen Erinnerungen an Doncières. Aber durch sein Zusammentreffen mit ihnen sollte sich im Lauf dieses Nachmittags eine Affinität herstellen, so daß sie jedesmal wieder aufgerufen wurden, wenn ich nach einer längeren Unterbrechung die Heizung von neuem hörte.

Nur Françoise war im Haus. Das graue Tageslicht, das wie ein feiner Regen herabsank, wob in einemfort durchsichtige Netze, in denen sich die Sonntagsspaziergänger silbern verfärbten. Obwohl die Sonne nicht schien, zeigte mir die Helligkeit des Tageslichts an, daß der Nachmittag erst zur Hälfte vorbei war. Die Tüllgardinen am Fenster, duftig und locker, wie sie bei schönem Wetter nicht gewesen wären, erschienen so weich und spröde zugleich wie Libellenflügel und venezianische Gläser. An diesem Sonntag allein zu sein bedrückte mich um so mehr, als ich Mademoiselle de Stermaria am Morgen einen Brief hatte bringen lassen. Von Robert de Saint-Loup, den seine Mutter nach schmerzhaften, fehlgeschlagenen Versuchen dazu gebracht hatte, mit seiner Mätresse zu brechen, und den man dann nach Marokko geschickt hatte, wo er die Frau, die er schon seit einiger Zeit nicht mehr liebte, vergessen sollte, hatte ich am Vorabend die Nachricht erhalten, daß er demnächst auf einen sehr kurzen Urlaub nach Frankreich komme. Da er Paris nur berühren würde (wo seine Familie zweifellos fürchtete, daß er mit Rachel wieder anknüpfen könnte), ließ er mich wissen – und konnte mir damit zeigen, daß er an mich gedacht hatte –, er sei Mademoiselle oder eher Madame de Stermaria (denn sie hatte sich nach einer dreimonatigen Ehe scheiden lassen) in Tanger begegnet. Da sich Robert noch an unser Gespräch in Balbec erinnerte, hatte er die junge Frau in meinem Namen um ein Rendezvous gebeten, und sie hatte ihm gesagt, sie würde sehr gern an einem der Tage, die sie vor ihrer Rückkehr in die Bretagne in Paris verbringe, mit mir zu Abend essen. Er schrieb mir, ich solle mich sofort bei Madame de Stermaria melden, gewiß sei sie schon angekommen. Saint-Loups Brief hatte mich nicht überrascht, obwohl ich von ihm nichts mehr gehört hatte, seit er mich in der Zeit der Krankheit meiner Großmutter der Falschheit und des Verrats bezichtigt hatte. Ich hatte damals sehr wohl begriffen, was geschehen war. Rachel, die es liebte, seine Eifersucht zu wecken – sie hatte noch zusätzliche Gründe, mir böse zu sein –, hatte ihrem Liebhaber eingeredet, ich hätte versucht, in seiner Abwesenheit ein Verhältnis mit ihr zu erschleichen. Wahrscheinlich glaubte er immer noch, daß das stimme, aber er war nicht mehr in sie verliebt, so daß es ihm nun, wahr oder nicht, vollkommen gleichgültig war und nur unsere Freundschaft fortdauerte. Als ich ihn einmal wiedersah und mit ihm über seine Vorwürfe zu sprechen versuchte, hatte er nur ein gutes, freundliches Lächeln, mit dem er sich zu entschuldigen schien, und wechselte dann das Thema. Doch traf er etwas später, wenn er in Paris war, Rachel gelegentlich wieder. Die Geschöpfe, die in unserem Leben eine große Rolle gespielt haben, verlassen es selten mit einemmal endgültig. Sie lassen sich für Augenblicke nochmals darauf nieder (so daß manche geradezu an den Wiederbeginn einer Liebe glauben), bevor sie für immer fortziehen. Der Schmerz über seinen Bruch mit Rachel hatte sich für Saint-Loup sehr rasch vermindert dank dem beruhigenden Vergnügen, das die unaufhörlichen Bitten seiner Freundin um Geld ihm bereiteten. Die Eifersucht, in der sich die Liebe noch fortsetzt, kann nicht viel mehr als die anderen Formen der Vorstellungskraft in sich aufnehmen. Wenn man auf eine Reise drei oder vier Bilder mitnimmt, die sich übrigens unterwegs verlieren werden (die Lilien und die Anemonen des Ponte Vecchio, die persische Kirche im Nebel usw.), ist der Koffer schon ziemlich voll. Gibt man eine Mätresse auf, wäre man froh, wenn sie bis zu dem Zeitpunkt, da man sie ein wenig vergessen hat, nicht zum Besitz von drei oder vier möglichen Liebhabern würde, die man sich vorstellt, auf die man also eifersüchtig ist. All jene, die man sich nicht vorstellt, sind nichts. Nun geben uns die häufigen Bitten einer verlassenen Mätresse um Geld kein vollständigeres Bild ihres Lebens, als die Fieberkurven es von ihrer Krankheit gäben. Diese wären aber immerhin ein Zeichen dafür, daß sie krank ist, und jene gestatten die freilich sehr ungewisse Vermutung, daß die Verlassene oder Abtrünnige keinen besonders reichen Beschützer gefunden hat. So wird jede Bitte mit der Freude aufgenommen, die bei dem Eifersüchtigen ein Nachlassen seines Leidens hervorruft, und Geldsendungen folgen ihr auf dem Fuß, denn man will, daß es der Frau an nichts fehle außer an Liebhabern (an einem der drei Liebhaber, die man sich vorstellt), und man will Zeit haben, sich selbst etwas zu erholen und mit Fassung den Namen des Nachfolgers vernehmen zu können. Manchmal kam Rachel noch ziemlich spät abends und bat ihren früheren Liebhaber um die Erlaubnis, bis zum Morgen bei ihm zu schlafen. Das tat Robert unendlich wohl, denn es machte ihm bewußt, wie lange sie doch in enger Gemeinschaft gelebt hatten, ganz abgesehen davon, daß er sie auch dann, wenn er mehr als die Hälfte des Bettes für sich beanspruchte, in ihrem Schlaf überhaupt nicht störte. Er begriff, daß sie neben seinem Körper bequemer lag als sonst irgendwo, daß sie sich an seiner Seite – sei es auch im Hotel – wie in einem von früher bekannten Zimmer wiederfand, wo man seinen Gewohnheiten folgt, wo man besser schläft. Er spürte, daß seine Schultern, seine Beine, er als Ganzes für sie auch dann, wenn er aus Schlaflosigkeit oder seiner Arbeit wegen zu sehr in Bewegung war, zu den Dingen gehörten, die so völlig gewohnt sind, daß sie nicht stören können und daß ihre Wahrnehmung noch zum Gefühl des Ausruhens beiträgt.

Um nun auf Roberts Brief zurückzukommen, so brachte er mich desto mehr aus der Ruhe, als ich zwischen den Zeilen las, was er nicht deutlicher hatte schreiben mögen. »Du kannst sie sehr gut in ein Séparée einladen«, ließ er mich wissen. »Sie ist eine reizende junge Person, ein wunderbarer Charakter, ihr werdet euch ausgezeichnet verstehen, und ich bin schon jetzt überzeugt, daß du einen sehr schönen Abend verbringen wirst.« Da meine Eltern am Ende der Woche, am Samstag oder am Sonntag, zurückkommen würden und ich danach jeden Abend zu Hause essen mußte, hatte ich Madame de Stermaria sofort geschrieben, um sie einen Tag, der ihr zusagen würde, in der Zeit bis zum Freitag wählen zu lassen. Die Antwort lautete, ich würde noch an diesem Abend gegen acht Uhr einen Brief bekommen. Ich hätte den Abend auch schnell erreicht, wenn mir im Lauf des Nachmittags, der mich von ihm trennte, ein Besuch zu Hilfe gekommen wäre. Wenn die Stunden sich in Geplauder hüllen, kann man sie nicht messen, nicht einmal sehen, sie schwinden dahin und auf einmal, schon weit von dem Punkt, an dem sie uns entwichen sind, erscheint die bewegliche, fortgezauberte Zeit uns wieder. Sind wir aber allein, erinnert die Spannung uns an den noch entfernten, ständig erwarteten Augenblick so oft und so einförmig wie ein Ticken und teilt oder vielmehr vermehrt die Stunden durch all die Minuten, die wir unter Freunden nicht gezählt hätten. Und der Nachmittag, den ich allein zu Ende bringen sollte, erschien mir trübsinnig und leer, wenn die beständige Wiederkehr meines Verlangens ihn mit den Freuden verglich, die ich – ach – erst in einigen Tagen mit Madame de Stermaria würde auskosten können.

Von Zeit zu Zeit hörte ich das Geräusch des Aufzugs, der heraufkam, doch ein zweites Geräusch folgte ihm, nicht das erhoffte des Halts auf unserem Stockwerk, sondern ein anderes, das der Aufzug machte, wenn er seine Fahrt nach den höheren Etagen fortsetzte, und das für mich, weil es so oft die Absage an die unsere war, wenn ich auf Besuch wartete, später und selbst noch dann, als ich keinen mehr wünschte, ein an und für sich schmerzhaftes Geräusch geblieben ist, in dem so etwas wie eine Verurteilung zum Alleinsein mitklang. Matt und ergeben und noch für mehrere Stunden mit seiner unabsehbaren Arbeit beschäftigt, wirkte der graue Tag seine Perlmutterborte, und mir wurde traurig zumute bei dem Gedanken, daß ich mit ihm nun allein blieb, ohne daß er mich kannte, so wie eine Arbeiterin, die an ihrem Platz beim Fenster beschäftigt ist, wo sie besser sehen kann, sich kein bißchen um die Person kümmert, die gerade im Zimmer ist. Auf einmal, und ohne daß ich das Klingeln gehört hatte, öffnete Françoise die Tür und ließ Albertine eintreten; lächelnd, schweigend und blühend brachte sie in ihrer vollen Körperlichkeit, für mich aufbereitet, damit ich sie weiterlebte, die Tage wieder, die wir in Balbec verbracht hatten, wohin ich nie mehr zurückgekehrt war. Jedesmal, wenn wir einen Menschen wiedersehen, nachdem sich unsere Beziehung zu ihm – wie unwichtig sie sein mag – verändert hat, begegnen sich tatsächlich zwei Epochen. Es muß dafür nicht eine frühere Geliebte uns als Freundin besuchen, es genügt schon, daß jemand nach Paris kommt, den wir im Alltag eines Lebens gekannt haben, das nun vergangen ist, sei es auch erst seit einer Woche. Jeder lachenden, fragenden und befangenen Miene auf Albertines Gesicht konnte ich die Fragen ablesen: »Und Madame de Villeparisis? Und der Tanzlehrer? Und der Konditor?« Als sie sich setzte, schien ihr Rücken zu sagen: »Nun ja, ein Steilufer gibt's hier nicht, du erlaubst wohl, daß ich mich trotzdem zu dir setze, wie ich's in Balbec getan hätte?« Sie schien eine Zauberin, die mir einen Spiegel der Zeit vorhielt. In all dem glich sie all denen, die wir selten wiedersehen, die aber einmal mit uns vertrauter umgegangen sind. Doch war es bei Albertine nicht nur das. Schon in Balbec, bei unseren fast täglichen Begegnungen, war ich stets überrascht gewesen, wenn ich sie sah, so sehr veränderte sie sich fortwährend. Jetzt aber war sie kaum wiederzuerkennen. Ihre Züge waren aus dem rosigen Dunst, der sie umgab, hervorgetreten wie die einer Statue. Sie hatte ein anderes Gesicht, oder eher, sie hatte jetzt ein Gesicht. Ihr Körper war gewachsen. Von der Hülle, unter der ihre künftige Form sich in Balbec eben erst abgezeichnet hatte, war kaum etwas übriggeblieben.

Albertine kehrte in diesem Jahr früher als sonst nach Paris zurück. Gewöhnlich kam sie nicht vor dem Frühjahr, so daß ich schon einige Wochen durch die Gewitterstürme über der ersten Blüte aus der Ruhe gebracht war und meine Freude über Albertines Rückkehr und über die Wiederkehr der schönen Jahreszeit als unteilbar empfand. Man brauchte mir nur zu sagen, daß sie in Paris sei und bei mir vorbeigeschaut habe, damit sie mir als eine Rose am Meeresstrand wieder vor Augen stand. Ich weiß nicht, ob dann das Verlangen nach Balbec oder nach ihr mich erfaßte; das Verlangen nach ihr war vielleicht eine träge, schlaffe und unvollständige Form, Balbec zu besitzen, so als wäre es ein und dasselbe, eine Sache körperlich zu besitzen, aus einer Stadt seinen Wohnsitz zu machen, und sie geistig zu besitzen. Und auch körperlich – wenn meine Vorstellungskraft sie nicht mehr vor dem Horizont des Meers in der Schwebe, sondern unbewegt bei mir hielt – erschien sie mir oft als eine armselige Rose, vor der ich gern die Augen verschlossen hätte, um nicht den einen oder anderen Fehler an ihren Blütenblättern zu sehen und um zu glauben, ich atmete auf dem Strand.

Ich kann es hier sagen, obgleich ich damals nicht wußte, was sich erst später zutragen sollte. Es ist gewiß sinnvoller, sein Leben den Frauen zu opfern als den Briefmarken, den alten Tabakdosen oder selbst den Skulpturen und Bildern. Nur müßte das Beispiel der anderen Sammlungen uns nahelegen, abzuwechseln, nicht eine Frau, sondern viele zu haben. Die bezaubernden Verbindungen, die ein junges Mädchen mit einem Strand eingeht, mit dem geflochtenen Haar einer Kirchenskulptur, mit einem Kupferstich, mit all dem, was uns eine von ihnen als reizendes Bild lieben läßt, so oft sie hereinkommt, – diese Verbindungen sind nicht sehr dauerhaft. Lebt man ganz mit einer Frau zusammen, wird man nichts von dem mehr sehen, was sie einem liebenswert machte; freilich kann, wenn diese Elemente auseinanderfallen, die Eifersucht sie wieder vereinigen. Wenn ich nach einer langen Zeit des Zusammenlebens schließlich in Albertine bloß noch eine gewöhnliche Frau sah, so hätte eine Eskapade mit jemandem, den oder die sie in Balbec geliebt hätte, vielleicht genügen können, damit sich in ihr der Strand und die Brandung wieder verkörperten und verquickten. Nur sind solche sekundären Verbindungen nicht mehr die Freude unserer Augen, sondern ein unheilvolles Gefühl unseres Herzens. In einer so gefährlichen Form kann man sich die Erneuerung des Wunders nicht wünschen. Aber ich greife um Jahre vor. Hier muß ich nur eben bedauern, daß ich nicht klug genug war, einfach meine Sammlung von Frauen zu haben, so wie man nie genug alte Lorgnetten in einer Vitrine hat, wo stets ein leerer Platz auf eine neue und seltenere Lorgnette wartet.

Anders als nach ihrer gewohnten Ferienordnung kam Albertine dieses Jahr direkt von Balbec und war auch dort viel weniger lang geblieben als sonst. Ich hatte sie lange nicht mehr gesehen. Und da ich die Leute, mit denen sie in Paris verkehrte, nicht einmal den Namen nach kannte, wußte ich nichts von ihr in den Zeiten, da sie mich nicht besuchen kam. Und das waren oft lange Zeiten. Dann, eines schönen Tages, tauchte plötzlich Albertine auf, deren rosige Erscheinung, deren schweigsame Gegenwart mir recht wenig Aufschluß über die Dinge gaben, die sie inzwischen getan haben mochte und die so im Dunkel ihres Lebens verharrten, das meine Augen nicht weiter zu durchdringen versuchten.

Diesmal schienen aber manche Zeichen darauf hinzudeuten, daß sich in diesem Leben neue Dinge ereignet hatten. Doch war ihnen vielleicht auch nur zu entnehmen, daß man sich in Albertines Alter sehr schnell verändert. Zum Beispiel gab ihre Intelligenz sich nun deutlicher zu erkennen, und als ich sie an den Tag erinnerte, als sie mit solchem Eifer verfochten hatte, man müsse Sophokles schreiben lassen: »Mein lieber Racine«, lachte sie selber herzlich darüber. »Andrée hatte recht«, sagte sie, »ich war dumm, Sophokles mußte ›Monsieur‹ schreiben.« Ich sagte ihr, Andrées »Monsieur« und »Cher Monsieur« seien nicht weniger komisch als ihr »lieber Racine« oder Gisèles »lieber Freund«, und dumm seien eigentlich nur die Professoren, die ihren Schülern immer noch einen Brief von Sophokles an Racine aufgaben. Das verstand Albertine nun doch nicht. Sie sah nicht ein, was daran dumm war; ihre Intelligenz ging auf, aber entwickelt war sie noch nicht. Es gab Neues an ihr, das anziehender war; ich spürte, daß in dem Mädchen, wie es sich da zu mir ans Bett gesetzt hatte, etwas anders geworden war, und daß sich in den Linien, die durch das Zusammenspiel des Blicks und der Gesichtszüge den gewohnheitsmäßigen Willen ausdrücken, ein Frontwechsel, eine halbe Wendung vollzogen hatte, als wäre jener Widerstand gebrochen worden, auf den ich an einem schon fernen Abend in Balbec gestoßen war, als wir ein symmetrisches, aber gegenüber dem heutigen Nachmittag umgekehrtes Paar gebildet hatten, denn damals war sie gelegen und ich an ihrem Bett gesessen. Ich hätte mich gern davon überzeugt, ob sie sich jetzt küssen lassen würde, und da ich es doch nicht wagte, bat ich sie bloß jedesmal, wenn sie aufstand, um wegzugehen, sie möchte noch bleiben. Das war nicht ganz leicht zu erreichen, denn obgleich sie nichts vorhatte (sonst wäre sie auf und davon geeilt), war sie eine planmäßige Person und mir im übrigen nicht sehr zugetan, sie schien sich in meiner Gesellschaft nicht sonderlich wohl zu fühlen. Immerhin setzte sie sich, nachdem sie auf die Uhr geschaut hatte, auf meine Bitte jedesmal wieder, so daß sie schon mehrere Stunden mit mir verbracht hatte, ohne daß ich sie um etwas gebeten hätte; was ich ihr sagte, bezog sich auf das, was ich ihr während der vorhergehenden Stunden gesagt hatte, und traf nie mit dem zusammen, woran ich dachte, was ich begehrte, es blieb auf einer unendlichen Parallele dazu. Nichts kann so sehr wie die Begierde das, was man sagt, daran hindern, auch nur entfernt dem zu gleichen, woran man denkt. Die Zeit drängt, und doch scheint es, als wollten wir Zeit gewinnen, indem wir von Dingen sprechen, die nichts mit dem zu tun haben, was uns beschäftigt. Man plaudert noch, während zu dem Satz, den man aussprechen möchte, schon eine Geste gehören würde – wenn man nicht sogar, aus Freude an der Direktheit und Neugier auf die Reaktion, ohne um Erlaubnis zu fragen, ohne ein Wort die Bewegung ausführte. Ich liebte Albertine keineswegs. Tochter des Nebels draußen, konnte sie bloß ein der Phantasie entsprungenes Begehren befriedigen, wie es das veränderte Wetter in mir geweckt hatte – ein Begehren, das sich in der Mitte zwischen den Wünschen hielt, die einerseits die Kochkunst und anderseits die Bildhauerkunst befriedigen kann, denn es ließ mich gleichzeitig davon träumen, mit meinem Fleisch eine andere, warme Materie zu vermischen und an meinen ausgestreckten Körper stellenweise einen fremden Körper zu fügen, so wie Eva nur eben mit den Füßen an Adams Hüfte gefügt war und auf den romanischen Reliefs der Kathedrale von Balbec, die so vornehm und still, fast noch wie ein klassischer Fries, die Erschaffung der Frau zeigen, auf seinem Körper beinahe senkrecht steht; Gott wird dort überall, wie von zwei Ministern, von zwei kleinen Engeln begleitet, in denen man – gleich den geflügelten und umherwirbelnden Sommergeschöpfen, die der Winter überrascht und verschont hat – die Amoretten von Herkulaneum wiedererkennt, die noch mitten im 13. Jahrhundert am Leben und über die Portalwand hinweg auf ihrem letzten, ermatteten Flug sind, der Anmut aber nicht ermangeln, die man von ihnen erwarten kann.

Was nun die Lust angeht, deren Erfüllung mich aus dieser Träumerei befreit und die ich ebenso gern bei irgendeiner anderen hübschen Frau gesucht haben würde, so hätte ich auf die Frage, was denn – im Fortgang des endlosen Geplauders, in dem ich Albertine nur das eine, an das ich dachte, verschwieg – meine Zuversicht in bezug auf die Willfährigkeit des Mädchens rechtfertige, vielleicht geantwortet, diese Zuversicht gründe sich (während die vergessene Tonlage von Albertines Stimme für mich die Umrisse ihrer Persönlichkeit wieder nachzeichnete) auf das Erscheinen gewisser Wörter, die nicht zu ihrem Vokabular gehörten, jedenfalls nicht in der Bedeutung, die sie ihnen jetzt gab. Da sie gesagt hatte, Elstir sei dumm, und ich protestierte, meinte sie lächelnd:

»Du verstehst mich nicht, ich will sagen, in dieser Situation ist er dumm gewesen, aber ich weiß sehr wohl, daß er jemand ganz Distinguierter ist.«

Um zu sagen, der Golfclub von Fontainebleau sei elegant, erklärte sie: »Das ist unbedingt eine Auslese.«

Im Zusammenhang mit einem Duell, das ich gehabt hatte, sagte sie von meinen Zeugen: »Das sind exquisite Zeugen«, und als sie mein Gesicht betrachtete, gestand sie, daß sie es gern sehen würde, wenn ich mir »einen Schnurrbart zulegte« ...

Sie ging so weit – und da schienen mir meine Chancen sehr groß – ein Wort auszusprechen, von dem ich geschworen hätte, daß sie es im Jahr zuvor noch nicht kannte: seit sie Gisèle gesehen hatte, war eine lange »Zeitspanne« vergangen. Zwar hatte Albertine, schon als ich in Balbec war, einen ansehnlichen Vorrat von jenen Ausdrücken besessen, die unmittelbar erkennen lassen, daß man aus einer gut situierten Familie stammt, und die eine Mutter von Jahr zu Jahr auf ihre Tochter übergehen läßt, so wie sie ihr allmählich, wenn sie größer wird, bei wichtigen Ereignissen ihren Schmuck überläßt. Daß Albertine kein kleines Mädchen mehr war, hatte man gemerkt, als sie eines Tages, um sich für ein Geschenk von einer Außenstehenden zu bedanken, gesagt hatte: »Ich bin sprachlos.« Madame Bontemps hatte sich nicht enthalten können, ihren Gatten anzublicken, der geantwortet hatte: »Ja nun, sie ist eben bald vierzehn.«

Noch deutlicher hatte sich ihre Mannbarkeit gezeigt, als Albertine von einem etwas zweifelhaft wirkenden Mädchen sagte: »Man kann nicht einmal feststellen, ob sie hübsch ist, sie hat eine Tonne Rouge im Gesicht.« Und so jung sie auch war, nahm sie doch schon die Art und den Ton einer Frau ihrer Kreise an, wenn sie von jemandem, der Grimassen schnitt, sagte: »Ich kann ihn nicht ansehen, weil ich sonst Lust bekomme, es auch zu tun« oder, wenn man sich damit unterhielt, Leute nachzuahmen: »Das Komischste ist, wenn man sie spielt, gleicht man ihr.« All dies kommt aus der Schatztruhe der Gesellschaft. Aber ich fand, gerade das Milieu Albertines könne ihr nicht »distinguiert« in dem Sinn liefern, in dem mein Vater von einem Kollegen, den er noch nicht kannte und dessen große Intelligenz man ihm pries, sagen konnte: »Es scheint, daß er jemand höchst Distinguierter ist.« »Auslese« schien mir, auch für das Golf, mit der Familie Simonet so wenig vereinbar wie, durch das Adjektiv »natürlich« ergänzt, mit einem Text, der ein paar Jahrhunderte vor den Arbeiten Darwins entstanden wäre. »Zeitspanne« dünkte mich noch verheißungsvoller. Und schließlich wurden mir Umbrüche offenbar, die ich nicht kannte, die aber zu all meinen Hoffnungen berechtigen mußten, als Albertine mit der Genugtuung einer Person, deren Meinung nicht gleichgültig ist, erklärte:

»Das ist *aus meiner Sicht* das Beste, was passieren konnte. Ich halte das für die beste, die eleganteste Lösung.«

Das war so neu, so offensichtlich angeschwemmt und ließ so eigenwillige Umwege durch ihr bisher unbekannte Gegenden ahnen, daß ich Albertine schon bei den Worten »aus meiner Sicht« an mich zog, und bei »Ich halte das« saß sie auf meinem Bett.

Es kommt gewiß vor, daß eine wenig gebildete Frau, die einen sehr belesenen Mann heiratet, als Morgengabe solche Ausdrücke empfängt. Und wenn sie kurz nach der Metamorphose, die der Hochzeitsnacht folgt, ihre Besuche macht und ihren alten Freundinnen mit Zurückhaltung begegnet, stellt man verwundert fest, daß sie eine Frau geworden ist, wenn sie von jemandem erklärt, er sei intelligent, und »intelligent« mit zwei »l« ausspricht; doch zeigt eben dies eine Veränderung an, und mir schien nun, es liege eine Welt zwischen jenen neuen Wendungen und Albertines Wortschatz, den ich gekannt hatte – wo es noch das Gewagteste war, von einem auffälligen Menschen zu sagen: »Das ist mir ein Typ«, oder wenn man Albertine zu Geldspielen aufforderte: »Ich werfe mein Geld nicht zum Fenster hinaus«, oder wenn eine Freundin ihr einen Vorwurf machte, den sie ungerecht fand: »Ah, das ist doch die Höhe!« [je te trouve magnifique!], ein Satz, der in solchen Fällen durch eine Art bürgerliche Tradition diktiert wird, die fast ebenso alt ist wie das Magnificat selbst, und von einem etwas erzürnten und seiner Sache sicheren Mädchen ganz natürlich, wie man das nennt, gebraucht wird, nämlich so, wie sie es von ihrer Mutter gelernt hat, nicht anders als das Beten und das Grüßen. Albertine hatte es von ihrer Tante gelernt, zugleich mit dem Haß auf die Juden und der Vorliebe für Schwarz, was stets passend und schicklich kleidet, auch ohne daß Madame Bontemps es ihr ausdrücklich beigebracht hätte, so wie sich das Zwitschern der neugeborenen Stieglitze nach dem Zwitschern der alten Stieglitze ausbildet, auf daß sie selber richtige Stieglitze werden. Bei alledem schien mir die »Auslese« exotisch und die »Sicht« ermutigend. Albertine war nicht mehr die gleiche, also würde sie sich vielleicht nicht mehr gleich verhalten, nicht mehr gleich reagieren.

Nicht nur empfand ich für sie keine Liebe mehr, ich brauchte auch nicht mehr, wie einst wohl in Balbec, zu fürchten, ich könnte in ihr eine Zuneigung zu mir verderben, die nicht mehr bestand. Es war mir klar, daß ich für sie nicht mehr zu der »kleinen Bande« gehörte, die es mir seinerzeit so sehr angetan hatte und in die aufgenommen zu werden für mich solch ein Glück gewesen war. Und da sie nicht einmal mehr die offene Herzlichkeit von damals an den Tag legte, fühlte ich keine großen Skrupel; dennoch glaube ich, daß eine letzte philologische Entdekkung für mich den Ausschlag gab. Da ich einen weiteren Ring an die Kette von Äußerungen fügte, unter denen ich meine geheimen Wünsche verbarg, und – während Albertine nun bei mir auf dem Bett saß – von einem der Mädchen der kleinen Bande sprach, das zierlicher war als die anderen, das ich aber recht hübsch fand, antwortete Albertine: »Ja, sie sieht aus wie eine kleine Geisha« [une petite mousmé]. Ganz gewiß hatte Albertine, als wir in Balbec zusammen waren, das Wort »mousmé« noch nicht gekannt. Hätten die Dinge ihren natürlichen Gang genommen, so hätte sie es auch nie kennengelernt, und für mein Teil hätte ich darin durchaus nichts Nachteiliges gesehen, denn es ist ein schauderhaftes Wort. Wenn man es hört, tun einem die Zähne weh, wie wenn man ein zu großes Stück Eis in den Mund genommen hat. Aber bei Albertine, hübsch wie sie war, konnte selbst »mousmé« mich nicht verstimmen. Andererseits erschien es mir aufschlußreich, wenn nicht für eine äußere Initiation, so doch für eine innere Entwicklung. Unglücklicherweise war das die Stunde, da ich ihr hätte Adieu sagen müssen, wenn ich wollte, daß sie rechtzeitig zu ihrem Abendessen nach Hause kam und auch ich zu dem meinen nicht zu spät aufstand. Françoise war dabei, es zuzubereiten, sie hielt darauf, es nicht warten zu lassen, und sah gewiß schon einen Verstoß gegen einen Paragraphen ihres Gesetzes darin, daß Albertine mir in der Abwesenheit meiner Eltern einen so langen Besuch machte, der mich noch dazu in Verzug bringen würde. Aber vor »mousmé« brachen diese Gründe zusammen, und ich beeilte mich zu sagen:

»Stell dir vor, ich bin überhaupt nicht kitzlig, du könntest mich eine Stunde lang kitzeln, und ich würde es nicht einmal merken.«

»Nicht möglich!«

»Ich schwör's dir.«

Darin erkannte sie offenbar die ungeschickte Formulierung einer Begierde, denn sie sagte wie jemand, der einem ein Empfehlungsschreiben anbietet, um das man nicht zu bitten gewagt hat, von dem er aber aufgrund des Gesagten annimmt, daß es einem nützlich sein könnte, im Tone weiblicher Demut:

»Möchtest du, daß ich's probiere?«

»Wenn du magst, nur wäre es dann bequemer, wenn du dich ganz auf das Bett legtest.«

»So?«

»Nein, laß dich zurückfallen.«

»Aber bin ich nicht zu schwer?«

Während sie das sagte, ging die Tür auf, und Françoise kam mit einer Lampe herein. Albertine hatte gerade noch Zeit, sich wieder auf den Stuhl zu setzen. Vielleicht hatte Françoise diesen Augenblick gewählt, um uns in Verlegenheit zu bringen, und hatte an der Tür gehorcht oder sogar durch das Schlüsselloch geschaut. Aber ich brauchte eine solche Vermutung nicht anzustellen, sie konnte es verschmäht haben, sich mit den Augen davon zu überzeugen, was ihr Instinkt sicher genug gewittert haben mußte; denn im Zusammenleben mit mir und meinen Eltern hatten die Vorsicht, die Furcht, die Aufmerksamkeit und die List ihr schließlich das instinktive und fast hellseherische Bescheidwissen verliehen, das der Matrose vom Meer, das Wild vom Jäger und nicht immer der Arzt, aber oft der Patient von der Krankheit hat. Was sie alles zu wissen vermochte, hätte ebenso verblüffen können wie der hohe Stand mancher Kenntnisse bei den Alten, angesichts der verschwindend geringen Informationen, die sie besaßen (diejenigen von Françoise waren nicht zahlreicher). Sie bestanden bei ihr aus einigen Bemerkungen, kaum dem zwanzigsten Teil unserer Unterhaltung beim Abendessen, die der Diener im Vorbeigehen auflas und im Office ungenau wiedergab. Und dabei rührten ihre Irrtümer, wie jene Fabeln, an die Platon noch glaubte, eher von einem falschen Weltbild und von vorgefaßten Ideen her als von ungenügendem Wissen. So haben noch in unseren Tagen die größten Entdekkungen zur Lebensordnung der Insekten einem Forscher gelingen können, der über kein Laboratorium, über nicht einen Apparat verfügte. Doch wenn die Einschränkungen, die sich aus ihrer Bedientenstellung ergaben, sie nicht gehindert hatten, sich eine Wissenschaft anzueignen, die unentbehrlich war für die Kunst, die sie anstrebte – nämlich, uns in Verlegenheit zu bringen, indem sie uns die Ergebnisse mitteilte –, hatte der Zwang noch mehr getan; diese Behinderung hatte ihren Schwung nicht nur nicht gelähmt, sondern wirksam unterstützt. Françoise vernachlässigte freilich kein Hilfsmittel, wie etwa Sprechweise und Körperhaltung. Da sie niemals glaubte, was wir ihr sagten – und wünschten, daß sie glaube –, dafür aber ohne den Schatten eines Zweifels auch das Absurdeste übernahm, was eine ihr gleichgestellte Person ihr erzählte und was unsere Vorstellungen beleidigen konnte, zeugte ihre Art, sich unsere Äußerungen anzuhören, ebenso von ihrer Ungläubigkeit, wie der Ton, in welchem sie den Bericht einer Köchin wiedergab, die ihre Herrschaft bedroht und von ihr dafür, daß sie sie »den letzten Dreck« genannt hatte, tausend Gunstbeweise erhalten haben wollte, bewies, daß dies für sie das Evangelium war. Da konnten wir lange, trotz unseres Mangels an Sympathie für die Dame in der vierten Etage, über die Schilderung eines so schlechten Exempels die Achseln zucken wie über eine unwahrscheinliche Fabel, die Erzählerin wußte in ihren Vortrag die Härte und Schärfe einer nicht anzuzweifelnden und schwer zu ertragenden Behauptung zu legen.

Vor allem aber – wie die Schriftsteller oft eine konzentrierte Kraft, die ihnen das System der politischen Freiheit oder der literarischen Anarchie nicht abverlangt hätte, dann erreichen, wenn die Tyrannis eines Herrschers oder einer Poetik, die strengen Vorschriften der Prosodie oder einer Staatsreligion sie fesseln, so sprach Françoise, da sie uns nicht ausdrücklich Bescheid sagen konnte, wie Teiresias und hätte geschrieben wie Tacitus. Sie gab uns all das, was sie nicht unmittelbar äußern konnte, in einem Satz zu verstehen, den wir ihr nicht verweisen konnten, ohne uns anzuklagen, sogar in weniger als einem Satz, in einem Schweigen, in der Art, wie sie einen Gegenstand hinstellte.

Wenn es also vorkam, daß ich aus Versehen auf meinem Tisch zwischen anderen Briefen auch einen liegenließ, den sie nicht hätte sehen sollen, zum Beispiel weil darin von ihr in einem Ton die Rede war, der beim Empfänger eine ebenso schlechte Meinung von ihr voraussetzte wie beim Absender, fiel mir am Abend, wenn ich beunruhigt heimkam und gleich in mein Zimmer ging, auf meinen wohlgeordneten, sorgsam aufgeschichteten Briefen als erstes das kompromittierende Schriftstück so in die Augen, wie es Françoise hatte in die Augen fallen müssen, die es ganz oben, fast vereinzelt hingelegt hatte, mit einer Offensichtlichkeit, die eine sehr beredte Sprache war und mich schon unter der Tür zusammenfahren ließ wie ein Schrei. Françoise war eine Meisterin solcher Inszenierungen, die den Zuschauer so gut ins Bild setzten, daß er schon wußte, daß sie alles wußte, wenn sie dann auftrat. Um einen leblosen Gegenstand so zum Sprechen zu bringen, stand ihr die geniale und zugleich geduldige Kunst Irvings und Frédérick Lemaîtres zu Gebote. Wie sie in diesem Augenblick über Albertine und mir die angezündete Lampe emporhielt, die keine der noch sichtbaren Vertiefungen im Schatten ließ, welche der Körper des Mädchens auf meiner Bettdecke hinterlassen hatte, sah Françoise aus wie die »Gerechtigkeit, die das Verbrechen erhellt«. Albertines Gesicht büßte durch diese Erhellung nichts ein. Sie ließ auf den Wangen denselben Sonnenfirnis hervortreten, der mich in Balbec bezaubert hatte. Dieses Gesicht, das als ganzes im Freien mitunter blaß erschien, zeigte dagegen im wechselnden Lampenlicht so gleichmäßig strahlend gefärbte, so feste und glatte Oberflächen, daß man sie mit der reinen Farbigkeit mancher Blumen hätte vergleichen können. Da mich das unerwartete Eintreten von Françoise aber erschreckt hatte, rief ich aus:

»Was, schon die Lampe? Mein Gott, wie hell dieses Licht ist!«

Es war klar, daß ich mit dem zweiten Satz meine Verlegenheit verbergen und mit dem ersten meine Verspätung entschuldigen wollte. Françoise antwortete mit grausamer Zweideutigkeit:

»Möchten Sie's dünkler?«

»Unke?« flüsterte mir Albertine zu, und ich war entzückt von der lebhaft-vertraulichen Weise, in der sie mich sowohl als Lehrer wie als Komplizen nahm, um ihre psychologische Feststellung im Ton einer grammatikalischen Nachfrage anzubringen.

Als Françoise gegangen war und Albertine wieder auf meinem Bett saß, sagte ich:

»Weißt du, was ich befürchte? Wenn wir so weitermachen, kann ich nicht anders, als dich küssen.«

»Das wäre mir ein Unglück!«

Ich folgte dieser Einladung nicht sofort. Ein anderer hätte sie vielleicht überflüssig gefunden, denn Albertine sprach so sinnlich und zärtlich, daß sie einen schon durch das Sprechen selber zu küssen schien. Ein Wort von ihr war ein Gunstbeweis, und in der Unterhaltung mit ihr wurde man mit Küssen bedeckt. Und doch war die Einladung mir sehr angenehm. Sie wäre es mir auch von einem anderen hübschen Mädchen ihres Alters gewesen, aber daß Albertine für mich jetzt so zugänglich war, machte mir nicht nur Vergnügen, sondern rief Bilder voller Schönheit gegeneinander auf. Ich erinnerte mich zuerst an Albertine vor der Strandlinie, fast wie gemalt auf dem Hintergrund des Meers, ohne realere Existenz für mich als jene Theatererscheinungen, bei denen man nicht weiß, ob man es mit der Schauspielerin zu tun hat, die auftreten soll, mit einer Statistin, die sie in diesem Augenblick vortäuscht, oder einfach mit einer Projektion. Dann war die wirkliche Frau aus dem Lichtbündel herausgetreten, sie war zu mir gekommen, aber nur damit ich wahrnehmen konnte, daß sie in der realen Welt durchaus nicht die erotische Willfährigkeit hatte, die man in dem magischen Bild an ihr zu erkennen glaubte. Ich hatte gelernt, daß es nicht möglich war, sie zu berühren, zu küssen, daß man bloß mit ihr plaudern konnte, daß sie für mich so wenig eine Frau war, wie Jadetrauben, der uneßbare Schmuck auf den Tischen von einst, Trauben sind. Und da erschien sie mir nun auf einer dritten Ebene, so wirklich wie in der zweiten Phase, in der ich sie kannte, aber so verführbar wie in der ersten; verführbar, und auf um so köstlichere Weise, weil ich lange geglaubt hatte, sie sei es nicht. Was ich vom Leben nun mehr wußte (von dem weniger einheitlichen, weniger einfachen Leben als dem früher gesehenen), lief vorderhand auf einen Agnostizismus hinaus. Was kann man noch festhalten, wenn das, was man anfangs für wahrscheinlich hielt, sich zweitens als falsch erwiesen hat und sich drittens als wahr herausstellt. Und leider war ich noch nicht am Ende meiner Entdeckungen über Albertine. Wie immer, auch ohne den romantischen Reiz dieser Einsicht in eine reichere Folge von Ebenen, die nacheinander vom Leben aufgedeckt werden – einen Reiz, wie ihn Saint-Loup in Balbec gerade umgekehrt darin fand, unter den Masken, die durch die Existenz in einem Gesicht so still übereinandergelegt worden waren, die Züge wiederzufinden, die er einst unter seinen Lippen gespürt hatte –, war es vielleicht eine größere Freude zu wissen, daß Albertines Wangen sich küssen ließen, als sie zu küssen. Welch ein Unterschied, ob wir eine Frau besitzen, um die sich allein unser Körper bemüht, weil sie nur ein Stück Fleisch ist, oder ein Mädchen zu besitzen, das man am Strand bemerkte, mit ihren Freundinnen, an bestimmten Tagen, ohne auch nur zu wissen, warum eher an jenen als an anderen Tagen, so daß man in Angst war, sie nicht wiederzusehen. Das Leben hatte uns bereitwillig den ganzen Roman dieses Mädchens enthüllt, hatte uns zu seiner Betrachtung ein optisches Instrument, dann ein anderes geliehen und hatte dem sinnlichen Verlangen eine Begleitung gegeben, die es entfaltet und vervielfacht durch jene geistigeren und weniger leicht zu stillenden Begierden, die sich nicht aus ihrer Benommenheit lösen und es allein ziehen lassen, wenn es nichts weiter erstrebt als sich ein Stück Fleisch anzueignen, die aber um den Besitz eines ganzen Landstrichs von Erinnerungen, aus dem sie sich in Sehnsucht verbannt fühlten, als ein Sturm neben ihm aufkommen, es aufblähen und ihm nicht bis zur Erfüllung, bis zu einer in der erstrebten Form gar nicht möglichen Einverleibung einer unstofflichen Wirklichkeit folgen können, die aber jenes Verlangen auf halbem Wege erwarten und es im Augenblick des Erinnerns, der Rückkehr von neuem begleiten; anstelle der Wangen der ersten besten, wie frisch sie auch seien, doch namenlos, ohne Geheimnis und ohne Zauber, jene zu küssen, von denen ich so lange geträumt hatte, hieß ja zu wissen, wie eine oft betrachtete Farbe sich anfühlt und schmeckt. Man hat eine Frau gesehen, ein schlichtes Bild auf der Szene des Lebens, so wie Albertine vor dem Meer, und kann jetzt dieses Bild herauslösen, vor sich hinstellen, nach und nach seine Ausdehnung, seine Farben sehen wie durch die Gläser eines Stereoskops. Daher sind die eher abweisenden Frauen, die man nicht gleich besitzt, von denen man auch nicht gleich weiß, ob man sie je wird besitzen können, die einzigen anziehenden. Denn sie kennenzulernen, sich ihnen zu nähern, sie zu erobern, bedeutet die Form, die Größe, die Oberfläche des Menschenbildes sich ändern zu lassen; eine Lektion in Relativismus steckt in der Einschätzung einer Frau, die dann wieder schön erscheint, wenn sie von neuem eine schmale Silhouette auf der Szene des Lebens ist. Die Frauen, die man zuerst bei der Kupplerin kennenlernt, sind nicht anziehend, weil sie nicht veränderlich sind.

Andererseits hatte Albertine alle Eindrücke einer Meerbilderfolge um sich versammelt, die mir ans Herz gewachsen war. Mir scheint, ich hätte auf den beiden Wangen dieses Mädchens den ganzen Strand von Balbec küssen können.

»Wenn du mir wirklich erlaubst, dich zu küssen, würde ich das lieber auf später verschieben und mir den rechten Augenblick dafür aussuchen. Nur darfst du dann nicht vergessen, daß du es mir erlaubt hast. Ich benötige einen ›Gutschein für einen Kuß‹.«

»Muß ich unterschreiben?«

»Wenn ich ihn aber jetzt gleich einlöste, würde ich trotzdem wieder einen bekommen?«

»Du bist gut mit deinen Gutscheinen; ich stelle dir ab und zu einen neuen aus.«

»Sag mir noch eines: damals in Balbec, als ich dich noch nicht kannte, hattest du manchmal so einen harten, tückischen Blick; du kannst mir nicht sagen, woran du in solchen Augenblicken dachtest?«

»Ach, ich kann mich doch nicht erinnern.«

»Warte, ich kann dir helfen: einmal ist deine Freundin Gisèle mit einem Satz über den Stuhl gesprungen, auf dem ein alter Herr saß. Versuche dich zu erinnern, was du in dem Augenblick dachtest.«

»Gisèle war die, mit der wir am wenigsten zu tun hatten; sie gehörte, wenn du willst, zu der Bande, und doch nicht so ganz. Ich habe wohl gedacht, daß sie ungezogen und ordinär sei.«

»Ach! nichts weiter?«

Ich hätte sie gern, bevor ich sie küßte, von neuem mit dem Geheimnis erfüllt, das sie am Meer für mich hatte, ehe ich sie noch kannte, und das Land in ihr wiedergefunden, in dem sie vorher gelebt hatte; da ich nichts von ihm wußte, konnte ich an seiner Stelle wenigstens alle Erinnerungen an unser Leben in Balbec setzen, das Rauschen der Wellen, die sich unter meinem Fenster brachen, das Kindergeschrei. Doch indem ich meinen Blick über die schöne rosige Rundung ihrer Wangen gleiten ließ, deren sanft gewölbte Oberflächen sich unter den

Ausläufern ihres schönen schwarzen Haares verloren, das in bewegten Höhenzügen verlief, seine steilen Vorberge aufwarf und den Wellengang seiner Täler ausformte, mußte ich denken: »Jetzt, nachdem es mir in Balbec nicht gelungen ist, werde ich endlich erfahren, wie die unbekannte Rose schmeckt, Albertines Wangen. Und da es nicht viele Kreise sind, durch die wir die Dinge und die Menschen im Lauf unseres Lebens zu führen vermögen, kann ich das meine vielleicht in einem gewissen Sinn als vollendet betrachten, wenn ich das blühende Gesicht, das ich unter allen gewählt hatte, aus seinem fernen Rahmen gelöst und auf diese neue Ebene gebracht habe, wo ich es endlich mit meinen Lippen erkennen werde.« Ich dachte das, weil ich glaubte, daß es ein Erkennen durch die Lippen gibt; ich würde, meinte ich, den Geschmack dieser Rose aus Fleisch und Blut nun kennen, weil ich nicht bedacht hatte, daß der Mensch, ein Geschöpf, das ersichtlich weniger unfertig ist als der Seeigel oder selbst der Walfisch, dennoch einer gewissen Zahl notwendiger Organe ermangelt und namentlich keines besitzt, das zum Küssen dient. Dieses fehlende Organ ersetzt er durch die Lippen, und so erzielt er vielleicht eine etwas größere Befriedigung, als wenn er die Geliebte nur mit den Hörnern zärtlich berühren könnte. Aber die Lippen, die dazu da sind, den Geschmack dessen, was sie gelüstet, dem Gaumen zuzuführen, müssen sich, ohne ihren Irrtum zu begreifen und ihre Enttäuschung einzugestehen, damit begnügen, auf der Oberfläche umherzuirren und gegen die Trennwand der undurchdringlichen und begehrten Wangen zu stoßen. Überdies würden die Lippen in diesem Augenblick, bei der Berührung selbst, nicht einmal dann von dem Geschmack, den die Natur ihnen vorenthält, mehr erfassen, wenn sie erfahrener und kundiger würden; denn in der öden Zone, wo sie ihre Nahrung nicht finden können, sind sie allein, der Blick und auch der Geruchssinn haben sie längst im Stich gelassen. So wie mein Mund sich allmählich den Wangen näherte, den meine Augen ihn küssen hießen, sahen die Augen aus anderer Distanz neue Wangen: der Hals ließ, von nahem und wie durch das Vergrößerungsglas betrachtet, auf seiner grobkörnigen Fläche eine gesunde Kraft erkennen, welche die Eigenart des Gesichts veränderte.

Die letzten Kunstgriffe der Photographie – die einer Kathedrale all die Häuser zu Füßen legen, die uns so oft aus der Nähe fast gleich hoch wie ihre Türme erschienen, und dieselben Bauwerke wie ein Regiment nacheinander in Reihen, in aufgelöster Ordnung, in gedrängten Karrees aufmarschieren lassen, die beiden eben noch weit voneinander entfernten Säulen der Piazzetta zusammenführen, die nahe Salute fortrücken und es fertig bringen, auf einem blassen, verwischten Hintergrund durch einen Brückenbogen, ein offenes Fenster, zwischen den Blättern eines kräftiger gezeichneten Baumes im Vordergrund einen weiten Horizont einzufassen, eine Kirche durch die Bögen aller anderen einzurahmen –, ich wüßte das noch, was gleich wie der Kuß aus dem, was wir für ein klar umrissenes Ding hielten, die hundert anderen Dinge heraufholen kann, die es ganz ebensosehr ist, weil jedes einer nicht weniger richtigen Perspektive entspricht. Kurz, so wie Albertine mir in Balbec oft wieder anders erschienen war, sah ich jetzt – als hätte ich durch eine wunderbare Beschleunigung der Perspektiven- und Farbenwechsel, die uns eine Person in unseren verschiedenen Begegnungen mit ihr vorführt, sie alle auf ein paar Sekunden zusammendrängen wollen, um versuchsweise den Vorgang zu wiederholen, der die Vielfalt einer Individualität hervorbringt, und alle Möglichkeiten, die er enthält, wie aus einem Futteral, eine aus der andern hervorzuziehen – auf dem kurzen Weg meiner Lippen zu ihren Wangen zehn Albertines; dieses eine Mädchen war wie eine Göttin mit mehreren Köpfen, die auseinander hervorgehen; wenn ich mich dem zu nähern versuchte, den ich als letzten gesehen hatte, machte er einem anderen Platz. Solange ich diesen Kopf nicht berührt hatte, sah ich ihn wenigstens noch, ein leiser Duft kam von ihm zu mir. Aber ach! – denn für den Kuß liegen Nase und Augen ebenso ungünstig, wie sich die Lippen für ihn nicht eignen –, mit einemmal sahen meine Augen nicht mehr, meine zerdrückte Nase nahm keinen Geruch mehr wahr, und ohne daß ich darum den Geschmack der begehrten Rose besser erkannt hätte, lehrten mich diese abscheulichen Zeichen, daß ich tatsächlich dabei war, Albertines Wange zu küssen.

Lag es daran, daß wir die Szene von Balbec umgekehrt spielten – ich nun im Bett und sie nicht, so daß sie sich einem gewaltsamen Angriff entziehen und das Vergnügen nach ihrem Gutdünken lenken konnte –, wenn sie mir jetzt so bereitwillig zugestand, was sie mir einst mit so strenger Miene verweigert hatte? (Die Miene von damals unterschied sich freilich von dem lustvollen Ausdruck, den ihr Gesicht bei der Annäherung meiner Lippen jetzt annahm, nur durch eine unmerkliche Abweichung von Linien, welche gleichwohl den ganzen Abstand umschloß zwischen der Bewegung eines Mannes, der einem Verwundeten den Garaus macht, und eines, der ihm beisteht, zwischen einem prachtvollen und einem greulichen Bild.) Ich wußte nicht, ob ich die Wandlung in ihrem Verhalten vielleicht einem unfreiwilligen Wohltäter zugute halten und danken sollte, der in den letzten Monaten einmal, in Paris oder Balbec, für mich gearbeitet hatte, dachte aber, unsere vertauschten Plätze seien wohl der Hauptgrund für diese Wandlung. Einen anderen lieferte mir jedoch Albertine; wörtlich diesen: »Ach! in dem Augenblick, damals in Balbec, kannte ich dich ja nicht, ich konnte ja glauben, du hättest schlimme Absichten.« Diese Begründung verblüffte mich. Albertine gab sie mir ohne Zweifel ganz aufrichtig. Es fällt einer Frau sehr schwer, in den Bewegungen ihrer Glieder, in den Empfindungen ihres Körpers beim Zusammensein mit einem Freund die Gefahr eines Fehltritts wiederzuerkennen, während sie bei einem Fremden davor zittern würde, daß er sie dazu verleiten möchte.

Welches im übrigen die Veränderungen auch waren, die sich seit einiger Zeit in ihrem Leben vollzogen hatten (und die wohl erklärt hätten, warum sie meinem augenblicklichen und rein körperlichen Verlangen leichthin gewährte, was sie in Balbec meiner Liebe entsetzt verweigert hatte), eine viel erstaunlichere Veränderung vollzog sich in Albertine an demselben Abend, sobald ihre Zärtlichkeiten bei mir die Befriedigung herbeigeführt hatten, die sie bemerken mußte und von der ich sogar befürchtet hatte, sie könnte bei ihr die gleiche Regung von Widerwillen und verletzter Scham bewirken wie einst bei Gilberte in einem ähnlichen Augenblick hinter den Lorbeeren auf den Champs-Elysées.

Ganz im Gegenteil: schon als ich sie zu mir auf das Bett zog und zu liebkosen begann, hatte Albertine einen Ausdruck von gelehriger Willfährigkeit, von beinahe kindlicher Einfalt angenommen. Der Augenblick, der dem Lusterlebnis vorangeht und alle gewohnten Besorgnisse und Ansprüche auslöscht, hatte – hierin jenem verwandt, der dem Tod folgt – ihren verjüngten Zügen gleichsam die Unschuld des frühesten Alters wiedergegeben. Und zweifellos wird jedes menschliche Wesen, dessen Begabung plötzlich auf die Probe gestellt wird, bescheiden, dienstbar und liebenswert; vor allem wenn es uns durch diese Begabung eine große Freude bereiten kann, ist es selbst glücklich über sie und will sie uns recht vollständig schenken. In dem neuen Ausdruck auf Albertines Gesicht war jedoch mehr als nur pflichtgemäße Uneigennützigkeit, Gewissenhaftigkeit, Großzügigkeit, eine überkommene und plötzliche Hingabe; weiter als in die eigene Kindheit, zur Jugend ihrer Rasse war sie zurückgekehrt. Ganz anders als ich, der sich nichts gewünscht hatte, als eine körperliche Entspannung endlich zu erreichen, fand Albertine offenbar, daß es unfein von ihr gewesen wäre zu meinen, der physische Genuß könne ohne seelische Empfindung bestehen und etwas beenden. Noch eben hatte sie es so eilig gehabt, doch da sie zweifellos fand, Küsse bedeuteten Liebe und die Liebe komme vor jeder anderen Pflicht, sagte sie nun, als ich sie an ihr Abendessen erinnerte:

»Aber das macht doch nichts, ich habe doch Zeit.«

Sie schien verlegen, da sie nach dem Getanen gleich aufstehen sollte, verlegen aus Wohlanstand, so wie es Françoise, wenn sie meinte, sie müsse auch ohne Durst das Glas Wein, das Jupien ihr anbot, mit fröhlichem Anstand entgegennehmen, nicht über sich gebracht hätte, nach dem letzten Schluck ohne weiteres zu verschwinden, gleich welch gebieterische Pflicht sie gerufen hätte. Albertine – und vielleicht war das ein Grund, nächst einem anderen, den man noch sehen wird, der mich ohne mein Wissen bewogen hatte, sie zu begehren – war eine der Verkörperungen der kleinen französischen Bäuerin, deren Urbild in Stein an der Kirche von Saint-André-des-Champs steht. Von Françoise, die doch schon bald ihre Todfeindin werden sollte, erkannte ich in ihr die Höflichkeit gegenüber dem Gast und dem Fremden wieder, den Anstand, die Achtung vor dem Herkommen.

Françoise glaubte nach dem Tod meiner Tante nicht mehr anders als in mitleidig-gerührtem Ton sprechen zu können, und in den Monaten vor der Heirat ihrer Tochter hätte sie es anstößig gefunden, wenn diese mit ihrem Verlobten spaziert wäre, ohne ihn unterzufassen. Albertine rührte sich nicht von meiner Seite und sagte:

»Du hast hübsches Haar, du hast schöne Augen, du bist nett.«

Als ich ihr sagte, es sei schon spät, und hinzufügte: »Glaubst du mir nicht?« gab sie mir eine Antwort, die wahr sein konnte, aber erst seit zwei Minuten und nur für ein paar Stunden:

»Ich glaube dir immer.«

Sie redete von mir, von meiner Familie, von unserem Gesellschaftskreis. Sie sagte: »Oh! ich weiß, deine Eltern kennen sehr angesehene Leute. Du bist mit Robert Forestier und Suzanne Delage befreundet.« Im ersten Augenblick sagten mir diese Namen gar nichts. Doch plötzlich fiel mir ein, daß ich tatsächlich auf den Champs-Elysées mit Robert Forestier gespielt, ihn aber seither nie mehr gesehen hatte. Und Suzanne Delage war die Großnichte von Madame Blandais, bei ihren Eltern hätte ich einmal zu einer Tanzstunde gehen und sogar eine kleine Rolle in einer Salonkomödie spielen sollen. Doch die Angst vor einem Lachanfall und Nasenbluten hatten mich daran gehindert, so daß ich sie nie gesehen hatte. Höchstens hatte ich einmal zu verstehen geglaubt, daß die Gouvernante der Swann, die mit der Hutfeder, bei ihren Eltern gewesen war, aber das konnte auch nur eine Schwester oder eine Freundin jener Gouvernante gewesen sein. Ich beteuerte Albertine, daß Robert Forestier und Suzanne Delage in meinem Leben kaum eine Rolle spielten. »Das kann sein, eure Mütter sind aber Freundinnen; das zeigt, wo du hingehörst. Ich begegne Suzanne Delage oft auf der Avenue de Messine, sie ist chic.« Unsere Mütter kannten sich nur in der Phantasie von Madame Bontemps, die wußte, daß ich mit Robert Forestier früher gespielt und ihm anscheinend Gedichte aufgesagt hatte; das bewies ihr, daß unsere Familien befreundet waren. Sie soll jedesmal, wenn der Name meiner Mutter fiel, gesagt haben: »Ah! ja, das ist der Kreis der Delage, der Forestier usw.«, womit sie meinen Eltern eine gute Note gab, die sie nicht verdienten.

Von sich aus, einer Pflicht zu Vertrauensbeweisen gehorchend, welche die Annäherung der Körper wenigstens anfangs bewirkt, bevor sie dann eine besondere Doppelzüngigkeit und

Verschwiegenheit gegenüber demselben Menschen erzeugt, erzählte mir Albertine von ihrer Familie und einem Onkel Andrées eine Geschichte, von der sie mir in Balbec kein Wort hatte sagen wollen, aber nun sollte es nicht so aussehen, als habe sie noch Geheimnisse vor mir. Hätte jetzt ihre beste Freundin etwas Ungutes über mich erzählt, sie hätte sich verpflichtet gefühlt, es mir zu berichten. Ich beharrte darauf, daß sie heimgehen solle, und sie ging schließlich, aber mein schlechtes Benehmen war ihr so peinlich, daß sie fast lachte, um mich zu entschuldigen, wie eine Gastgeberin, bei der man im Straßenanzug erscheint, die einen so empfängt, der das aber nicht gleichgültig ist.

»Du lachst?« fragte ich sie.

»Ich lache nicht, ich lächle dir zu«, erwiderte sie zärtlich. »Wann seh ich dich wieder?« fügte sie bei, wie um sich zu versichern, daß das, was wir eben getan hatten, wenn schon nicht wie sonst üblich die Krönung, so wenigstens das Vorspiel einer großen Freundschaft war, einer bereits bestehenden Freundschaft, die wir beide nun zu entdecken und zu bekennen hatten und die allein das erklären konnte, wozu wir uns hatten hinreißen lassen.

»Da du mich dazu ermächtigst, werde ich dich kommen lassen, wenn ich frei bin.«

Ich mochte ihr nicht sagen, daß ich alles von der Möglichkeit abhängig machen wollte, Madame de Stermaria zu sehen. »Leider wird das nicht vorhersehbar sein«, sagte ich, »ich weiß nie im voraus. Wenn ich dich kommen ließe, wenn ich am Abend frei bin?«

»Das wird bald sehr gut möglich sein, mein Eingang ist dann unabhängig von dem meiner Tante. Aber für den Augenblick geht es nicht. Ich komme einfach aufs Geratewohl morgen oder übermorgen am Nachmittag. Du läßt mich nur herein, wenn du kannst.«

Als sie bei der Tür war, wunderte sie sich, daß ich ihr nicht zuvorkam, und hielt mir die Wange hin; sie fand, nun sei keine rohe körperliche Begierde mehr notwendig, damit wir uns küßten. Da zu einem solch kurzen Zusammenfinden wie soeben dem unseren oft eine innige Verbindung und eine Wahl des Herzens führen, fühlte Albertine sich verpflichtet, den Küssen, die wir auf meinem Bett getauscht hatten, aus dem Stegreif die Empfindungen anzufügen, deren Zeichen sie für einen Ritter und seine Dame gewesen wären, wie sie ein mittelalterlicher Bänkelsänger erdichten konnte.

Le Côté de Guermantes II, 2, Ed. Pléiade II (1988), S. 641–665.

Ich öffnete den Umschlag. Auf die Karte: *Vicomtesse Alix de Stermaria* hatte mein Gast geschrieben: »Ich bin untröstlich; es ist etwas dazwischengekommen, ich kann heute abend nicht mit Ihnen auf der Ile du Bois essen. Ich hatte mich so gefreut. Ich schreibe Ihnen ausführlicher von Stermaria. Sehr betrübt; sehr herzlich.« Ich stand unbeweglich, betäubt von dem Schlag, der mich getroffen hatte. Karte und Umschlag waren mir vor die Füße gefallen wie die Vorladung einer Pistole, die ausgedient hat, wenn der Schuß gefallen ist. Ich hob sie auf, ich dachte über den Satz nach: »Sie schreibt, daß sie nicht auf der Ile du Bois mit mir essen kann. Daraus könnte man schließen, daß sie anderswo mit mir essen könnte. Ich werde nicht so zudringlich sein, sie abzuholen; aber immerhin, man könnte es so verstehen.« Und da ich nun seit vier Tagen meine Gedanken auf diese Ile du Bois verlegt hatte, gelang es mir nicht, sie zurückzuholen. Mein Verlangen nahm ohne mein Zutun die Spur wieder auf, der es seit vielen Stunden schon folgte, und trotz dieser Nachricht, die zu neu war, um es zu unterdrücken, fuhr ich fort, mich zum Ausgehen zurechtzumachen, so wie ein Schüler, der eine Prüfung nicht bestanden hat, noch eine Frage beantworten möchte. Endlich entschloß ich mich, Françoise zu sagen, sie solle hinuntergehen und den Kutscher bezahlen. Ich ging über den Flur; da ich sie nicht fand, ging ich durch das Eßzimmer; auf einmal waren meine Schritte auf dem Parkettboden nicht mehr zu hören, sie versanken in einer Stille, die mir, noch ehe ich ihre Ursache erkannte, ein Gefühl des Erstickens und des Eingeschlossenseins gab.

Es waren die Teppiche; man hatte sie für die Rückkehr meiner Eltern auszulegen begonnen; die Teppiche, die in den glücklichen Morgenstunden so schön sind, wenn in ihrem Durcheinander die Sonne uns erwartet wie ein Freund, der uns zum Mittagessen auf dem Land abholt und den Widerschein des Waldes auf ihnen ruhen läßt, – die aber jetzt im Gegenteil die erste Vorkehrung waren für die winterliche Haft, in der ich nun mit der Familie leben, meine Mahlzeiten einnehmen mußte. Ich würde nicht mehr nach Belieben ausgehen können. – Der Winter! An den Ecken der Fensterscheiben wie auf einem Gallé-Glas eine Ader von gefrorenem Schnee! Und auf den Champs-Elysées statt der jungen Mädchen, die man vergeblich erwartet, einzig die Spatzen! »Geben Sie acht, Monsieur, daß Sie nicht fallen«, rief Françoise, »Sie sind noch nicht aufgenagelt. Ich hätte Licht machen sollen. Wir haben schon Ende September, die schönen Tage sind vorbei.«

Zu meiner Verzweiflung über das Ausbleiben von Madame de Stermaria trug noch bei, daß ihre Absage mich vermuten ließ, sie habe an dieses Nachtessen, während ich Stunde um Stunde seit Sonntag für nichts anderes gelebt hatte, kein einziges Mal gedacht. Später erfuhr ich von einer albernen Liebesheirat mit einem jungen Mann, den sie damals schon gekannt haben mußte und der ohne Zweifel der Grund war, weshalb sie meine Einladung vergessen hatte. Denn hätte sie daran gedacht, so würde sie, um mich zu benachrichtigen, daß sie nicht frei sei, gewiß nicht auf den Wagen gewartet haben, den ich ihr nach unserer Verabredung übrigens gar nicht hätte schicken müssen. Meine Träume um eine adlige Jungfrau auf einer seligen Insel hatten einer noch nicht existierenden Liebe den Weg gebahnt. Jetzt konnten meine Enttäuschung, mein Zorn, der verzweifelte Wunsch, mich ihrer, die sich verweigert hatte, doch zu bemächtigen, vereint mit meiner Empfindlichkeit diese mögliche Liebe fixieren, die bisher nur meine Einbildungskraft, sie aber lauer, mir zugespielt hatte. Wie viele, wie verschiedene Gesichter von jungen Mädchen und Frauen bewahrt unser Erinnern und wie viele erst unser Vergessen, die wir nur deshalb zauberhaft fanden, die wir nur deshalb so heftig wiederzusehen begehrten, weil sie sich uns im letzten Augenblicke entzogen hatten. Im Fall von Madame de Stermaria war es viel mehr; um sie jetzt zu lieben, brauchte ich sie bloß wiederzusehen, damit jene lebhaften, aber zu flüchtigen Eindrücke sich erneuert hätten, die sonst das Gedächtnis in ihrer Abwesenheit nicht hätte festhalten können. Die Umstände wollten es anders; ich sah sie nicht wieder. Sie war es nicht, die ich liebte, aber sie hätte es sein können. Und an der großen Liebe, die mir nun bald zuteil werden sollte, war etwas vom Grausamsten vielleicht dies, daß ich mir in Erinnerung an jenen Abend sagte, sie hätte, wenn ganz einfache Umstände anders gewesen wären, ein anderes Ziel haben können, nämlich Madame de Stermaria; daß sie sich derjenigen zuwandte, die sie so bald darauf in mir weckte, war also nicht – wie ich doch so gern und so dringend hätte glauben wollen – unbedingt notwendig und vorausbestimmt.

Françoise hatte mich im Eßzimmer allein gelassen und gesagt, ich sollte nicht dort bleiben, bevor sie Feuer gemacht habe. Sie ging, um das Abendessen zuzubereiten; denn schon vor der Rückkehr der Eltern, schon an diesem Abend begann meine Gefangenschaft. Ich bemerkte einen riesigen Stoß von eingerollten Teppichen in der Ecke hinter der Anrichte und wühlte den Kopf hinein; ihren Staub und meine Tränen verschluckend, ähnlich den Juden, die sich in der Trauer den Kopf mit Asche bedeckten, begann ich zu schluchzen. Mich fror, nicht nur weil es kalt war im Zimmer, sondern weil ein beträchtlicher Wärmeverlust (eine Gefahr und, wie man ja weiß, auch ein leises Behagen, wogegen man nichts unternimmt) durch bestimmte Tränen verursacht wird, die wie ein feiner, durchdringend-eisiger und nicht enden wollender Regen, Tropfen für Tropfen aus unsern Augen fallen. Auf einmal hörte ich eine Stimme: »Kann man hereinkommen? Françoise sagte mir, du seist wohl im Eßzimmer. Ich wollte nur sehen, ob du nicht Lust hast, irgendwo essen zu gehen, wenn das deiner Gesundheit nicht schadet; draußen ist nämlich stockdikker Nebel.«

Es war Robert de Saint-Loup, der an diesem Morgen angekommen war und den ich noch in Marokko oder auf dem Meer unterwegs geglaubt hatte.

Ich habe schon gesagt (und eben Robert de Saint-Loup, damals in Balbec, hatte mir ganz ohne seine Absicht geholfen, es mir bewußt zu machen), was ich von der Freundschaft halte: daß sie nämlich etwas so Geringfügiges ist, daß ich schwer begreife, wie bedeutende Männer, zum Beispiel Nietzsche, die Naivität haben konnten, ihr einen gewissen intellektuellen Gehalt zuzuschreiben und sich darum solchen Freundschaften zu versagen, an die sich keine intellektuelle Wertschätzung geknüpft hätte. Ja, darüber habe ich mich stets gewundert, daß ein Mann, der die Aufrichtigkeit gegenüber sich selber so weit trieb, daß er sich aus Gewissensgründen von Wagners Musik lossagte, in der Vorstellung gelebt hat, die Wahrheit könne in der von Natur aus wirren und unzureichenden Ausdrucksform der Verhaltensweisen im allgemeinen und der Freundschaften im besondern verwirklicht werden und es könne irgendein Sinn darin liegen, daß man von seiner Arbeit wegläuft, um einen Freund zu besuchen und mit ihm über die Falschmeldung vom Brand des Louvre zu weinen. Ich war in Balbec zur Überzeugung gekommen, daß das Vergnügen, mit jungen Mädchen zu spielen, für das geistige Leben (mit dem es wenigstens nichts zu tun hat) nicht so gefährlich ist wie die Freundschaft, die alles darein setzt, daß wir den einzigen wirklichen, nicht oder nur durch die Kunst zu übermittelnden Teil unser selbst einem oberflächlichen Ich aufopfern, das nicht wie das andere sich an sich selbst freut, vielmehr auf wirre Weise gerührt ist, sich von außen her gestützt, in einer fremden Persönlichkeit aufgehoben zu fühlen, oder glücklich über den ihm gewährten Schutz sein Wohlbefinden als Zustimmung ausstrahlt und Eigenschaften bewundert, die es bei sich selbst Fehler nennen und gern überwinden würde. Im übrigen können die Verächter der Freundschaft ohne Selbsttäuschung und nicht ohne Gewissensbisse die besten Freunde der Welt sein, ebenso wie ein Künstler, der ein Meisterwerk in sich herumträgt und spürt, daß es seine Pflicht wäre, für die Arbeit zu leben, dennoch sein Leben für eine nutzlose Sache hingibt, um nicht selbstsüchtig zu scheinen oder vielleicht zu werden, und es um so beherzter hingibt, als die Gründe, aus denen er es lieber nicht hingegeben hätte, ganz selbstlos waren. Doch welche Meinung ich auch von der Freundschaft hatte, allein schon was das Vergnügen betraf, das sie mir gewährte und das so gering war, daß es einem Mittelding zwischen Langeweile und Müdigkeit glich, – kein Trank ist so schal, daß er nicht zu bestimmten Stunden uns wohltun, erfrischen und uns den Peitschenhieb, den wir brauchen, versetzen, die Wärme uns spenden könnte, die wir nicht in uns selbst finden.

Gewiß, ich dachte nicht daran, Saint-Loup – wie ich es vor einer Stunde noch wollte – zu bitten, daß er mich wieder mit Frauen von Rivebelle zusammenbringe; die Spur, die in mir der Schmerz um Madame de Stermaria hinterlassen hatte, wollte nicht so schnell ausgelöscht sein; daß aber in dem Augenblick, da mich nichts mehr an ein Glück glauben ließ, Saint-Loup hereinkam, war wie die Einkehr von Güte, von Freude, von Leben, die zwar nicht in mir waren, aber mir sich anboten, nur mir gehören wollten. Er selbst begriff meinen dankbaren Aufschrei und meine Freudentränen nicht. Doch was gäbe es auch, das so widersinnig liebevoll wäre wie ein Freund – Diplomat oder Forscher, Flieger, Soldat –, der wie Saint-Loup am nächsten Tag wieder abreisen wird und von dem Abend, den er uns widmet, allem Anschein nach einen Eindruck gewinnt, der zu unserem Erstaunen für ihn selber so schön, aber doch so selten, so kurz ist und den er dennoch, schön wie er ihn dünkt, weder länger genießen noch häufiger wiederholen will. Eine Mahlzeit mit uns, etwas scheinbar so Alltägliches, schenkt solchen Reisenden das köstlich-fremdartige Vergnügen, das ein Asiate auf den Boulevards empfinden würde.

Wir brachen zusammen auf, um essen zu gehen, und auf der Treppe mußte ich an Doncières denken, wo ich mich Abend für Abend aufgemacht hatte, um Robert im Gasthaus zu treffen, und an die vergessenen kleinen Speisesäle. Wir ziehen kaum Nutzen aus unserem Leben; unvollendet lassen wir in den Abenddämmerungen des Sommers oder in den vorzeitigen Winternächten die Stunden zurück, von denen wir meinten, es könnte in sie doch ein wenig Friede und Freude eingeschlossen sein. Aber ganz verloren sind diese Stunden nicht. Wenn wieder neue Momente der Freude aufklingen, die ebenso einstimmig und geradlinig vorbeiziehen würden, dann schaffen sie ihnen den tragenden Grund, die dichte, reiche Instrumentierung. So bilden sie sich zu Typen des Glücks aus, die man nur von Zeit zu Zeit wiederfindet, die aber fortbestehen; in diesem Falle war es die Preisgabe alles übrigen für ein Abendessen in einem behaglichen Rahmen, der kraft der Erinnerungen auf einem lebenden Bild Verheißungen einer Reise einschließt, mit einem Freund, der mit all seiner Energie, mit all seiner Zuwendung unser schlummerndes Leben aufrühren, uns ein tiefgefühltes Vergnügen bereiten wird, ein Vergnügen ganz ungleich denen, die wir unserem eigenen Bemühen oder gesellschaftlicher Zerstreuung verdanken könnten. Wir werden ganz für ihn da sein, werden Freundschaftsgelübde tun, die, im Gehege dieser Stunde geboren und weiter in ihr verwahrt, am nächsten Tag vielleicht nicht mehr eingehalten werden, die ich jedoch Saint-Loup gegenüber mit gutem Gewissen tun konnte, da er – mit einer Entschlossenheit, in der viel Weisheit lag und die Vorahnung, daß sich Freundschaft ja doch nicht vertiefen läßt – am nächsten Tag wieder abgereist sein würde.

Erlebte ich so beim Hinuntergehen die Abende von Doncières wieder, führte mich dann auf der Straße die plötzlich fast völlige Finsternis, wo der Nebel die Lampen gelöscht zu haben schien, die nur von ganz nahe noch sehr schwach sichtbar waren, zu irgendeiner abendlichen Ankunft in Combray zurück, da die Stadt erst an einzelnen Punkten beleuchtet war und man sich durch ein feuchtes, laues, weihnachtlich-heiliges Dunkel tastete, das kaum da und dort der Schimmer eines Lichtstumpfs durchbrach, nicht heller als eine Kerze. Zwischen jenem nicht mehr zu bestimmenden Jahr in Combray und den Abenden in Rivebelle, die ich eben noch über den Vorhängen wiedergesehen hatte, welch ein Unterschied! In diesem Augenblick spürte ich mehr als einen zeitlichen Abstand, ich spürte den Abstand zwischen verschiedenen Welten von ungleichem Stoff. Hätte ich in einem Buch denjenigen nachzubilden versucht, in den meine unwichtigsten Erinnerungen an Rivebelle eingeritzt schienen, ich hätte ihn rosa geädert und mit einemmal durchsichtig und kompakt machen müssen, aufgefrischt, fest und klingend, wo er bisher dem rohen und düsteren Sandstein von Combray glich.

Doch nun stieg Robert, nachdem er dem Kutscher seine Anweisungen gegeben hatte, zu mir in den Wagen. Die Ideen, die sich mir gezeigt hatten, flohen. Sie sind Engel, die dann und wann sich herbeilassen, einem einsamen Sterblichen zu erscheinen, an einer Wegbiegung, sogar in seinem Zimmer, während er schläft, sie aber stehen im Türrahmen und richten ihm ihre Verkündigung aus. Doch sowie man zu zweit ist, verschwinden sie; in Gesellschaft sehen die Menschen sie nie. Und so fand ich mich wieder auf die Freundschaft zurückgeworfen. Robert hatte mich bei seinem Kommen auf den dichten Nebel vorbereitet, aber während wir plauderten, war er immer noch dichter geworden. Das war nicht mehr jener leichte Dunst, den ich mir gewünscht hatte, der von der Insel aufsteigen und uns einhüllen sollte, Madame de Stermaria und mich. Auf zwei Schritte Entfernung war es ebenso tiefe Nacht wie auf freiem Feld, wie im

Wald oder eher auf einer mild-feuchten Insel der Bretagne, die ich hatte besuchen wollen; ich fühlte mich verloren wie am Ufer eines nördlichen Meeres, wo man sein Leben zehnmal aufs Spiel setzt, bevor man die einsame Herberge erreicht; aus einem Schauspiel, das man sich ansehen möchte, wurde der Nebel eine Gefahr, gegen die man kämpft, so daß wir, um unseren Weg zu finden und in den schützenden Hafen zu gelangen, die Mühsal erlebten, die Unruhe und zuletzt das Glück der Geborgenheit – das niemand so recht empfindet, der nicht damit rechnen muß, sie zu verlieren – wie ratlose, entwurzelte Reisende. Nur etwas hätte mir während unserer abenteuerlichen Irrfahrt das Vergnügen beinahe verdorben, indem es mich in irritiertes Erstaunen versetzte. »Weißt du«, sagte Saint-Loup, »ich habe Bloch erzählt, daß du ihn gar nicht so sehr magst, daß du ihn mitunter vulgär findest. So bin ich eben, ich liebe klare Situationen«, schloß er mit befriedigter Miene und in dem Ton, der keine Erwiderung zuläßt.

Ich war bestürzt. Nicht nur weil ich das unbedingteste Vertrauen in Saint-Loup, in seine loyale Freundschaft setzte und er es nun mit seiner Äußerung gegenüber Bloch mißbraucht hatte; sondern mir schien, daß ihn überdies seine Fehler so gut wie seine Vorzüge daran hätten hindern müssen: jene so hochentwickelte Erziehung, welche die Höflichkeit bis zu einem Mangel an Aufrichtigkeit treiben konnte. War seine siegesbewußte Miene der Ausdruck, den wir annehmen, um unsere Verlegenheit zu verbergen, wenn wir etwas gestehen, wovon wir wissen, daß wir es nicht hätten tun sollen? Zeugte sie von Gedankenlosigkeit? von Dummheit, die einen Fehler, den ich an ihm nicht kannte, zur Tugend erhob? Verriet sie einen Anflug von Verstimmung über mich, oder ging sie auf einen Anflug von Verstimmung über Bloch zurück, dem er etwas Unangenehmes hatte sagen wollen, selbst auf die Gefahr hin, mich bloßzustellen? Sein Gesicht war übrigens, während er so vulgär zu mir sprach, verzerrt durch eine gräßliche Krümmung, die ich bei ihm nur ein- oder zweimal im Leben gesehen habe, die der Mitte nach über das Gesicht lief, bis sie die Lippen erfaßte, verzog und ihnen einen widrig gemeinen Zug gab, beinahe tierisch, ganz flüchtig und zweifellos weither ererbt. In solchen Augenblikken, die gewiß nur alle zwei Jahre wiederkehrten, mußte sich eine partielle Finsternis seines eigenen Ichs ereignen, auf das die Persönlichkeit eines Ahnherrn im Durchziehen ihren Schatten warf. Das gleiche Bedenken wie Roberts befriedigte Miene weckten auch seine Worte: »Ich liebe klare Situationen«, und sie hätten den gleichen Vorwurf verdient. Ich wollte ihm sagen, wenn jemand klare Situationen liebe, müsse er sich solche Anwandlungen von Aufrichtigkeit in eigener Sache leisten und nicht auf Kosten der andern eine wohlfeile Tugend üben. Aber schon hielt der Wagen vor dem Restaurant, dessen lange, strahlende Fensterfront das einzige war, was die Finsternis nicht verschlang. Der Nebel selber schien dank der behaglichen Helle des Innern, die bis zum Trottoir hinaus drang, auf den Eingang zu weisen, freudig wie eine Dienerschaft, in deren Benehmen die Stimmung des Hausherrn sich spiegelt; er schillerte in den feinsten Farbtönen und zeigte die Eingangstür wie die Feuersäule, die den Juden voranzog. Von ihnen gehörten übrigens viele zur Kundschaft; denn es war dies das Restaurant, wo Bloch und seine Freunde sich während des Zola-Prozesses lange Zeit abends zusammengefunden hatten, überreizt von Kaffeetrinken, Fasten, Schlaflosigkeit und politischer Neugier. Da jede geistige Erregung den Gewohnheiten, die mit ihr zusammenhängen, eine höhere Geltung, einen größeren Wert verleiht, gibt es kein einigermaßen lebhaftes Interesse, das nicht um sich her eine Gesellschaft entstehen läßt, die es zusammenhält und in der einem jeden die Hochschätzung der anderen Mitglieder zum wichtigsten Lebenszweck wird. Hier kann man – sei es in einer kleinen Provinzstadt – auf leidenschaftliche Musikanbeter stoßen; den größten Teil ihrer Zeit, den saftigsten Brocken ihres Geldes geben sie her für das Kammermusikspiel, für Zusammenkünfte, an denen man sich über Musik unterhält, für Stunden im Café, wo man sich unter Liebhabern findet und mit den Orchestermusikern zusammensitzen kann. Andere begeistern sich für die Luftschiffahrt und wollen bei dem alten Kellner in der Aussichtsbar über dem Flugplatz in Gunst stehen; vor den Winden geschützt wie im Glaskäfig eines Leuchtturms, können sie da in Gesellschaft eines Piloten, der gerade nicht fliegt, die Bewegungen eines Sportfliegers verfolgen, der ein Looping macht, während ein anderer, den man noch vor einem Augenblick nicht gesehen hat, plötzlich landet.

Für die Clique, die sich zusammenfand, um die flüchtigen Emotionen des Zola-Prozesses am Leben zu erhalten und zu vertiefen, war dieses Lokal in gleichem Sinne wichtig. Sie war aber unbeliebt bei den jungen Adligen, die den anderen Teil der Kundschaft bildeten und einen zweiten Raum des Cafés mit Beschlag belegt hatten, der vom ersten bloß durch eine Schranke mit Grünpflanzen getrennt war. Sie betrachteten Dreyfus und seine Parteigänger als Verräter, obgleich fünfundzwanzig Jahre später, nachdem die Ideen sich hatten ordnen können und der Dreyfusismus historisch gesehen eine gewisse Eleganz angenommen hatte, die Söhne eben dieser Adligen, bolschewistenfreundliche Walzertänzer, den »Intellektuellen« auf ihr Befragen erklären sollten, wenn sie damals gelebt hätten, wären sie sicher für Dreyfus gewesen, – ohne aber viel mehr über die Affäre zu wissen als über die Gräfin Edmond de Pourtalès oder die Marquise de Galliffet, deren Glanz in den Tagen ihrer Geburt schon erloschen war. Doch an dem nebligen Abend in dem Café waren die Adligen alle noch ganz junge Männer. Gewiß, alle ihre Familien wünschten sich eine reiche Heirat für sie, aber für keinen war sie schon Wirklichkeit geworden. Und da die Zahl der Partien mit ganz hoher Mitgift nicht unbegrenzt war, genügte dies, um unter ihnen eine gewisse Rivalität zu stiften.

Mein Unglück wollte, daß ich allein hineingehen mußte, weil Saint-Loup noch eine Weile draußen blieb, um mit dem Kutscher zu sprechen, der uns nach dem Essen wieder abholen sollte. Nun geriet ich fürs erste schon in die Drehtür, mit der ich nicht vertraut war, und glaubte, ich würde nicht mehr herausfinden. An diesem Abend blieb der Patron, der sich nicht in die Nässe hinaus traute und seine Gäste nicht allein lassen wollte, doch in der Nähe des Eingangs, um sich an den fröhlichen Klagen der Ankommenden zu ergötzen, die ganz verklärt waren vor Befriedigung, wie man sie über die ausgestandene Mühsal der Fahrt und die Furcht, sich zu verirren, empfindet. Nun aber wurde seine lachbereite Herzlichkeit durch den Anblick eines Unbekannten verscheucht, der nicht wußte, wie man aus den Flügeln des gläsernen Schwungrads herauskam. Dieser offenbare Beweis von Ungeschick ließ ihn die Brauen runzeln wie einen Examinator, der große Lust hat, das *dignus est intrare* nicht zu erteilen. Zu allem Unglück setzte ich mich in den Raum, der für die Adligen reserviert war und aus dem er mich unsanft herausholte, um mir mit einer Grobheit, die alle Kellner augenblicklich übernahmen, einen Platz im anderen Saal anzuweisen. Der Platz behagte mir um so weniger, als die Sitzbank, auf der er sich befand, schon stark besetzt war und ich die den Israeliten vorbehaltene Eingangstür vor mir hatte, die keine Drehtür war, sondern in einem fort auf- und zuging und eine schreckliche Kälte hereinließ. Der Patron verweigerte mir jedoch einen anderen Platz mit den Worten: »Nein, Monsieur, ich kann nicht Ihretwegen alle Leute stören.« Er vergaß den späten und lästigen Abendgast übrigens bald, fasziniert, wie er war, von jedem Neuankömmling, der wie in den alten Romanen, sobald er sein Bier oder seinen Grog bestellt hatte (die Essenszeit war schon lange vorüber), seine Zeche bezahlen mußte, indem er sein Abenteuer berichtete, da nun die warme und sichere Zuflucht ihn aufnahm, wo der Kontrast zu den überstandenen Unbilden jene Fröhlichkeit und Kameradschaft erzeugte, die um ein Lagerfeuer gemeinsam den Ton angeben.

Der eine erzählte, sein Kutscher habe im Glauben, den Pont de la Concorde erreicht zu haben, den Invalidendom dreimal umkreist; ein anderer, seine Droschke sei beim Versuch, die Champs-Elysées hinunterzufahren, am Rond-Point in ein Boskett geraten und habe eine Dreiviertelstunde gebraucht, um wieder herauszukommen. Daran schlossen sich Klagen – über den Nebel, die Kälte, die Totenstille der Straßen –, vorgetragen und angehört in der ausnehmend heiteren Stimmung, die sich aus der milden Atmosphäre des Raums erklärte, wo es überall außer an meinem Platz warm war, aus dem hellen Licht, das die ans Dunkel gewöhnten Augen zum Blinzeln brachte, und aus dem Lärm der Reden, der den Ohren wieder zu tun gab.

Die Ankommenden konnten kaum an sich halten. Das Ungewöhnliche, das ihnen widerfahren war und das sie für einmalig hielten, brannte ihnen auf der Zunge; suchend sahen sie sich nach jemandem um, mit dem sie ein Gespräch anknüpfen konnten. Selbst dem Patron kam das Gefühl für die gesellschaftlichen Distanzen abhanden: »Der Prince de Foix hat sich auf der Fahrt von der Porte Saint-Martin hierher dreimal verirrt«, sagte er lachend und scheute sich nicht, auf den berühmten Aristokraten zu zeigen und ihn einem jüdischen Rechtsanwalt gleichsam vorzustellen, einem Mann, den an jedem anderen Tag eine Schranke, viel schwerer zu überwinden als die mit Grünpflanzen geschmückte, von ihm getrennt hätte. »Dreimal! sieh mal an«, sagte der Anwalt und griff an seinen Hut. Dem Prinzen mißfiel diese Annäherung. Er gehörte zu einer Gruppe von Aristokraten, deren einzige Tätigkeit in der Ausübung der Arroganz bestand, selbst gegenüber dem Adel, wenn er nicht allerhöchsten Rangs war. Einen Gruß nicht erwidern und höhnisch grinsen oder mit erzürnter Miene den Kopf zurückwerfen, wenn der höfliche Mensch es nochmals versuchte; tun, als kennten sie einen älteren Herrn nicht, der ihnen hätte von Nutzen sein können; ihren Händedruck und ihren Gruß den Herzögen und den engsten Freunden der Herzöge vorbehalten, die sie ihnen vorstellten: das war der von diesen jungen Leuten, im besondern von dem Prince de Foix, gepflegte Stil. Er wurde durch die Verwirrung der frühen Jugend begünstigt (da man sich auch unter Bürgerlichen undankbar zeigt oder als Flegel erscheint, weil man Monate lang vergessen hat, einem Wohltäter zu schreiben, dessen Frau gestorben ist, und ihn nun einfachheitshalber nicht mehr grüßt), aber vor allem war er von einem überspitzten Kasten-Snobismus eingegeben. Im allgemeinen sollte dieser Snobismus jedoch, ganz wie gewisse nervöse Störungen, die in reiferem Alter weniger heftig auftreten, sich auch bei denen nicht mehr so bösartig ausprägen, die einst so unausstehliche junge Leute waren. Ist die Jugend einmal vorbei, bleibt man selten in seinem Dünkel befangen. Man hatte geglaubt, es gebe nur ihn, und entdeckt, wie sehr man auch Prinz ist, nun plötzlich, daß es noch die Musik, die Literatur oder sogar das Parlament gibt. So verschiebt sich die Rangordnung der menschlichen Werte, und man nimmt das Gespräch mit Personen auf, denen man früher zerschmetternde Blicke zuwarf: ein Glück für diejenigen unter ihnen, die sich geduldet haben und deren Charakter fest genug gebaut ist – wenn man so sagen kann –, daß es sie freut, mit vierzig Jahren auf die Höflichkeit und die Liebenswürdigkeit rechnen zu können, die man ihnen mit zwanzig schnöde verweigert hatte.

Dem gewohnten Benehmen des Prinzen zum Trotz erzürnte ihn die Bemerkung, die vor ihm geäußert, aber nicht unmittelbar an ihn gerichtet worden war, nicht in dem Maße, wie sie es sonst getan hätte. Überdies hatte dieser Abend etwas Außergewöhnliches. Und schließlich bestand für den Rechtsanwalt keine bessere Aussicht, mit dem Prince de Foix bekannt zu werden, als für den Kutscher, der den adligen Herrn gefahren hatte. So ließ er sich mit lauter Stimme und hochmütiger Miene und ohne den Mann anzusehen, der dank dem Nebel nun gleichsam ein Reisegefährte war, wie man ihn sturmgepeitscht oder in Dünsten versunken am Ende der Welt getroffen hat, zu der Antwort herbei: »Es ist ja nicht nur, daß man den Weg verliert; man findet sich auch nirgends wieder.« Der Patron fand diesen Satz besonders treffend, denn er hatte ihn an dem Abend schon mehrmals gehört.

Er pflegte nämlich das, was er hörte oder las, immer mit einem Text zu vergleichen, den er schon kannte, und ein Gefühl der Bewunderung überkam ihn, wenn er keine Unterschiede feststellen konnte. Diese Sinnesart verdient Beachtung, denn auf die politischen Unterhaltungen, auf die Lektüre der Zeitungen übertragen, formt sie die öffentliche Meinung und macht so die größten Ereignisse möglich. Viele deutsche Cafébesitzer, die einen Gast, mit dem sie sprachen, oder ihre Zeitung nur dann bewunderten, wenn sie erklärten, Frankreich, England und Rußland suchten Händel mit Deutschland, haben im Augenblick von Agadir einen Krieg möglich gemacht, auch wenn er dann nicht ausbrach. Wenn die Historiker nicht zu Unrecht davon abgekommen sind, die Taten der Völker aus dem Willen der Könige zu erklären, müssen sie nun die Psychologie des mittelmäßigen Individuums an seine Stelle setzen. Alles geht stets auf die Gesetze des Geistes zurück.

Im Politischen wandte der Patron des Cafés, in dem ich jetzt saß, seit einiger Zeit die ihm eigene Mentalität eines Rezitationslehrers nur noch auf einzelne Textstücke zur Dreyfus-Affäre an. Wenn er in den Äußerungen eines Gastes oder in den Spalten einer Zeitung die bekannten Worte nicht wiederfand, erklärte er den Artikel für ungenießbar oder den Gast für nicht aufrichtig. Der Prince de Foix dagegen beglückte ihn derart, daß er ihm kaum die Zeit ließ, seinen Satz zu beenden. »Sehr richtig, Durchlaucht, sehr richtig (was einfach hieß, fehlerlos aufgesagt), so ist es, so ist es«, rief er, hochgestimmt, wie es in ›Tausendundeiner Nacht‹ heißt, »im Übermaß des Entzückens«.

Aber der Prinz war schon in dem kleineren Saal verschwunden. Und da das Leben auch nach den ungewöhnlichsten Ereignissen weitergeht, bestellten nun die Gäste, die aus dem Nebelmeer aufgetaucht waren, die einen ihr Getränk, die anderen ihr Souper, unter diesen auch junge Leute vom Jockey-Club, die in Anbetracht des besondern Charakters dieses Tages ohne Umstände an zwei Tischen im größeren Saal, ganz in meiner Nähe, Platz nahmen. So hatte die Umwälzung selbst von dem kleinen zum großen Raum unter all den vom Komfort der Gaststätte nach ihren langen Irrfahrten durch das Nebelmeer freudig erregten Menschen eine Vertraulichkeit hergestellt, von der ich allein ausgeschlossen war und der jene wohl glich, die auf der Arche Noah geherrscht hatte. Auf einmal sah ich, wie der Patron einen Bückling nach dem andern vollführte und die Oberkellner alle herbeieilten, worauf sich auch alle Gäste umwandten. »Schnell, holt mir Cyprien, einen Tisch für den Marquis de Saint-Loup«, rief der Patron, für den Saint-Loup nicht nur ein großer Herr war, der selbst in den Augen des Prince de Foix hohes Ansehen genoß, sondern ein Kunde, der auf großem Fuß lebte und in dem Lokal viel Geld ausgab. Die Gäste im großen Saal betrachteten ihn neugierig; die im kleinen riefen um die Wette nach ihrem Freund, der noch die Schuhe abstreifte. Doch in dem Augenblick, da er in den kleinen Saal treten wollte, bemerkte er mich in dem großen. »Mein Gott«, rief er, »was machst du dort? – und mit der offenen Tür vor dir«, setzte er hinzu, nicht ohne einen wütenden Blick auf den Patron zu werfen, der sich beeilte, die Tür zu schließen, wobei er sich auf die Kellner hinausredete: »Ich sage ihnen immer, sie sollen sie geschlossen halten.«

Ich hatte die Gäste an meinem und an benachbarten Tischen stören müssen, um zu ihm zu gelangen. »Warum bist du aufgestanden? Du willst lieber hier als im kleinen Saal essen? Aber, mein armer Junge, du wirst erfrieren. Sie sind schon so gut und lassen die Tür da zusperren«, sagte er zu dem Patron. »Augenblicklich, Herr Marquis; die Gäste, die jetzt noch kommen, sollen ganz einfach durch den kleinen Saal gehen.« Und um seinen Eifer recht deutlich zu zeigen, trug er diese Maßnahme einem Oberkellner und mehreren Kellnern auf und stieß sehr vernehmlich furchtbare Drohungen aus für den Fall, daß sie nicht durchgeführt würde. Er bedachte mich mit übertriebenen Achtungsbezeigungen, um mich vergessen zu machen, daß sie nicht bei meiner, sondern erst nach Saint-Loups Ankunft begonnen hatten, und damit ich trotzdem nicht meinte, ich verdanke sie der Freundschaft, die mir sein vornehmer Gast bewies, ließ er mich dann und wann ein verstohlenes Lächeln sehen, das eine ganz persönliche Sympathie zu bekunden schien.

Hinter mir sagte ein Gast etwas, und ich mußte mich eine Sekunde lang nach ihm umdrehen. Statt der Worte: »Hühnerflügel, sehr wohl; und etwas Champagner, nicht allzu trocken«, hatte ich gehört: »Ich würde Glyzerin vorziehen; heiß, ja, sehr gut.« Wer war der Asket, der sich eine solche Mahlzeit zumutete? Ich wandte mich rasch wieder zu Saint-Loup, um von dem seltsamen Feinschmecker nicht erkannt zu werden. Es war ganz einfach ein Arzt, den ich kannte, und ein Gast machte sich den Nebel zunutze, um ihn im Café zu konsultieren. Die Ärzte sagen, wie die Börsenleute, »ich«.

Indessen schaute ich Robert an und machte mir meine Gedanken. Es waren in diesem Café und unter den Menschen, die ich im Leben gekannt hatte, nicht wenige Fremde, Intellektuelle, Kunstbeflissene aller Art, die es in Kauf nahmen, daß über ihr auffallendes Cape, ihre Louis-Philippe-Krawatten und noch mehr über ihr ungeschicktes Auftreten gelacht wurde, und die den Spott sogar provozierten, um zu zeigen, daß sie sich nichts daraus machten, – Leute von wirklichem intellektuellen und moralischen Rang und großer Sensibilität. Sie mißfielen – die Juden vor allem (nur die nicht assimilierten natürlich) – denjenigen, die ein fremdartiges, ausgefallenes Äußeres nicht ertragen (wie Albertine dasjenige Blochs). Im allgemeinen wurde dann anerkannt, daß gegen sie zwar ihre zu langen Haare, ihre zu großen Nasen und Augen, ihre theatralischen und ruckartigen Bewegungen sprachen, daß es aber kindisch war, sie danach zu beurteilen, – daß sie viel Geist und Herz hatten und daß man auf die Dauer eine tiefe Zuneigung zu ihnen fassen konnte. Namentlich unter den Juden gab es nur wenige, deren Eltern nicht eine Großherzigkeit, eine Weite des Geistes, eine Aufrichtigkeit bewiesen, neben denen die Mutter Saint-Loups und der Duc de Guermantes sich kläglich ausnahmen in ihrer menschlichen Dürftigkeit, mit ihrer oberflächlichen Religiosität, die nur

Skandale anprangern konnte, und ihrem Eintreten für ein Christentum, das auf den unerforschlichen Wegen der bloß kalkulierten Einsicht unfehlbar auf eine gewaltige Geldheirat hinauslief. Bei Saint-Loup aber fand sich – wie immer die Schwächen der Eltern zu einer neuen Verbindung von Vorzügen geführt haben mochten – die schönste Offenheit des Geistes und des Herzens. Und das muß man nun zum unsterblichen Ruhme Frankreichs sagen: wenn ein reiner Franzose, ob aus dem Adel oder aus dem Volk, diese Vorzüge aufweist, dann blühen sie – daß sie sich entfalten, wäre zu viel gesagt; Maß und Beschränkung bleiben ihnen auferlegt – mit einer Anmut, wie sie uns ein Fremder, so schätzenswert er sei, nicht gewährt. Intellektuelle, moralische Vorzüge – gewiß, die anderen haben sie auch, und wenn man sich zuerst durch das Abstoßende, Befremdende, Lächerliche hindurchfinden muß, sind sie danach nicht weniger wertvoll. Aber hübsch ist es doch und mag wohl etwas ausschließlich Französisches sein, daß das Schöne im Sinn der Rechtlichkeit, das Kostbare nach dem Geist und dem Herzen sich zuvor schon den Augen erfreulich darstellt, anmutig gefärbt, präzise gemeißelt, und so auch äußerlich in seinem Stoff und in seiner Form die innere Stimmigkeit wiedergibt. Ich schaute Robert an und fand, es sei hübsch, wenn kein körperlicher Mangel das Vorzimmer zu den inneren Schönheiten bildet und wenn die Nasenflügel so fein und so akkurat gezeichnet sind wie die Flügel der Schmetterlinge, die sich auf die Blumen in den Wiesen um Combray setzen; und ich fand auch, das wahre *opus francigenum*, dessen Geheimnis sich seit dem dreizehnten Jahrhundert nicht mehr verloren hat und das auch mit unseren Kirchen nicht untergehen würde, seien nicht so sehr die steinernen Engel von Saint-André-des-Champs wie die kleinen Franzosen, ob adlig, ob bäuerlich, deren Gesicht mit der gleichen Feinheit, der gleichen Offenheit geformt ist, nach einer Tradition, die noch Neues hervorbringt.

Nachdem der Patron einen Augenblick weggegangen war, um die Schließung der Tür und die Bestellung des Diners persönlich zu überwachen, kam er zurück mit der Nachricht, dem Prince de Foix wäre es angenehm, wenn ihm der Marquis de Saint-Loup erlaubte, an einem Tisch in seiner Nähe zu speisen. »Die Tische sind aber alle besetzt«, sagte Robert mit einem Blick auf die Tische, die den meinen abriegelten. »Das macht nichts«, erwiderte der Patron; »um dem Herrn Marquis gefällig zu sein, könnte man diese Herrschaften ohne weiteres bitten, anderswo Platz zu nehmen. Für den Herrn Marquis läßt sich so etwas doch machen!« – »Das mußt aber du entscheiden«, sagte Saint-Loup zu mir; »Foix ist ein guter Junge; ich weiß nicht, ob er dich langweilen wird; er ist weniger dumm als viele andere.« Ich meinte, er würde mir sicher gefallen, aber da ich für einmal mit Robert essen könne und darüber so glücklich sei, würde ich es doch auch sehr schön finden, wenn wir allein blieben. »Ah! welch hübschen Mantel seine Durchlaucht hat«, bemerkte der Patron, während wir noch berieten. »Ja, ich kenne ihn«, gab Saint-Loup zurück. Ich wollte Robert erzählen, daß Monsieur de Charlus seine Bekanntschaft mit mir vor seiner Schwägerin verheimlicht hatte, wurde aber durch den Prince de Foix unterbrochen; er kam, um zu sehen, ob seine Anfrage genehm sei, und wir bemerkten ihn, wie er ganz in der Nähe stand. Robert stellte uns einander vor, ließ aber seinen Freund wissen, daß er mit mir zu reden habe und es vorzöge, wenn man uns allein ließe. Der Prinz zog sich zurück und fügte seinem Abschiedsgruß ein Lächeln hinzu, mit dem er auf Saint-Loup deutete, wie um sich mit dessen Wunsch für die Kürze einer Begegnung zu entschuldigen, die er sich länger gewünscht hätte, als Robert, anscheinend einer plötzlichen Eingebung folgend, ihm nacheilte. »Setz dich nur schon und fang an zu essen, ich komme gleich«, sagte er und verschwand in dem kleinen Saal. Ich bat den Patron, mir Brot bringen zu lassen. »Sofort, Herr Baron!« »Ich bin nicht Baron«, antwortete ich. »Oh, Entschuldigung, Herr Graf!« Ich kam nicht dazu, ein zweites Mal Einspruch zu erheben, worauf ich gewiß »Herr Marquis« geworden wäre: so schnell wie angekündigt erschien Saint-Loup wieder im Eingang und hielt in der Hand den langen Vigonia-Mantel des Prinzen, von dem er ihn offensichtlich erbeten hatte, um mich warm zu halten. Er gab mir von weitem ein Zeichen, daß ich bleiben sollte, und kam näher. Nun hätte man meinen Tisch nochmals wegrücken oder ich hätte den Platz wechseln müssen, damit er sich setzen konnte. Er stieg aber, sowie er in dem großen Saal war, behende auf die rotsamtene Sitzbank, die rings den Wänden nach lief und auf der außer mir nur drei oder vier junge Leute vom Jockey-Club saßen, Bekannte von ihm, die im kleinen Saal keinen Platz mehr gefunden hatten. Zwischen den Tischen waren auf einer gewissen Höhe elektrische Lampenschnüre gespannt. Ohne sich darin zu verwickeln, setzte Saint-Loup, geschickt wie ein Concours-Pferd ein Hindernis nimmt, über sie hinweg. Verlegen, weil nur meinetwegen und um mir eine so einfache Bewegung zu ersparen, die Sicherheit zu Tage trat, mit der er diese Voltige-Übung ausführte, war ich doch voll Bewunderung, und ich war nicht der einzige; denn obwohl ihnen dieses Kunststück bei einem weniger vornehmen und freigebigen Gast ohne Zweifel nur mäßig behagt hätte, waren der Patron und die Kellner begeistert wie Habitués auf dem Wiegeplatz; und als Saint-Loup hinter den Freunden vom Jockey-Club, die er kannte, hindurch mußte und auf die Rückenlehne kletterte und dort weiter balancierte, erhob sich diskreter Beifall hinten im Saal. Als er auf meiner Höhe war, hielt er exakt wie ein Kommandant vor einer Herrschertribüne in seiner Bewegung inne, und mit einer Verbeugung reichte er mir, höflich und ergeben, den Vigonia-Mantel, den er mir gleich darauf, da er nun neben mir saß, ohne daß ich mich hätte rühren müssen, als leichten und warmen Umhang über die Schultern legte.

Er sprach mir von Freundschaft, von besonderer Zuneigung und von Trennungsschmerz, obgleich er wie alle Reisenden seiner Art am nächsten Tag aufbrechen sollte, um einige Monate auf dem Land zu verbringen, und erst achtundvierzig Stunden vor seiner Rückkehr nach Marokko (oder anderswohin) wieder nach Paris kommen würde. Aber diese Worte entfachten, so wie sie mir an jenem Abend in meine Herzenswärme drangen, eine angenehm träumerische Stimmung. Die wenigen Male, da wir zu zweit beisammen waren, und besonders dieses eine Mal, sie haben in meinem Gedächtnis seither ihren festen Platz. Für ihn wie für mich war das der Abend der Freundschaft. Dennoch mußte ich befürchten, daß die Freundschaft, die ich in diesem Augenblick empfand – und so auch nicht ohne Gewissensbisse empfand –, schwerlich die war, die er sich gewünscht hätte. Noch ganz erfüllt von dem Vergnügen, mit dem ich zugeschaut hatte, wie er im leichten Galopp daherkam und spielerisch präzise das Ziel erreichte, spürte ich doch auch, woher dieses Vergnügen rührte, daß nämlich jede Ausführung einer Bewegung –

die Wand entlang, auf der Sitzbank – ihre Bedeutung und ihren Ursprung vielleicht in Saint-Loups persönlicher Anlage, noch mehr aber in derjenigen hatte, die er durch Geburt und Erziehung seiner Herkunft verdankte.

Ein sicherer Geschmack – nicht auf der Ebene des Schönen, sondern der Umgangsformen –, der den eleganten Herrn wie einen Musiker, der ein ihm unbekanntes Stück spielen soll, angesichts eines neuen Umstands sogleich die Empfindung, die Bewegung erfassen läßt, die hier gefordert wird, so daß er die Mechanik, die Technik anwenden kann, die sich dafür am besten eignet; die Fähigkeit, diesem Geschmack unbehelligt zu folgen, frei von irgendwelchen anderen Bedenken, die so viele Bürgerssöhne gelähmt hätten, aus Angst, durch ihr unschickliches Benehmen in den Augen der anderen lächerlich oder in denen ihres Freundes allzu beflissen zu erscheinen – einer Angst, an deren Stelle bei Robert ein Hochmut trat, den er in seinem Herzen gewiß nie empfunden, aber als Erbe in seinen Körper aufgenommen hatte und der das Verhalten seiner Vorfahren zu einer Vertraulichkeit herangebildet hatte, von der sie meinten, sie könne dem, an den sie sich richte, nur schmeicheln und ihn entzücken; und endlich eine vornehme Großzügigkeit, die alle materiellen Vorteile für nichts achtete (verschwenderische Ausgaben in diesem Restaurant hatten ihn hier wie anderswo vollends zum bevorzugten Gast und großen Liebling gemacht, was die Ergebenheit nicht nur des Personals, sondern der ganzen, auch der verwöhntesten Jugend bewies) und ihn dazu anhielt, sie mit Füßen zu treten wie die tatsächlich und symbolisch zertrampelte purpurne Sitzbank, die einem prächtigen Weg glich, der aber meinem Freund nur deshalb gefiel, weil er darauf mit größerer Anmut und Schnelligkeit zu mir kommen konnte: das waren allesamt wesentlich adlige Eigenschaften, die durch diesen Körper, der nicht dunkel und trüb wie der meine gewesen wäre, sondern klar und sinnträchtig war, hindurchschienen wie durch ein Kunstwerk die Erfindungskraft, die es hervorgebracht hat, und die Bewegungen des spielerischen Laufs, den Robert der Wand nach vollführt hatte, einsichtig und anmutig machten wie die von gemeißelten Reitern auf einem Fries. »Ach«, hätte Robert gedacht, »war es der Mühe wert, meine Jugend damit zu verbringen, daß ich die Herkunft verachtete und nur die Gerechtigkeit und den Geist ehrte, daß ich mir außer den Gefährten, die mir verordnet waren, linkische, schlecht gekleidete Freunde wählte, wenn sie sich auszudrücken wußten, – damit nun das einzige Wesen, das in mir erkennbar wird und an das man sich gern erinnert, nicht dasjenige ist, das mein Wille durch Anstrengung und durch Leistung nach meinem Bild geschaffen hat, sondern ein Wesen, das nicht mein Werk ist, das nicht einmal ich bin, das ich immer gering geschätzt und bekämpft habe? War es der Mühe wert, meinen besten Freund zu lieben, wie ich es getan habe, damit nun die einzige Freude, die er an mir hat, darin besteht, in mir etwas viel Allgemeineres als mich selbst zu entdekken – ein Vergnügen, das nicht, wie er sagt und nicht aufrichtig glauben kann, von der Freundschaft herrührt, sondern ein intellektuelles und interesseloses Vergnügen, eine Art Kunstgenuß ist?« Das mag, so fürchte ich heute, Saint-Loup wohl wirklich bisweilen gedacht haben. In diesem Fall hat er sich getäuscht. Hätte er nicht, wie er es tat, etwas Höheres geliebt als die angeborene Gewandtheit seines Körpers, wäre er dem Adelsstolz nicht so lange entfremdet gewesen, es wäre in dieser Gewandtheit mehr Absicht und Nachdruck und eine vulgäre Gewichtigkeit in seinen Umgangsformen gelegen. Wie Madame de Villeparisis einen großen Ernst hatte besitzen müssen, um in ihrer Konversation und in ihren Memoiren das – über den Geist entstehende – Gefühl von Frivolität zu vermitteln, so hatte das Aristokratische, um Saint-Loups Körper ganz zu durchdringen, aus seinem Denken, das sich Höherem zuwandte, weichen müssen, sich von dem Körper aufnehmen lassen und sich in unbewußten, adligen Zügen ihm einprägen müssen. Darum hatte bei Saint-Loup die bevorzugte geistige Anlage doch ihren Anteil an einer bevorzugten äußern Erscheinung, die ohne jene unvollkommen geblieben wäre. Ein Künstler muß seine Gedanken nicht unmittelbar in seinem Werk ausdrücken, damit es ihre hohe Qualität wiedergibt; man hat sogar schon gehört, das höchste Lob Gottes bestehe in der Verneinung des Atheisten, der die Schöpfung für vollkommen genug hält, daß sie keines Schöpfers bedarf. Und ich wußte auch, daß ich in dem jungen Kavalier, der den Fries seines Rittes die Wand entlang ausrollte, nicht nur ein Kunstwerk bewunderte; der junge Prinz, den er mir zuliebe verabschiedet hatte, Geburt und Vermögen, die er mir unterordnete, die hochmütigen und geschmeidigen Vorfahren, die in der Sicherheit und Gewandtheit und Höflichkeit fortlebten, mit denen er mir den Vigonia-Mantel umgelegt hatte – waren all dies nicht ältere Freunde in seinem Leben als ich, Freunde, durch die ich uns auf immer hätte getrennt glauben müssen, die er mir aber opferte durch eine Wahl, wie man sie nur auf den Höhen des Geistes mit der unumschränkten Freiheit treffen kann, die sich in Roberts Bewegungen abbildete und in der sich die vollkommene Freundschaft verwirklichte?

Le Côté de Guermantes II, 2, Ed. Pléiade II (1988), S. 687–708.

Meine zweite Ankunft in Balbec war ganz anders als die erste. Der Direktor persönlich holte mich am Bahnhof ab und beteuerte, wie sehr ihm seine Stammbaumkundschaft am Herzen liege, so daß ich schon fürchtete, er wolle aus mir einen Adligen machen, bis ich begriff, daß dies im Dunkel seines Wortschatzes einfach Stammkundschaft hieß. Im übrigen sprach er, je mehr neue Sprachen er lernte, die alten immer schlechter. Er kündigte mir an, er habe mich im Hotel ganz oben untergebracht. »Ich hoffe«, sagte er, »daß Sie darin nicht einen Mangel an Unhöflichkeit sehen, es war mir nicht recht, Ihnen ein Zimmer zu geben, dessen Sie unwürdig sind, aber ich habe es wegen des Lärms getan, weil Sie auf diese Art niemanden über sich haben, der Ihnen das Trommelfell tapeziert (für strapaziert). Seien Sie ganz beruhigt, ich werde die Fenster schließen lassen, damit sie nicht klappern. Da bin ich unerträglich« – was nicht dem entsprach, was er sagen wollte, nämlich daß er in diesem Punkt unerbittlich sei, aber vielleicht durchaus dem, was seine Etagendiener dachten. Ich könne mir ein Feuer machen lassen, falls ich möchte (denn auf Anordnung der Ärzte war ich schon nach Ostern hergefahren), doch fürchtete er, die Zimmerdecke könnte »Schaden bringen«; »und vor allem warten Sie immer, bis das Feuer ganz hinunterbrennt, bevor Sie es wieder scheren (für schüren). Denn man muß unbedingt verhindern, daß der Kamin nicht Feuer fängt, ganz besonders, weil ich eine große Vase aus der Ding-Zeit habe hinstellen lassen, damit's ein bißchen freundlicher aussieht, und die könnte dabei kaputtgehen.«

Er teilte mir tiefbetrübt mit, der Präsident der Anwaltskammer von Cherbourg sei gestorben: »Das war ein alter Dachs« (wahrscheinlich für Fuchs), und er gab mir zu verstehen, der Präsident habe sein Ende durch ein ausfahrendes Leben beschleunigt, was ausschweifend heißen sollte.

»Schon seit einiger Zeit hatte ich bemerkt, daß er nach dem Abendessen im Salon einknickte (zweifellos für einnickte). In letzter Zeit hatte er sich sehr verändert; hätte man nicht gewußt, daß er es war, wäre er kaum erkenntlich gewesen (zweifellos für erkennbar).« Der Gerichtspräsident von Caen hingegen hatte, erfreulicher Ausgleich, soeben die »Ordensschlaufe« eines Kommandeurs der Ehrenlegion erhalten. »Er hat schon seine Fähigkeiten, gewiß, aber anscheinend ist sie ihm vor allem dank Produktion verliehen worden.« Sogar im ›Echo de Paris‹ vom Vortag sei von dieser Auszeichnung die Rede gewesen. Im übrigen hatte der Direktor nur die erste »Paraphe« (für Paragraph) gelesen. Die Politik von Monsieur Caillaux sei da ganz schön zugerichtet worden. »Ich finde übrigens, daß sie recht haben«, sagte der Direktor. »Er bringt uns zu sehr unter die Wuchtel (Fuchtel) Deutschlands.«

Da es mich langweilte, ein solches Thema durch einen Hotelier abgehandelt zu hören, gab ich nicht mehr acht. Ich dachte an die Bilder, die mich bewogen hatten, wieder nach Balbec zu kommen. Sie waren ganz anders als die einstigen Vorstellungen; das Bild, das ich jetzt suchte, war so strahlend, wie das erste neblig gewesen war. Sie sollten mich aber nicht weniger enttäuschen. Die Bilder, die das Erinnerungsvermögen auswählt, sind ebenso willkürlich, ebenso eng, ebenso unfaßbar wie jene, die der Phantasie entsprungen und von der Wirklichkeit zerstört worden sind. Es gibt keinen Grund, warum ein außerhalb von uns existierender, wirklicher Ort eher die Tableaus der Erinnerung als die des Traumes bewahren sollte. Und dann werden wir über einer neuen Realität die Sehnsüchte, wegen deren wir losgefahren sind, vergessen oder sogar hassen.

Jene, die mich bewogen hatten, nach Balbec zu fahren, hatten zum Teil damit zu tun, daß die Verdurins (deren Einladungen ich nie angenommen hatte und die sich bestimmt sehr freuen würden, mich wiederzusehen, wenn ich mich bei ihnen auf dem Land für mein Pariser Versäumnis entschuldigen ging), wissend, daß mehrere der Getreuen ihre Ferien an dieser Küste verbringen würden, für die ganze Saison ein Schloß der Cambremers (La Raspelière) gemietet und Madame Putbus eingeladen hatten. An dem Abend, als ich (in Paris) das erfuhr, beauftragte ich, völlig verrückt geworden, unseren jungen Diener, er solle sich erkundigen, ob die Dame ihre erste Kammerzofe nach Balbec mitnehmen würde. Es war elf Uhr abends. Der Concierge öffnete ihm erst nach längerer Zeit, schickte aber meinen Boten wie durch ein Wunder nicht zum Teufel, ließ auch nicht die Polizei kommen, sondern begnügte sich damit, sehr unfreundlich zu sein, wobei er ihm aber die gewünschte Auskunft erteilte. Er sagte, die erste Kammerzofe würde ihre Herrin in der Tat begleiten, zuerst nach den Bädern in Deutschland, dann nach Biarritz und schließlich zu Madame Verdurin. Von da an war ich beruhigt und froh, dieses Schaf im Trockenen zu haben. Ich konnte mir die Verfolgungsjagden auf den Straßen schenken, wo ich den Schönen eine Empfehlung nicht vorweisen konnte, wie ich sie für die schöne Kammerzofe haben würde, wenn ich gleichen Abends mit ihrer Herrin auf der Raspelière dinierte. Im übrigen würde sie vielleicht noch mehr von mir halten, wenn sie erfuhr, daß ich nicht nur die bürgerlichen Mieter der Raspelière kannte, sondern auch ihre Besitzer und vor allem Saint-Loup, der mich der Kammerzofe von Madame Putbus aus der Entfernung zwar nicht empfehlen konnte (da die Kammerzofe Roberts Namen nicht kannte), den Cambremers aber sehr herzlich über mich geschrieben hatte. Er meinte, abgesehen vom Nutzen, den ich von ihnen haben mochte, wäre es für mich vielleicht interessant, mit der Schwiegertochter, Madame de Cambremer geborene Legrandin, zu plaudern. »Das ist eine intelligente Frau«, hatte er mir versichert. »Sie wird dir nichts Definitives sagen« (das »Definitive« hatte bei Robert das »Himmlische« ersetzt, denn er wechselte alle fünf bis sechs Jahre seine Lieblingsausdrücke, wobei er jedoch die hauptsächlichen beibehielt), »aber sie ist jemand, eine intuitive Persönlichkeit, mit dem rechten Wort zur rechten Zeit. Hin und wieder geht sie einem auf die Nerven, redet dummes Zeug, um ›obere Zehntausend‹ zu spielen, was um so lächerlicher ist, als es nichts so Unelegantes gibt wie die Cambremers, aber alles in allem gehört sie zu den Leuten, mit denen der Umgang noch am erträglichsten ist.«

Kaum hatten die Cambremers Roberts Empfehlung erhalten, hatten sie, sei es aus Snobismus, um Saint-Loup indirekt eine Liebenswürdigkeit zu erweisen, sei es aus Dankbarkeit für sein Verhalten gegenüber einem ihrer Neffen in Doncières oder noch wahrscheinlicher aus Güte und Gastfreundschaft lange Briefe geschrieben und verlangt, ich solle bei ihnen wohnen, und falls ich unabhängiger zu sein wünschte, würden sie mir eine Unterkunft besorgen. Nachdem Saint-Loup geantwortet hatte, ich würde im Grandhotel von Balbec wohnen, schrieben sie, in diesem Fall erwarteten sie aber baldmöglichst meinen Besuch, und wenn er zu lange ausbliebe, würden sie sich wieder melden und mich zu ihren Garden-Parties einladen.

Gewiß, die Kammerzofe von Madame Putbus hatte mit der Gegend von Balbec nichts Wesentliches gemeinsam, sie würde mir dort nicht erscheinen wie das Bauernmädchen, das ich oft auf der Straße nach Méséglise einsam und vergeblich mit aller Kraft herbeigesehnt hatte. Aber ich hatte es längst aufgegeben, aus einer Frau gleichsam die Quadratwurzel ihrer Unbekannten zu ziehen, die meist gar nicht standhielt, wenn man mit der Frau bekanntgemacht wurde.

Ich wurde durch die Stimme des Direktors, dessen politischen Erörterungen ich nicht zugehört hatte, aus meiner Träumerei gerissen. Er wechselte das Thema und sagte, wie sehr sich der Gerichtspräsident über meine Ankunft freue und daß er mich noch am selben Abend in meinem Zimmer aufsuchen werde. Der Gedanke an diesen Besuch erschreckte mich so sehr – ich wurde allmählich müde –, daß ich ihn bat, etwas dagegen zu unternehmen (was er versprach) und an diesem ersten Abend seine Angestellten sicherheitshalber auf meinem Stockwerk Wache halten zu lassen. Er schien sie nicht besonders zu mögen. »Ich muß ihnen die ganze Zeit hinterherlaufen, denn es fehlt ihnen einfach an Lethargie. Wenn ich nicht da wäre, würden sie sich nicht rühren. Ich werde den Liftboy als Wache vor Ihre Tür abordnen.« Ich fragte, ob er endlich Erster Chasseur geworden sei. »Er ist noch nicht lange genug im Haus«, sagte der Direktor. »Er hat Kollegen, die älter sind als er, das gäbe böses Blut. Alles braucht seine Takelung (Staffelung wahrscheinlich). Ich gebe zu, daß er an seinem Aufzug gute Befähigung zeigt. Aber für eine solche Lage ist er zu jung. Er ist noch zu wenig ernsthaft, und das wäre die erstbeste Voraussetzung (gewiß die grundlegende, wichtigste Voraussetzung). Er hat noch ein bißchen Wolken im Kopf (den Kopf in den Wolken, wollte er wohl sagen). Im übrigen soll er das alles mir überlassen. Ich kenne mich da aus. Bevor ich zum Direktor des Grandhotel avanciert bin, habe ich mir die ersten Sporen unter Monsieur Paillard verdient!« Diese Metapher machte mir Eindruck, und ich dankte dem Direktor, daß er persönlich zum Bahnhof gekommen war. »Aber bitte! Das war für mich nur ein miserabler Zeitverlust (für minimaler).« Im übrigen waren wir da.

Am ersten Abend hatte ich eine Herzstörung, und um die Schmerzen in Schach zu halten, bückte ich mich beim Ausziehen der Schuhe langsam und vorsichtig. Doch kaum hatte ich den ersten Stiefelknopf berührt, füllte sich meine Brust mit einer unbekannten, göttlichen Gegenwart, ich wurde von Schluchzen geschüttelt, Tränen flossen mir aus den Augen. Das Wesen, das mir zu Hilfe kam, das mich vor der Gefühlskälte rettete, war jenes, das mehrere Jahre zuvor, in einem gleichen Augenblick der Not und der Einsamkeit, bei mir eingetreten war, als ich nichts mehr von mir selbst hatte, und es hatte mich mir zurückgegeben, denn es war ich und mehr als ich, das Beinhaltende, das mehr ist als der Inhalt, den es mir brachte. Soeben hatte ich das über mich Müden gebeugte, zärtlich-besorgte und enttäuschte Gesicht meiner Großmutter in meiner Erinnerung erblickt, so wie sie an jenem ersten Ankunftsabend gewesen war, das Gesicht meiner Großmutter und nicht das der Person, um die ich, was mich erstaunte und was ich mir vorwarf, so wenig trauerte und die mit ihr nur den Namen gemeinsam hatte, sondern das Gesicht meiner wirklichen Großmutter, die ich das erste Mal seit ihrem Anfall auf den Champs-Elysées in einer unwillkürlichen und vollständigen Erinnerung, in lebendiger Wirklichkeit wiederfand. Diese Wirklichkeit existiert nicht, solange sie nicht durch unser Denken neu geschaffen wird, denn sonst wären Männer, die an einer Riesenschlacht teilgenommen haben, große Ependichter; und in einem wahnsinnigen Bedürfnis, ihr um den Hals zu fallen, nahm ich erst jetzt, mehr als ein Jahr nach ihrem Begräbnis – aufgrund jenes Anachronismus, der den Kalender der Fakten mit dem Kalender der Gefühle so manches Mal nicht übereinstimmen läßt – zur Kenntnis, daß sie tot war. Ich hatte seit jenem Augenblick oft von ihr gesprochen und auch an sie gedacht, doch hinter diesen Worten und Gedanken eines undankbaren, egoistischen und grausamen jungen Mannes war nie etwas gewesen, das meiner Großmutter glich, denn in meiner Leichtfertigkeit, meiner Vergnügungssucht, meiner Gewöhnung an ihre Krankheit hatte ich die Erinnerung an sie nur in virtuellem Zustand in mir bewahrt. Wenn immer wir sie betrachten, hat unsere Gesamtseele nur einen beinahe fiktiven Wert, trotz der beträchtlichen Bilanz ihrer Reichtümer, denn einmal sind die einen, dann die anderen nicht verfügbar, was übrigens sowohl für die effektiven Reichtümer als auch für jene des Vorstellungsvermögens gilt, so etwa in meinem Fall ebenso für den alten Namen Guermantes wie für das viel Schwerwiegendere, die wirkliche Erinnerung an meine Großmutter. Denn mit den Störungen des Gedächtnisses ist das Aussetzen des Herzens verknüpft. Gewiß verleitet uns das Vorhandensein unseres Körpers, der uns einem Gefäß ähnlich scheint, in dem unsere Geistigkeit beschlossen ist, zu der Annahme, alle unseren inneren Güter, unsere vergangenen Freuden, alle unsere Schmerzen befänden sich ständig in unserem Besitz. Vielleicht ist es ebenso ungenau zu meinen, sie entwichen oder kämen wieder. Auf jeden Fall befinden sie sich, wenn sie in uns drinnen bleiben, zumeist in einem unbekannten Bereich, wo sie uns gar nichts nützen und wohin auch die gewöhnlichsten verdrängt werden durch Erinnerungen einer anderen Art, die mit ihnen keine Gleichzeitigkeit im Bewußtsein vertragen. Wenn wir aber den Gefühlsrahmen, in dem sie aufbewahrt sind, wieder fassen, dann erlangen sie ihrerseits die Macht, alles ihnen Unverträgliche aus uns auszustoßen, sich allein in uns festzusetzen, in unserem Ich, das sie erlebt hat. Da es nun jenen, der ich plötzlich wieder geworden war, seit dem fernen Abend meiner Ankunft in Balbec, als mir meine Großmutter beim Ausziehen behilflich gewesen war, nicht mehr gegeben hatte, war es ganz natürlich, daß ich mich nicht nach dem gegenwärtigen Tag, den dieses Ich nicht kannte, sondern – als gäbe es in der Zeit verschiedene, parallele Abläufe – ohne das Fluidum der Kontinuität gleich nach jenem früheren ersten Abend an die Minute heftete, da sich meine Großmutter über mich gebeugt hatte. Das Ich, das ich damals gewesen war und das es schon lange nicht mehr gab, war mir wieder so nahe, daß ich die Wörter zu hören meinte, die unmittelbar zuvor gesprochen worden und jetzt ja nurmehr ein Traum waren, wie ein eben erwachter Mensch die Geräusche aus seinem rasch verblassenden Traum noch ganz in der Nähe zu hören meint. Ich war nur noch der Mensch, der in die Arme seiner Großmutter flüchten, die Spuren ihres Kummers mit Küssen tilgen möchte, jener Mensch, den ich mir nur schwerlich hätte vorstellen können, als ich einer von jenen war, die einander seither abgelöst hatten, ebenso wie ich mich jetzt – übrigens fruchtlos – hätte bemühen müssen, die Bedürfnisse und Freuden eines Menschen zu empfinden, der ich, für den Moment zumindest, nicht mehr war. Ich erinnerte mich, wie ich eine Stunde vor dem Augenblick, da sich meine Großmutter in ihrem Schlafrock über meine Stiefel beugte, in den stickig heißen Straßen umhergeirrt war und vor der Konditorei gedacht hatte, in meiner Sehnsucht, meine Großmutter zu küssen, würde ich die Stunde, die ich noch ohne sie verbringen mußte, nicht überstehen können. Und jetzt, da das gleiche Bedürfnis wiederkehrte, wußte ich, daß ich Stunde um Stunde warten konnte und sie nie mehr zu mir kommen würde, ich hatte es eben erst entdeckt, denn es wurde mir bewußt, daß ich sie, die ich zum ersten Mal spürte, lebendig, wirklich, mein Herz sprengend, sie, die ich endlich wiederfand, für immer verloren hatte. Für immer verloren; ich konnte es nicht verstehen und übte jetzt das Leiden an diesem Widerspruch: einerseits eine in mir weiterlebende Existenz, eine Zärtlichkeit, wie ich sie gekannt hatte, nämlich auf mich bezogen, eine Liebe, bei der alles so sehr seine Entsprechung, seine beständige Ausrichtung, sein Ziel in mir hatte, daß die Genialität großer Männer, alle Genies, die es seit Anfang der Welt gegeben hat, für meine Großmutter nicht soviel wert waren wie ein einziger meiner Fehler, und andererseits das Gefühl, wie dieses Glück, das ich wie ein gegenwärtiges erlebte, sogleich durchzuckt wurde von der Gewißheit – pulsierend wie ein immer wieder auftretender physischer Schmerz –, daß da ein Nichts war, das mein Bild aus dieser Zärtlichkeit gelöscht, diese Existenz zerstört, unser Füreinander-Bestimmtsein nachträglich aufgehoben hatte und meine Großmutter in dem Augenblick, da ich sie wiederfand, einfach zu einer Fremden werden ließ, die zufällig ein paar Jahre mit mir verbracht hatte, so wie sie das mit jedem anderen hätte tun können, für die ich aber vorher und nachher nichts war, nichts sein würde.

Statt über die Annehmlichkeiten, die ich seit einiger Zeit kannte, hätte ich mich in diesem Augenblick nur über eines freuen können, nämlich die Vergangenheit zu korrigieren, indem ich die Schmerzen linderte, die meine Großmutter damals gelitten hatte. Und ich erinnerte mich nicht nur an sie im Schlafrock, einem Kleidungsstück, das passend, ja geradezu symbolisch für die gewiß ungesunden, aber auch freudigen Mühen war, die sie meinetwegen auf sich nahm, sondern mir kamen allmählich alle Gelegenheiten in den Sinn, die ich ergriffen hatte, um ihr meine Leiden vorzuführen, nötigenfalls auch zu übertreiben und ihr also wehzutun, was ich dann mit meinen Küssen zu tilgen meinte, als hätte es genügt, zärtlich statt glücklich zu sein, damit sie es auch war; und noch schlimmer: ich, der mir jetzt kein anderes Glück vorstellen konnte als jenes, das ich rückblikkend auf den durch Zärtlichkeit geformten und geneigten Abhängen dieses Gesichts sehen wollte, ich hätte ihm damals in unsinniger Wut noch die kleinsten Freuden entreißen mögen, so etwa an dem Tag, als Saint-Loup eine Photographie von Großmutter machte und ich kaum verhehlen konnte, wie lächerlich kindisch mir ihre Koketterie vorkam, mit der sie unter ihrem breitkrempigen Hut in einem vorteilhaften Halbschatten posierte, und ich mich so weit gehen ließ, etwas Ungeduldig-Verletzendes zu murmeln, das, wie ich einem Zucken ihres Gesichts anmerkte, sein Ziel nicht verfehlte; es zerriß mich jetzt, da der Trost vieler Küsse für immer unmöglich war.

Nie mehr würde ich aber dieses Zucken aus ihrem Gesicht tilgen können – und dieses Leiden aus ihrem Herzen, oder besser: aus meinem; denn da die Toten nur noch in uns leben, schlagen wir fortwährend uns selbst, wenn wir darauf beharren, uns an die Schläge zu erinnern, die wir ihnen zugefügt haben.

So heftig diese Schmerzen waren, so hielt ich doch mit aller Kraft an ihnen fest, denn ich fühlte wohl, daß sie von der Erinnerung an meine Großmutter bewirkt und der Beweis waren, daß diese Erinnerung wirklich in mir gegenwärtig war. Ich spürte, daß ich mich nur durch den Schmerz wirklich an sie erinnerte, und ich wünschte mir, die Nägel, die diese Erinnerung festmachten, würden noch tiefer in mich eindringen. Ich versuchte nicht, das Leiden zu versüßen, zu verschönern, mir vorzumachen, meine Großmutter sei nur abwesend und nur augenblicklich nicht zu sehen, indem ich an ihre Photographie (dieselbe, die Saint-Loup gemacht und die ich bei mir hatte) Worte und Bitten richtete, wie an jemanden, der zwar von uns getrennt ist, der als Individuum uns aber kennt und mit uns durch eine unauflösliche Harmonie verbunden ist. Nie tat ich das, denn mir ging es nicht nur um das Leiden, sondern auch darum, das Ursprüngliche an meinem Leiden unangetastet zu lassen, so wie es ungerufen über mich gekommen war, und ich wollte, daß es nach seinen eigenen Gesetzen weiterhin über mich komme, bei jedem Mal, da jener so seltsame Widerspruch zwischen dem Nichts und dem Weiterleben, die sich in mir überkreuzten, wieder entstand. Ob ich eines Tages diesem schmerzlichen und im Augenblick unverständlichen Eindruck ein bißchen Wahrheit abgewinnen würde, wußte ich nicht, wohl aber, daß dieses bißchen Wahrheit, wenn überhaupt, nur ihm abgewonnen werden konnte, ihm, der so besonders, so spontan war, der weder von meinem Intellekt vorgegeben noch von meiner Zaghaftigkeit abgeschwächt worden war, sondern den der Tod selbst, die plötzliche Offenbarung des Todes, wie ein Blitz in mich eingeschnitten hatte, mit übernatürlicher, unmenschlicher Graphik, wie eine geheimnisvolle Doppelspur. (Daran, daß ich meine Großmutter bis dahin vergessen hatte, konnte ich mich keineswegs halten, um zu einer Wahrheit zu gelangen; denn das Vergessen ist ja nur eine Negation, eine Schwäche des Denkens, das unfähig ist, einen wirklichen Moment des Lebens wiederherzustellen, und das ihn mit konventionellen oder belanglosen Bildern ersetzen muß.) Vielleicht begann aber bereits der Überlebenstrieb – die Intelligenz mit ihren ausgeklügelten Maßnahmen zur Verhinderung des Schmerzes –, auf den noch rauchenden Trümmern die erste Basis seines nützlichen und unseligen Werks zu errichten, und so genoß ich es vielleicht zu sehr, mir die eine oder andere Aussage des geliebten Menschen zu wiederholen, mich an Großmutter zu erinnern, als könnte sie noch sprechen, als lebte sie noch, als existierte ich noch für sie. Aber sobald es mir gelungen war einzuschlafen, in jener Stunde größerer Wahrheit, da sich meine Augen für die äußeren Dinge schlossen, spiegelte, refraktierte die Welt des Schlafs (an deren Schwelle Intelligenz und Wille vorübergehend gelähmt waren und mich der Grausamkeit meiner wirklichen Eindrücke nicht mehr streitig machen konnten) die schmerzliche Synthese des Weiterlebens und des Nichts nun in der organischen und auf einmal durchscheinenden Tiefe geheimnisvoll beleuchteter Eingeweide. Welt des Schlafs, in der das innere, von den Störungen unserer Organe abhängige Wissen den Rhythmus des Herzschlags oder der Atmung beschleunigt, weil eine gleiche Dosis Schrecken, Trauer, Gewissensbisse hundertfach wirkt, wenn sie auf diese Art in unsere Venen injiziert wird; sobald wir die Verkehrsadern der unterirdischen Stadt befahren und uns auf den schwarzen Fluten unseres eigenen Blutes wie auf einer inneren, sechsfach gewundenen Lethe einschiffen, erscheinen uns große, feierliche Gestalten, kommen an uns heran, verlassen uns, lassen uns in Tränen zurück. Ich suchte vergeblich jene meiner Großmutter, sobald ich das dunkle Tor anlief; ich wußte aber, daß sie noch lebte, ein vermindertes Leben, so blaß wie das der Erinnerung; die Dunkelheit wurde immer stärker und auch der Wind; mein Vater kam nicht und sollte mich doch zu ihr bringen. Auf einmal verschlug es mir den Atem, ich hatte das Gefühl, mein Herz verhärte sich, es kam mir in den Sinn, daß ich seit langen Wochen vergessen hatte, meiner Großmutter zu schreiben. Was würde sie von mir denken? »Ach Gott«, sagte ich zu mir, »wie muß sie doch unglücklich sein in diesem Zimmerchen, das wir für sie gemietet haben, ein so kleines wie für eine ehemalige Bedienstete, wo sie ganz allein ist mit der Schwester, die wir für ihre Pflege angestellt haben, und wo sie sich nicht bewegen kann, denn sie ist noch immer ein bißchen gelähmt und hat kein einziges Mal aufstehen wollen. Sie wird glauben, ich hätte sie vergessen, seit sie gestorben ist, wie muß sie sich doch einsam und verlassen vorkommen! Ah! ich muß zu ihr laufen, ich kann nicht warten, bis mein Vater kommt, aber wo ist es, wie habe ich die Adresse vergessen können, hoffentlich erkennt sie mich noch! Wie habe ich sie monatelang vergessen können. Es ist dunkel, ich werde es nicht finden, in diesem Wind komme ich nicht vorwärts; aber da ist ja mein Vater; ich rufe ihm zu: ›Wo ist Großmutter, sage mir die Adresse. Geht es ihr gut? Hat sie auch alles, was sie braucht?‹ ›Aber ja‹, sagt mein Vater, ›du kannst ganz beruhigt sein. Die Schwester ist eine ordentliche Person. Wir schicken ihr von Zeit zu Zeit ein bißchen Geld, damit ihr das Wenige, das sie braucht, gekauft werden kann. Sie fragt manchmal nach dir. Wir haben ihr gesagt, du wolltest ein Buch schreiben. Sie schien sich zu freuen. Sie hatte sogar Tränen in den Augen.‹« Da kam es mir vor, als erinnerte ich mich, wie mir meine Großmutter kurz nach ihrem Tod schluchzend und demütig wie eine alte, fortgejagte Bedienstete, wie eine Fremde gesagt hatte: »Ich darf dich doch hin und wieder sehen, laß mich nicht Jahre warten, bis du mich besuchst. Denk daran, daß du mein Enkel warst und daß Großmütter nie vergessen.« Und wie ich dieses so unterwürfige, so unglückliche, so sanfte Gesicht wiedersah, wollte ich sogleich zu ihr laufen und ihr sagen, was ich damals hätte sagen sollen: »Aber Großmutter, du kannst mich sehen, soviel du willst, ich habe auf der Welt nur dich, ich werde dich nie mehr verlassen.« Wie sehr hat sie wohl all die Monate wegen meines Schweigens weinen müssen, da ich nicht dorthin gegangen bin, wo sie liegt, was hat sie sich wohl gedacht? Und auch ich schluchzte, als ich zu meinem Vater sagte: »Schnell, schnell, ihre Adresse, führ mich hin.« Er aber: »Es ist so ... ich weiß nicht, ob du sie sehen kannst. Und weißt du, sie ist sehr schwach, sehr schwach, sie ist nicht mehr sie selbst, ich glaube, das wäre dir eher unangenehm. Und ich weiß auch die genaue Nummer der Avenue nicht mehr.« »Aber sag mir doch, du weißt ja so etwas, daß es nicht stimmt, daß die Toten nicht mehr leben. Es stimmt doch einfach nicht, auch wenn man es sagt, denn Großmutter lebt ja noch.« Mein Vater lächelte traurig: »Ach! Kaum mehr, weißt du, kaum mehr; ich glaube, es wäre besser, du gingest nicht hin. Es fehlt ihr an nichts. Es wird alles in Ordnung gehalten.« »Aber sie ist oft allein?« »Ja, aber das ist besser für sie. Es ist besser, wenn sie nichts denkt, das würde ihr nur wehtun. Denken tut oft weh. Im übrigen ist sie sehr entkräftet. Ich werde dir genau angeben, wie du hingehen kannst, ich sehe nicht, was du dort ausrichten könntest, und ich glaube nicht, daß die Schwester dich zu ihr ließe.« »Aber du weißt doch, daß ich immer bei ihr bleiben werde, Scherbe, Scherbe, Francis Jammes, Fische.« Doch schon hatte ich den Fluß mit den dunkeln Mäandern wieder überquert und war an die Oberfläche gestiegen, wo sich die Welt der Lebenden auftut, und wenn ich auch immer noch wiederholte: »Francis Jammes, Scherbe, Scherbe«, hatten diese Wörter für mich nicht mehr den klaren Sinn und die Logik, die sie soeben noch ganz natürlich gehabt hatten und an die ich mich jetzt nicht mehr erinnern konnte. Ich verstand nicht einmal mehr, warum das Wort Aias, das mir mein Vater soeben gesagt hatte, ohne weiteres bedeutete: »Paß auf, daß du dich nicht erkältest«, und nichts anderes. Ich hatte vergessen, die Fensterläden zu schließen, und die Tageshelle hatte mich wahrscheinlich geweckt. Ich ertrug es jedoch nicht, diese Meereswogen vor Augen zu haben, die meine Großmutter damals stundenlang betrachten konnte; das neue Bild ihrer jetzt belanglosen Schönheit wurde sogleich durch den Gedanken vervollständigt, daß sie sie nicht sah; ich hätte mir vor ihrem Geräusch die Ohren verstopfen mögen, denn jetzt ließ die Licht- und Lebensfülle des Strandes in meinem Herzen eine Leere zurück; wie jene Wege und Rasenflächen des Parks, wo ich als kleines Kind sie einst verloren hatte, schien auch hier alles zu sagen: »Wir haben sie nicht gesehen«, und unter dem riesigen Rund des blassen, göttlichen Himmels fühlte ich mich bedrückt wie unter einer riesigen bläulichen Glocke, die einen Horizont abschloß, wo meine Großmutter nicht war. Um nichts mehr zu sehen, drehte ich mich zur Wand, aber ach! was ich vor mir hatte, war eben die Wand, die uns einst als morgendlicher Bote diente und die gefügig wie eine Geige alle Nuancen des Gefühls wiedergab und meiner Großmutter so genau von meiner doppelten Befürchtung sprach: sie zu wecken oder, wenn sie schon wach war, daß sie mich nicht hörte und sich nicht zu rühren wagte; die Wand, die mir dann wie die Replik eines zweiten Instruments ihr Kommen ankündigte und mich zur Ruhe mahnte. Ich wagte nicht, dieser Wand nahe zu kommen, als wäre sie ein Klavier, auf dem meine Großmutter gespielt hatte und das noch von ihrer Berührung vibrierte. Ich wußte, daß ich jetzt klopfen konnte, sogar stärker, daß nichts mehr sie wecken, daß ich keine Antwort hören, daß meine Großmutter nicht mehr kommen würde. Und ich bat Gott um nichts anderes, als im Paradies, falls es eines gibt, an dieser Wand die drei kleinen Klopfzeichen machen zu dürfen, die meine Großmutter unter tausend erkennen und ihrerseits mit Klopfen beantworten würde, was dann hieße: »Sei nicht nervös, mein Schatz, ich weiß, daß du ungeduldig bist, aber ich komme ja schon«, und ich bat ihn, die ganze Ewigkeit bei ihr sein zu dürfen, was nicht zu lange wäre für uns zwei. Madame de Villeparisis hatte sich früher immer gefragt, was wir uns denn alles zu sagen hätten, Mama und sie, sie und ich! Es wäre für uns schon eine große Wohltat, beieinander zu sein, ohne etwas zu sagen.

Der Direktor kam fragen, ob ich nicht hinuntergehen wollte. Für alle Fälle hatte er meine »Platzung« im Speisesaal überwacht. Er hatte mich nicht gesehen und schon befürchtet, ich hätte wieder wie früher meine Erstickungsanfälle. Er hoffte, es handle sich nur um »ein kleines Halsschmerzen«, und hatte gehört, man könne es sehr gut lindern mit etwas, das er »Kalyptus« nannte.

Er überbrachte mir ein Billet von Albertine. Sie wollte dieses Jahr gar nicht nach Balbec kommen, hatte dann aber ihre Pläne geändert und war seit drei Tagen nicht in Balbec selbst, aber zehn Tram-Minuten von hier in einem benachbarten Badeort. Am ersten Abend hatte sie sich nicht gemeldet, weil sie befürchtet hatte, ich sei müde von der Reise, jetzt aber ließ sie fragen, wann sie kommen dürfe. Ich erkundigte mich, ob sie persönlich gekommen sei – nicht, um sie zu treffen, sondern um ihr aus dem Weg zu gehen. »Gewüß doch«, sagte der Direktor, »sie möchte Sie so bald wie möglich sehen, außer Sie seien ganz drängend verhindert. Wie Sie sehen«, schloß er, »werden Sie hier von allen begehrt, daran gibt's nichts zu schütteln.«

Aber ich wollte niemanden sehen. Und doch hatte ich mich am Vortag, bei der Ankunft, wieder vom trägen Charme des Meerbad-Lebens einnehmen lassen. Derselbe Liftboy hatte schweigend – dieses Mal nicht aus Verachtung, sondern aus Respekt und rot vor Freude – den Aufzug in Gang gesetzt. Während ich längs der aufsteigenden Säule hinauffuhr, durchlebte ich wieder, was für mich einst das Geheimnis eines unbekannten Hotels gewesen war, wo einem, wenn man als Tourist ohne Protektion und ohne Ansehen eintrifft, von jedem Habitué, der in sein Zimmer tritt, von jedem jungen Mädchen, das zum Diner hinuntergeht, von jedem Kindermädchen, das durch seltsam verlaufende Korridore eilt, und von dem jungen Mädchen, das mit seiner Gesellschafterin aus Amerika gekommen ist und jetzt zum Essen hinuntergeht, Blicke zugeworfen werden, in denen man nicht das liest, was man sich gewünscht hätte. Dieses Mal hingegen hatte ich das allzu entspannende Vergnügen, durch ein bekanntes Hotel hinaufzufahren, wo ich mich zu Hause fühlte, wo ich einmal mehr jene immer wieder neu beginnende Operation vollzogen hatte, jene längere, schwierigere Operation als die Umwendung des Lides und die darin besteht, die Dinge mit einer uns vertrauten Seele zu versehen, anstelle der ihren, die uns erschreckte. Werde ich von nun an, so hatte ich mich gefragt, noch ohne den plötzlichen Stimmungswandel zu ahnen, der mich erwartete, in immer andere Hotels gehen müssen, wo ich zum ersten Mal essen würde, wo die Gewohnheit noch nicht auf jedem Stockwerk vor jeder Tür den schrecklichen Drachen getötet hatte, der über eine verzauberte Existenz zu wachen schien, wo ich mich jenen unbekannten Frauen nähern müßte, die von Luxushotels, Casinos und Stränden wie von riesigen Polyparien vereinigt und zum Zusammenleben gebracht werden.

Einen so tiefen Kummer wie den meiner Mutter sollte ich eines Tages kennenlernen, wie man im Verlauf dieses Berichtes sehen wird, jetzt aber war es noch nicht so weit, auch wenn ich das meinte. Wie ein Schauspieler jedoch, der schon lange seine Rolle können und an seinem Platz sein sollte, jedoch erst im letzten Augenblick eingetroffen ist und seinen Part nur einmal gelesen hat, aber seine Verspätung ganz geschickt überspielt, so daß niemand seinen Repliken etwas anmerkt, sprach ich, als meine Mutter kam, dank meinem neuen Kummer so, als wäre er schon immer dagewesen. Sie dachte nur, der Anblick dieses Ortes, wo ich mit meiner Großmutter gewesen war, habe ihn geweckt (das war es aber nicht). Und weil ich einen Kummer hatte, der neben dem ihren zwar nichts war, der mir aber die Augen öffnete, wurde mir zum ersten Mal mit Entsetzen bewußt, was sie leiden mußte. Zum ersten Mal begriff ich, daß dieser starre, tränenlose Blick (eben deswegen hatte Françoise wenig Mitleid mit ihr), den sie seit dem Tod meiner Großmutter hatte, auf diesen unbegreiflichen Widerspruch zwischen Erinnerung und Nichts fixiert war. Auch wenn sie im übrigen nach wie vor in ihre schwarzen Schleier gehüllt und für diesen neuen Ort noch besser gekleidet war, überraschte mich die Verwandlung um so mehr, die sich seit dem Tod meiner Großmutter an ihr vollzogen hatte. Es wäre zu wenig gesagt, ihr sei jegliche Fröhlichkeit abhanden gekommen; geschmolzen, erstarrt zu einer Art Flehensbild, schien sie zu fürchten, sie könnte mit einer zu brüsken Bewegung, einem zu lauten Wort die schmerzliche Präsenz verletzen, die sie niemals verließ. Und vor allem, als ich sie in ihrem Crêpemantel hereinkommen sah, wurde mir bewußt – was mir in Paris entgangen war –, daß ich nicht mehr meine Mutter vor Augen hatte, sondern meine Großmutter. Wie in den Königs- oder Herzogsfamilien der Sohn beim Tod des Familienoberhauptes den Titel eines Duc d'Orléans, eines Prince de Tarente oder eines Prince des Laumes annimmt, dann König von Frankreich, Duc de la Trémoille, Duc de Guermantes wird, so legt, in einer Rangfolge anderer, tieferer Art, der Tote dem Lebenden die Hand auf, der sein Nachfolger und Ebenbild, der Fortsetzer seines unterbrochenen Lebens wird. Vielleicht sprengt das große Leid über den Tod der Mutter bei einer Tochter wie Mama die Schmetterlingspuppe schneller auf, beschleunigt die Metamorphose und das Erscheinen eines Wesens, das man in sich trägt und das ohne diese Krise, die Etappen und Zeiträume überspringen läßt, viel langsamer hervorgetreten wäre.

Alles, was mit meiner Großmutter zusammenhing, berührte meine Mutter so stark, daß sie unendlich ergriffen war von den Worten, die der Gerichtspräsident an sie richtete, und sie in dankbarer Erinnerung bewahrte, so wie sie im Gegenteil empört und betroffen war, als die Frau des Präsidenten der Anwaltskammer kein Wort des Gedenkens fand. In Tat und Wahrheit war sie dem Gerichtspräsidenten ebenso gleichgültig wie der Frau des Anwaltskammer-Präsidenten. Wie sehr aber meine Mutter die bewegten Worte des einen und das Schweigen der anderen auch auseinanderhielt, waren sie doch nur zwei verschiedene Arten, die Gleichgültigkeit auszudrücken, mit der wir den Toten begegnen. Vor allem aber, glaube ich, tat es meiner Mutter wohl, die Worte zu hören, in die ich unwillkürlich etwas von meinem Schmerz einfließen ließ. Dieser konnte Mama nur glücklich machen (trotz ihrer Zärtlichkeit für mich), wie alles, was meine Großmutter im Herzen der anderen weiterleben ließ. An allen folgenden Tagen ging meine Mutter an den Strand hinunter und setzte sich auf einen Klappstuhl, um genau das gleiche zu tun, was ihre Mutter getan hatte, und sie las ihre zwei Lieblingsbücher, die Memoiren der Madame de Beausergent und die Briefe der Madame de Sévigné. Sie hatte, wie wir alle, nie ertragen können, daß man letztere die »geistreiche Marquise« nannte – sowenig wie Lafontaine »der Bonhomme« war. Als sie aber in den Briefen die Wörter »Meine Tochter« las, glaubte sie ihre Mutter zu hören. Auf einer dieser Wallfahrten, bei denen sie nicht gestört werden wollte, hatte sie das Pech, am Strand eine Dame aus Combray und ihre Töchter zu treffen. Ich glaube, sie hieß Madame Poussin. Unter uns aber nannten wir sie immer nur »Da kannst du dann kommen«, weil sie ihre Töchter mit diesem fortwährend wiederholten Satz vor den Übeln warnte, denen sie sich aussetzten; zum Beispiel sagte sie zu der einen, die sich die Augen rieb: »Wenn du eine schöne Augenentzündung hast, da kannst du dann kommen.« Sie grüßte Mama von weitem lange und weinerlich, nicht zum Zeichen des Beileids, sondern weil sie so erzogen war; hätten wir meine Großmutter nicht verloren und ausschließlich Gründe zum Glücklichsein gehabt, hätte sie auf gleiche Art gegrüßt. Sie lebte in Combray recht zurückgezogen in einem riesigen Garten, und die Dinge konnten für sie nicht abgeschwächt genug sein, sie fand noch Abschwächungen für die französischen Wörter und sogar für die Namen. Es hätte ihr zu hart geklungen, den silbernen Löffel, mit dem sie ihren Sirup austeilte, »cuiller« zu nennen, und sie sagte also »cueiller«; sie hätte gefürchtet, den sanften Sänger des »Télémaque« zu brüskieren, wenn sie ihn Fénelon nannte – wie ich selbst es tat, da ich Bescheid wußte, war doch mein liebster Freund, der intelligenteste, beste Mensch, den niemand, der ihn gekannt hat, je vergißt, Bertrand de Fénelon –, und nannte ihn nie anders als Fénélon, weil ihr der Accent aigu etwas an Weichheit hinzuzufügen schien. Der weniger sanfte Schwiegersohn dieser Madame Poussin, dessen Namen ich vergessen habe, war Notar in Combray und brannte mit der Kasse durch, so daß namentlich mein Onkel eine recht große Summe verlor. Doch die meisten Einwohner von Combray standen mit den anderen Familienmitgliedern auf so gutem Fuß, daß man die Beziehungen nicht abbrach, sondern sich damit begnügte, Madame Poussin zu bemitleiden. Sie empfing nicht, aber jedesmal, wenn man an ihrem Garten vorbeiging, blieb man stehen, um das prachtvolle Laubwerk zu bewundern, ohne daß man etwas anderes sah. Sie störte uns in Balbec kaum, wo ich sie nur einmal traf. Sie sagte zu ihrer Tochter, die sich die Nägel kaute: »Wenn du eine schöne Fingerentzündung hast, da kannst du dann kommen.«

Während Mama am Strand las, blieb ich allein in meinem Zimmer. Ich dachte an die letzte Zeit im Leben meiner Großmutter zurück, an alles, was damit zusammenhing, die Tür des Treppenhauses, die man offengelassen hatte, nachdem wir zu ihrem letzten Spaziergang aufgebrochen waren. Im Gegensatz dazu schien die übrige Welt kaum wirklich zu sein, und sie war von meinem Schmerz ganz vergiftet. Schließlich bestand meine Mutter darauf, daß ich ausging. Doch bei jedem Schritt wurde ich durch vergessene Aspekte des Casinos, der Straße, auf der ich am ersten Abend, da ich auf sie wartete, bis zum Dougay-Trouin-Denkmal gegangen war, wie durch einen zu starken Gegenwind am Weitergehen gehindert und schlug die Augen nieder, um nichts zu sehen. Nachdem ich mich ein wenig aufgerafft hatte, ging ich zum Hotel zurück, zu dem Hotel, wo es mir nicht mehr möglich war, und wenn ich noch so lange wartete, meine Großmutter vorzufinden, so wie ich sie vorgefunden hatte, damals, an dem Abend meiner Ankunft.

Meine Gedanken waren gewöhnlich bei den letzten Tagen der Krankheit meiner Großmutter, bei ihrem Leiden, das ich wieder miterlebte und dabei um ein Element vergrößerte, das noch schwieriger zu ertragen ist als das eigentliche Leiden des anderen und das ihm unser grausames Mitleid noch hinzufügt; wenn wir das Leiden eines geliebten Menschen uns einfach vorzustellen meinen, so überzeichnet unser Mitleid es noch; aber vielleicht ist gerade da die Wahrheit und nicht im Bewußtsein, das der Leidende von seinen Schmerzen hat, denn ihm ist dieses Traurige in seinem Leben verborgen, während das Mitleid es sieht und daran verzweifelt. Doch mein Mitleid hätte in einem neuen Schwung das Leiden meiner Großmutter überstiegen, wenn ich damals schon gewußt hätte, daß sie am Abend vor ihrem Tod in einem klaren Augenblick, nachdem sie sich vergewissert hatte, daß ich nicht da war, Mamas Hand genommen, ihre fiebrigen Lippen darauf gepreßt und gesagt hatte: »Adieu, meine Tochter, adieu für immer.« Und vielleicht war es diese Erinnerung, auf die Mama von da an fortwährend so starr geblickt hat. Dann kamen mir die schönen Erinnerungen wieder. Sie war meine Großmutter, ich ihr Enkel. Der Ausdruck ihres Gesichts schien jeweils in einer Sprache geschrieben, die es nur für mich gab; sie war mein alles, die anderen existierten nur bezogen auf sie, auf das, was sie mir über sie sagen würde; doch nein, unsere Beziehung ist zu flüchtig gewesen, um nicht zufällig zu sein. Sie kennt mich nicht mehr, ich werde sie nie wiedersehen. Wir waren nicht eigens füreinander geschaffen worden, sie war eine Fremde.

Diese Fremde betrachtete ich auf der Photographie, die Saint-

Loup gemacht hatte. Mama, die Albertine begegnet war, hatte darauf bestanden, daß ich sie treffe, denn sie hatte nett von meiner Großmutter und mir gesprochen. Ich hatte mich mit Albertine verabredet. Ich wies den Direktor an, sie im Salon warten zu lassen. Er sagte, er kenne sie und ihre Freundinnen schon lange, schon seit der Zeit, da sie noch lange nicht im »Puritätsalter« waren, sei ihnen aber böse, weil sie bestimmte Dinge über das Hotel gesagt hatten. Sie konnten nicht sehr »illustriert« sein, wenn sie so herumschwatzten, außer, man habe sie beleumdet. Wie ich gleich begriff, stand Purität für Pubertät. Während ich den Zeitpunkt abwartete, da ich Albertine treffen sollte, starrte ich auf die Photographie, die Saint-Loup gemacht hatte, wie auf eine Zeichnung, die man vor lauter Daraufblicken schließlich gar nicht mehr sieht, und auf einmal dachte ich wieder: »Das ist Großmutter, ich bin ihr Enkel«, wie jemand, der sich nach einem Gedächtnisschwund an seinen Namen erinnert, wie ein Kranker, bei dem sich die Persönlichkeit verändert. Françoise kam, um mir zu melden, Albertine sei da, und als sie die Photographie sah, sagte sie: »Arme Madame, das ist ganz sie, bis auf den Schönheitspickel auf der Wange; an dem Tag, wie der Marquis sie photographiert hat, war sie sehr krank, zweimal hatte sie ein Unwohlsein gehabt. ›Vor allem, Françoise‹, hatte sie zu mir gesagt, ›darf es mein Enkel nicht wissen.‹ Und sie hat es gut versteckt, in Gesellschaft war sie immer fröhlich. Ich allein fand zum Beispiel, daß sie von Zeit zu Zeit einen etwas eintönigen Geist zu haben schien. Aber das ging schnell vorbei. Ja, und dann hat sie mir gesagt: ›Falls mir etwas zustoßen sollte, muß er doch ein Bild von mir haben. Ich habe noch kein einziges machen lassen.‹ Da hat sie mich zum Herrn Marquis geschickt und ihn fragen lassen, ob er nicht ihre Photographie herstellen würde, wobei er Monsieur nicht sagen sollte, daß sie darum gebeten hatte. Aber als ich ihr meldete, der Marquis habe ja gesagt, da wollte sie nicht mehr, weil sie fand, sie sehe zu schlecht aus. Das ist noch schlimmer, sagte sie mir, als gar keine Photographie. Aber sie war nicht dumm und machte es geschickt, setzte sich einen großen Hut mit heruntergeklappter Krempe auf, daß man gar nichts mehr merkte, wenn sie nicht in der hellichten Sonne stand. Sie hat sich sehr über die Photographie gefreut, weil sie in dem Augenblick nicht dachte, sie würde von Balbec noch einmal nach Hause kommen. Ich konnte ihr noch so oft sagen: ›Madame, so darf man nicht reden, ich höre es nicht gern, wenn Madame so redet‹, sie hat sich nicht davon abbringen lassen. Und weiß Gott, sie hatte schon mehrere Tage nichts essen können. Deshalb hat sie Monsieur gedrängt, mit dem Herrn Marquis sehr weit weg essen zu gehen. Statt zu Tisch zu gehen, hat sie dann getan, als ob sie lese, und sobald der Wagen des Marquis abgefahren war, ist sie zu Bett gegangen. An manchen Tagen wollte sie Madame benachrichtigen, sie solle kommen, um sie noch einmal zu sehen. Und dann hatte sie Angst, sie zu überrumpeln, weil sie ihr ja nichts gesagt hatte. ›Sehen Sie, Françoise, es ist besser, sie bleibt bei ihrem Mann.‹« Wie mich Françoise so anschaute, fragte sie plötzlich, ob ich mich »unpäßlich fühle«. Ich sagte nein; darauf sie: »Ja, und überhaupt, Sie nageln mich da fest, und ich verrede die Zeit. Ihr Besuch ist vielleicht schon da. Ich muß hinunter. Das ist nicht jemand für diesen Ort. Und trotzdem, sie könnte schon wieder weg sein. Sie wartet nicht gern. Ah! Mademoiselle Albertine, das ist jetzt wer.« »Sie täuschen sich, Françoise, sie ist nur zu gut für diesen Ort. Aber gehen Sie ihr sagen, daß ich sie heute nicht treffen kann«, und ich blieb den ganzen Tag in meinem Zimmer und weinte.

Welch mitleidige Deklamationen hätte ich bei Françoise ausgelöst, wenn sie mich hätte weinen sehen. Ich versteckte mich sorgfältig. Sonst hätte ich ihre Sympathie gehabt. Ich gab ihr jedoch die meine. Wir versetzen uns nicht genug in das Herz dieser armen Dienstmädchen, die uns nicht weinen sehen können, als würde uns das Weinen nicht gut tun; oder ihnen nicht gut tun, denn Françoise hatte einmal zu mir gesagt, als ich klein war: »Weinen Sie doch nicht so, ich sehe es nicht gern, wenn Sie so weinen.« Wir mögen die großen Phrasen und Beteuerungen nicht – zu Unrecht, denn wir verschließen auf diese Art unser Herz dem Pathos der ländlichen Gegenden, der Legende, wie sie die arme Magd, vielleicht ungerechterweise wegen Diebstahls entlassen, völlig bleich und auf einmal unterwürfig, als sei es ein Verbrechen, beschuldigt zu werden, aufrollt und dabei die Ehrlichkeit ihres Vaters, die Prinzipien ihrer Mutter, die Ratschläge der Großmutter anruft. Gewiß, dieselben Bediensteten, die unsere Tränen nicht ertragen können, werden uns hemmungslos eine Lungenentzündung bekommen lassen, weil das Dienstmädchen von unten den Durchzug schätzt und es unhöflich wäre, etwas dagegen zu tun. Denn gerade jene, die recht haben, wie Françoise, müssen auch unrecht haben, sonst wäre Gerechtigkeit nicht etwas so Unmögliches. Noch die bescheidensten kleinen Vergnügen der Bediensteten rufen bei ihrer Herrschaft Ablehnung oder Spott hervor. Denn es handelt sich zwar stets um eine Winzigkeit, aber um eine täppisch sentimentale, unhygienische. So mögen sie dann sagen: was, ich, die das ganze Jahr um nichts anderes bittet, darf nicht einmal das. Wobei sie von ihrer Herrschaft aus doch viel mehr dürften, wenn es nur nicht so dumm wäre und gefährlich für sie – oder für die Herrschaft. Gewiß, der Demut des armen Dienstmädchens kann man nicht widerstehen, das zitternd bereit ist zuzugeben, was es nicht begangen hat, und sagt: ich gehe noch heute abend, wenn es sein muß. Aber man sollte auch angesichts einer alten Köchin nicht ungerührt bleiben, trotz der feierlich-drohenden Banalität der Dinge, die sie sagt – etwas von ihrem mütterlichen Erbe und der Würde ihres »Heims« –, wenn sie sich in ein ehrbares Leben und eine ehrbare Abstammung drapiert, den Besen wie ein Zepter hält, ihre Rolle ins Tragische steigert, sie durch Schluchzer unterbricht, sich majestätisch wieder aufrichtet. An jenem Tag erinnerte ich mich an solche Szenen oder stellte sie mir vor, bezog sie auf unsere alte Bedienstete, und von da an liebte ich Françoise, trotz allem Übel, das sie Albertine zufügen mochte, mit einer hin und wieder zwar aussetzenden Zuneigung, die aber von der stärksten Art war, jener, die auf Mitleid beruht.

Gewiß, ich litt den ganzen Tag, da ich vor der Photographie meiner Großmutter verharrte. Sie quälte mich. Weniger allerdings als der Besuch des Direktors am Abend. Ich sprach von meiner Großmutter zu ihm, und er wiederholte seine Beileidsbezeigungen, und da höre ich, wie er zu mir sagt (denn er brauchte gerne Wörter, die er nicht aussprechen konnte): »Wie an dem Tag, da Ihre Frau Großmutter ihre Sinekope hatte, ich wollte Sie davon unterrichten, weil nicht wahr, wegen der Kundschaft, das hätte dem Haus schaden können. Es wäre besser gewesen, sie wäre gleich am Abend abgereist. Aber sie hat mich dringend gebeten, nichts zu sagen, und hat mir versprochen, keine Sinekope mehr zu haben, und wenn doch, dann würde sie sogleich abreisen. Der Etagenchef hat mir dann aber berichtet, sie habe doch noch eine gehabt. Aber na ja, Sie waren ja alte Kunden, deren Wohl uns am Herzen liegt, und solange sich niemand beklagt hat.« Also hatte meine Großmutter Ohnmachtsanfälle gehabt und mir das verschwiegen. Vielleicht gerade in dem Augenblick, da ich am wenigsten nett zu ihr war, da sie, obwohl leidend, darauf achtgeben mußte, guter Laune zu sein, um mich nicht zu reizen, und wohlauf zu erscheinen, um nicht vor die Tür des Hotels gesetzt zu werden. »Sinekope«, ein Wort, das mir in dieser Form nie eingefallen, das mir vielleicht, hätte es sich auf andere bezogen, lächerlich vorgekommen wäre, das aber in seiner seltsamen, einer ursprünglichen Dissonanz ähnlichen Klangneuheit bei mir lange Zeit die schmerzlichsten Empfindungen zu wecken vermochte.

Auf Mamas Verlangen ging ich am nächsten Tag hinaus, um mich ein bißchen in den Sand zu legen oder eher: zwischen die Dünen, wo man von ihren Aufwerfungen versteckt ist und wo, wie ich wußte, Albertine und ihre Freundinnen mich nicht finden konnten. Meine gesenkten Augenlider ließen nur eine Art von Licht durchscheinen, ein ganz rosarotes, so wie es durch die Lider drang. Dann schlossen sie sich ganz. Da erschien mir meine Großmutter in einem Fauteuil sitzend. Sie war sehr schwach, schien weniger am Leben zu sein als andere Menschen. Und doch hörte ich sie atmen; hin und wieder war da ein Anzeichen, daß sie verstanden hatte, was mein Vater und ich sprachen. Aber ich konnte sie wohl küssen und vermochte dennoch nicht ihre Augen zu einem liebevollen Blick, ihre Wangen zu ein wenig Farbe zu erwecken. Von sich selbst abwesend, schien sie mich nicht zu lieben, mich nicht zu kennen, mich vielleicht nicht zu sehen. Ich konnte das Geheimnis ihrer Gleichgültigkeit, ihrer Gedrücktheit, ihrer stillen Unzufriedenheit nicht erraten. Ich zog meinen Vater beiseite. »Aber wie du ja siehst«, sagte ich, »besteht kein Zweifel, sie hat alles genau aufgenommen. Alles völlig lebensecht. Wenn man deinen Cousin rufen könnte, der behauptet, die Toten leben nicht. Jetzt ist sie schon seit mehr als einem Jahr tot, und alles in allem lebt sie noch. Aber warum will sie mich nicht küssen?« »Schau, ihr armer Kopf fällt nach vorn.« »Aber sie möchte doch heute nachmittag auf die Champs-Elysées gehen.« »Das ist Wahnsinn!« »Ja? Glaubst du wirklich, das könnte ihr schaden, sie könnte dann noch mehr sterben? Es ist unmöglich, daß sie mich nicht mehr liebt. Ich werde sie vergeblich küssen, wird sie mir nie mehr zulächeln?« »Was willst du, die Toten sind die Toten.«

Einige Tage danach war es mir angenehm, Saint-Loups Photographie anzuschauen: sie weckte in mir nicht die Erinnerung an das, was Françoise gesagt hatte, denn diese Erinnerung hatte mich nicht mehr verlassen, und ich gewöhnte mich an sie. Aber im Gegensatz zum Gedanken an ihr so schlechtes, so schmerzhaftes Befinden an dem Tag, zeigte mir die Photographie, der noch immer die List zustatten kam, die meine Großmutter angewandt hatte und die mich jetzt noch zu täuschen vermochte, sogar nachdem sie mir verraten worden war, eine so elegante, so sorglose Person unter dem Hut, der ihr Gesicht ein wenig verbarg, daß sie mir weniger unglücklich und bei besserer Gesundheit schien, als ich geglaubt hätte. Und doch hatten ihre Wangen ohne ihr Wissen einen eigenen Ausdruck, etwas Bleiernes, Verstörtes, wie ein Tier, das sich schon ausgewählt und bezeichnet fühlt, und meine Großmutter wirkte wie ein zum Tod Verurteilter, unwillkürlich düster, unbewußt tragisch, was mir entging, aber meine Mutter hinderte, diese Photographie je anzuschauen, diese Photographie, die ihr weniger die Photographie ihrer Mutter schien als die ihrer Krankheit, die des Hohns, mit dem die Krankheit das brutal geschlagene Gesicht ihrer Mutter bedachte.

Eines Tages dann entschloß ich mich, Albertine ausrichten zu lassen, ich würde sie bald empfangen. An einem frühzeitig sehr warmen Morgen hatten nämlich die Schreie der spielenden Kinder, der scherzenden Badenden und der Zeitungsverkäufer mir in Feuerschrift, mit verschlungenen Flämmchen den glühenden Strand beschrieben, den die kleinen Wellen einzeln mit Frische benetzten; dann hatte das Symphoniekonzert begonnen, vermengt mit dem Plätschern des Wassers, in dem die Geigen summten wie ein über das Meer verirrter Bienenschwarm. Sogleich hatte ich mich nach Albertines Lachen gesehnt, nach ihren Freundinnen, jenen jungen Mädchen, die sich vor den Wellen abzeichneten und in meiner Erinnerung der nicht wegzudenkende Zauber, die besondere Flora von Balbec waren; und ich hatte beschlossen, Albertine durch Françoise ein Billett zu senden, während das Meer sachte stieg und mit jeder brechenden Woge Kristallströme über die Melodie fließen ließ, deren Sätze voneinander getrennt erschienen wie jene lautespielenden Engel, die sich am Giebel der italienischen Kathedralen zwischen Firsten von blauem Porphyr und schaumigem Jaspis erheben. An dem Tag jedoch, als Albertine kam, war das Wetter wieder schlecht und kühl, und im übrigen hatte ich keine Gelegenheit, ihr Lachen zu hören; sie war sehr übelgelaunt. »Balbec ist todlangweilig dieses Jahr«, sagte sie. »Ich werde zusehen, daß ich nicht lange bleibe. Du weißt ja, ich bin schon seit Ostern hier, das ist schon mehr als ein Monat. Kein Mensch ist da. Was meinst du, wie lustig das ist.« Es hatte zwar noch eben geregnet, und der Himmel veränderte sich ständig, aber ich machte mich dennoch, nachdem ich Albertine bis Epreville begleitet hatte – denn sie »pendelte«, wie sie sagte, zwischen diesem kleinen, gleich nach Toulainville befindlichen Badeort, wo Madame Bontemps ihre Villa hatte, und Incarville, wo sie bei den Eltern von Rosemonde »in Pension« war –, zu einem Spaziergang in Richtung jener Hauptstraße auf, die der Wagen von Madame de Villeparisis nahm, als Großmutter und ich spazierenfuhren; Wasserlachen, noch nicht getrocknet von der jetzt strahlenden Sonne, machten aus dem Boden einen wahren Sumpf, und ich dachte an meine Großmutter, die damals keine zwei Schritte machen konnte, ohne sich vollzuspritzen. Aber sobald ich auf der Straße angelangt war, sah es wunderbar aus. Dort, wo ich mit ihr im August nur Laub und gewissermaßen nur den Standort der Apfelbäume gesehen hatte, waren diese, soweit das Auge reichte, in voller, üppigster Blüte; die Füße im Schlamm und in Balltoilette, paßten sie gar nicht auf den wundervollsten rosa Satin auf, den es je gegeben hatte und der in der Sonne schimmerte; am fernen Horizont bildete das Meer für die Apfelbäume einen Hintergrund wie auf einem japanischen Holzschnitt; wenn ich hinaufschaute, um den Himmel zwischen den Blüten zu sehen, die sein Blau heiterer, beinahe heftig erscheinen ließen, traten sie gleichsam beiseite, um die Tiefe dieses Paradieses zu zeigen. Unter dem Himmelblau ließ eine leichte, aber kalte Brise die rötlichen Sträuße erzittern. Blaue Meisen setzten sich auf die Äste und hüpften gefällig zwischen den Blüten herum, als hätte ein Exotik- und Farbenliebhaber diese lebendige Schönheit künstlich geschaffen. Und doch rührte sie einen zu Tränen, denn man spürte, wie sehr man sie auch als raffinierten Kunsteffekt verstand, daß sie natürlich war, daß diese Apfelbäume wie Bauern auf dem Land draußen standen, auf einer Landstraße Frankreichs. Dann folgten den Strahlen der Sonne auf einmal jene des Regens; sie versahen den ganzen Horizont mit Streifen, sperrten die Reihe der Apfelbäume in ihr graues Geflecht. Diese aber hoben nach wie vor ihre blühende, rosarote Schönheit dem eiskalt gewordenen Wind entgegen, im Regen, der immer stärker fiel: es war ein Frühlingstag.

Sodome et Gomorrhe II, 1, Ed. Pléiade III (1988), S. 148–161, 165–169, 171–178.

Im Bähnchen bis zur Raspelière

In dem Bähnchen, das ich in Balbec bestiegen hatte, um nach der Raspelière zum Abendessen zu fahren, achtete ich sehr darauf, Cottard am Bahnhof von Saint-Wast nicht zu übersehen; auch davon hatte mich Madame Verdurin telephonisch unterrichtet, daß ich mit ihm dort zusammentreffen würde. Er mußte meinen Zug nehmen, und ich würde von ihm erfahren, wo man aussteigen müsse, um die Wagen zu finden, die an die Bahn geschickt wurden. So stand ich, weil das Bähnchen in Graincourt, der ersten Station nach Doncières, nur einen Augenblick anhielt, im voraus an der Waggontür, so sehr war ich in Sorge, ich könnte Cottard nicht sehen oder von ihm nicht gesehen werden. Unnötige Befürchtung! Mir war nicht bewußt gewesen, daß der kleine Clan alle seine Mitglieder so sehr nach demselben Modell geformt hatte, daß sie, noch dazu in großer Abendtoilette, auf einem Bahnsteig sogleich zu erkennen waren an einer gewissen Sicherheit, Eleganz und Vertrautheit und an einem Blick, der wie durch einen leeren Raum, in dem nichts die Aufmerksamkeit fesselt, durch die dichten Reihen des gewöhnlichen Volks drang und nach der Ankunft eines Mitglieds ausschaute, das an einer früheren Station eingestiegen war, während sie schon der kommenden Unterhaltung entgegenfieberten. Das Zeichen der Auserwähltheit, das der Ritus gemeinsamer Abendessen den Gliedern der kleinen Gruppe aufgeprägt hatte, hob sie nicht nur, wenn sie in großer Zahl, als geschlossene Gruppe auftraten, als leuchtenden Fleck hervor aus der Herde der Reisenden – von Brichot das »pecus« genannt –, deren glanzlose Gesichter keinen Begriff von den Verdurins, keinerlei Hoffnung verrieten, jemals auf der Raspelière zu dinieren. Im übrigen hätte es solch gewöhnlichen Reisenden weniger Eindruck gemacht als mir, wenn man ihnen gegenüber die Namen – zum Teil immerhin recht bekannt gewordene Namen – der Getreuen genannt hätte, die zu meinem Erstaunen immer noch miteinander essen gingen, wo das doch manche von ihnen, wie mir erzählt worden war, schon vor meiner Geburt getan hatten, zu einer Zeit, die so fern und zugleich so unbestimmt war, daß ich den Abstand wohl überschätzen konnte. Der Gegensatz zwischen der Fortdauer nicht nur ihrer Existenz, sondern ihrer vollen Leistungsfähigkeit und dem Verlust vieler Freunde, die ich da oder dort schon hatte verschwinden sehen, gab mir das gleiche Gefühl, das wir haben, wenn wir unter den letzten Zeitungsnachrichten gerade die Meldung lesen, auf die wir am wenigsten gefaßt waren, wie etwa die eines vorzeitigen Todes, der uns als Zufall erscheint, weil wir von den Ursachen, deren letzte Folge er ist, nichts gewußt haben. Es ist das Gefühl, daß der Tod nicht gleichmäßig alle Menschen trifft, sondern daß ein weiter vorgedrungener Brecher seiner tragischen Flut ein Leben hinwegnimmt auf gleicher Höhe wie andere, die von den folgenden Wellen noch lange verschont bleiben. Dann sah ich auch, daß im Lauf der Zeit nicht nur wirkliche Gaben, die sich mit einem niedrigsten Gesprächsniveau vertragen, zum Vorschein kommen und bestimmend werden, sondern daß mittelmäßige Individuen zu jenen hohen Stellungen aufsteigen, die wir in unserer Kindheit von berühmten Greisen besetzt sahen, ohne zu ahnen, daß es nach einer gewissen Zeit ihre zu Lehrern gewordenen Schüler sein würden, die nun den Respekt und die Furcht, die sie selbst einst empfanden, anderen einflößen. Wenn aber die Namen der Getreuen dem »pecus« unbekannt waren, machte ihr Aussehen sie in seinen Augen doch kenntlich. Selbst im Zug, wo der Zufall sie je nach dem, was die einen und die andern tagsüber zu tun hatten, wieder zusammenführte und wo sie nur etwa noch an einer weitern Station einen einzelnen aufnehmen mußten, stach der Waggon, in dem sie versammelt waren, markiert vom Ellbogen des Bildhauers Ski, beflaggt mit dem »Temps« Dr. Cottards, schon weither leuchtend hervor wie ein Luxuswagen und nahm an dem vorgesehenen Bahnhof den noch fehlenden Kameraden auf. Der einzige, dem diese Zeichen der Verheißung hätten entgehen können, war der halb blinde Brichot. Zu seiner Unterstützung versah aber ein Freiwilliger das Amt eines Spähers, und sowie man seinen Strohhut, seinen Regenschirm und seine blaue Brille gesichtet hatte, geleitete man ihn fürsorglich und eilig zu dem auserwählten Abteil. So war es nie vorgekommen, daß einer, der nicht in den schwersten Verdacht, sich herumzutreiben oder gar nicht »per Bahn« gekommen zu sein, geraten wollte, die anderen unterwegs nicht getroffen hätte. Mitunter ergab sich das Umgekehrte; ein Getreuer hatte am Nachmittag ziemlich weit wegfahren müssen und mußte infolgedessen einen Teil der Strecke allein zurücklegen, bevor die Gruppe zu ihm stieß; doch auch so vereinzelt, allein in seiner Art, brachte er zumeist eine gewisse Wirkung hervor. Die Zukunft, auf die er zusteuerte, zeichnete ihn in den Augen des Gegenübersitzenden aus, der sich sagte: »Das muß jemand sein« und der nur schon um den weichen Filzhut Cottards oder des Bildhauers eine unbestimmte Aura wahrnahm und sich nicht weiter darüber wunderte, daß an der nächsten Station eine elegante Versammlung, wenn dies das Reiseziel war, den Getreuen an der Waggontür empfing und sich, vom Bahnangestellten von Doville höchst ehrerbietig gegrüßt, mit ihm zu einem der wartenden Wagen begab oder, wenn es eine Zwischenstation war, in das Abteil drang. Eben dies tat, in großer Hast, weil einige verspätet eingetroffen waren, in dem Augenblick, da der Zug den Bahnhof wieder verlassen sollte, der Trupp, den Cottard im Laufschritt zu dem Waggon führte, aus dem er mich hatte winken sehen. Brichot, der sich unter diesen Getreuen befand, war im Lauf der Jahre, die bei andern den Eifer gedämpft hatten, noch in höherem Grad einer der Ihren geworden. Sein fortschreitendes Augenleiden hatte ihn gezwungen, auch in Paris die Arbeit am Abend mehr und mehr zu verringern. Außerdem war er der Neuen Sorbonne wenig gewogen, wo die deutschen Prinzipien der wissenschaftlichen Genauigkeit allmählich die Oberhand über den Humanismus gewannen. Er beschränkte sich jetzt ganz auf seine Vorlesung und die Prüfungen; so hatte er viel mehr Zeit für den gesellschaftlichen Verkehr, also für die Abende bei den Verdurins oder für die, zu denen bald dieser, bald jener Getreue, vor Aufregung zitternd, die Verdurins einlud. Daß er bei den Verdurins aus- und einging, verlieh Brichot einen Nimbus in den Augen aller seiner Kollegen an der Sorbonne. Sie waren geblendet durch seine Schilderungen von Diners, zu denen man sie niemals einladen würde, durch das Lobeswort in einer Zeitschrift oder durch sein im Salon ausgestelltes Porträt, das dieser Schriftsteller verfaßt oder jener Maler geschaffen hatte, bekannte Künstler, deren Talent die übrigen

Lehrstuhlinhaber der Philosophischen Fakultät zwar zu schätzen wußten, deren Aufmerksamkeit zu erregen sie aber nicht hoffen konnten, und schließlich durch die Eleganz der Kleidung des mondänen Philosophen, eine Eleganz, die sie zuerst für Nachlässigkeit gehalten hatten, bis ihr Kollege ihnen freundlich erklärte, daß sich der Zylinder vorzüglich dazu eignet, während eines Besuchs auf den Boden gestellt zu werden, bei Diners auf dem Land aber, wie elegant sie auch seien, fehl am Platz ist und durch den weichen Filzhut ersetzt werden muß, der sehr gut zum Smoking paßt. Im ersten Augenblick, nachdem der kleine Trupp in den Waggon gestürzt war, konnte ich mit Cottard gar nicht sprechen, so sehr war er außer Atem, weniger weil er gerannt war, um den Zug nicht zu verfehlen, als vor Verwunderung darüber, daß er ihn so knapp noch erreicht hatte. Er empfand mehr als nur Freude über einen Erfolg, er ergötzte sich an einer fröhlichen Posse. »Ah! das ist gut!« sagte er, als er sich erholt hatte. »Da hat nicht mehr viel gefehlt! – Teufel, das nennt man Spitze auf Knopf!« fügte er hinzu, mit einem Augenzwinkern, das nicht dem Zweifel am richtigen Ausdruck galt, denn sein Selbstbewußtsein überbordete jetzt, sondern seine Befriedigung ausdrückte. Es war mir peinlich, daß fast alle das trugen, was man in Paris den Smoking nennt. Ich hatte vergessen, daß bei den Verdurins eine verschämte Entwicklung zu den höheren Kreisen hin eingesetzt hatte, aufgehalten durch die Dreyfus-Affäre, beschleunigt durch die Neue Musik, eine Entwicklung, die sie übrigens bestritten und die sie bestreiten würden, bis sie abgeschlossen war, so wie ein General ein militärisches Ziel erst ankündigt, wenn er es erreicht hat, um nicht als Besiegter dazustehen, wenn er es verfehlt. Die höheren Kreise waren übrigens ihrerseits ganz darauf vorbereitet, sich ihnen zuzuwenden. Sie betrachteten sie vorläufig noch als Leute, zu denen niemand aus der Gesellschaft geht, aber ohne daß ihnen das etwas ausmacht, vielleicht sogar, weil sie es nicht einmal wollen.

Und dann hatten drei von den jungen Herren aus dem Faubourg, die zur Überzeugung gekommen waren, sie sollten ebenso gebildet sein wie Bürgerliche, sich der Musik zugewandt, und bei ihnen stand der Salon Verdurin in höchstem Ansehen. Sie sprachen davon, wenn sie wieder zu Hause waren, mit ihrer klugen Mutter, die ihnen nahegelegt hatte, etwas für ihren Geist zu tun. Und da sich die Mutter für das Studium ihrer Söhne interessierte, blickte sie im Konzert mit einer gewissen Hochachtung auf Madame Verdurin, die in ihrer ersten Loge die Partitur mitlas. Vorläufig verriet sich diese latente Gesellschaftlichkeit nur in zwei Umständen. Einerseits sagte Madame Verdurin von der Fürstin Caprarola: »Ah! die ist intelligent, das ist eine sympathische Frau. Was ich nicht aushalte, sind die Dummköpfe, die Langweiler, die machen mich rasend.« Was einen Menschen mit Spürsinn auf den Gedanken bringen mußte, die Fürstin Caprarola, eine Frau der höchsten Kreise, habe Madame Verdurin eine Visite gemacht. Sie hatte sogar während eines Beileidsbesuchs, den sie Madame Swann nach dem Tod ihres Mannes abstattete, die Verdurins erwähnt und gefragt, ob Madame Swann sie kenne. »Wie sagten Sie?« hatte Odette mit plötzlich verdüsterter Miene gefragt. »Verdurin.« »Ah! ja, ich weiß schon«, hatte sie ganz betrübt gesagt, »ich kenne sie nicht, oder vielmehr, ich kenne sie, ohne sie zu kennen, ich habe sie früher bei Freunden öfter getroffen, das ist lange her, es sind nette Leute.« Als Madame de Caprarola gegangen war, fand Odette, sie hätte doch lieber einfach die Wahrheit gesagt. Daß sie aber zuerst einmal gelogen hatte, war nicht das Ergebnis ihrer Berechnungen, sondern verriet ihre Befürchtungen, ihre Wünsche. Sie bestritt nicht, was sie klugerweise bestreiten mußte, sondern was sie am liebsten nicht wahrgehabt hätte, selbst wenn man eine Stunde später erfuhr, daß es tatsächlich so war. Kurz danach hatte sie ihre Sicherheit wiedergewonnen, sie war den Fragen sogar zuvorgekommen und hatte, damit es nicht aussah, als seien sie ihr peinlich, erklärt: »Madame Verdurin, aber natürlich, ich habe sie sehr gut gekannt«, mit so demonstrativer Bescheidenheit wie eine große Dame, die erzählt, sie sei mit der Trambahn gefahren. »Man spricht in letzter Zeit viel von den Verdurins«, konnte Madame de Souvré sagen. Odette antwortete mit dem Lächeln einer Herzogin: »Ja, wirklich, mir scheint, man spricht viel von ihnen. So gibt es eben von Zeit zu Zeit neue Leute, die in die Gesellschaft hereinkommen«, ohne daran zu denken, daß sie selbst zu den neuesten gehörte. »Die Fürstin Caprarola war bei ihnen zum Abendessen«, sagte Madame de Souvré noch. »Ah!« antwortete Odette und betonte ihr Lächeln deutlicher, »das wundert mich nicht. Diese Dinge fangen immer bei der Fürstin Caprarola an, und dann geht es weiter zu einer nächsten, zum Beispiel zur Gräfin Molé.« Wenn Odette so sprach, schien sie voller Verachtung für die beiden großen Damen, die in den neu eröffneten Salons den Boden zu wischen pflegten. Ihr Ton gab zu verstehen, daß man Odette nicht eher als Madame de Souvré dazu bringen würde, sich auf so etwas einzulassen. Nachdem Madame Verdurin die Intelligenz der Fürstin Caprarola anerkannt hatte, war das zweite Anzeichen dafür, daß sich die Verdurins ihrer künftigen Bestimmung bewußt waren, die Tatsache, daß sie (natürlich ohne es ausdrücklich zu verlangen) den lebhaften Wunsch hegten, daß man bei ihnen im Abendanzug zum Essen kam; Monsieur Verdurin zu grüßen wäre jetzt seinem Neffen – dem, der »in der Wolle saß« – nicht mehr peinlich gewesen.

Unter denen, die in Graincourt zu mir in den Zug stiegen, befand sich ein berühmter norwegischer Philosoph, der zwei Besonderheiten aufwies. Obwohl ihm das Französische völlig vertraut war (von ein paar unwichtigen Ausdrücken abgesehen), machte er vor fast jedem Wort eine kleine Pause, einerseits weil er fortwährend genötigt war, eine Art inneres Wörterbuch zu konsultieren, und darauf hielt, das richtige Wort zu finden, was einen Augenblick dauerte, andererseits weil er gleichzeitig mit dieser grammatikalischen noch eine Arbeit höherer Ordnung leistete, die darin bestand, gedanklich genau zu konzipieren, was er sagen wollte. Das ist eine Philosophengewohnheit, die das Gespräch verlangsamt. Die andere, nicht zu erklärende Besonderheit war, daß er jedesmal, wenn er sich von Freunden verabschiedet hatte, davonstürmte wie ein Rasender, der sich auf den Feind stürzt. Beim ersten Mal dachte man, er habe eine quälende Kolik, ja eine eigentliche Verdauungsstörung; beim zweiten Mal, er habe auf die Uhr gesehen und plötzlich Angst bekommen, den Zug zu verpassen. Schließlich gewöhnte man sich daran, und er gefiel auch so, denn er war nicht nur bedeutend, sondern auch reizend.

Dann war in der Gruppe noch ein sehr förmlicher Herr, ein bekannter Pariser Anwalt aus vornehmem Haus, eine neue Acquisition der Verdurins. Er war einer der Menschen, deren hohes berufliches Können dazu führt, daß sie ihren Beruf ein wenig verachten, und die etwa sagen: »Ich weiß, daß ich gut plädiere, deshalb macht mir das Plädieren keinen Spaß mehr« oder: »Ich mag nicht mehr operieren; ich weiß, daß ich gut operiere.« Intelligent, »wahre Künstler«, sehen sie ihre vom Erfolg reich belohnte Meisterschaft im Glanz dieser Intelligenz und des »Künstlertums«, das ihre Fachgenossen ihnen zugestehen und das ihnen so etwas wie Geschmack und ein gewisses Urteilsvermögen verleiht. Sie begeistern sich für die Malerei, nicht eines großen, aber doch eines sehr achtbaren Künstlers und verwenden die beträchtlichen Einkünfte, die ihre Karriere ihnen bringt, auf den Kauf seiner Werke. Le Sidaner war der Maler, den dieser Freund der Verdurins sich erkoren hatte, ein übrigens sehr sympathischer Mann, der gut über Bücher sprach, aber nicht über die der wahren Meister – derjenigen, die Meister ihrer selbst geworden sind. Das einzige, was an diesem Schöngeist störte, war seine Angewohnheit, gewisse stehende Redensarten fortwährend zu verwenden (wie etwa »zu einem guten Teil«, was der Sache, von der er sprach, etwas Bedeutsames und Unvollständiges gab).

Und schließlich sah ich unter den alten Getreuen auch Saniette einsteigen, den einst sein Vetter Forcheville bei den Verdurins hinausgeworfen hatte, der aber wieder aufgetaucht war. Seine gesellschaftlichen Mängel waren seinerzeit – trotz höherer Qualitäten – etwa die gleichen gewesen wie diejenigen Cottards: Schüchternheit, der Wunsch zu gefallen, fruchtloses Bemühen darum. Wenn aber das Leben – indem es Cottard zwar nicht bei den Verdurins, wo er unter dem Einfluß, den in einem gewohnten Kreis die Vergangenheit auf uns ausübt, so ziemlich der Alte geblieben war, mindestens aber für seine Patienten, in seiner Tätigkeit an der Klinik, in der Académie de Médicine ein gewichtiges, kalt überlegenes Gebaren hatte annehmen lassen, das immer mehr hervortrat, während er vor seinen gefälligen Schülern seine Kalauer zum besten gab – den jetzigen und den damaligen Cottard durch einen wirklichen Schnitt getrennt hatte, waren die gleichen Mängel bei Saniette nach und nach, so wie er sie zu beheben versuchte, schlimmer geworden. Da er spürte, daß er oft langweilig wirkte, daß man ihm nicht zuhörte, sprach er nicht etwa langsamer, wie es Cottard getan hätte, erzwang nicht die Aufmerksamkeit durch eine bedeutende Miene, sondern wollte durch einen scherzhaften Ton mit der Ernsthaftigkeit seiner Ausführungen versöhnen, redete möglichst schnell, kämpfte sich durch, gebrauchte Abkürzungen, um weniger langfädig und mit den Dingen, von denen er sprach, vertrauter zu wirken, und damit erreichte er nur, daß sie unverständlich wurden und er nicht enden zu können schien. Seine Selbstsicherheit war nicht wie diejenige Cottards, vor der seine Patienten zu Eis erstarrten, so daß sie den Leuten, die seine gewinnende Art in Gesellschaft rühmten, zur Antwort gaben: »Das ist nicht mehr der gleiche Mann, wenn Sie in seinem Sprechzimmer sitzen, das Licht im Gesicht und er den Rücken dazu, mit seinem durchdringenden Blick.« Bei Saniette überzeugte sie nicht, man merkte, daß zuviel Schüchternheit sich in ihr verbarg, daß ein Nichts sie wegblasen konnte. Seine Freunde hatten ihm immer wieder gesagt, er mißtraue sich zu sehr, und er sah selber, daß Leute, die er mit Recht geringer einschätzte, mit Leichtigkeit zu den Erfolgen kamen, die ihm versagt blieben; er fing aber keine Erzählung an, ohne über ihre Spaßhaftigkeit zu lächeln, aus Furcht, mit einer ernsten Miene seine Ware nicht genügend zur Geltung zu bringen. Manchmal tat man ihm mit Rücksicht auf die Komik, die er selbst seiner Geschichte zuzuschreiben schien, den Gefallen und beobachtete allgemeines Stillschweigen. Aber es wurde ein Mißerfolg. Ein gutherziger Gast mochte ihm gelegentlich ein persönliches, beinahe heimliches Zeichen der Ermunterung, ein beifälliges Lächeln zukommen lassen, verstohlen und unauffällig, so wie man jemandem einen Zettel zusteckt. Aber niemand ging so weit, die Verantwortung auf sich zu nehmen und sich durch ein Lachen öffentlich auf seine Seite zu schlagen. Lange nachdem die Geschichte zu Ende und durchgefallen war, saß Saniette noch da, betrübt vor sich hinlächelnd, als fände er in ihr und für sich das Ergötzen, das ihm, so sollte es scheinen, genügte und das den andern entgangen war. Was den Bildhauer Ski betraf – der so genannt wurde, weil man Mühe hatte, seinen polnischen Namen auszusprechen, und weil er selbst, seit er einen gewissen gesellschaftlichen Umgang pflegte, mit zwar gut situierten, aber etwas langweiligen und sehr zahlreichen Verwandten durchaus nicht verwechselt werden wollte – so hatte er, fünfundvierzig Jahre alt und sehr häßlich, etwas Jungenhaftes und Träumerisch-Phantastisches beibehalten, weil er bis zu seinem zehnten Jahr das reizendste Wunderkind der Welt, der Liebling aller Damen gewesen war. Madame Verdurin behauptete, er sei künstlerisch begabter als Elstir, dem er übrigens nur rein äußerlich ein wenig glich. Die Ähnlichkeit reichte aus, um in Elstir, der Ski einmal begegnet war, jenen tiefen Widerwillen zu wecken, den uns noch mehr als die uns ganz konträren Menschen diejenigen einflößen, die uns in weniger gut ähnlich sind, in denen sich darstellt, was am wenigsten gut an uns ist, die Fehler, von denen wir uns kuriert haben und die uns zu unserem Unbehagen daran erinnern, wie wir anderen erschienen sein mögen, bevor wir das wurden, was wir jetzt sind. Madame Verdurin hingegen meinte, Ski habe mehr Temperament als Elstir; denn es gab keine Kunst, in der er sich nicht gewandt zeigte, und sie war überzeugt, daß er diese Gewandtheit zur Könnerschaft gesteigert hätte, wenn er weniger träge gewesen wäre. Und selbst diese Trägheit erschien ihr als eine Gabe, weil sie im Gegensatz zu der Arbeit stand, die sie für das Los der Menschen ohne Genie hielt. Ich meinte, ich müsse Elstir verteidigen. »Nun freilich«, unterbrach mich der Anwalt, »er hatte gut angefangen, man hatte ihn schon zur Avantgarde gerechnet. Jedenfalls«, fügte er mit einem feinen Lächeln hinzu, »würde ich alle Elstir der Welt, sogar seine frühen Bilder, für einen Le Sidaner hergeben.« Ski malte alles, was man wollte, auf Manschettenknöpfe oder auf Supraporten. Er sang mit der Stimme eines Komponisten, musizierte aus dem Gedächtnis, wobei er auf dem Klavier den Eindruck eines Orchesters erzeugte, weniger durch sein virtuoses Spiel als indem er mit seinen falschen Baßnoten darauf hinwies, daß die Finger den Einsatz eines Klapphorns – das er dafür mit dem Mund nachahmte – nicht wiedergeben können. Da er beim Sprechen nach den Worten suchte, um den Anschein zu erwekken, er halte einen außergewöhnlichen Eindruck fest, ebenso wie er einen Akkord hinauszögerte, um ihn dann mit einem »Ping« hinzusetzen, das die Blechbläser andeuten sollte, galt er für fabelhaft intelligent, doch in Wirklichkeit ließen sich seine Ideen auf zwei oder drei Gemeinplätze zurückführen. Er war es überdrüssig, im Ruf eines Phantasten zu stehen, und hatte sich in den Kopf gesetzt, als ein praktischer, positiver Mensch zu erscheinen, trumpfte mit falscher Präzision, mit falschem Hausverstand auf und machte es noch schlimmer, weil er gar kein Gedächtnis hatte und immer ungenau informiert war. Die Bewegungen seines Kopfes, des Halses, der Beine hätten bezaubert, wäre er noch neun Jahre alt gewesen und hätte blonde Locken, einen breiten Spitzenkragen und Stiefelchen aus rotem Leder gehabt. Er war mit Cottard und Brichot schon vor der Zeit am Bahnhof von Graincourt gewesen; sie hatten Brichot im Wartesaal gelassen und waren spazierengegangen. Als Cottard umkehren wollte, sagte Ski: »Das eilt doch nicht. Heute fährt nicht der Lokalzug, sondern der Regionalzug.« Und in seiner Freude über den Eindruck, den diese feine Nuance auf Cottard machte, fügte er, sich selbst kommentierend, hinzu: »Ja, ja, weil Ski die Künste liebt, weil er Ton knetet, meint man, er sei unpraktisch. Niemand kennt diese Strecke besser als ich.« Wie sie sich aber dem Bahnhof näherten, sah Cottard plötzlich die Dampfwolke des einfahrenden Bähnchens und brüllte: »Jetzt heißt es die Beine unter die Arme nehmen.« Sie waren tatsächlich noch eben zurecht gekommen; die Unterscheidung zwischen dem Lokal- und dem Regionalzug hatte nur in Skis Kopf existiert. »Ja, ist denn die Prinzessin nicht in dem Zug?« fragte Brichot mit bebender Stimme. Seine riesigen Brillengläser funkelten wie die Lichtspiegel, die sich die Laryngologen auf die Stirn setzen, um die Kehle ihrer Patienten zu beleuchten; sie schienen ihr Leben von den Augen des Professors übernommen zu haben und erweckten, vielleicht wegen der Anstrengung, die es ihn kostete, sein Sehvermögen ihnen anzupassen, auch in den gleichgültigsten Momenten den Eindruck, als schauten sie selber mit unterdrückter Spannung und ungewöhnlicher Festigkeit. Das Leiden, das Brichot die Sehkraft allmählich nahm, hatte ihm andererseits die Schönheiten dieses Sinnes offenbart, so wie wir oft uns entschließen müssen, uns von einem Gegenstand zu trennen, ihn beispielsweise zu verschenken, damit wir ihn anschauen, bewundern, vermissen … »Nein, nein, die Prinzessin ist mit Gästen von Madame Verdurin, die den Zug nach Paris nehmen wollten, nach Maineville gefahren. Es ist nicht einmal ausgeschlossen, daß Madame Verdurin, die in Saint-Mars zu tun hatte, bei ihr ist! Dann käme sie mit uns zurück, und wir würden alle zusammen fahren, das wäre allerliebst. In Maineville heißt es dann Ausschau halten, und zwar gründlich! Ah! nun also, um ein Haar wären wir zu spät gekommen. Als ich den Zug sah, war ich wie vom Donner gerührt. Das nennt man im psychologischen Moment ankommen. Stellen Sie sich vor, wir hätten den Zug verpaßt, und Madame Verdurin hätte den Wagen ohne uns ankommen sehen: Tableau!« sagte Cottard, der sich noch nicht von seinem Schrecken erholt hatte. »So eine Fahrt erlebt man nicht alle Tage. Was sagen denn Sie, Brichot, zu unserem kleinen Abenteuer?« fragte er nicht ohne Stolz. »Meiner Treu«, erwiderte Brichot, »wenn Sie den Zug nicht mehr erwischt hätten, wäre das, wie der alte Villemain gesagt hätte, ›un sale coup pour la fanfare‹ gewesen. Ich glaubte schon«, fügte er im Ton einer zarten Anspielung hinzu, »Sie hätten sich bei einer Peripatetikerin vergessen.« Und indem er sich zu dem norwegischen Philosophen wandte: »Sagen Sie, lieber Fachgenosse, werden Sie ein paar Tage auf der Raspelière verweilen?« »Oh, nein, lieber Genosse – pardon, Kollege –«, antwortete der Philosoph, »ich muß am Montag zu einem Abendessen über geistige Beschwörungen nach Paris zurückfahren, das mein Kollege, Monsieur Boutroux, in der Tour d'Argent gibt, oder vielleicht im Hotel Meurice. Und von dort fahre ich nach dem Kap der Guten Hoffnung.« Mir fiel aber, nachdem mich die Leute, die ich nicht kannte, zuerst eine Weile abgelenkt hatten, mit einemmal wieder ein, was mir Cottard im Tanzsaal des kleinen Kasinos gesagt hatte, und als könnte ein unsichtbares Kettenglied ein Organ mit den Bildern der Erinnerung verbinden, rief in meinem Herzen der Anblick Albertines, wie sie ihre Brüste an die von Andrée drückte, einen furchtbaren Schmerz hervor. Der Schmerz dauerte nicht lange; daß Beziehungen Albertines mit Frauen bestünden, schien mir nicht mehr denkbar, seit die Avancen, die meine Freundin zwei Tage vorher Saint-Loup gemacht hatte, in mir eine neue Eifersucht geweckt hatten, die mich die erste vergessen ließ. Ich gehörte zu den naiven Leuten, die glauben, eine Neigung müsse eine andere ausschließen. Weil der Zug überfüllt war, stieg in Haranbonville ein Bauer in blauer Bluse, der nur eine Fahrkarte dritter Klasse hatte, in unser Abteil. Cottard meinte, man könne der Prinzessin nicht zumuten, mit ihm zu reisen, rief einen Bahnangestellten herbei, wies seine Karte als Arzt einer großen Eisenbahngesellschaft vor und nötigte den Stationsvorsteher, den Mann aussteigen zu lassen. Diese Szene bekümmerte und ängstigte den schüchternen Saniette so, daß er aus Furcht, sie könnte bei der großen Zahl der Bauern auf dem Bahnsteig die Ausmaße einer Jacquerie annehmen, Bauchschmerzen vorschützte und sich der Mitverantwortung für die Gewalttätigkeit des Doktors entzog, indem er auf den Gang hinausschlüpfte und tat, als suche er das, was Cottard »les Water« nannte. Da er sie nicht fand, betrachtete er die Landschaft vom anderen Ende des Bähnchens aus. »Wenn dies Ihr erster Abend bei Madame Verdurin ist, Monsieur«, sagte Brichot – der Wert darauf legte, einem »Neuen« seine Talente zu zeigen – zu mir, »so werden Sie sehen, daß man in keinem Kreis eher die ›douceur de vivre‹ spürt, nach dem Wort eines der Erfinder des Dilettantismus, des Absentismus und vieler anderer Wörter auf -ismus, die bei unseren Blaustrümpfchen Mode sind, ich meine Monsieur le Prince de Talleyrand.« Denn so oft er von großen Herren der Vergangenheit sprach, fand er es geistreich und zeitnahe, ihrem Titel ein »Monsieur« voranzustellen, und sagte »Monsieur le Duc de La Rochefoucauld«, »Monsieur le Cardinal de Retz«, die er übrigens mitunter auch »diesen ›struggle for lifer‹ de Gondi«, »diesen ›boulangiste‹ de Marcillac« nannte. Und er verfehlte nie, wenn er von Montesquieu sprach, ihn mit einem Lächeln »Monsieur le Président Secondat de Montesquieu« zu nennen. Einem geistreichen Weltmann wäre diese Pedanterie, die nach Schule riecht, auf die Nerven gegangen. Aber in der Formvollendung des Weltmanns steckt, wenn er von Fürstlichkeiten spricht, auch eine Pedanterie, die eine andere Kaste verrät und darin besteht, daß man »Seine Majestät der Kaiser« sagt und eine Hoheit in der dritten Person anredet. »Es ist ein reizender Kreis«, sagte Cottard, »Sie werden da ein wenig von allem finden, denn Madame Verdurin ist nicht exklusiv, berühmte Gelehrte wie Brichot, Hochadel wie zum Beispiel die Prinzessin Sherbatoff, eine große russische Dame, Freundin der Großfürstin Eudoxia, die sie sogar allein bei sich sieht und zu Stunden, wo sie niemanden empfängt.« Tatsächlich legte die Großfürstin Eudoxia keinen Wert darauf, daß die Prinzessin Sherbatoff, die schon lange von niemandem mehr empfangen wurde, zu ihr kam, wenn sie Besuch haben konnte; daher ließ ihre Hoheit sie nur am frühen Morgen kommen, wenn keiner der Freunde da war, die es ebenso unangenehm berührt hätte, der Prinzessin zu begegnen, wie das ihr selber peinlich gewesen wäre. Da Madame Sherbatoff seit drei

Jahren, kaum war sie jeweils bei der Großfürstin weggegangen wie eine Maniküristin, zu Madame Verdurin fuhr, die eben erst aufgewacht war, und nicht mehr von ihrer Seite wich, kann man sagen, daß die Treue der Prinzessin selbst jene von Brichot weit übertraf, der doch mit solcher Beharrlichkeit an den Mittwochabenden teilnahm, wo er sich in Paris als eine Art Chateaubriand in der Abbaye-aux-Bois vorkam und auf dem Land eine Rolle zu übernehmen glaubte, wie sie bei Madame de Châtelet derjenige spielte, den er stets mit der spöttischen Genugtuung des Gebildeten »Monsieur de Voltaire« nannte. Daß sie keine Beziehungen hatte, erlaubte es der Prinzessin Sherbatoff, den Verdurins über Jahre hinweg eine Treue zu beweisen, durch die sie zu mehr als einer normalen »Getreuen« wurde, zum Typus des Getreuen, zum Ideal, das Madame Verdurin lange für unerreichbar gehalten hatte, das sie aber nun, in ihrer zweiten Lebenshälfte, in dem neuen, weiblichen Trabanten endlich doch verkörpert fand. Wie sehr die Eifersucht sie auch quälen mochte, es gab keinen noch so eifrigen Getreuen, der nicht einmal »geschwänzt« hätte: die Seßhaftesten ließen sich zu einer Reise verlocken; die Zurückhaltendsten hatten eine Eroberung gemacht; die Widerstandsfähigsten konnten eine Grippe erwischen; die Müßigsten traf es, daß sie zu einer militärischen Übung einrücken mußten; die Gleichgültigsten, daß sie zu ihrer sterbenden Mutter fuhren, um ihr die Augen zuzudrücken. Umsonst sagte ihnen Madame Verdurin dann wie die römische Kaiserin, sie sei der einzige General, dem die Legion zu gehorchen habe, und wie Christus oder der deutsche Kaiser, wer Vater und Mutter ebenso liebe wie sie und nicht bereit sei, beide zu verlassen, um ihm zu folgen, sei ihrer nicht würdig; statt im Bett von Kräften zu kommen oder sich von einem Flittchen prellen zu lassen, täten sie besser, bei ihr zu bleiben, bei ihr, dem einzigen Heilmittel und der einzigen Lust. Aber das Schicksal, dem es bisweilen gefällt, das Ende eines Lebens zu verschönen, das sich in die Länge zieht, hatte Madame Verdurin die Prinzessin Sherbatoff zugeführt. Mit ihrer Familie entzweit, aus ihrem Land verbannt, kannte sie einzig noch die Baronin Putbus und die Großfürstin Eudoxia, und weil sie keinen Wert darauf legte, die Freundinnen der ersteren anzutreffen, die letztere aber keinen Wert darauf legte, daß ihre Freundinnen die Prinzessin antrafen, ging sie dort nur am frühen Morgen hin, wenn Madame Verdurin noch schlief; seit sie mit zwölf Jahren an den Röteln erkrankt war, hatte sie nie mehr das Bett hüten müssen; als Madame Verdurin sie, um nur ja nicht allein zu sein, am 31. Dezember gefragt hatte, ob sie nicht trotz Silvester für einmal bei ihr übernachten könnte, hatte sie geantwortet: »Was sollte mich an welchem Tag auch immer daran hindern? Außerdem bleibt man an diesem Tag in seiner Familie, und Sie sind meine Familie«; sie wohnte in einer Pension, die sie wechselte, wenn die Verdurins umzogen, folgte ihnen aufs Land und hatte den Vers von Vigny, den eine Inschrift Robert de Montesquious wieder zu Ehren gebracht hat: »Du warst allein das Ziel, das immer wir gesucht«, für Madame Verdurin so völlig verwirklicht, daß die Präsidentin des kleinen Zirkels im Bestreben, sich eine »Getreue« bis in den Tod zu erhalten, ihr vorgeschlagen hatte, daß diejenige von ihnen, die länger lebe, sich neben der anderen bestatten lassen sollte. Fremden gegenüber – zu denen wir immer auch den rechnen müssen, den wir am meisten belügen, weil wir von ihm am wenigsten verachtet werden möchten: uns selbst – hielt die Prinzessin darauf, ihre einzigen drei Freundschaften – mit der Großfürstin, mit den Verdurins, mit der Baronin Putbus – nicht als die einzigen hinzustellen, die Schicksalsschläge ohne ihr Zutun inmitten der Zerstörung alles übrigen ausgespart hatten, sondern als solche, die sie in freier Wahl sich aus allen anderen ausersehen hatte und auf die sie ein Hang zur Einsamkeit und zum Einfachen sich beschränken hieß. »Ich sehe *niemanden* sonst«, pflegte sie zu sagen, indem sie eher das Unabänderliche einer Regel, die man sich auferlegt hat, als einer Notwendigkeit, der man sich fügt, hervorzuheben schien. Und sie fügte hinzu: »Ich verkehre nur in drei Häusern«, wie die Autoren, die aus Furcht, es könnte zu keiner vierten Aufführung kommen, ankündigen, daß ihr Stück nur dreimal gegeben wird. Ob die Verdurins dieser Fiktion Glauben schenkten oder nicht, sie hatten der Prinzessin geholfen, den Glauben in den Köpfen der Getreuen zu befestigen, so daß man in ihrem Kreis nicht nur davon überzeugt war, daß die Prinzessin unter Tausenden von Beziehungen, die sich ihr anboten, einzig die Verdurins gewählt hatte, sondern auch davon, daß Madame Verdurin, zu der die gesamte Hocharistokratie sich vergeblich drängte, nur die eine Ausnahme zugunsten der Prinzessin gemacht hatte.

Die Prinzessin war steinreich; sie hatte in allen Premieren eine große Parkettloge, in die sie mit Madame Verdurins Ermächtigung die Getreuen und nie jemand anderen einlud. Man zeigte einander die rätselhafte, blasse Person, die alt geworden war, ohne weiß zu werden, die sich vielmehr gerötet hatte wie in den Hecken die dauerhaften, geschrumpften Beeren. Man bewunderte gleichzeitig ihre Macht und ihre Bescheidenheit, denn obwohl sie stets ein Mitglied der Akademie, Brichot, einen berühmten Wissenschaftler, Cottard, den ersten Pianisten jener Jahre und später Monsieur de Charlus um sich hatte, achtete sie wohl darauf, die unscheinbarste Loge zu bekommen, hielt sich im Hintergrund, nahm keine Notiz vom Zuschauerraum und lebte nur für die kleine Gruppe, die sich kurz vor dem Ende der Vorstellung zurückzog, das Gefolge einer seltsamen Herrscherin, die nicht ohne zaghafte, anrührende und verbrauchte Schönheit war. Indem aber Madame Sherbatoff keinen Blick auf den Zuschauerraum warf, sich im Schatten hielt, versuchte sie zu vergessen, daß es eine Gesellschaft von Lebenden gab, die sie sehnlichst zu kennen wünschte und niemals kennen würde: die Clique in der Loge war für sie das, was für manche Tiere die totenähnliche Reglosigkeit angesichts einer Gefahr ist. Und doch bewirkten das Bedürfnis nach Abwechslung und die Neugier, die den Gesellschaftsmenschen zusetzen, daß sie dieser geheimnisvollen Unbekannten vielleicht größere Aufmerksamkeit schenkten als den Berühmtheiten in den ersten Logen, denen jedermann seine Aufwartung machte. Man stellte sich vor, daß sie anders sei als die Leute, die man kannte, daß eine unvergleichliche Intelligenz, verbunden mit einer divinatorischen Güte, diesen kleinen Kreis von hervorragenden Geistern um sie scharte. Wenn man ihr von jemandem sprach oder jemanden vorstellte, war die Prinzessin gezwungen, eisige Kälte an den Tag zu legen und so ihren Abscheu vor der Gesellschaft zum Ausdruck zu bringen. Dennoch gelang es mit der Hilfe von Cottard oder Madame Verdurin dem einen oder anderen Neuen, sie kennenzulernen, und dann war ihre Hochstimmung über eine solche Bekanntschaft derart, daß sie das Märchen von ihrer gewollten Isolierung vergaß und für den Neuen alles Erdenkliche tat. War er dabei höchst mittelmäßig, so wunderte sich ein jeder. »Wie eigentümlich, daß die Prinzessin niemanden kennenlernen will und für einen so unbedeutenden Menschen eine Ausnahme macht.« Aber solch fruchtbringende Bekanntschaften waren selten, und die Prinzessin lebte in strenger Beschränkung auf den Kreis der Getreuen.

Cottard sagte viel öfter: »Ich sehe ihn am Mittwoch bei Verdurins« als: »Ich sehe ihn am Dienstag in der Académie.« Und er sprach von den Mittwochen wie von einer ebenso wichtigen und ebenso unausweichlichen Beanspruchung. Er gehörte zu den Menschen, die selten eingeladen werden und die es sich zu einer gebieterischen Pflicht machen hinzugehen, so als wäre die Einladung ein Befehl, entsprechend einem militärischen Aufgebot, einer gerichtlichen Vorladung. Nur ein sehr wichtiger Patientenbesuch konnte bewirken, daß er an einem Mittwoch bei den Verdurins »schwänzte«, wobei die Wichtigkeit eher vom Rang des Kranken als von der Schwere der Krankheit abhing. Denn bei all seiner Gutartigkeit verzichtete Cottard auf die Freuden des Mittwochs nicht wegen des Schlaganfalls eines Arbeiters, aber wegen des Schnupfens eines Ministers. Und auch dann sagte er seiner Frau: »Ich lasse mich bei Madame Verdurin entschuldigen. Sag ihr, daß ich erst später komme. Diese Exzellenz hätte sich wirklich an einem anderen Tag erkälten können.« Als ihre alte Köchin sich an einem Mittwoch in die Armvene geschnitten hatte und Madame Cottard ihren Mann, der schon im Smoking war, um zu den Verdurins zu fahren, schüchtern fragte, ob er der Verletzten nicht einen Verband anlegen könnte, hatte er mit den Achseln gezuckt und stöhnend ausgerufen: »Ich kann doch nicht, Léontine! Siehst du denn nicht, daß ich schon mein weißes Gilet anhabe?« Um ihren Gatten nicht weiter zu behelligen, hatte Madame Cottard in aller Eile den Oberarzt des Spitals kommen lassen, der einen Wagen nahm, um schneller da zu sein, und in den Hof einbog, als Cottards Wagen gerade hinausfahren sollte, um den Professor zu den Verdurins zu bringen, wodurch fünf Minuten mit Vorwärts- und Rückwärtsmanövrieren verlorengingen. Madame Cottard war es peinlich, daß der Oberarzt nun seinen Chef im Abendanzug sah. Cottard wetterte über den Aufschub, vielleicht auch aus schlechtem Gewissen, und fuhr in so schrecklicher Laune ab, daß es aller Genüsse des Mittwochs bedurfte, um ihn wieder aufzuheitern.

Wenn einer von Cottards Patienten ihn fragte: »Treffen Sie

gelegentlich die Guermantes?«, so konnte der Professor in aller Harmlosigkeit antworten: »Die Guermantes vielleicht gerade nicht. Aber ich sehe alle diese Leute bei Freunden. Sie haben gewiß schon von den Verdurins gehört. Die kennen jedermann. Und sie selber sind jedenfalls keine abgetakelten Feinspitze. Da ist etwas vorhanden. Man schätzt Madame Verdurin allgemein auf 35 Millionen. Sapristi! 35 Millionen sind keine Kleinigkeit. Und sie schöpft auch tatsächlich aus dem vollen. Sie sprachen von den Guermantes. Ich will Ihnen sagen, wo der Unterschied liegt: Madame Verdurin ist eine große Dame; die Herzogin von Guermantes ist wahrscheinlich pleite. Sie erfassen die Nuance, nicht wahr? Jedenfalls, ob nun die Guermantes bei Madame Verdurin verkehren oder nicht, sie empfängt, was besser ist, die d'Sherbatoffs, die d'Forchevilles und *tutti quanti* die Hautevolee, den ganzen Adel von Frankreich und Navarra, mit dem ich mich dort von gleich zu gleich unterhalte. Diese Art Leute liebt es ja auch, mit den Fürsten der Wissenschaft zu verkehren«, fügte er mit einem glücklich-selbstzufriedenen Lächeln hinzu, das der befriedigte Ehrgeiz ihm auf die Lippen trieb, nicht so sehr deshalb, weil dieser einst Potain und Charcot vorbehaltene Titel sich jetzt auf ihn anwenden ließ, sondern weil er endlich die vom Sprachgebrauch sanktionierten Ausdrücke allesamt richtig einsetzen konnte und sie nach langem Büffeln von Grund auf beherrschte. So fügte er auch, als er mir unter den Personen, die Madame Verdurin empfing, die Prinzessin Sherbatoff genannt hatte, mit einem Augenzwinkern hinzu: »Sie sehen, in welcher Art Haus man da ist, Sie verstehen schon, was ich meine?«

»Die Prinzessin wird in Maineville sein. Sie wird mit uns fahren. Aber ich werde Sie nicht gleich vorstellen. Es ist besser, wenn Madame Verdurin das macht. Außer ich finde eine Gelegenheit. Sie können sicher sein, daß ich sie beim Schopf packen werde.« – »Wovon sprachen Sie?« fragte Saniette, der keine Angst mehr hatte, seit der Zug wieder fuhr, und so tat, als sei er Luft schöpfen gegangen. »Ich zitierte für diesen Herrn«, sagte Brichot, »ein Ihnen wohlbekanntes Wort dessen, der in meinen Augen der erste Vertreter des Fin de siècle (natürlich des Achtzehnten) war, genannt Charles Maurice, Abbé de Périgord [Talleyrand]. Er versprach zuerst ein sehr guter Journalist zu werden. Aber es nahm kein gutes Ende mit ihm – er wurde Minister!

Das Leben kann einem übel mitspielen. Ein nicht sehr zimperlicher Politiker nebenbei, der sich mit der Überlegenheit eines großen Herrn nicht scheute, dann und wann für den König von Preußen zu arbeiten (man kann es nicht anders sagen), und als ein Mann des linken Zentrums starb.«

»Man hat wohl immer noch nichts von dem Geiger gehört«, sagte Cottard. Das Ereignis des Tages war in der kleinen Truppe tatsächlich das Ausbleiben von Madame Verdurins bevorzugtem Geiger, der seinen Militärdienst bei Doncières leistete und dreimal wöchentlich zum Abendessen in die Raspelière kam, denn er hatte Ausgang bis Mitternacht. Vor zwei Tagen hatten ihn nun die Getreuen zum erstenmal in dem Bähnchen nicht ausfindig machen können. Man dachte, er habe den Zug verpaßt. Aber Madame Verdurin hatte den Wagen zur nächsten und schließlich zur letzten Ankunft an den Bahnhof geschickt, und er war leer zurückgekommen. »Er steckt gewiß im Arrest; anders läßt sich seine Fahnenflucht nicht erklären. Ah! Teufel – man weiß doch, diese Brüder beim Militär: da muß nur ein Adjutant schlecht gelaunt sein.« »Es wird Madame Verdurin noch besonders kränken«, sagte Brichot, »wenn er heute wieder ausbleibt; denn unsere liebenswürdige Gastgeberin empfängt nun zum Abendessen erstmals die Nachbarn, von denen sie die Raspelière gemietet hat, den Marquis und die Marquise von Cambremer.« »Heute abend – den Marquis und die Marquise von Cambremer!« rief Cottard aus. »Davon wußte ich ja gar nichts. Natürlich wußte ich wie Sie alle, daß sie einmal kommen sollten, aber ich wußte nicht, daß es so bald sein würde. Sapristi«, sagte er, zu mir gewandt, »was habe ich Ihnen gesagt: die Prinzessin Sherbatoff, der Marquis und die Marquise von Cambremer.« Und nachdem er diese Namen wiederholt, sich in ihrer Melodie gewiegt hatte: »Sie sehen, wir lassen es an nichts fehlen. Für Ihren Anfang kommen Sie jedenfalls auf die Rechnung. Das wird eine ausnehmend glanzvolle Besetzung.« Und zu Brichot gewandt, setzte er hinzu: »Die Hausherrin wird außer sich sein. Es ist höchste Zeit, daß wir kommen und ihr zur Seite stehen.« Seit Madame Verdurin auf der Raspelière war, gab sie sich den Getreuen gegenüber verzweifelt über die Notwendigkeit, die Besitzer des Hauses einmal zu sich zu bitten. Sie würde so für das nächste Jahr günstigere Bedingungen erhalten, sagte sie, und tue es nur dieses Vorteils wegen. Doch sie legte einen solchen Widerwillen an den Tag – ein Abendessen mit Leuten, die nicht zu der kleinen Gruppe gehörten, war ihr so fürchterlich, daß sie es immer wieder verschob. Es schreckte sie auch ein wenig – aus den Gründen, die sie nannte, aber übertrieb –, entzückte sie aber zugleich aus Snobismus, was sie lieber verschwieg. Sie war also halbwegs ehrlich, sie hielt ihren kleinen Kreis für etwas so Einzigartiges, für ein Gebilde, wie es erst nach Jahrhunderten wieder zustande kommt, daß sie bei dem Gedanken erzitterte, Leute aus der Provinz in ihn einzuführen, die nichts von den ›Meistersingern‹ und von der Tetralogie wußten, die ihren Part im Konzert der allgemeinen Unterhaltung nicht beherrschen würden und imstande waren, als Gäste Madame Verdurins einen der unvergleichlichen Mittwochabende zu zerstören, eines der köstlichen, zerbrechlichen Kunstwerke, venezianischen Gläsern vergleichbar, die unter einem falschen Ton schon zerspringen konnten. »Obendrein sind sie wohl durch und durch ›anti‹ und Militaristen«, hatte M. Verdurin gesagt. »Ach, das ist jetzt ja gleich, von dieser Geschichte hat man lange genug geredet«, hatte Madame Verdurin geantwortet, die eine aufrechte Dreyfusianerin war, die führende Rolle ihres dreyfusfreundlichen Salons aber gern als gesellschaftlichen Gewinn gebucht hätte. Nun triumphierte der Dreyfusismus politisch, aber nicht gesellschaftlich. Labori, Reinach, Picquart und Zola waren für die höheren Kreise weiterhin Verräter, die sie von der kleinen Gruppe nur fernhalten konnten. So legte Madame Verdurin Wert darauf, nach diesem Ausflug in die Politik zu den Künsten zurückzukehren. Standen im übrigen d'Indy und Debussy in der Affäre nicht auf der falschen Seite? »Was die Affäre betrifft, so brauchen wir die Leute nur neben Brichot zu setzen«, sagte sie (der Professor war der einzige Getreue, der für den Generalstab eingetreten war, was ihn in Madame Verdurins Achtung sehr herabgesetzt hatte). »Man ist ja nicht verpflichtet, ewig von der Dreyfus-Affäre zu reden. Nein, die Cambremer langweilen mich ganz einfach.« Die Getreuen ihrerseits – die der uneingestandene Wunsch, die Cambremer kennenzulernen, ebenso bewegte, wie der zur Schau getragene Widerwille Madame Verdurins, die Cambremer einzuladen, sie täuschte – nahmen täglich mit ihr die ganz unedlen Argumente durch, die sie selbst zugunsten dieser Einladung anführte, und versuchten ihre Stichhaltigkeit darzutun. »Entschließen Sie sich ein für allemal«, sagte Cottard immer wieder, »dann kommt man Ihnen bei der Miete entgegen, die andern bezahlen den Gärtner, und Sie haben das Nutzrecht an der Wiese. All das wiegt einen langweiligen Abend wohl auf. Ich spreche nur Ihretwegen davon«, setzte er hinzu, obwohl das Herz ihm geschlagen hatte, als er einmal in Madame Verdurins Wagen auf der Landstraße denjenigen der alten Madame de Cambremer gekreuzt hatte, und er es namentlich als Demütigung vor den Bahnangestellten empfand, wenn er am Bahnhof neben den Marquis zu stehen kam. Die Cambremer wiederum – die viel zu weit vom gesellschaftlichen Auf und Ab lebten, um auch nur ahnen zu können, daß gewisse Damen von Rang mit einiger Achtung von Madame Verdurin sprachen – stellten sich vor, es handle sich da um eine Person, die gewiß nur Bohémiens kannte, vielleicht nicht einmal wirklich verheiratet war und niemanden »von Familie« zu sehen bekam außer ihnen. Sie schickten sich nur darein, zu diesem Abendessen zu gehen, weil sie in gutem Einvernehmen mit Mietern stehen wollten, von denen sie hofften, daß sie recht oft wiederkämen, zumal sie seit einem Monat wußten, daß die Verdurins so viele Millionen geerbt hatten. Weil sie aber besser erzogen waren als ihre Gastgeber, rüsteten sie sich schweigend, ohne geschmacklose Scherzworte für den Schicksalstag. Die Getreuen hofften nicht mehr, daß er jemals käme, so oft hatte Madame Verdurin ihn schon in ihrer Gegenwart festgesetzt und dann wieder verschoben. Die ungültigen Beschlüsse sollten nicht nur den Verdruß demonstrieren, den dieses Essen ihr verursachte, sondern auch die Mitglieder des Zirkels in Atem halten, die in der Nachbarschaft wohnten und bisweilen zum »Schwänzen« neigten. Nicht weil Madame Verdurin erriet, daß ihnen der »große Tag« ebenso willkommen war wie ihr selbst, sondern weil sie ihnen beigebracht hatte, daß dieses Essen für sie die schrecklichste aller Prüfungen war, konnte sie an ihre Ergebenheit appellieren. »Sie werden mich doch nicht mit diesen Landpomeranzen allein lassen! Wir müssen im Gegenteil möglichst viele sein, um mit der Langeweile fertig zu werden. Natürlich können wir uns über nichts unterhalten, das uns interessierte. Das wird ein verpatzter Mittwoch, was will man tun?«

»Ich glaube tatsächlich«, sagte Brichot zu mir, »daß Madame Verdurin, die sehr klug ist und sich viel auf die Gestaltung ihrer Mittwoche zugute tut, keinen Wert darauf legte, diese hochgeborenen, aber geistlosen Krautjunker zu empfangen. Sie hat sich nicht entschließen können, die alte Marquise einzuladen, aber mit dem Sohn und der Schwiegertochter hat sie sich abgefunden.«

Die ältere Marquise de Cambremer, die Madame Verdurin nicht mit eingeladen hatte, war dieselbe, die einstmals bei Madame de Saint-Euverte verkehrte. Halten wir von ihr für den Augenblick nur zwei eigentümliche Gewohnheiten fest, die sowohl von ihrer Begeisterung für die Künste (vor allem für die Musik) als auch von ihrem ungenügenden Gebiß herrührten. Jedesmal, wenn sie auf einen schöngeistigen Gegenstand kam, bewirkte dies – wie bei gewissen Tieren die Brunst – eine solch überschüssige Sekretion ihrer Speicheldrüsen, daß der zahnlose Mund der alten Dame aus den Winkeln der etwas schnurrbärtigen Lippe ein paar Tropfen entließ, die dort nicht hingehörten. Sie sog sie sogleich mit einem schweren Seufzer zurück, so wie jemand, der Atem holt. Und wenn es sich erst um überwältigend schöne Musik handelte, warf sie in ihrem Enthusiasmus die Arme empor und erließ einige kurzgefaßte, energisch zerkaute und nötigenfalls durch die Nase gesprochene Urteile. »Ah! Sie kennen Chopin!« sagte sie mir bei unserer ersten Begegnung mit einer Stimme, in die das Entzücken mehr Kiesel legte, als je im Mund des Demosthenes waren, und so wie sie gesagt hätte: »Ah! Sie kennen Madame de Franquetôt«, was ihr viel weniger Freude gemacht hätte. »Was, Sie lieben ihn auch?« fügte sie erstaunt hinzu, denn ihre Schwiegertochter erklärte die ›Nocturnes‹ für alte Scharteken. »Hosianna, er liebt Chopin! Das wundert mich nicht, er ist ja so turch und turch Künstler!« Und der Speichelfluß, der über die Kiesel geströmt war, bleichte für einen Augenblick den Schnurrbart und netzte den Hutschleier.

»Ah! wir werden die Marquise von Cambremer sehen?« sagte Cottard mit einem Lächeln, in das er eine leichtfertige Anspielung glaubte legen zu müssen, obgleich er nicht wußte, ob Madame de Cambremer hübsch war oder nicht. Doch der Titel einer Marquise weckte in ihm galante und köstliche Bilder. »Ah!

ich kenne sie«, sagte Ski, der ihr einmal begegnet war, als er mit Madame Verdurin spazierenging. »Sie kennen sie aber nicht im biblischen Sinne?« sagte der Arzt mit einem anzüglichen Blick durch seinen Kneifer; es war dies einer seiner Lieblingsscherze.

Der Zug hielt schließlich an der Station Doville-Féterne, die ungefähr gleich weit von den Dörfern Féterne und Doville entfernt war und deshalb ihre beiden Namen trug. »Saperlipopette«, rief der Doktor aus, als wir zu der Schranke kamen, wo man die Fahrkarten in Empfang nahm, und tat so, als hätte er es eben erst bemerkt: »Ich finde mein Billett nicht, ich muß es verloren haben.« Aber der Angestellte hob seine Mütze und versicherte mit respektvollem Lächeln, das mache nichts. Die Prinzessin (die dem Kutscher Anweisungen gab wie eine Art Hofdame von Madame Verdurin, die wegen der Cambremer nicht hatte zum Bahnhof kommen können, was sie übrigens selten tat) nahm mich und Brichot zu sich in den einen Wagen. In den anderen stiegen Cottard, Saniette und Ski. Wir fuhren zuerst durch Doville. Grashügel senkten sich von da bis zum Meer, weites Heideland, von der Feuchtigkeit und vom Salz gesättigt, weich und dicht, in den leuchtendsten Farben. Die Inselchen und die Zacken von Rivebelle, viel näher hier als in Balbec, gaben dem Verlauf und dem Relief dieser Küstenpartie ein für mich neues Aussehen. Wir kamen an kleinen Chalets vorüber, die fast alle an Maler vermietet waren; wir bogen in ein Sträßchen ein, wo uns frei weidende Kühe, ebenso erschrocken wie unsere Pferde, während zehn Minuten den Weg versperrten, und gelangten so auf die Küstenstraße. »Aber bei den unsterblichen Göttern«, fragte Brichot plötzlich, »um auf den armen Dechambre zurückzukommen: glauben Sie, daß Madame Verdurin *weiß?* Hat man *es* ihr *gesagt?*« Madame Verdurin dachte wie fast alle Gesellschaftsmenschen, eben weil sie auf die Gegenwart der anderen angewiesen war, nicht einen Tag mehr an sie, wenn sie tot waren und nicht mehr zu den Mittwochen oder zu den Samstagen oder zu ungezwungenen Abendessen erscheinen konnten. Und man konnte von dem kleinen Zirkel nicht sagen, daß er – hierin ein Abbild aller Salons – mehr aus Toten als aus Lebenden bestehe; denn wenn man tot war, schien man nie existiert zu haben. Um aber die Unannehmlichkeit zu vermeiden, daß man von den Verstorbenen sprechen und womöglich wegen eines Todesfalls die Diners absagen mußte, was für die Hausherrin nicht in Frage kam, tat Monsieur Verdurin, als ginge der Tod der Getreuen seiner Frau so nahe, daß man um ihrer Gesundheit willen nicht davon reden dürfe. Außerdem jagte ihm, vielleicht eben weil ihm der Tod der anderen als ein so endgültiger und so alltäglicher Unglücksfall erschien, der Gedanke an seinen eigenen Tod einen solchen Schrecken ein, daß er sich jeder Überlegung entzog, die damit zu tun haben konnte. Der wackere Brichot aber, der auf alles hereinfiel, was Monsieur Verdurin von seiner Frau erzählte, war um seine Freundin besorgt wegen der möglichen Erschütterung durch solch schweren Gram. »Ja, sie *weiß alles* seit heute früh«, sagte die Prinzessin, »man hat es ihr *nicht verheimlichen können*.« »Ah! bei Zeus und seinen Donnerkeilen«, rief Brichot, »ah! das muß ein furchtbarer Schlag gewesen sein – eine Freundschaft von fünfundzwanzig Jahren. Das war wirklich einer der Unsern.« »Gewiß, gewiß«, sagte Cottard, »nun freilich: das sind immer schmerzliche Umstände; aber Madame Verdurin ist eine starke Frau, und noch mehr zerebral als emotional.« »Ich bin nicht ganz der Meinung des Doktors«, sagte die Prinzessin, deren schnell gemurmelte Sprechweise ihr oft einen schmollenden, widerspenstigen Ausdruck verlieh. »Madame Verdurin verbirgt unter einem Anschein von Kälte wahre Schätze der Empfindsamkeit. Monsieur Verdurin hat mir gesagt, daß er sie nur mit vieler Mühe davon abhalten konnte, nach Paris zu der Trauerfeier zu fahren; er mußte sie glauben machen, es spiele sich alles auf dem Land draußen ab.« »Ah! Donnerwetter, nach Paris wollte sie. Aber ich weiß sehr wohl, sie ist eine Frau von Herz, ja sogar zuviel Herz. Der arme Dechambre! Wie Madame Verdurin noch vor nicht einmal zwei Monaten sagte: ›Neben ihm verblassen Planté, Paderewski, selbst Risler.‹ Ah! mit mehr Recht als dieser nichtsnutzige Nero, dem es gelungen ist, selbst die deutsche Wissenschaft zu übertölpeln, hätte er sagen können: ›Qualis artifex pereo!‹ Aber er, Dechambre, ist doch sicherlich in der Erfüllung des heiligen Amtes, im Geruche Beethovenscher Frömmigkeit gestorben; und tapfer, kein Zweifel; von Rechts wegen hätte es dieser Priester der deutschen Musik verdient, beim Zelebrieren der D-Dur-Messe zu verscheiden. Er hatte aber auch das Zeug dazu, den Knochenmann mit einem Triller zu begrüßen, denn dieser geniale Musiker, Pariser aus der Champagne, hat in seiner Herkunft bisweilen französische Garden-Extravaganz und -Eleganz wiedergefunden.«

Aus der Höhe, auf der wir waren, glich das Meer schon nicht mehr, wie in Balbec, einer gestaffelten Folge von Gebirgszügen, sondern im Gegenteil einem bläulichen Gletscher oder einer gleißenden Fläche, die man von einem Gipfel herab oder von einem Pfad, der rund um den Berg führt, in geringerer Höhe liegen sieht. Die Auszackung seiner Strudel schien hier unbeweglich und als hätte sie ihr konzentrisches Bild ein für allemal eingezeichnet; und der Firnis des Meeres, der seine Farbe unmerklich wechselte, nahm nach dem Innern der Bucht hin, wo ein Watt sich vertiefte, das bläuliche Weiß einer Milch an, in der kleine schwarze Fährschiffe, die nicht vom Fleck kamen, wie Fliegen festsaßen. Mir schien, als könne man nirgends einen weiteren Ausblick finden. Aber an jeder Kehre kam ein neuer Abschnitt dazu, und als wir zum Schlagbaum von Doville gelangten, trat der Felsenvorsprung, der uns bisher die Hälfte des Golfs verborgen hatte, zurück, und ich erblickte plötzlich zur Linken eine zweite Bucht, die ebenso tief wie die erste war, aber ihre Proportionen veränderte und ihre Schönheit verdoppelte. An diesem hohen Punkt nahm die Luft eine Frische und Reinheit an, die mich berauschten. Ich liebte die Verdurins; daß sie uns einen Wagen geschickt hatten, erschien mir als Zeugnis bewegender Güte. Ich hätte die Prinzessin umarmen mögen. Ich sagte ihr, nie hätte ich etwas Schöneres gesehen. Sie gestand, daß auch sie das Land hier mehr als jedes andere liebe. Doch ich merkte wohl, daß es für sie wie für die Verdurins nicht die Hauptsache war, die Gegend als Reisende zu betrachten, sondern in ihr gut zu essen, eine Gesellschaft zu pflegen, die ihnen behagte, Briefe zu schreiben, zu lesen, kurz, hier zu leben und sich von der Naturschönheit eher umspülen zu lassen, als sie zum Gegenstand ihrer Aufmerksamkeit zu machen.

Vor dem Schlagbaum, wo der Wagen für einen Augenblick auf solcher Höhe über dem Meer angehalten hatte, daß der Blick in den bläulichen Abgrund wie von einem Berggipfel herab beinahe schwindeln machte, öffnete ich das Fenster; das deutlich vernommene Rauschen jeder sich brechenden Woge hatte in seiner sanften Klarheit etwas Überwältigendes. Schien es nicht auf

Maßverhältnisse hinzudeuten, die unsere gewohnten Vorstellungen umstürzen und uns zeigten, daß sich die vertikalen Entfernungen den horizontalen angleichen lassen, im Gegensatz zu dem Bild, das wir uns üblicherweise machen, und daß sie nicht größer sind, da sie uns so den Himmel näher heranrückten – sogar weniger groß für ein Geräusch, das sie durchquert wie das jener kleinen Wellen, weil es durch ein reineres Medium geht? Und wirklich mußte man nur zwei Schritte hinter den Schlagbaum zurücktreten, um den Wellenschlag nicht mehr zu hören, dem zweihundert Meter Steilküste seine zarte, feine und sanfte Präzision nicht genommen hatten. Ich sagte mir, meine Großmutter würde für ihn die Bewunderung empfunden haben, die ihr all jene Erscheinungen in Natur oder Kunst einflößten, in deren Einfachheit man die Größe liest. Ich weiß, daß die Prinzessin später zu Cottard sagte, sie finde mich reichlich enthusiastisch; er antwortete, ich sei zu gefühlsbetont und hätte Beruhigungsmittel nehmen und mich mit Stricken beschäftigen sollen. Ich zeigte Madame Sherbatoff jeden Baum, jedes Häuschen unter der Last seiner Rosen, sie mußte mir alles bewundern. Sie sagte, ich sei offensichtlich begabt für die Malerei, ich sollte zeichnen, sie sei erstaunt, daß man mir das noch nicht gesagt habe. Wir fuhren durch das Dörfchen Englesqueville, das auf dieser Höhe saß. »Sind Sie aber ganz sicher, Prinzessin, daß das Abendessen heute stattfindet, trotz Dechambres Tod?« [fragte Brichot], ohne zu überlegen, daß die Frage schon durch die Wagen beantwortet war, die zum Bahnhof gekommen waren und in denen wir saßen. »Ja, Monsieur Verdurin hat Wert darauf gelegt, daß es nicht verschoben wird, gerade um zu verhindern, daß seine Frau *denkt*. Und nach all den Jahren, in denen sie es nie versäumt hat, am Mittwoch Gäste zu empfangen, hätte diese Änderung ihrer Gewohnheiten sie angreifen können. Sie ist in letzter Zeit sehr nervös. Monsieur Verdurin war so glücklich darüber, daß Sie heute zum Abendessen kämen, weil er wußte, daß dies für Madame Verdurin eine besondere Zerstreuung sein würde«, fügte sie hinzu, wobei sie vergaß, daß sie getan hatte, als hätte sie nie von mir reden hören. »Sie täten wohl gut, vor Madame Verdurin *nichts* zu erwähnen«, sagte sie noch. »Ah! wie gut, daß Sie mir das sagen«, antwortete Brichot arglos. »Ich werde Cottard diesen Wink weitergeben.« Der Wagen blieb wieder einen Augenblick stehen. Dann fuhr er weiter, aber das Geräusch, das seine Räder im Dorf machten, war verstummt. Wir waren in die Schloßallee der Raspelière eingebogen, wo Monsieur Verdurin uns auf der Vortreppe erwartete. »Wie gut, daß ich einen Smoking angezogen habe«, sagte er, da er mit Vergnügen feststellte, daß die Getreuen den ihren trugen, »wo mich so piekfeine Männer besuchen.« Und als ich mich für meine Jacke entschuldigte: »Aber bitte, das ist perfekt. Wir sind doch hier unter Kameraden. Ich würde Ihnen gern einen meiner Abendanzüge leihen, aber er würde Ihnen nicht passen.« Der bewegte Händedruck, mit dem Brichot dem Hausherrn beim Eintreten in die Vorhalle der Raspelière eine Beileidsbezeugung für den Tod des Pianisten andeutete, rief bei Monsieur Verdurin keine Reaktion hervor. Ich sagte ihm, wie sehr ich diese Landschaft bewunderte. »Ah! das freut mich, und Sie haben noch gar nichts gesehen, wir werden es Ihnen zeigen. Warum kommen Sie nicht für ein paar Wochen zu uns? die Luft ist hier ausgezeichnet.« Brichot fürchtete, sein Händedruck sei nicht verstanden worden. »Ja, dieser arme Dechambre!« sagte er, aber nur halblaut, aus Furcht, Madame Verdurin könnte in der Nähe sein. »Es ist furchtbar«, antwortete Monsieur Verdurin heiter. »Noch so jung«, fuhr Brichot fort. Unwillig, sich bei diesen Überflüssigkeiten aufzuhalten, antwortete Monsieur Verdurin mit hastigem Nachdruck und einem scharfen Seufzer, nicht des Grams, sondern der Ungeduld: »Nun ja, ja, aber was wollen Sie, wir können es nicht ändern; unsere Worte werden ihn ja wohl nicht auferwecken?« Und besänftigt, mit wiederkehrender Jovialität: »Also, mein guter Brichot, legen Sie nur rasch ab. Wir haben eine Bouillabaisse, die nicht warten kann. Und um Gottes willen kein Wort von Dechambre vor Madame Verdurin! Sie wissen, wie sehr sie verbirgt, was sie fühlt, aber die Empfindsamkeit ist bei ihr eine wahre Krankheit. Nein wirklich, ich schwöre Ihnen, als sie erfuhr, daß Dechambre gestorben war, hat sie beinahe geweint«, sagte Monsieur Verdurin in durch und durch ironischem Ton. So wie er sprach, hätte man meinen können, es müsse jemand irgendwie geisteskrank sein, um einen Freund nach dreißigjähriger Verbundenheit zu betrauern, und andererseits ahnte man, daß das beständige Zusammensein Monsieur Verdurins mit seiner Frau nicht verhinderte, daß er sie immer beurteilte und sie ihm oft auf die Nerven ging. »Wenn Sie ihr davon sprechen, wird sie gleich wieder krank. Und das drei Wochen nach ihrer Bronchitis. In solchen Fällen bin ich dann der Krankenwärter. Sie verstehen, daß ich nicht darauf erpicht bin. Grämen Sie sich um Dechambres Los in Ihrem Herzen, so viel Sie wollen. Denken Sie daran, aber reden Sie nicht davon. Dechambre war mir teuer, aber Sie können es mir nicht übelnehmen, daß mir meine Frau noch teurer ist. Sehen Sie, da kommt Cottard, Sie können ihn fragen.« Denn er wußte, daß ein Hausarzt sehr wohl kleine Dienste zu leisten versteht, wie etwa zu verordnen, daß man keinen Kummer haben soll. Monsieur Verdurin war glücklich festzustellen, daß Saniette trotz der Abfuhr, die er vor zwei Tagen erlitten hatte, der kleinen Truppe nicht untreu geworden war. Madame Verdurin und ihr Gatte hatten sich nämlich in ihrem müßigen Leben grausame Instinkte zugelegt, denen die allzu seltenen großen Gelegenheiten nicht mehr genügten. Man hatte Odette mit Swann, Brichot mit seiner Mätresse entzweien können. Man würde gewiß auch bei anderen wieder zu Werk gehen. Aber der Anlaß bot sich nicht alle Tage. Dagegen stand ihnen Saniette dank seiner fiebernden Empfindlichkeit, seiner furchtsamen, leicht zu verwirrenden Schüchternheit als tägliche Zielscheibe zur Verfügung. Aus Furcht, er könne »schwänzen«, trug man deshalb Sorge, ihn in liebenswürdig-verbindlicher Form einzuladen, wie es die großen Schüler im Gymnasium, die alten Soldaten beim Regiment mit einem Neuling machen, dem man schmeichelt, damit man ihn festhalten kann, um ihn dann zu hänseln und es ihm einzutränken, wenn er nicht mehr entwischen kann. »Vor allem«, sagte Cottard, der Monsieur Verdurin nicht gehört hatte, zu Brichot, »*silentium* vor Madame Verdurin.« »Seid unbesorgt, o Cottard, Ihr habt es mit einem Weisen zu tun, wie Theokrit sagt. Außerdem hat Monsieur Verdurin recht, was helfen unsere Klagen«, fügte er hinzu, denn er war zwar imstande, die sprachlichen Formen und die Ideen, die sie in ihm hervorbrachten, zu assimilieren, aber da er nicht scharfsinnig war, hatte er in Monsieur Verdurins Worten den tapfersten Stoizismus bewundert. »Wie dem auch sei, wir verlieren ein großes Talent.« »Was, Sie sprechen immer noch von Dechambre?« sagte Monsieur Verdurin, der vorausgegangen und, da er sah, daß wir ihm nicht folgten, wieder umgekehrt war. »Hören

Sie«, sagte er zu Brichot, »man soll nichts übertreiben. Daß er gestorben ist, ist kein Grund, aus ihm ein Genie zu machen, das er nicht war. Er spielte gut, gewiß, und vor allem, er war hier am rechten Platz; in einer anderen Umgebung existierte er nicht. Meine Frau hatte sich in ihn vernarrt und seinen Ruhm begründet. Sie wissen ja, wie sie ist. Ich würde sogar sagen, gerade um seines Ruhms willen ist er im richtigen Zeitpunkt gestorben, so *à point* wie hoffentlich das Poulet sein wird, das wir zu essen bekommen (es sei denn, Sie bleiben mit Ihren Jeremiaden auf ewig in dieser Kasba, durch die alle Winde ziehen). Sie wollen doch nicht auch noch uns alle umkommen lassen, weil Dechambre tot ist, und wo er hat Tonleitern spielen müssen seit einem Jahr, vor jedem Konzert, um vorübergehend, nur vorübergehend, seine Geschmeidigkeit wiederzufinden. Übrigens werden Sie heute abend einen ganz anderen Künstler als Dechambre hören oder wenigstens sehen, denn dieser Taugenichts läßt allzu oft nach dem Essen den Karten zuliebe die Kunst im Stich, einen Jungen, den meine Frau entdeckt hat (so wie sie auch Dechambre entdeckt hat und Paderewski und wen noch alles): Morel. Der Bursche ist noch nicht da. Ich werde einen Wagen zum letzten Zug schicken müssen. Er kommt mit einem alten Freund seiner Familie, den er angetroffen hat und der ihn tödlich langweilt, er hätte aber sonst mit ihm in Doncières bleiben und ihm Gesellschaft leisten müssen, um seinen Vater nicht zu verstimmen, der Baron de Charlus.« Die Getreuen gingen hinein, Monsieur Verdurin, der mit mir zurückgeblieben war, während ich meine Sachen ablegte, nahm mich scherzend beim Arm, wie ein Hausherr es tut, der einem keine Tischdame zur Begleitung geben kann. »Sind Sie gut gereist?« »Ja, Monsieur Brichot hat mich Dinge gelehrt, die mich sehr interessierten«, sagte ich im Gedanken an gewisse Etymologien und weil ich gehört hatte, Verdurins seien voller Bewunderung für Brichot. »Es hätte mich gewundert, wenn er Sie nichts gelehrt hätte«, sagte Monsieur Verdurin. »Er ist ja ein so zurückhaltender Mensch, der so wenig von den Dingen spricht, die er weiß.« Dieses Kompliment schien mir nicht ganz gerechtfertigt. »Er wirkt sehr nett«, sagte ich. »Reizend, entzückend, keine Spur von einem Schulmeister, ein flinker Geist, voller Phantasie, meine Frau vergöttert ihn, ich tue desgleichen!« antwortete Monsieur Verdurin übereifrig, so als sagte er eine Lektion auf. Nun erst merkte ich, daß er von Brichot mit Ironie sprach. Und ich fragte mich, ob Monsieur Verdurin seit der fernen Zeit, von der ich hatte erzählen hören, das Gängelband seiner Frau nicht abgeschüttelt hatte.

»Ich höre den Wagen zurückkommen«, murmelte plötzlich die Hausherrin. Sagen wir kurz, daß Madame Verdurin noch über die unvermeidlichen Veränderungen des Alters hinaus eine andere geworden war, seit Swann und Odette bei ihr die kleine Melodie gehört hatten. Selbst wenn man sie spielte, brauchte Madame Verdurin nicht mehr wie einst die leidende Miene der Bewunderung anzunehmen, denn diese Miene war zu ihrem Gesicht geworden. Unter der Wirkung der zahllosen Neuralgien, die ihr die Musik von Bach, Wagner, Vinteuil und Debussy beschert hatte, war ihre Stirn ins Riesenhafte gewachsen, so wie die Gliedmaßen, die ein Rheumatismus am Ende verformt. Ihre Schläfen, die zwei schönen, schmerzverzehrten und milchigen Sphären glichen, in denen die Harmonie ewig kreist, ließen nach beiden Seiten silberne Strähnen zurückfallen und taten im Namen der Meisterin ohne ein Wort von ihr kund: »Ich weiß, was mich heute abend erwartet.« Ihre Züge bemühten sich nicht mehr, überstarke Kunsteindrücke nacheinander auszusprechen, denn sie waren gleichsam selbst ihr beständiger Ausdruck in einem frischen, durchwühlten und stolzen Gesicht. Die Haltung der Ergebenheit in ein stets bevorstehendes, vom Schönen ihr zugefügtes Leiden und der Tapferkeit, deren es bedurft hatte, ein Kleid anzuziehen, wenn man sich eben erst von der letzten Sonate erholte, verhalf Madame Verdurin dazu, sich auch die grausamste Musik mit einem hochmütig-unbewegten Gesicht anzuhören und sich nicht einmal mehr zu verstecken, um löffelweise Aspirin einzunehmen.

»Ah! ja, da sind sie«, rief Monsieur Verdurin erleichtert, als er Morel und hinter ihm Monsieur de Charlus hereinkommen sah. Da ein Abendessen bei den Verdurins für den Baron durchaus nichts Gesellschaftliches, sondern etwas Anrüchiges bedeutete, war er befangen wie ein Schüler, der zum erstenmal ein Bordell betritt und sich der Hausmutter mit tausend Respektbezeugungen nähert. Sein gewohntes Bedürfnis, männlich und kalt zu erscheinen, wurde daher (als er in der offenen Tür erschien) durch die herkömmlichen Höflichkeitsvorstellungen in Schach gehalten, die dann erwachen, wenn die Schüchternheit eine künstliche Haltung zerstört und auf die Hilfsquellen des Unbewußten zurückgreift. Wenn eine solch instinktive und atavistische Höflichkeit gegenüber Unbekannten bei einem Charlus ins Spiel kommt, ob er nun adlig oder bürgerlich sei, übernimmt es stets die Seele einer weiblichen Verwandten, einer Hilfsperson, ihn gleich einer Göttin oder einer zweiten Inkarnation in einen neuen Salon einzuführen und seinem Verhalten die richtige Form zu geben, bis er vor der Hausherrin steht. Ein junger Maler, den eine gottesfürchtige protestantische Kusine erzogen hat, wird mit schräg geneigtem, leise nickendem Kopf eintreten, die Augen zum Himmel erhoben, die Hände an einen unsichtbaren Muff geklammert, dessen angedeutete Form und schutzbringende Realpräsenz dem eingeschüchterten Künstler helfen wird, ohne Platzangst den von Abgründen durchfurchten Raum zwischen Vorzimmer und kleinem Salon zu durchqueren. So kam vor Jahren jeweils die fromme Verwandte, deren Erinnerung ihn jetzt leitet, mit einer Jammermiene herein, daß man sich fragte, welches Unglück sie ankündigen werde, bis man ihren ersten Worten entnahm – so wie jetzt bei dem jungen Maler –, daß sie auf eine Verdauungsvisite kam. Kraft jenes selben Gesetzes, nach dem das Leben im Interesse des noch zu vollziehenden Aktes die ehrwürdigsten, oft die heiligsten, bisweilen auch nur die unschuldigsten Vermächtnisse der Vergangenheit in fortwährender Prostitution in Dienst nimmt, gebraucht und entstellt, und obwohl es da ein ganz anderes Bild erzeugte, kam derjenige von den Neffen Madame Cottards, der seine Familie durch seine weibische Art und seinen Umgang betrübte, immer so fröhlich daher, als hätte er eine Überraschung im Sinn oder wollte eine Erbschaft ankündigen, erleuchtet von einem Glück, nach dessen Ursache man ihn vergeblich gefragt hätte, da sie in seinem unbewußten Erbe und seinem verfehlten Geschlecht lag. Er ging auf den Fußspitzen, wunderte sich offensichtlich selbst, weil er kein Visitenkartenbüchlein in der Hand hatte, öffnete, wenn er die Hand gab, den Mund so herzförmig, wie er es bei seiner Tante gesehen hatte, und sein unruhiger Blick galt allein dem Spiegel, in dem er zu kontrollieren schien – so wie es sich Madame Cottard einmal von Swann erbeten hatte –, ob sein Hut (er trug aber keinen) nicht schief saß. Was Monsieur de Charlus anging, so lieferte ihm die Gesellschaft, in der er gelebt hatte, in dieser kritischen Minute andere Beispiele, andere Arabesken der Liebenswürdigkeit und auch den Leitsatz, daß man in bestimmten Fällen für einfache Bürgersleute seine erlesensten Umgangsformen, die man sonst in Reserve hält, hervorholen und zu Hilfe nehmen soll; er ging tänzelnd, geziert und so ausladend, wie ein Ensemble von Röcken seine Schaukelbewegungen ausgeweitet und eingeengt haben würde, auf Madame Verdurin zu, mit einer so geschmeichelten und beehrten Miene, als wäre es für ihn eine höchste Gunst, ihr vorgestellt zu werden. Sein leicht geneigtes Gesicht, in dem die Befriedigung mit dem Wohlanstand wetteiferte, legte sich in leutselige Fältchen. Man hätte glauben können, man sehe Madame de Marsantes herankommen, so sehr trat in diesem Augenblick die Frau hervor, der ein Irrtum der Natur den Körper von Monsieur de Charlus gegeben hatte. Gewiß hatte der Baron diesen Irrtum mit harter Mühe vertuscht und ein männliches Aussehen angenommen. Aber kaum war ihm das gelungen, wobei er jedoch zur gleichen Zeit die gleichen Neigungen beibehalten hatte, gab ihm seine Gewohnheit, als Frau zu empfinden, ein neues, weibliches Aussehen, das nun nicht der Vererbung, sondern dem individuellen Leben entsprang. Und da er allmählich dahin kam, auch die gesellschaftlichen Dinge als Frau zu empfinden (und dies ohne es zu bemerken, denn erst wenn man nicht nur die anderen, sondern auch sich selber belügt, merkt man nicht mehr, daß man lügt), konnte er zwar von seinem Körper verlangen, daß er im Augenblick, da er bei den Verdurins eintrat, die ganze Courtoisie eines großen Herrn bekundete, aber dieser Körper, der wohl verstanden hatte, was Monsieur de Charlus inzwischen nicht mehr begriff, entfaltete in einem Grade, daß der Baron sich das Beiwort *ladylike* verdient hätte, die ganze Zauberhaftigkeit einer großen Dame. Kann man im übrigen das Aussehen des Barons ganz von der Tatsache trennen, daß die Söhne, die ja nicht immer dem Vater gleichen, auch dann, wenn es ihnen um Frauen zu tun ist, in ihrem Gesicht die Züge ihrer Mutter profanieren? Doch lassen wir beiseite, was ein eigenes Kapitel verdiente. Obgleich andere Gründe für die Verwandlung Monsieur de Charlus' bestimmend waren und rein körperliche Fermente bei ihm die Materie »arbeiten« und seinen Körper allmählich in die Kategorie der Frauenkörper hinüberwechseln ließen, war die Veränderung, die wir hier festhalten, geistigen Ursprungs. Wenn man sich krank glaubt, wird man es, magert ab, hat nicht mehr die Kraft aufzustehen, bekommt nervöse Verdauungsstörungen. Wenn man zärtlich an Männer denkt, wird man eine Frau, das Phantom einer Robe behindert den Schritt. Die fixe Idee kann in anderen Fällen die Gesundheit verändern, in diesen das Geschlecht.

Aber Monsieur de Charlus war nicht nur, was wir gesagt haben, er war dazu noch ein Guermantes. So stellte die Lage sich rasch wieder her. Der Hausherr und die Hausherrin hatten beschlossen, dem Marquis de Cambremer den Ehrenplatz anzuweisen, weil er »ranghöher« war als Monsieur de Charlus. Monsieur Verdurin legte aber Wert darauf, sich bei dem Baron zu entschuldigen, nachdem Monsieur de Cambremer, nicht ohne sich gesträubt zu haben, der Hausherrin den Arm geboten hatte. »Wir setzen Sie zur Linken ...«, sagte er zu Monsieur de Charlus. »Aber das spielt doch hier keine Rolle«, antwortete Monsieur de Charlus mit einem unverschämten Lächeln. »Bitte sehr«, gab Monsieur Verdurin beleidigt zurück. »Ich habe das mit Absicht getan. Da Monsieur de Cambremer ein Marquis ist und Sie nur Baron sind ...« »Aber, Monsieur«, sagte Monsieur de Charlus zu dem verdutzten Monsieur Verdurin, »ich bin auch Herzog von Brabant, Edler von Montargis, Prinz von Oléron, von Viareggio, von Carency und von Les Dunes. Aber wie gesagt, das macht nichts, ich habe gleich bemerkt, daß Sie sich da nicht auskennen.«

Sodome et Gomorrhe II, 2, Ed. Pléiade III (1988), S. 259–280, 287–294, 298–300, 332f.

Seltsamer und schmerzlicher Grund eines Heiratsprojekts

Ich wartete nur auf eine Gelegenheit, endgültig zu brechen. Und eines Abends – Mama sollte tags darauf nach Combray fahren, um einer Schwester meiner Großmutter in ihrer letzten Krankheit beizustehen, und sie ließ mich zurück, damit ich, wie die Großmutter es gewollt hätte, die Meerluft noch ausnütze – hatte ich ihr angekündigt, daß ich endgültig entschlossen sei, Albertine nicht zu heiraten und sie sehr bald auch nicht mehr zu treffen. Ich war froh, meiner Mutter vor ihrer Abreise noch etwas gesagt zu haben, das ihr recht war. Sie hatte mir nicht verborgen, daß es sie in der Tat sehr beruhigte. Auch mit Albertine mußte ich reden. Als ich mit ihr von der Raspelière zurückfuhr und die Getreuen teils in Saint-Mars-le-Vêtu, teils in Saint-Pierre-des-Ifs, teils in Doncières ausgestiegen waren und ich mich besonders glücklich und nicht auf sie angewiesen fühlte, hatte ich beschlossen, mich jetzt, da im Wagen nur noch wir beide waren, mit ihr auszusprechen. Es stand im übrigen so, daß von den Balbec-Mädchen diejenige, die ich liebte und die in diesem Augenblick, wie ihre Freundinnen auch, nicht da war, aber wiederkommen würde (ich war mit ihnen allen gern zusammen, weil jede für mich, wie am ersten Tag, etwas vom Grundstoff der anderen hatte und gleichsam eine Gattung für sich bildete), Andrée war. In einigen Tagen würde sie mich, kaum wieder in Balbec angekommen, gewiß besuchen, und um dann frei zu bleiben – sie nicht heiraten zu müssen, wenn ich nicht wollte, und nach Venedig fahren zu können –, sie aber trotzdem von nun an ganz für mich zu haben, würde ich den Anschein vermeiden, als näherte ich mich ihr allzu sehr, und gleich nach ihrer Ankunft, wenn wir miteinander plauderten, würde ich ihr sagen: »Wie schade, daß ich dich nicht ein paar Wochen früher getroffen habe. Ich hätte dich geliebt; jetzt ist mein Herz vergeben. Aber das macht nichts, wir werden uns öfter sehen, denn ich bin traurig wegen meiner anderen Liebe, und du wirst mir helfen, mich zu trösten.« Ich lächelte innerlich, da ich an dieses Gespräch dachte, denn auf diese Weise würde ich Andrée vorspiegeln, ich liebte sie nicht wirklich; so würde sie meiner nicht überdrüssig, und ich konnte ihre Zärtlichkeit still und froh genießen. Aber dies alles machte es nur um so notwendiger, daß ich nun endlich ernsthaft mit Albertine sprach, um nicht unzart zu handeln; und da ich entschlossen war, mich ihrer Freundin zu widmen, mußte Albertine wissen, daß ich sie selbst nicht liebte. Ich mußte es ihr sofort sagen, denn Andrée konnte jederzeit eintreffen. Da wir aber nicht mehr weit von Parville waren, merkte ich, daß an dem Abend die Zeit nicht mehr reichte und daß es besser war, auf den nächsten Tag zu verschieben, was ja nun unwiderruflich beschlossen war. So sprach ich mit ihr bloß über das Abendessen bei Verdurins. Als sie den Mantel anzog – der Zug hatte soeben Incarville, die letzte Station vor Parville, verlassen –, sagte sie: »Dann also morgen, Verdurin von vorn, vergiß nicht, daß es an dir ist, mich abzuholen.« Ich gab der Versuchung nach, recht unwirsch zu antworten: »Ja, wenn ich nicht ›schwänze‹, denn ich finde dieses Leben nachgerade wirklich blöd. Jedenfalls, wenn wir hingehen und die Zeit in der Raspelière für mich nicht ganz nur verloren sein soll, muß ich morgen daran denken, Madame Verdurin um etwas zu bitten, das mich sehr interessiert, studienhalber, und das mir Vergnügen machte, denn davon habe ich dies Jahr in Balbec wirklich sehr wenig.« »Das ist mir gegenüber nicht nett, aber ich nehm's dir nicht übel, weil ich spüre, daß du nervös bist. Welches Vergnügen ist das denn?« »Daß Madame Verdurin für mich Stücke eines Musikers spielen läßt, dessen Werke sie sehr gut kennt. Ich kenne auch eines, aber es scheint noch andere zu geben, und ich sollte wissen, ob sie gedruckt sind, ob sie anders sind als die früheren.« »Welcher Musiker ist das?« »Mein lieber Schatz, wenn ich dir sage, daß er Vinteuil heißt, bist du dann viel klüger?« Wir können beliebig viele Ideen um- und umgewälzt haben, die Wahrheit hat sich nie eingestellt, und von außen, wenn wir es am wenigsten erwarten, versetzt sie uns ihren schrecklichen Stich und verletzt uns für immer. »Du weißt nicht, wie komisch das für mich klingt«, sagte Albertine und stand auf, weil der Zug gleich anhalten mußte. »Nicht nur sagt mir das viel mehr, als du glaubst, sondern du kannst auch ohne Madame Verdurin jede

Auskunft, die du haben willst, durch mich bekommen. Du erinnerst dich, daß ich dir von einer Freundin erzählt habe, die älter ist als ich, die mir eine Mutter und eine Schwester war, mit der ich in Triest meine schönsten Jahre verlebt habe und die ich übrigens in ein paar Wochen in Cherbourg wieder treffen soll, von wo wir miteinander eine Reise machen werden (das ist wohl ein bißchen ausgefallen, aber du weißt, wie sehr ich das Meer liebe), also, diese Freundin (oh, gar nicht die Art Frau, die du meinen könntest!) – unglaublich, nicht wahr? – ist ausgerechnet die beste Freundin der Tochter dieses Vinteuil, und ich kenne die Tochter Vinteuils fast ebenso gut. Ich nenne die beiden immer nur meine großen Schwestern. Das freut mich jetzt – dir zu zeigen, wie nützlich dir deine kleine Albertine sein kann in diesen musikalischen Dingen, von denen ich übrigens, da hast du ganz recht, nichts verstehe.« Gesprochen bei der Einfahrt in den Bahnhof von Parville, so weit von Combray und Montjouvain, so lange nach Vinteuils Tod, rührten diese Worte ein Bild auf in meinem Herzen, ein Bild, während so vieler Jahre zurückbehalten, daß ich auch dann, wenn ich damals, als ich es in mich aufnahm, seine schädliche Macht hätte ahnen können, später dennoch geglaubt hätte, es habe sie mit der Zeit ganz verloren; lebendig aufbewahrt in meinem Innern – wie Orest, dessen Tod die Götter verhindert hatten, damit er am vorbestimmten Tag in sein Land zurückkehre, um den Mord an Agamemnon zu sühnen – zu meiner Züchtigung, meiner Buße, wer weiß? vielleicht, weil ich meine Großmutter hatte sterben lassen; aufgestiegen mit einemmal aus der Tiefe der Nacht, in der es auf immer begraben schien, wie ein Rächer, um für mich ein schreckliches, verdientes, neues Leben einzuleiten, vielleicht auch, um mir die Augen für die heillosen Folgen zu öffnen, die von den schlechten Handlungen ohne Ende fortgezeugt werden, nicht nur für jene, die sie begangen haben, sondern für die, welche nichts anderes taten, nicht mehr zu tun glaubten, als ein eigenartiges, spannendes Schauspiel zu betrachten, so wie damals ich, leider, an dem Abend in Montjouvain, in meinem Versteck hinter einem Busch, wo ich (gleich wie ich gern dem Bericht von Swanns Liebesgeschichten zugehört hatte) in mir den heillosen, Schmerz verheißenden Weg gefährlich breit hatte werden lassen, den Weg des Wissens. Und zur selben Zeit gab mir der tiefste Schmerz ein fast stolzes, fast freudiges Gefühl: wie ein Mensch, den der Schlag, der ihn traf, einen Sprung zu einer Höhe tun ließe, die er durch keine Anstrengung hätte erreichen können. Albertine die Freundin Mademoiselle Vinteuils und ihrer Freundin, einer eingeschworenen Zelebrantin der sapphischen Liebe: dazu verhielt sich das, was die schwersten Zweifel mich hatten argwöhnen lassen, wie das schwache Schallzeichen der Ausstellung von 1889, von dem man kaum hoffte, daß es aus einem Haus in ein anderes dringen könnte, zu dem Telephon, das über die Straßen, die Städte, die Felder, die Meere hinweg die Länder verbindet. Es war eine schreckliche »terra incognita«, an der ich soeben gelandet war, eine neue Phase ungeahnter Leiden, die sich auftat. Und doch, wenn die Flut der Wirklichkeit, die über uns hereinbricht, unsere schüchternen kleinen Vermutungen weit übersteigt, sie war von ihnen vorausgespürt. So etwas wie das, was ich jetzt erfahren hatte, etwas wie die Freundschaft Albertines und Mademoiselle Vinteuils, etwas, das mein Geist nicht hätte erfinden können, das ich aber dunkel empfand, wenn es mich beunruhigte, Albertine mit Andrée zusammen zu sehen. Oft geht man nur aus Mangel an Erfindungsgabe im Leiden nicht weit genug. Und die furchtbarste Wirklichkeit verschafft uns zur selben Zeit wie das Leiden die Freude einer schönen Entdeckung, weil sie demjenigen eine neue und klare Form gibt, was wir seit langem wiedergekäut haben, ohne es zu merken. Der Zug hielt in Parville, und da wir die einzigen Reisenden geblieben waren, rief der Bahnangestellte mit einer Stimme, der das Gefühl der Unnötigkeit seiner Aufgabe, zugleich aber die Gewohnheit, sie trotzdem, und zwar sowohl pünktlich wie lässig zu erfüllen, und vor allem das Bedürfnis nach Schlaf einen sanften Klang gaben: »Parville«. Albertine hatte mir gegenübergesessen, und da sie sich nun am Ziel sah, entfernte sie sich mit ein paar Schritten von unserem Platz hinten im Wagen und öffnete die Tür. Aber diese Bewegung, mit der sie sich auch zum Aussteigen anschickte, zerriß mir auf so unerträgliche Weise das Herz, wie wenn im Widerspruch zu der von meinem Körper unabhängigen Lage, die zwei Schritte von ihm derjenige Albertines einnahm, diese räumliche Trennung, die ein wirklichkeitsgetreuer Zeichner zwischen uns hätte anbringen müssen, nur scheinbar bestanden hätte, und wie wenn jemand, der das Bild nach der wahren Wirklichkeit hätte umzeichnen wollen, Albertine nicht mehr in einigen Abstand von mir hätte stellen müssen, sondern in mich hinein. Sie tat mir so weh, da sie sich von mir entfernte, daß ich ihr nachstürzte und sie am Arm packte. »Wäre es dir völlig unmöglich, heute in Balbec zu übernachten?« fragte ich sie. »Völlig unmöglich nicht. Aber ich bin todmüde.« »Du würdest mir einen ganz großen Gefallen tun ...« »Also dann – obwohl ich es nicht verstehe; warum hast du's nicht früher gesagt? Aber gut, ich bleibe.« Meine Mutter schlief, als ich in mein Zimmer kam, nachdem ich Albertine eines auf einem anderen Stockwerk hatte anweisen lassen. Ich setzte mich ans Fenster und unterdrückte mein Schluchzen, damit meine Mutter, die nur durch eine dünne Wand von mir getrennt war, mich nicht hörte. Ich hatte nicht einmal daran gedacht, die Läden zu schließen, denn als ich einmal aufblickte, sah ich am Himmel den gleichen schwachen, blaßroten Schimmer wie auf einer Skizze Elstirs, einem Sonnenuntergang, im Restaurant von Rivebelle. Ich erinnerte mich an meine Aufregung bei der ersten Ankunft in Balbec, als ich von der Eisenbahn aus das gleiche Bild eines Abends erblickt hatte, der nicht der Nacht voranging, sondern dem neuen Tag. Jetzt aber würde kein Tag mehr neu sein für mich, keiner mehr das Verlangen nach unbekanntem Glück in mir wecken, nur meine Leiden würde ein jeder verlängern, bis ich die Kraft nicht mehr hätte, sie zu ertragen. An der Wahrheit dessen, was mir Cottard im Casino von Parville gesagt hatte, gab es für mich keinen Zweifel mehr. Was ich in bezug auf Albertine seit langem gefürchtet, vage geargwöhnt hatte, was mein Instinkt aus ihrem ganzen Wesen herausspürte und was ich in meinem vom Wunsch geleiteten Denken nach und nach widerlegt hatte, war die Wahrheit! Ich sah hinter Albertine nicht mehr die blauen Höhen des Meers, sondern das Zimmer in Montjouvain, wo sie Mademoiselle Vinteuil in die Arme fiel mit einem Lachen, in dessen unbekanntem Ton sich ihre Lust verriet. Hübsch, wie Albertine war, mußte doch Mademoiselle Vinteuil sie aufgefordert haben, ihre besonderen Neigungen zu befriedigen? Und daß Albertine nicht schockiert war, daß sie eingewilligt hatte, wurde dadurch bewiesen, daß sie sich nicht entzweit hatten, daß ihre Freundschaft nur immer noch inniger geworden war. Und jene anmutige Bewegung, mit der Albertine ihr Kinn auf Rosemondes Schulter gestützt, sie lächelnd angeschaut und ihr einen Kuß auf den Hals gedrückt hatte – jene Bewegung, die mich an Mademoiselle Vinteuil erinnert hatte, wobei ich doch nicht ohne weiteres hatte zugeben mögen, daß eine Übereinstimmung, wie sie sich in einer Geste andeutete, zwangsläufig auf eine gleiche Veranlagung hinweisen müsse: konnte Albertine sie nicht einfach von Mademoiselle Vinteuil gelernt haben? Der lichtlose Himmel erhellte sich nach und nach. Und ich, der ich nie erwacht war, ohne mich über die ganz alltäglichen Dinge zu freuen, über den Milchkaffee, das Plätschern des Regens, das Tosen des Winds, ich fühlte, daß mir der Tag, der nun gleich heraufkam, und alle die Tage, die ihm dann folgten, nie mehr die Hoffnung auf ein unbekanntes Glück, sondern einzig die Fortsetzung meines Martyriums bringen würden. Ich hing noch am Leben und wußte doch, daß ich von ihm nur noch Grausamkeit zu erwarten hatte. Ich lief zum Aufzug, um trotz der ungewöhnlichen Stunde dem Liftboy zu klingeln, der seinen Dienst als Nachtwächter versah, und trug ihm auf, zu Albertines Zimmer zu gehen und ihr zu sagen, ich hätte ihr etwas Wichtiges mitzuteilen, wenn sie mich empfangen könnte. »Mademoiselle zieht es vor, selbst zu kommen«, berichtete er. »Sie wird gleich hier sein.« Und wirklich trat Albertine bald im Schlafrock bei mir ein. Ich sprach sehr leise zu ihr und bat sie, kein lautes Wort zu sagen, damit meine Mutter nicht aufwachte, von der nur die Wand uns trennte, die so dünn war, daß sie uns jetzt störte und zum Flüstern zwang, einst aber die Absichten meiner Großmutter nachgebildet und eine Art musikalischer Durchlässigkeit dargestellt hatte. »Albertine«, sagte ich, »es tut mir sehr leid, dir so lästig zu fallen. Höre. Damit du verstehst, muß ich dir etwas sagen, das du nicht weißt. Als ich hierher gekommen bin, habe ich eine Frau verlassen, die ich heiraten sollte, die bereit war, für mich alles aufzugeben. Sie sollte heute morgen verreisen, und seit einer Woche habe ich mich täglich gefragt, ob ich den Mut haben würde, ihr nicht zu telegraphieren, daß ich zurückkäme. Diesen Mut habe ich aufgebracht, aber ich war so unglücklich, daß ich glaubte, ich würde mich umbringen. Darum habe ich dich gestern abend gefragt, ob du nicht in Balbec übernachten könntest. Wenn ich hätte sterben müssen, hätte ich dir gern

Adieu gesagt.« Und ich ließ den Tränen, die meine Geschichte rechtfertigte, freien Lauf. »Mein armer Liebster, hätte ich das gewußt, ich wäre ja die ganze Nacht bei dir geblieben«, rief Albertine aus, der es nicht einmal einfiel, daß ich diese Frau vielleicht heiraten würde und daß für sie selbst die Gelegenheit, eine »gute Partie« zu machen, dahinschwand – so aufrichtig war sie von einem Kummer bewegt, dessen Grund ich ihr verheimlichen konnte, nicht aber seine sehr wirkliche Heftigkeit. »Übrigens«, sagte sie, »habe ich gestern während der ganzen Rückfahrt von der Raspelière wohl bemerkt, daß du traurig und unruhig warst, ich fürchtete schon, du hättest etwas.« In Wirklichkeit hatte mein Kummer erst in Parville begonnen, und die ganz andere Unruhe, die aber Albertine glücklicherweise mit ihm verwechselte, rührte vom Überdruß her, ein paar weitere Tage mit ihr verbringen zu müssen. Sie sagte noch: »Ich lasse dich nicht mehr allein, ich bleibe jetzt immer hier.« So bot sie mir an, was nur sie mir anbieten konnte – das einzige Heilmittel gegen das Gift, das mich verzehrte; beide aus demselben Stoff gewonnen, das eine sanft, das andere grausam, stammten sie gleicherweise von Albertine. In diesem Augenblick lockerte Albertine – mein Leiden – den Griff, der mir Schmerzen bereitete, und Albertine – das Heilmittel – stimmte mich weich wie einen Genesenden. Aber ich dachte daran, daß sie bald von Balbec aufbrechen würde, nach Cherbourg und von dort nach Triest. Ihre früheren Gewohnheiten würden wieder aufleben. Vor allem wollte ich verhindern, daß Albertine das Schiff nahm, und wollte versuchen, sie nach Paris zu bringen. Gewiß konnte sie von Paris, noch leichter als von Balbec aus, nach Triest fahren, wenn sie wollte, aber in Paris würde man sehen; dort konnte ich vielleicht Madame de Guermantes bitten, die Freundin von Mademoiselle Vinteuil indirekt so zu beeinflussen, daß sie nicht in Triest blieb, daß sie sich anderswo unterbringen ließ, vielleicht bei dem Prinzen von …, den ich bei Madame de Villeparisis und bei Madame de Guermantes selbst getroffen hatte? Und dieser könnte auch dann, wenn ihn Albertine aufsuchte, um ihre Freundin zu sehen, auf eine Warnung von Madame de Guermantes hin dafür sorgen, daß sich die beiden nicht trafen. Ich hätte mir freilich auch sagen können, daß Albertine, wenn sie solche Neigungen hatte, in Paris genug andere Personen finden würde, um sich schadlos zu halten. Aber jede eifersüchtige Regung ist besonderer Art und geprägt mit dem Zeichen der einen Person – hier der Freundin von Mademoiselle Vinteuil –, die sie ausgelöst hat. Die Freundin von Mademoiselle Vinteuil blieb meine Hauptsorge. Die geheimnisvolle Leidenschaft, mit der ich einst an Österreich gedacht hatte, weil es das Land war, aus dem Albertine kam (ihr Onkel war dort Legationsrat gewesen), weil ich seine geographische Einmaligkeit, die Rasse seiner Bewohner, seine Bauten, seine Landschaften in Albertines Lächeln und Gehaben betrachten konnte wie in einem Atlas, in einer Sammlung von Ansichten, diese geheimnisvolle Leidenschaft empfand ich noch immer, doch mit vertauschten Vorzeichen, im Bereich des Schreckens. Ja, Albertine kam von dort. Dort war sie sicher, in jedem Haus die Freundin von Mademoiselle Vinteuil oder auch andere Gefährtinnen wiederzufinden. Die Gebräuche der Kindheit würden wiederaufleben, in drei Monaten würde man sich zur Weihnacht, dann zum Neujahrstag zusammenfinden, Daten, die mich an sich schon traurig stimmten, da sich durch sie der Kummer unbewußt erneuerte, den ich damals verspürt hatte, als sie mich von Gilberte während der ganzen Dauer der Weihnachtsferien trennten. Nach den langen Abendessen, nach den Festlichkeiten, wenn alle vergnügt und erregt waren, würde Albertine dort mit ihren Freundinnen jene selben Stellungen einnehmen, in denen ich sie mit Andrée gesehen hatte, als Albertines Freundschaft für sie noch unschuldig war – wer weiß, vielleicht jene, in der sich Mademoiselle Vinteuil in Montjouvain vor meinen Augen ihrer Verfolgerin zugewandt hatte. Ihr, Mademoiselle Vinteuil, die ihre Freundin kitzelte, bevor sie sich auf sie warf, gab ich jetzt das glühende Gesicht Albertines, die ich im Fliehen, dann in der Hingabe ihr fremdartiges, tiefes Lachen ausstoßen hörte. Was war im Vergleich zu dem Schmerz, den ich nun empfand, die Eifersucht, die ich wohl verspürt hatte an dem Tag, da Saint-Loup in Doncières mit Albertine und mir zusammengetroffen war und sie ihn neckte, oder auch jene, die mich beunruhigt hatte, als ich dem unbekannten Initiator nachsann, dem ich ihre ersten Küsse verdanken mochte, in Paris an dem Tag, da ich auf den Brief von Mademoiselle de Stermaria wartete. Jene andere Eifersucht, hervorgerufen durch Saint-Loup, durch irgendeinen jungen

Mann, war gar nichts. In solchem Fall hätte ich höchstens einen Rivalen zu fürchten gehabt, den ich zu übertreffen versucht hätte. Hier aber war der Rivale nicht meinesgleichen, seine Waffen waren andere, ich konnte nicht auf dem gleichen Feld kämpfen und Albertine nicht genießen lassen, was ich mir nicht einmal genau vorzustellen vermochte. In so manchen Augenblikken unseres Lebens würden wir die ganze Zukunft gegen einen an sich unbedeutenden Vorteil eintauschen. Ich hätte vor Zeiten auf alle Annehmlichkeiten des Lebens verzichtet, um Madame Blatin kennenzulernen, weil sie eine Freundin von Madame Swann war. Heute hätte ich alle Qualen erduldet, damit Albertine nicht nach Triest fahre, und ihr, wenn das nicht genügt hätte, selbst welche zugefügt, sie abgesondert und eingesperrt, ihr das wenige Geld, das sie hatte, genommen, damit nur schon die Armut sie daran hindere, die Reise zu unternehmen. So wie mich einst, als ich nach Balbec fahren wollte, die Neugier auf eine »persische« Kirche, auf einen Sturm bei Tagesanbruch zur Abreise gedrängt hatte, so war es nun, wenn ich daran dachte, daß Albertine nach Triest fahren könnte, die Vorstellung, daß sie die Weihnacht dort mit der Freundin von Mademoiselle Vinteuil verbringen würde, was mir das Herz zerriß: denn wenn die Vorstellungskraft einen andern Charakter annimmt und zur Gefühlssache wird, verfügt sie deswegen nicht über eine größere Zahl von gleichzeitigen Bildern. Würde man mir gesagt haben, sie sei jetzt gerade nicht in Cherbourg oder Triest, sie könne Albertine nicht treffen, wie hätte ich dann vor freudiger Rührung geweint. Wie hätten mein Leben und seine Zukunft sich verändert! Und doch wußte ich wohl, daß diese Lokalisierung meiner Eifersucht willkürlich war, daß Albertine, wenn sie solche Neigungen hatte, sie mit anderen befriedigen konnte. Vielleicht hätten aber selbst dieselben Mädchen, wenn sie sie anderswo hätte sehen können, mein Herz nicht so zermartert. Von Triest, von der unbekannten Welt, wo sich Albertine, wie ich wußte, zu Hause fühlte, wo ihre Erinnerungen, ihre Freundschaften, ihre Kinderliebschaften waren, ging die feindliche und unbegreifbare Stimmung aus, so wie jene, die einst zu meinem Zimmer in Combray heraufgestiegen war, aus dem Eßzimmer, wo ich das Besteck klappern und Mama mit den fremden Leuten plaudern und lachen hörte und wußte, daß sie nicht kommen würde, um mir gute Nacht zu sagen; wie jene, die einst für Swann die Häuser erfüllt hatte, in denen Odette an den Abenden nach nicht vorstellbaren Freuden gesucht hatte. Nicht mehr der köstliche Ort nachdenklicher Menschen, goldener Sonnenuntergänge, schwermütiger Glockenspiele war jetzt Triest für mich, sondern eine Stadt der Verdammnis, die ich unverzüglich hätte niederbrennen und aus der wirklichen Welt tilgen mögen. Die Stadt war mir ins Herz gedrungen wie ein bleibender Dorn. Der Gedanke, Albertine bald schon nach Cherbourg und Triest verreisen zu lassen, flößte mir Schrecken ein; auch nur schon, in Balbec zu bleiben. Denn da mir nun ihre intime Beziehung zu Mademoiselle Vinteuil fast zur Gewißheit wurde, schien es mir, daß Albertine in jedem Augenblick, den sie nicht mit mir verbrachte (und es kam vor, daß ich sie wegen ihrer Tante ganze Tage lang nicht sah), den Kusinen Blochs und vielleicht anderen ausgeliefert war. Die Vorstellung, daß sie Blochs Kusinen an diesem selben Abend schon treffen könnte, machte mich rasend. Darum antwortete ich auf ihre Versicherung, daß sie mich in den nächsten Tagen nicht allein lassen werde: »Aber ich möchte ja nach Paris fahren. Würdest du nicht mit mir abreisen? Und möchtest du nicht eine Weile bei uns in Paris wohnen?« Um keinen Preis durfte ich sie sich selbst überlassen, wenigstens ein paar Tage lang mußte sie bei mir bleiben, damit ich sicher sein konnte, daß sie die Freundin von Mademoiselle Vinteuil nicht traf. Sie würde tatsächlich bei mir allein wohnen, denn Mama nahm eine Inspektionsreise meines Vaters zum Anlaß, einem Wunsch meiner Großmutter wie einer vorgeschriebenen Pflicht zu gehorchen und für ein paar Tage nach Combray zu einer ihrer Schwestern zu fahren. Mama war ihrer Tante nicht zugetan, weil sie meiner Großmutter, die sich zu ihr so liebevoll verhalten hatte, nicht die Schwester gewesen war, die sie hätte sein sollen. So erinnern sich die Kinder, wenn sie groß geworden sind, mit Groll an die Menschen, die nicht gut zu ihnen waren. Aber Mama, die ganz zu meiner Großmutter geworden war, kannte keinen Groll; das Leben ihrer Mutter glich für sie einer reinen, unschuldigen Kindheit, aus der sie ihre Erinnerungen schöpfte, deren Süße oder Bitterkeit ihr Verhalten gegenüber den einen und den andern bestimmte. Meine Tante hätte Mama gewisse unschätzbare Einzelheiten erzählen können, die sie jetzt aber kaum mehr erfahren würde, denn die Tante war sehr schwer erkrankt (man sprach von Krebs), und Mama warf sich vor, daß sie nicht früher zu ihr gefahren war, statt meinem Vater Gesellschaft zu leisten; sie sah auch darin nur einen Grund zu tun, was ihre Mutter getan hätte, so wie sie am Todestag des Vaters meiner Großmutter, der ein so schlechter Vater gewesen war, Blumen auf sein Grab legte, wie das meine Großmutter getan hatte. Ebenso wollte sie auch zu dem Grab, das sich nun bald auftun würde, die liebevollen Worte tragen, die meine Tante damals meiner Großmutter nicht gewährt hatte. Solange sie sich in Combray aufhielte, würde sich meine Mutter bestimmter Arbeiten annehmen, die meine Großmutter immer getan haben wollte, doch nur wenn sie unter der Aufsicht ihrer Tochter ausgeführt würden. So waren sie noch nicht begonnen worden, denn Mama hatte nicht vor meinem Vater von Paris wegfahren wollen, um ihn die Schwere einer Trauer nicht allzu sehr spüren zu lassen, der er sich anschloß und die ihm doch nicht so nahegehen konnte wie ihr. »Ah! zu diesem Zeitpunkt wäre das nicht möglich«, antwortete Albertine. »Und warum mußt du auch so schnell nach Paris zurück, wenn diese Frau doch verreist ist?« »Weil ich ruhiger wäre an einem Ort, wo ich mit ihr zusammenkam, als in Balbec, wo sie nie war und ich es nicht mehr aushalte.« Hat Albertine später begriffen, daß es diese andere Frau nicht gab und daß ich in jener Nacht allerdings hatte sterben wollen, aber deshalb, weil sie mir unbesonnenerweise ihre Beziehung zu der Freundin von Mademoiselle Vinteuil offenbart hatte? Möglich ist es. In manchen Augenblicken halte ich es für wahrscheinlich. An jenem Morgen glaubte sie jedenfalls an die Existenz dieser Frau. »Aber du solltest sie heiraten, Liebster«, meinte sie, »so wärst du glücklich, und sie wäre bestimmt auch glücklich.« Ich sagte ihr, daß der Gedanke, ich könnte diese Frau glücklich machen, für mich fast den Ausschlag gegeben hätte; als ich vor kurzem eine große Erbschaft gemacht hätte, die es mir erlaubte, meine Gattin mit Luxus, mit Vergnügungen zu verwöhnen, sei ich schon entschlossen gewesen, das Opfer der Frau, die ich liebte, anzunehmen. Trunken vor Dankbarkeit für Albertines Güte, so kurz nach dem furchtbaren Schmerz, den sie mir zugefügt hatte, sagte ich ihr – nicht anders, als wir dem Kellner im Café ohne weiteres ein Vermögen versprechen würden, wenn er uns das sechste Glas Schnaps einschenkt –, daß meine Frau ein Auto, eine Jacht bekäme, daß es in dieser Hinsicht eigentlich schade sei, daß ich nicht sie, Albertine, liebte, wo sie doch so gern Auto fahre und segle, ich wäre für sie der richtige Mann gewesen, aber man würde nun sehen, vielleicht könnte man auf gedeihliche Weise zusammensein. Immerhin beging ich – so wie man sich auch im Rausch aus Angst vor Schlägen hütet, die Passanten anzureden – nicht die Unvorsichtigkeit (wenn es eine war), die ich in der Zeit mit Gilberte begangen hätte: ihr zu sagen, daß sie es sei, die ich liebte. »Siehst du, ich hätte sie fast geheiratet. Doch ich habe es nicht gewagt, ich wollte nicht, daß eine junge Frau mit einem so leidenden und langweiligen Menschen zusammen leben müsse.« »Aber du bist nicht bei Trost, jeder möchte mit dir zusammen leben, sieh doch, wie sich alle um dich bemühen. Bei Madame Verdurin spricht man beständig von dir, und in den höchsten Kreisen ebenfalls, wie man mir gesagt hat. Diese Frau war nicht gut zu dir, wenn sie dich so an dir selbst zweifeln ließ. Ich seh schon, das ist eine schlechte Person, ich verabscheue sie, ah! wär ich an ihrer Stelle gewesen.« »Aber nein, sie ist gut, nur zu gut. Was die Verdurins und so weiter betrifft, das ist mir ganz gleichgültig. Außer der Frau, die ich liebe und auf die ich ja nun verzichtet habe, ist mir nur meine kleine Albertine wichtig, nur sie kann mich, wenn sie recht oft bei mir ist – wenigstens in den ersten Tagen«, fügte ich hinzu, um sie nicht zu erschrecken und um in diesen Tagen viel verlangen zu können –, »ein wenig trösten.« Nur unbestimmt deutete ich die Möglichkeit einer Heirat an und setzte sogleich hinzu, das werde nicht gehen, weil wir in unserer Wesensart nicht übereinstimmten. In meiner Eifersucht mußte ich immer noch an die Beziehungen Saint-Loups zu »Rachel vom Herrn erhört« und Swanns zu Odette denken und war nur zu fest überzeugt, wenn ich liebte, könne ich nicht geliebt werden und nur Berechnung könne eine Frau an mich binden. Gewiß war es unsinnig, Albertine nach Rachel und Odette zu beurteilen. Aber es lag nicht an ihr, sondern an mir; meine Eifersucht ließ mich die Gefühle, die ich einflößen konnte, zu tief einschätzen. Und aus dieser wohl falschen Beurteilung ging ohne Zweifel all das Unglück hervor, das nun so bald über uns hereinbrechen sollte. »Du willst also nicht mit mir nach Paris kommen?«

»Meine Tante möchte nicht, daß ich jetzt wegfahre. Und außerdem, wenn ich später auch kann, würde es nicht sonderbar aussehen, wenn ich so zu dir zöge? In Paris wird man doch wissen, daß ich nicht deine Kusine bin.« »Dann sagen wir eben, daß wir sozusagen verlobt sind. Was ist schon dabei – du weißt ja, daß es nicht stimmt.« Albertines Hals, den ihr Hemd völlig frei ließ, war kräftig, grobkörnig, golden getönt. Ich küßte ihn auf solch reine Art, wie ich meine Mutter geküßt hätte, um einen Kinderschmerz zu beruhigen, von dem ich zu jener Zeit glaubte, ich werde ihn nie mehr aus meinem Herzen verbannen. Albertine ging, um sich anzukleiden. Schon ließ ihre Opferbereitschaft nach; eben noch hatte sie mir gesagt, sie werde mich keine Sekunde allein lassen. (Und ich merkte wohl, daß ihr Entschluß nicht von Dauer sein werde; wenn wir in Balbec blieben, mußte ich fürchten, daß sie noch diesen Abend, und ohne mich, Blochs Kusinen traf.) Jetzt eben hatte sie mir gesagt, sie wolle in Maineville vorbeischauen und mich am Nachmittag wieder treffen. Sie war letzte Nacht nicht nach Hause gekommen, es konnte Post für sie da sein, auch konnte ihre Tante sich Sorgen machen. Ich hatte erwidert: »Wenn es nur das ist, kann man den Liftboy schicken; er sagt deiner Tante, daß du hier bist, und bringt deine Post mit.« Und voll guten Willens, sich gefällig zu zeigen, aber ärgerlich, so gegängelt zu werden, hatte sie die Stirn kraus gezogen, dann gleich sehr freundlich gesagt: »Das ist wahr« und den Liftboy geschickt. Albertine war kaum aus dem Zimmer gegangen, als der Liftboy schon leise anklopfte. Ich hatte nicht damit gerechnet, daß er in der Zeit, da ich mich noch mit Albertine unterhielt, nach Maineville und wieder zurück käme. Er sagte mir, Albertine habe ihre Tante benachrichtigt und könne, wenn ich wollte, noch an diesem Tag nach Paris kommen. Es war übrigens unklug gewesen, daß sie ihm den Auftrag mündlich erteilt hatte, denn trotz der frühen Stunde war der Direktor schon auf dem laufenden und eilte herbei, um mich zu fragen, ob ich mit irgend etwas nicht zufrieden sei, ob ich wirklich abreiste; ob ich nicht wenigstens noch ein paar Tage warten könnte; der Wind sei heute recht »sorgenvoll« (besorgniserregend). Ich mochte ihm nicht erklären, daß ich um keinen Preis wollte, daß sich Albertine noch in Balbec aufhielt, wenn Blochs Kusinen ihren Spaziergang machten – zumal Andrée nicht da war, die sie allein hätte schützen können –, und daß Balbec wie einer der Orte sei, wo ein Kranker, der es nicht mehr aushält, auch auf die Gefahr, während der Reise zu sterben, entschlossen ist, keine Nacht mehr zu bleiben. Auch mußte ich mich noch gegen gleichlautende Bitten wehren, zunächst im Hotel, wo Marie Gineste und Céleste Albaret mit roten Augen daherkamen. (Marie ließ dabei das unterdrückte Schluchzen eines Sturzbachs hören. Die sanftere Céleste ermahnte sie, sich zu fassen; doch als Marie die einzigen Verse murmelte, die sie kannte: »Es sterben alle Veilchen ja hienieden«, konnte Céleste nicht mehr an sich halten, und eine Tränenflut ergoß sich über ihr veilchenfarbenes Gesicht; übrigens vergaßen sie mich wohl bis zum Abend.) Später begegnete ich trotz aller Vorsichtsmaßnahmen, die ich ergriff, um nicht gesehen zu werden, in dem Lokalbähnchen Monsieur de Cambremer, der beim Anblick meiner Koffer erblaßte, denn er hatte für den übernächsten Tag mit mir gerechnet; er brachte mich zur Verzweiflung mit seinen Versuchen, mich davon zu überzeugen, daß meine Atemnot vom Wetterumschlag herrühre und der Oktober die günstigste Zeit sei für sie; und er fragte mich, ob ich nicht jedenfalls meine Abreise »acht Tage aussetzen« könne, ein Ausdruck, dessen Stumpfsinn mich möglicherweise nur deshalb in Wut versetzte, weil Monsieur de Cambremers Vorschlag mir wehtat. Und während er in dem Bahnwagen auf mich einredete, war mir an jeder Station davor bange, daß mir – schrecklicher als Heribald oder Guiscard – Monsieur de Crécy erscheinen könnte, der mich bäte, ihn einzuladen, oder noch bedrohlicher Madame Verdurin, die mich einladen wollte. Aber das sollte sich erst ein paar Stunden später abspielen. So weit war ich noch nicht. Noch mußte ich den verzweifelten Klagen des Direktors standhalten. Ich komplimentierte ihn hinaus, denn ich fürchtete, daß er trotz allem Flüstern schließlich Mama wecken würde. Ich blieb allein im Zimmer, in demselben zu hoch geratenen Zimmer, in dem ich nach meiner ersten Ankunft so unglücklich war, wo ich mit solcher Zärtlichkeit an Mademoiselle de Stermaria gedacht, wo ich Albertine und ihren Freundinnen nachgespäht hatte, die sich wie Zugvögel auf dem Strand niederließen, wo ich sie mit solcher Gleichgültigkeit besessen hatte, als ich sie durch den Liftboy zu mir kommen ließ, wo ich die Güte meiner Großmutter erfahren hatte und dann erfuhr, daß sie gestorben war; diese

Fensterläden, unter denen das Morgenlicht eindrang, hatte ich zum erstenmal aufgestoßen, um die nächsten Vorgebirge des Meers zu erblicken (die Läden, die mich Albertine schließen hieß, damit man nicht sehe, wie wir uns umarmten). Meine eigenen Verwandlungen wurden mir bewußt, da ich sie gegen die gleichbleibenden Dinge hielt. Man gewöhnt sich an sie wie an die Personen, und erinnert man sich mit einemmal an die andersartige Bedeutung, die sie einst angenommen, und wie sie dann jede Bedeutung verloren hatten, an die ganz anderen als die heutigen Ereignisse, zu denen sie den Rahmen abgaben, an die Verschiedenheit der Handlungen, die unter derselben Decke, zwischen denselben Büchervitrinen ausgeführt wurden, so scheint die Wandlung im Herzen und im Leben, die aus solcher Verschiedenheit spricht, noch verstärkt durch die unbeweglich verharrende Ausstattung, durch die Einheit des Ortes.

Zwei- oder dreimal ging es mir durch den Kopf, daß die Welt, zu der dieses Zimmer und diese Bücherregale gehörten und in der Albertine so wenig zählte, vielleicht eine Welt des Verstandes sei, die einzige Wirklichkeit und mein Gram von der Art wie jener, der sich beim Lesen eines Romans einstellt und den nur ein Narr zum fortdauernden und beständigen, im eigenen Leben weiter wirkenden Leid machen könnte; daß vielleicht eine kleine Willensanstrengung schon genügen würde, damit ich zu dieser wirklichen Welt gelangte und durch meinen Schmerz wie durch einen mit Papier bespannten Reif, den man durchbricht, in sie zurückkehrte, ohne mich länger um das, was Albertine getan hatte, zu kümmern, als wir uns um das Tun einer erfundenen Romanheldin kümmern, wenn wir das Buch zu Ende gelesen haben. Im übrigen stimmten die Frauen, die ich am meisten geliebt habe, mit meiner Liebe zu ihnen nie überein. Diese Liebe war echt, da ich ja alles darauf anlegte, sie zu sehen, sie für mich allein zu haben, – da ich in Tränen war, wenn ich eines Abends auf sie gewartet hatte. Doch eher vermochten sie diese Liebe zu wecken und aufs höchste zu steigern, als daß sie ihr Bild hätten sein können. Wenn ich sie sah, fand ich nichts an ihnen, was meiner Liebe glich und sie erklären konnte. Und doch war es meine einzige Freude, sie zu sehen, meine einzige Unruhe, auf sie zu warten. Es schien, als sei ihnen eine Eigenschaft, die nichts mit ihnen zu tun hatte, von der Natur zusätzlich angefügt worden, und diese Eigenschaft, diese gleichsam elektrische Kraft habe auf mich die Wirkung, Liebe in mir zu erregen, also mein ganzes Tun zu lenken und alle meine Leiden zu verursachen. Aber die Schönheit oder die Klugheit oder die Güte dieser Frauen waren davon völlig getrennt. Wie der elektrische Strom uns trifft, so bin ich jeweils von der Liebe geschüttelt worden, ich habe sie erlebt, ich habe sie gespürt: nie bin ich dahin gelangt, sie zu sehen oder zu denken. Ich möchte sogar fast glauben, in solcher Liebe (ich spreche nicht von der sinnlichen Freude, die sie gewöhnlich begleitet, die aber nicht ausreicht, sie zu begründen) wenden wir uns unter dem Zeichen einer Frau an die unsichtbaren Kräfte, die sie umgeben, wie an heimliche Gottheiten. Sie sind es, deren Wohlwollen uns notwendig ist, mit denen wir uns zu verbinden suchen, ohne dadurch ein faßbares Glück zu finden. Mit diesen Göttinnen setzt uns die Frau während unseres Zusammenseins in Verbindung und tut kaum mehr als das. Wie Opfergaben haben wir Schmuckstücke, Reisen versprochen, Formeln geäußert, die bedeuten, daß wir anbeten, und gegenteilige Formeln, die bedeuten, daß wir gleichgültig sind. Wir haben unsere ganze Macht aufgeboten, um ein nächstes Zusammensein zu erwirken, das aber gerne gewährt werden soll. Würden wir uns nun all die Mühe um der Frau selbst willen machen, wenn jene Kräfte sie nicht ergänzten? – wo wir doch nach ihrem Weggang nicht sagen können, wie sie gekleidet war, und feststellen müssen, daß wir sie nicht einmal angesehen haben.

Da der Gesichtssinn trügerisch ist, erscheint ein menschlicher Körper auf ein paar Meter, auf ein paar Zentimeter, selbst wenn man ihn liebt, wie Albertines Körper, von uns entfernt. Und ebenso die Seele, die ihm gehört. Erst dann, wenn etwas den Ort dieser Seele, bezogen auf uns, gewaltsam verändert, fühlen wir an den Schlägen unseres aus den Fugen gehobenen Herzens, daß die Geliebte nicht ein paar Schritte von uns, sondern in uns ist. In uns, in mehr oder weniger oberflächlichen Schichten. Aber die Worte »Diese Freundin ist Mademoiselle Vinteuil« waren der Sesam gewesen, der Albertine mitten in mein zerrissenes Herz gebracht hatte; ich selber hätte ihn nicht zu finden vermocht. Und hundert Jahre hätte ich umsonst nach dem Mittel gesucht, die Tür, die hinter ihr zugefallen war, wieder zu öffnen.

Jene Worte hatte ich, solange Albertine vorhin noch bei mir war, eine Weile nicht mehr gehört. Da ich sie küßte, wie ich in Combray meine Mutter geküßt hatte, um mein banges Herz zu beruhigen, glaubte ich fast an Albertines Unschuld, oder ich dachte wenigstens nicht fortwährend an die schlimme Entdekkung, die ich gemacht hatte. Jetzt aber, da ich allein war, hallten die Worte von neuem wider, wie die Geräusche im Innern des Ohrs, die wir hören, sowie man nicht mehr mit uns spricht. Jetzt zweifelte ich nicht länger an ihrem Laster. Als rückte es mich in bezug auf sie von der Stelle, ließ mich das Licht der aufgehenden Sonne, das die Dinge um mich veränderte, meinen Schmerz erneut und noch grausamer fühlen. Nie hatte ich einen so schönen und so leidvollen Morgen heraufkommen sehen. Ich dachte an all die gleichgültigen Landschaften, die sich nun alsbald erhellen würden und die noch am Vorabend einzig den Wunsch, sie zu sehen, in mir geweckt hätten, und ich konnte ein Schluchzen nicht unterdrücken, als in einer mechanisch vollführten Bewegung, die mir das blutige Opfer jeglicher Freude, das mir nun jeden Morgen bis an mein Lebensende bevorstand, zu symbolisieren schien – die mit jedem Sonnenaufgang feierlich zelebrierte Erneuerung meines täglichen Grams und des Bluts meiner Wunden, – das goldene Sonnenei, vorangetrieben wie durch ein Kippen des Gleichgewichts, das im Augenblick des Gerinnens eine veränderte Dichte bewirkt, umkränzt von Flammenzacken wie auf den Bildern, mit einem Male den Vorhang zerriß, hinter dem man es, zitternd vor seinem Auftritt und sprungbereit, seit einem Augenblick geahnt hatte und dessen geheimnisvollen, erstarrten Purpur es jetzt unter Fluten von Licht begrub. Ich hörte mich selber weinen. Da aber öffnete sich wider alles Erwarten die Tür, und mit klopfendem Herzen glaubte ich meine Großmutter vor mir zu sehen, so wie sie mir früher schon, jedoch nur wenn ich schlief, erschienen war. So war all dies bloß ein Traum? Ach nein, ich war nur zu wach. »Du findest, ich gleiche deiner armen Großmutter«, sagte Mama – denn sie war es – sanft, wie um meinen Schrecken zu mildern, wobei sie diese Ähnlichkeit mit einem schönen, stolzbescheidenen Lächeln eingestand, das nichts von Selbstgefälligkeit wußte. Ihr ungekämmtes Haar, dessen graue Strähnen sich nicht verbargen und ihr um die unruhigen Augen, die schlaff gewordenen Wangen herabfielen, der Schlafrock meiner Großmutter, den sie trug, alles hatte mich eine Sekunde lang daran gehindert, sie zu erkennen, und mich im Ungewissen gelassen, ob ich schlief oder ob meine Großmutter auferstanden war. Schon seit langem sah meine Mutter meiner Großmutter ähnlich, viel ähnlicher als der jungen, heiteren Mama meiner Kindheit. Ich hatte nur nicht mehr daran gedacht. So haben wir, durch langes Lesen abgelenkt, nicht wahrgenommen, wie die Zeit verging, und sehen mit einemmal, wie um uns her die Sonne auf dem gleichen Stand wie gestern rings die gleichen Harmonien, die gleichen Entsprechungen schafft, die das Schwinden des Tages einleiten. Lächelnd also wies mich die Mutter auf meinen Irrtum hin, denn ihr war es lieb, ihrer Mutter so ähnlich zu sehen. »Ich bin herübergekommen«, sagte sie, »weil ich im Schlaf zu hören glaubte, daß jemand weinte. Das hat mich geweckt. Aber warum liegst du nicht im Bett? Und du hast ja Tränen in den Augen. Was gibt's denn?« Ich nahm ihren Kopf in meine Arme. »Mama, schau – ich fürchte, du hältst mich für wankelmütig. Aber zunächst, ich habe gestern von Albertine ziemlich lieblos gesprochen; was ich dir sagte, war ungerecht.« »Aber das ist doch nicht weiter schlimm«, sagte meine Mutter und lächelte traurig, da sie die Sonne aufgehen sah und an ihre Mutter denken mußte; und damit mir nun ein Schauspiel nicht entgehe, das ich zum Bedauern meiner Großmutter immer versäumt hatte, hieß sie mich aus dem Fenster schauen. Doch hinter dem Strand von Balbec, dem Meer, der aufgehenden Sonne, die meine Mutter mir zeigte, sah ich in einem Zustand der Verzweiflung, der ihr nicht verborgen blieb, das Zimmer in Montjouvain, wo eine rosige Albertine, eingerollt wie eine große Katze mit einer Stupsnase, die Stelle der Freundin von Mademoiselle Vinteuil eingenommen hatte und mit ihrem lustvollen Lachen sagte: »Nun gut – um so besser, wenn man uns sieht! Was? Ich traue mich nicht, den alten Affen da anzuspuken?« Diese Szene sah ich hinter jener, die sich im Fenster ausdehnte und die nur als dunkler Schleier sich über die andere zog, wie ein Widerschein auf ihr lag. Sie selbst hatte ein unwirkliches Aussehen, wie eine gemalte Ansicht. Uns gegenüber, an der vorspringenden Steilküste von Parville, ließ das Wäldchen, wo wir unser Ringleinspiel gespielt hatten, unter dem noch ganz goldenen Firnis des Wassers das Bild seines Laubwerks bis auf das Meer sinken, wie zu der Abendstunde, in der wir oft, wenn ich mit Albertine dort Siesta gehalten hatte, beim Anblick der sinkenden Sonne aufbrachen. Durch die aufgelösten Nebel der Nacht, die noch in rosa und blauen Fetzen über das Wasser zogen, auf dem die Perlmuttersplitter der Morgendämmerung trieben, fuhren Schiffe dahin, lächelnd im schrägen Licht, das ihr Segel und ihren Bugspriet gelb färbte wie bei der Rückkehr am Abend: eine unwirkliche Szene, fröstelnd, verlassen, bloße Beschwörung des Sonnenuntergangs, der nicht zur Ruhe kam wie am Abend, im Gefolge der Tagesstunden, die ich ihm gewohnterweise vorangehen sah, – losgelöst, eingeschoben, noch weniger verläßlich als das Schreckensbild von Montjouvain, das sie nicht tilgen, nicht zudecken, nicht verbergen konnte: ein eitles, erdichtetes Bild der Erinnerung und des Traums. »Nun hör doch«, sagte Mama, »du hast nicht schlecht von ihr gesprochen, du hast mir gesagt, sie langweile dich ein wenig und du seist froh, daß du davon abgekommen bist, sie zu heiraten. Das ist kein Grund, so zu weinen. Denk doch daran, daß deine Mama heute abreist und daß es ihr schrecklich wäre, ihren großen Buben in diesem Zustand zurückzulassen. Zumal ich ja kaum mehr die Zeit habe, dich zu trösten, mein Armer. Meine Koffer sind zwar gepackt, aber an einem Abreisetag hat man nie genug Zeit.« »Es ist nicht das.« Und da ich nun die Zukunft überschlug und meinen Willen bedachte, da ich begriff, daß eine solche Zuneigung, wie sie Albertine schon so lange für die Freundin von Mademoiselle Vinteuil hegte, nicht harmlos sein konnte, daß Albertine eingeweiht worden und überdies, wie ihr ganzes Gebaren mir zeigte, schon zur Welt gekommen war mit der Empfänglichkeit für das Laster, das meine Unruhe mich nur zu oft hatte ahnen lassen, dem sie sich immer wieder ergeben hatte (dem sie sich, meine Abwesenheit nutzend, vielleicht eben jetzt ergab), sagte ich zu meiner Mutter – wissend, welchen Schmerz ich ihr bereitete, auch wenn sie ihn mir nicht zeigte, sondern nur durch die Miene ernster Besorgnis verriet, mit der sie die Verantwortung abwog, mir Verdruß zu machen oder Schaden zuzufügen, jene Miene, die sie zum erstenmal damals in Combray hatte, als sie sich bereit fand, die Nacht bei mir zu verbringen, und die in diesem Moment ganz die meiner Großmutter war, wenn sie zuließ, daß ich Cognac trank –, sagte ich zu meiner Mutter: »Ich weiß, welchen Schmerz ich dir zufüge. Ich will schon einmal nicht hier bleiben, wie du es wünschtest, ich reise zur gleichen Zeit ab wie du. Aber das ist noch nichts. Es geht mir nicht gut hier, ich fahre lieber nach Hause. Aber hör zu und gräme dich nicht zu sehr. Also. Ich habe mich getäuscht, ich habe in gutem Glauben dich getäuscht gestern abend, ich habe die ganze Nacht überlegt. Ich muß unbedingt – und laß uns das gleich so beschließen, weil ich mir jetzt ganz sicher bin, weil sich daran nichts mehr ändern wird und weil ich anders nicht leben kann – ich muß unbedingt Albertine heiraten.«

Sodome et Gomorrhe II, 4, Ed. Pléiade III (1988), S. 497–515.

»Das Herzogtum Aumale ist lange Zeit in unserer Familie gewesen, bevor es an das Haus Frankreich kam«, erklärte der Baron Charlus dem Marquis de Cambremer vor dem staunenden Morel, an den diese ganze Abhandlung zwar nicht gerichtet, für den sie aber tatsächlich bestimmt war. »Wir hatten den Vortritt vor allen ausländischen Fürsten; dafür könnte ich Ihnen hundert Beispiele geben. Als die Princesse de Croy bei Monsieurs Begräbnis nach meiner Ururgroßmutter niederknien wollte, wies diese sie mit aller Deutlichkeit darauf hin, daß sie kein Recht auf das Polster hatte, ließ es durch den diensthabenden Offizier wegbringen und trug die Sache dem König vor, der Madame de Croy befahl, Madame de Guermantes ihre Aufwartung zu machen und sich zu entschuldigen. Als der Duc de Bourgogne uns besuchte und seine Melder mit erhobenem Stab kamen, erwirkten wir beim König, daß sie ihn senken mußten. Ich weiß, es ist nicht ganz geschmackvoll, das Lob seiner Familie zu singen. Aber es ist ja bekannt, daß die unseren in Stunden der Gefahr stets die vordersten waren. Unser Schlachtruf, nachdem wir denjenigen der Herzöge von Brabant abgelegt hatten, war ›Passavant‹. So ist es doch wohl sehr gerechtfertigt, daß wir das während Jahrhunderten im Kriege behauptete Recht, überall die ersten zu sein, dann auch am Hofe erhielten. Und wahrhaftig, es ist uns dort immer zugestanden worden. Zum Beweis erwähne ich noch die Prinzessin von Baden. Als sie sich so weit vergaß, jener selben Herzogin von Guermantes, von der ich Ihnen soeben sprach, den Rang streitig zu machen, und vor ihr beim König eintreten wollte, wobei sie sich ein kurzes Zögern zunutze machte, das meiner Ahnin vielleicht unterlief (zu dem sie aber keinerlei Ursache hatte), rief der König aus: ›Treten Sie ein, ma Cousine, die Prinzessin weiß sehr wohl, was sie Ihnen schuldig ist.‹ Und diesen Rang hatte sie als Herzogin von Guermantes, obwohl sie auch selbst von hoher Geburt war, denn durch ihre Mutter war sie die Nichte der Königin von Polen, der Königin von Ungarn, des Kurfürsten von der Pfalz, des Fürsten von Savoyen-Carignano und des Prinzen von Hannover, des späteren Königs von England.« *»Maecenas atavis edite regibus!«* sagte Brichot zu Monsieur de Charlus, der diese Höflichkeit mit einer leichten Neigung des Kopfes beantwortete. »Was sagen Sie?« fragte Madame Verdurin den Gelehrten, bei dem sie wieder gut machen wollte, was sie zuvor gesagt hatte. »Ich sprach, Gott verzeihe mir, von einem Dandy, dem Inbegriff der Crème (Madame Verdurin runzelte die Stirn) zur Zeit des Augustus (Madame Verdurin, durch die Entfernung dieser Crème beruhigt, glättete ihre Miene), einem Freund von Vergil und Horaz, die ihre Schmeichelei so weit trieben, ihm seine nicht nur adlige, sondern königliche Abstammung vorzubeten, kurzum, ich sprach von Mäzenas, einem Bücherwurm, der mit Horaz, Vergil und Augustus befreundet war. Ich bin sicher, daß Monsieur de Charlus vollkommen darüber unterrichtet ist, wer Mäzenas war.« Mit einem liebenswürdigen Seitenblick auf Madame Verdurin – denn er hatte gehört, wie sie sich mit Morel auf den übernächsten Tag verabredete, und fürchtete nun, nicht eingeladen zu werden – sagte Monsieur de Charlus: »Mir scheint, Mäzenas war gewissermaßen der Verdurin der Antike.« Madame Verdurin konnte ein befriedigtes Lächeln nur halb unterdrücken. Sie trat zu Morel. »Der Freund Ihrer Eltern ist sympathisch«, sagte sie. »Man sieht, er ist gebildet und wohlerzogen. Er wird gut in unser Grüppchen passen. Wo wohnt er denn in Paris?« Der Geiger schwieg dazu hochmütig und äußerte nur den Wunsch, Karten zu spielen. Madame Verdurin wollte zuerst ein wenig Musik hören. Zur allgemeinen Überraschung begleitete Monsieur de Charlus, der von seinen eigenen großen Begabungen niemals sprach, völlig stilrein den unruhig bewegten, an Schumann erinnernden, aber noch vor der Franck-Sonate entstandenen letzten Satz der Sonate für Klavier und Violine von Fauré. Ich konnte spüren, wie er Morel, der wunderbar klangvoll und virtuos spielte, genau das geben würde, was ihm noch fehlte, die Kultur und den Stil. Doch mit Verwunderung sann ich darüber nach, was bei ein und demselben Menschen einen körperlichen Mangel und ein geistiges Vermögen zu einer Einheit zusammenfügen kann. Monsieur de Charlus war von seinem Bruder, dem Duc de Guermantes, nicht allzu verschieden. Er hatte sogar (was selten vorkam) soeben ein gleich schlechtes Französisch wie er gesprochen. Er hatte mir vorgeworfen, daß ich ihn nie besuchte (zweifellos wünschte er, daß ich Madame Verdurin etwas Freundliches über Morel sagte), und als ich mich auf die Regeln des Takts berief, hatte er geantwortet: »Aber da ich Sie doch darum bitte, könnte nur ich es *für übel nehmen.*« Das hätte der Herzog von Guermantes sagen können. Monsieur de Charlus war insgesamt bloß ein Guermantes. Doch die Natur hatte nur sein Nervensystem so weit aus dem Gleichgewicht bringen müssen, daß er nicht, wie sein Bruder, der Herzog, eine Frau, sondern einen Schäfer Vergils oder einen Schüler Platons bevorzugte, und schon hatten Eigenschaften, die dem Herzog von Guermantes unbekannt waren und oftmals mit diesem Verlust des Gleichgewichts verknüpft sind, aus Monsieur de Charlus einen vorzüglichen Pianisten, einen Maler-Dilettanten mit einigem Geschmack, einen gewandten Causeur gemacht. Der flüssige, reizvoll unruhige Stil, in dem Monsieur de Charlus den schumannartigen Satz der Fauré-Sonate vortrug, verriet nicht, daß ihm ganz körperliche Erscheinungen, nervöse Gebrechen Monsieur de Charlus' entsprachen, um nicht zu behaupten, daß sie ihm zu Grunde lagen. Wir kommen später auf den Begriff des nervösen Gebrechens und auf die Gründe zurück, aus denen ein Grieche der Zeit des Sokrates, ein Römer der Zeit des Augustus Männer der bewußten Art und zugleich ganz normal sein konnten, keine Weibmänner, wie man sie heute sieht. Ebenso wohl wie er künstlerische Anlagen hatte, die nur nicht voll ausgebildet waren, hatte Monsieur de Charlus viel mehr als der Herzog die Mutter geliebt, seine Frau geliebt, und noch Jahre danach kamen ihm, wenn man sie erwähnte, die Tränen, aber oberflächlich, so wie die Stirn eines zu beleibten Mannes bei dem geringsten Anlaß von Schweißtropfen glänzt. Mit dem Unterschied, daß man zu so jemandem sagt: »Ihnen ist aber heiß«, während man tut, als sähe man die Tränen der anderen nicht. »Man«, das heißt die Gesellschaft; denn das Volk ist besorgt, wenn es Tränen sieht, so als wäre Weinen schlimmer als Bluten. Die Trauer nach dem Tod seiner Frau schloß bei Monsieur de Charlus, dank der Gewohnheit zu lügen, eine ihr widersprechende Lebensweise nicht aus. Noch viel später war er so niederträchtig zu erzählen, daß er es während der Trauerfeier fertiggebracht habe, den Chorknaben nach seinem Namen und seiner Adresse zu fragen. Und das stimmte vielleicht.

Als das Stück zu Ende war, erlaubte ich mir, etwas von Franck zu wünschen, was aber Madame de Cambremer derartige Qualen zu bereiten schien, daß ich nicht darauf bestand. »Das können Sie nicht mögen«, erklärte sie. Statt dessen bat sie um ›Fêtes‹ von Debussy, was von der ersten Note an Rufe wie »Ah! das ist köstlich!« auslöste. Aber Morel mußte feststellen, daß er nur die ersten paar Takte wußte, und aus Übermut, ohne die Zuhörer irreführen zu wollen, fing er einen Marsch von Meyerbeer an. Da er fast ohne Übergang und ohne Ansage weiterspielte, meinten unglücklicherweise alle, es sei noch Debussy, und man rief weiterhin, es sei köstlich. Morels Geständnis, daß der Komponist nicht der Schöpfer des ›Pelléas‹, sondern des ›Robert le Diable‹ sei, wirkte einigermaßen ernüchternd. Madame de Cambremer fand kaum die Zeit, dies an sich selber zu spüren, denn sie hatte soeben ein Heft Scarlatti entdeckt und sich mit hysterischer Erregung darauf gestürzt. »Oh! spielen Sie das, nehmen Sie das, das ist göttlich«, rief sie. Dabei hatte sie in ihrer fieberhaften Ungeduld von diesem lange verachteten, jüngst zu den höchsten Ehren gelangten Komponisten eines jener verwünschten Stücke gewählt, die uns so oft am Einschlafen gehindert haben und die eine unbarmherzige Schülerin in der nächsten Etage wieder und wieder zu üben beginnt. Aber Morel war das Musizieren verleidet, und da er Karten zu spielen wünschte, schlug Monsieur de Charlus, um mittun zu können, eine Partie Whist vor. »Er hat vorhin zum Patron gesagt, er sei ein Prinz«, sagte Ski zu Madame Verdurin, »aber das stimmt nicht, er stammt von einfachen Bürgern ab, von kleinen Architekten.« »Ich will wissen, was Sie von Mäzenas sagten, so etwas finde ich amüsant!« sagte Madame Verdurin nochmals zu Brichot so liebenswürdig, daß sich ihm der Kopf drehte. Und um in den Augen der Hausherrin und vielleicht in den meinen zu glänzen, sagte er: »Wirklich, Madame, Mäzenas interessiert mich hauptsächlich deshalb, weil er der erste große Apostel jenes chinesischen Gottes war, der heute in Frankreich mehr Anhänger hat als Brahma, ja, als Christus: des allmächtigen Ya Na Dan.« Madame Verdurin begnügte sich in solchen Fällen nicht damit, ihr Gesicht in den Händen zu vergraben. Sie fiel dann mit der

Plötzlichkeit der Insekten, die man eintägig nennt, über die Fürstin Sherbatoff her; wenn sie in der Nähe war, packte Madame Verdurin ihre Schulter, krallte sich an ihr fest und verbarg ihren Kopf eine Weile, wie ein Kind, das Verstecken spielt. Hinter diesem schützenden Schirm mochte sie Tränen lachen, konnte aber ebenso gut gar nichts denken, wie die Leute, die während eines längeren Gebets so vorsichtig sind, ihr Gesicht zu bedekken. Ihnen tat es Madame Verdurin nach, wenn sie die Quartette von Beethoven hörte, um so zu zeigen, daß das für sie ein Gebet war, und damit man nicht sah, daß sie schlief. »Ich spreche völlig im Ernst, Madame«, sagte Brichot. »Ich meine, nur allzu viele Menschen verbringen heutigentags ihre Zeit damit, ihren Nabel zu betrachten, als wäre er der Mittelpunkt der Welt. Rein von der Lehre her habe ich gegen ein Nirwana nichts einzuwenden, das uns ins große Ganze auflösen möchte (welches wie München und Oxford viel näher bei Paris liegt als Asnières oder Bois-Colombes), wenn aber die Japaner vielleicht schon vor den Toren unseres Byzanz stehen, kann es ein guter Franzose oder selbst ein guter Europäer nicht billigen, wenn sozial gestimmte Kriegsgegner in allem Ernst über die Kardinaltugenden des freien Verses verhandeln.« Madame Verdurin glaubte die mißhandelte Schulter der Fürstin loslassen zu dürfen und brachte ihr Gesicht wieder zum Vorschein, nicht ohne zwei- oder dreimal Atem zu holen und so zu tun, als trocknete sie ihre Augen. Doch Brichot wünschte, daß auch für mich etwas abfalle, und da er bei den Doktorprüfungen, denen er wie kein anderer vorsaß, gelernt hatte, daß man der Jugend nie so sehr schmeichelt, wie wenn man sie schulmeistert, sie wichtig nimmt und sich von ihr als Reaktionär behandeln läßt, sagte er: »Ich möchte die Götter der Jugend nicht lästern« – wobei er mir jenen flüchtigen, verstohlenen Blick zuwarf, den ein Redner einem Anwesenden schenkt, dessen Namen er nennt –, »ich möchte in Mallarmés Kapelle, wo unser neuer Freund ganz gewiß, wie alle seine Altersgenossen, bei der esoterischen Messe zumindest als Chorknabe gedient und den Dekadenzler oder den Geheimbündler abgegeben hat, nicht als Ketzer und Renegat verdammt werden. Aber wahrhaftig, wir haben zu viele solcher Intellektueller gesehen, die der KUNST mit lauter großen Buchstaben huldigen und sich, wenn es ihnen nicht mehr genügt, sich mit Zola zu alkoholisieren, Verlainesche Spritzen verabreichen. Aus Baudelaire-Verehrung ätheroman geworden, würden sie die männliche Kraft nicht mehr aufbringen, die das Vaterland eines Tages von ihnen verlangen kann, betäubt, wie sie sind durch die große literarische Neurose in der überhitzten, entnervenden, dunstgeschwängerten Atmosphäre eines opiumtrunkenen Symbolismus.« Außerstande, auch nur eine Spur von Bewunderung für Brichots ungereimten und albernen Erguß vorzutäuschen, wandte ich mich zu Ski und versicherte ihm, daß er sich über die Familie von Monsieur de Charlus durchaus im Irrtum befinde; er antwortete, er sei seiner Sache sicher und ich hätte ihm doch gesagt, der wirkliche Name sei Gandin, Le Gandin. »Ich habe Ihnen gesagt«, erwiderte ich, »daß Madame de Cambremer die Schwester eines Ingenieurs namens Legrandin ist. Von Monsieur de Charlus hab ich Ihnen gar nie gesprochen. Zwischen ihm und Madame de Cambremer besteht, was die Herkunft angeht, kein anderer Zusammenhang als zwischen dem Großen Condé und Racine.« »Ah! ich war der Meinung«, sagte Ski leichthin und entschuldigte sich für diesen Irrtum ebenso wenig wie ein paar Stunden früher für den, der uns beinahe den Zug versäumen ließ. »Haben Sie vor, längere Zeit am Meer zu bleiben?« fragte Madame Verdurin den Baron, in dem sie einen künftigen Getreuen witterte, der nur ja nicht zu früh nach Paris zurückkehren sollte. »Ach Gott, man kann nie wissen«, antwortete Monsieur de Charlus in näselndem, schleppendem Ton. »Ich würde gerne bis Ende September bleiben.« »Recht haben Sie«, sagte Madame Verdurin; »das ist die Zeit der schönen Gewitter.« »Nicht das würde mich, um die Wahrheit zu sagen, hier festhalten. Aber ich habe in letzter Zeit den Erzengel Michael, meinen Schutzheiligen, allzu sehr vernachlässigt und möchte ihn dafür entschädigen, indem ich bis zu seinem Namensfest am 29. September auf dem Mont Saint-Michel hier bleibe.« »Können Sie denn mit solchen Sachen viel anfangen?« fragte Madame Verdurin, der es vielleicht gelungen wäre, ihren verletzten Antiklerikalismus zum Schweigen zu bringen, hätte sie nicht befürchtet, daß ein so langer Ausflug den Geiger und den Baron zu einem 48stündigen »Schwänzen« veranlassen könnte. »Sie sind vielleicht Anfällen von Taubheit unterworfen«, gab Monsieur de Charlus unverschämt zurück. »Ich habe Ihnen gesagt, daß der heilige Michael einer meiner glorreichen Namenspatrone ist.« Und mit huldreichem Überschwang, den Blick in die Ferne gerichtet, die Stimme erhoben durch eine Begeisterung, die mir nicht so sehr ästhetisch wie religiös erschien: »So schön ist das, wenn Sankt Michael beim Offertorium neben dem Altar steht; weiß gekleidet ist er und schwingt ein Weihrauchgefäß aus Gold und mit solchen Mengen von Düften, daß der Wohlgeruch bis zu Gott emporsteigt.« »Wir könnten alle zusammen hingehen«, meinte Madame Verdurin, ihrem Abscheu vor der Klerisei zum Trotz. »In dem Augenblick«, fuhr Monsieur de Charlus fort, der aus anderen Gründen, aber in gleicher Weise wie die guten Redner im Parlament niemals auf eine Unterbrechung antwortete und so tat, als hätte er sie nicht gehört, »nach dem Offertorium wäre es reizend, unseren jungen Freund zu sehen, wie er palestrinisiert, ja sogar eine Aria von Bach spielt. Er wäre außer sich vor Freude, der gute Abt ebenfalls, und es ist die größte Huldigung, oder zumindest die größte öffentliche Huldigung, die ich meinem Namensheiligen darbringen kann. Welche Erbauung für die Gläubigen. Wir werden gleich mit dem jungen Angelico der Musik sprechen, der ja Soldat ist wie Sankt Michael.«

Saniette, der als Strohmann aushelfen sollte, gestand, daß er nicht Whist spielen konnte. Und Cottard, der sah, daß bis zur Abfahrt des Zuges nicht mehr viel Zeit blieb, fing unverzüglich eine Partie Ecarté mit Morel an. Monsieur Verdurin, wutentbrannt, fuhr mit schreckenerregender Miene auf Saniette los: »Nichts, aber auch gar nichts können Sie spielen«, rief er aus, wütend, weil er keine Gelegenheit erhielt, Whist zu spielen, und erfreut, weil er eine gefunden hatte, den früheren Archivar zu beschimpfen. In seinem Schrecken nahm Saniette eine geistreiche Miene an. »Doch«, sagte er, »Klavier kann ich spielen.« Cottard und Morel saßen sich gegenüber. »Sie fangen an«, sagte Cottard. »Sehen wir ein wenig beim Spielen zu«, sagte Monsieur de Charlus zu Monsieur de Cambremer, beunruhigt, da er den Geiger mit Cottard zusammen sah. »Das ist ebenso interessant wie die Etikettefragen, die in dieser Zeit nicht mehr viel zu bedeuten haben. Die einzigen Könige, die uns noch bleiben, in Frankreich wenigstens, sind die Könige der Kartenspiele, und mir scheint, in die Hand des jungen Virtuosen kommen sie im Überfluß«, fügte er gleich hinzu, aus einer Bewunderung für Morel, die sich noch auf dessen Umgang mit den Karten erstreckte, dann auch um ihm zu schmeicheln und schließlich um zu erklären, warum er sich über die Schulter des Geigers beugte. »Ich stäche«, sagte Cottard mit fremdländischem Akzent; seine Kinder lachten, so gut wie seine Schüler und der Oberarzt der Klinik, wenn der Meister, auch am Bett eines Schwerkranken, eine seiner gewohnten Possen mit dem starren Gesichtsausdruck eines Epileptikers zum Besten gab. »Ich weiß nicht recht, was ich spielen soll«, sagte Morel und wandte sich ratsuchend zu Monsieur de Cambremer. »Was Sie wollen – Sie verlieren in jedem Fall, ob dies oder das, ist egal.« »Egal – Ingalli?« sagte der Arzt und ließ einen schelmisch fragenden Blick zu Monsieur de Cambremer gleiten. »Das war's, was wir eine wirkliche Diva nennen, ein Traum, eine Carmen, wie man sie nicht wieder sehen wird. Sie war die Frau für diese Rolle. Gern hörte ich als Carmen auch Ingalli – marié [Kalauer mit den Namen von Célestine Galli-Marié und Speranza Engally, die Cottard gehört hätte, als er verheiratet, *marié,* war].« Der Marquis erhob sich mit der vulgären Überheblichkeit der wohlgeborenen Leute, die nicht begreifen, daß sie den Hausherrn beleidigen, wenn sie daran zu zweifeln scheinen, daß man mit seinen Gästen verkehren könne, und die sich mit englischen Umgangsformen entschuldigen, um sich geringschätzig zu äußern: »Wer ist der kartenspielende Herr, was tut er sonst, was *verkauft* er? Ich weiß immer gern, mit wem ich es zu tun habe, um nicht mit irgendwem Bekanntschaft zu machen. Ich habe den Namen des Herrn nicht verstanden, als Sie mir die Ehre erwiesen, mich ihm vorzustellen.« Hätte Monsieur Verdurin auf Grund dieser letzten Worte tatsächlich Monsieur de Cambremer seinen Gästen vorgestellt, so hätte der Marquis das höchst unpassend gefunden. Da er aber wußte, daß das Gegenteil der Fall war, hielt er es für liebenswürdig, ohne Gefahr den Gutmütigen und Bescheidenen zu spielen. Monsieur Verdurins Stolz auf die enge Bekanntschaft mit Cottard war noch gewachsen, seit der Arzt ein berühmter Professor geworden war. Doch dieser Stolz kam nicht mehr so naiv wie einst zum Ausdruck. Wenn man mit Monsieur Verdurin zu der Zeit, als Cottard noch kaum bekannt war, von den Gesichtsneuralgien seiner Frau sprach, sagte er mit der naiven Eigenliebe der Leute, die das, was sie kennen, für berühmt halten, und meinen, der Name des Gesanglehrers ihrer Familie sei jedermann bekannt: »Da ist nichts zu machen. Wenn sie einen zweitklassigen Arzt hätte, könnte man nach einer andern Behandlung suchen; heißt dieser Arzt aber Cottard (und er sprach den Namen aus, als wäre es Bouchard oder Charcot), hat man keinen Pfeil mehr im Köcher.« Nun verfuhr Monsieur Verdurin umgekehrt; da er sicher sein konnte, daß Monsieur de Cambremer von dem berühmten Professor Cottard schon gehört hatte, setzte er eine einfältige Miene auf. »Das ist unser Hausarzt, eine gute Seele, die wir sehr gern haben, und er würde sich für uns vierteilen lassen; das ist kein Arzt, das ist ein Freund, Sie werden ihn nicht kennen, und sein Name würde Ihnen nichts sagen, aber für uns ist es der Name eines wackeren Mannes, eines sehr lieben Freundes, Cottard.« Von dem bescheiden gemurmelten Namen ließ sich Monsieur de Cambremer täuschen; er glaubte, es handle sich um einen andern. »Cottard? Sie meinen doch nicht den Professor Cottard?« Eben hörte man die Stimme dieses Professors, der in Verlegenheit wegen eines Stichs hinter seinen Karten sagte: »Hier war's, wo's die Athener traf.« »Ach ja, richtig, er ist Professor«, sagte Monsieur Verdurin. »Was! der Professor Cottard! Sind Sie auch sicher? Ist es wirklich derselbe? der in der Rue du Bac wohnt?« »Ganz recht, rue du Bac, 43. Kennen Sie ihn?« »Aber jedermann kennt den Professor Cottard. Das ist eine Koryphäe! Das ist, als fragten Sie mich, ob ich Bouffe de St-Blaise oder Courtois-Suffit kenne. Gleich, als ich ihn sprechen hörte, habe ich bemerkt, daß er ein ungewöhnlicher Mann ist, deshalb habe ich mir erlaubt, Sie zu fragen.« – »Ja, was spielt man nun aus? Trumpf?« fragte Cottard. Dann auf einmal entschied er sich, und mit einer Vulgarität, die selbst in einem heroischen Augenblick, wenn ein Krieger seiner Todesverachtung einen alltäglichen Ausdruck verleihen wollte, aufreizend gewirkt hätte, die aber beim ungefährlichen Zeitvertreib eines Kartenspiels zweimal so töricht wurde, spielte er finster, »zum Äußersten entschlossen« wie jemand, der sein Leben aufs Spiel setzt, seine Trumpfkarte aus mit dem Ruf: »Jetzt ist mir alles egal.« Es war nicht die richtige Karte, aber er konnte sich trösten. Mitten im Salon hatte sich Madame Cottard unter der für sie unwiderstehlichen Nachwirkung des Essens nach vergeblicher Gegenwehr dem leichten, geräumigen Schlaf überlassen, der sich ihrer zu bemächtigen pflegte. Sie konnte sich wohl für Augenblicke wieder aufrichten, um ein wenig zu lächeln, sei es über sich selbst, sei es um irgendein freundliches Wort nicht unbeantwortet zu lassen, das man an sie hätte richten können, sie sank wider Willen zurück, ein Opfer des unbarmherzigen, köstlichen Übels. Was sie, noch eher als Geräusche, für eine Sekunde aufwecken konnte, war der Blick (den sie aus zärtlicher Anhänglichkeit auch mit geschlossenen Augen sah und voraussah, denn diese Szene wiederholte sich jeden Abend und drängte sich in ihren Schlaf wie die Stunde des Aufstehens) – der Blick, mit dem Cottard die Anwesenden auf den Schlaf seiner Gattin aufmerksam machte. Zuerst sah er sie nur an und lächelte, denn obgleich er als Arzt den Schlaf nach dem Essen mißbilligte (diese wissenschaftliche Begründung führte er wenigstens an, um zuletzt zornig zu werden, aber sie gab vielleicht nicht den Ausschlag, denn er hatte da ganz verschiedene Ansichten), freute er sich als allmächtiger und zänkischer Gatte darüber, sich auf Kosten seiner Frau zu unterhalten, sie zuerst nur halb aufzuwecken, damit sie wieder einschlief und er sie wieder wecken konnte.

Jetzt war Madame Cottard ganz eingeschlafen. »Heda! Leontine, du pennst«, rief der Professor ihr zu. »Ich höre Madame Swann zu, mein Freund«, antwortete Madame Cottard schwach und verfiel wieder in ihre Lethargie. »Welch ein Unsinn«, rief Cottard, »gleich erzählt sie uns noch, sie habe nicht geschlafen. Wie die Patienten, die in die Sprechstunde kommen und behaupten, sie schliefen nie.« »Das bilden sie sich vielleicht ein«, sagte Monsieur de Cambremer lachend. Aber der Arzt widersprach ebenso gern wie er neckte, und vor allem ließ er nicht zu, daß ein Laie sich traute, ihm von medizinischen Dingen zu reden. »Man bildet sich nicht ein, daß man nicht schläft«, entschied er in dogmatischem Tonfall. »Ah!« antwortete der Marquis mit einer respektvollen Verbeugung, so wie es einst Cottard getan hatte. »Man sieht schon«, fuhr Cottard fort, »daß Sie nicht wie ich bis zu zwei Gramm Trional verordnet haben, ohne zu erreichen, daß der Schlaf eintritt.« »Gewiß, gewiß«, antwortete der Marquis mit selbstgefälligem Lächeln, »ich habe nie Trional oder irgendeine der Drogen genommen, die bald nicht mehr wirken, aber einem den Magen verderben. Wenn man die ganze Nacht auf der Jagd war wie ich im Wald von Chantepie, ich kann Ihnen versichern, daß man dann kein Trional braucht, um einzuschlafen.« »Ignoranten reden so«, antwortete der Professor. »Das Trional erhöht bisweilen in beträchtlichem Grade den Nerventonus. Sie sprechen von Trional, wissen Sie überhaupt, was das ist?« »Nun … ich habe mir sagen lassen, es sei ein Schlafmittel.« »Sie beantworten meine Frage nicht«, sagte der Professor im Ton des Lehrers, der dreimal wöchentlich in der Fakultät die Prüfungen »abnahm«. »Ich frage Sie nicht, ob es Schlaf bewirkt oder nicht, sondern was es ist. Können Sie mir sagen, zu welchen Teilen es Amyl und Äthyl enthält?« »Nein«, gab Monsieur de Cambremer betreten zu. »Ich ziehe ein Glas guten Cognac oder auch Porto 345 vor.« »Was zehnmal toxischer ist«, unterbrach der Professor. »Was das Trional angeht«, wagte Monsieur de Cambremer zu bemerken, »so ist meine Frau auf all das abonniert, Sie würden darüber besser mit ihr sprechen.« »Sie dürfte davon gleich viel verstehen wie Sie. Jedenfalls, wenn Ihre Frau Trional nimmt, um einzuschlafen, so sehen Sie, daß meine Frau es nicht nötig hat. Nun, Léontine, rühr dich, du wirst ja steif, schlafe ich vielleicht nach dem Essen? Was tust du mit sechzig, wenn du jetzt schon schläfst wie eine Alte? Du wirst mir noch dick, du schädigst deinen Kreislauf. Sie hört mich nicht einmal mehr.« »Diese Nickerchen nach dem Diner sind ungünstig, nicht wahr?« sagte Monsieur de Cambremer, um seine Ehre in den Augen Cottards wiederherzustellen. »Nach einem guten Essen sollte man sich Bewegung verschaffen.« »Märchen«, erklärte der Arzt. »Man hat die gleiche Menge Nahrung dem Magen eines Hundes, der geruht hatte, und dem Magen eines Hundes, der gelaufen war, entnommen, und die Verdauung war beim ersten weiter fortgeschritten.« »Dann verkürzt also der Schlaf die Verdauung?« »Das hängt davon ab, ob es sich um die ösophagische, die stomachale oder die intestinale Verdauung handelt; aber was soll ich Ihnen Erklärungen geben, die Sie doch nicht verstehen würden, weil Sie nicht Medizin studiert haben. Auf, Léontine, los von Rom, wir müssen aufbrechen.« Das stimmte nicht, der Arzt wollte bloß sein Kartenspiel fortsetzen, aber er hoffte so, den Schlaf der Stummen gründlicher zu stören, an die er die kundigsten Ermahnungen richtete, ohne länger eine Antwort zu erhalten. Sei es nun, daß ein Wille zum Widerstand gegen den Schlaf bei Madame Cottard sogar noch im Schlaf fortbestand, sei es, daß ihr Sessel dem Kopf keinen Halt bot, der Kopf jedenfalls fiel im Leeren mechanisch von links nach rechts, von unten nach oben, wie ein lebloser Gegenstand, und Madame Cottard sah infolge seines Schwankens bald so aus, als hörte sie Musik, bald als sei sie in das letzte Stadium der Agonie eingetreten. Wo die immer heftigeren Aufforderungen des Gatten versagten, setzte sich das Gefühl ihrer eigenen Dummheit durch: »Mein Bad hat die richtige Wärme«, murmelte sie, »aber die Federn des Wörterbuchs ...«, rief sie und richtete sich auf. »Oh! mein Gott, bin ich dumm. Was sage ich da, ich dachte an meinen Hut, ich muß etwas Dummes gesagt haben, bald wäre ich eingenickt, das ist das verflixte Feuer.« Alles lachte, denn da war kein Feuer.

Sodome et Gomorrhe II, 2, Ed. Pléiade III (1988), S. 342–352.

Die Schlafende anschauen

Auch wenn ich nur für einen Augenblick aus dem Zimmer gegangen war, fand ich danach Gisèle schlafend und weckte sie nicht. Ganz ausgestreckt auf meinem Bett, in einer so natürlichen Haltung, wie niemand sie hätte erfinden können, erinnerte sie an eine langstielige Blume, die man dort hingelegt hätte, und so war es ja auch. Ich fand die Fähigkeit zu träumen, die mir nur in ihrer Abwesenheit gegeben war, in diesen Augenblicken wieder, die ich neben ihr verbrachte, als wäre sie im Schlaf zu einem pflanzenhaften Wesen geworden. So machte ihr Schlaf in einem gewissen Grade die Liebe möglich; wenn ich allein war, konnte ich an sie denken, aber sie fehlte mir, ich besaß sie nicht. Wenn sie da war, sprach ich mit ihr, aber ich war zu sehr von mir selber getrennt, um denken zu können. Wenn sie schlief, brauchte ich nicht mehr zu sprechen, ich wußte, daß sie mich nicht mehr anschaute, ich mußte nicht mehr an der Oberfläche meiner selbst leben. Indem sie die Augen schloß, das Bewußtsein verlor, hatte Gisèle eines nach dem anderen die verschiedenen Kennzeichen ihres Menschseins abgelegt, die mich von dem Tag an irrgeführt hatten, da ich sie kennenlernte. Nur noch das unbewußte Leben der Pflanzen, der Bäume regte sich in ihr, ein Leben, dem unseren ferner und fremder, das mir dennoch eher gehörte. Ihr Ich entzog sich nicht immerfort wie dann, wenn wir uns unterhielten, auf den Auswegen des uneingestandenen Gedankens, des Blicks. Sie hatte alles zurückgerufen, was von ihr draußen geblieben war, sie hatte Zuflucht genommen, sich eingeschlossen und zusammengefaßt in ihrem Körper. Wenn ich sie mit meinem Blick, mit meinen Händen festhielt, hatte ich jenes Gefühl, sie ganz zu besitzen, das ich nicht hatte, wenn sie wach war. Ihr Leben war mir unterworfen, es hauchte mir seinen leichten Atem entgegen. Ich lauschte diesem murmelnden Ausströmen, das geheimnisvoll, sanft wie ein Zephir des Meeres war, zauberhaft wie der Mondschein ihres Schlafs. Vielleicht ist es eben dieses Wegfallen des Menschseins, das die Sprache im Schlaf unterdrückt, nur noch ein sachtes Geräusch zuläßt. In diesen Augenblicken schien mir, Gisèle sei nun wieder unschuldig geworden. Und doch, welche Träumereien, welche Namen konnten nicht, ohne daß ich sie zu erfassen vermochte, in diesem reinen Atem dahintreiben?

Manchmal, wenn es sehr heiß war, sah ich, daß sie beim Hinlegen fast schon im Schlaf ihren Kimono auf einen Sessel geworfen hatte. Und da sie nun schlief, sagte ich mir, daß alle ihre Briefe in der Innentasche dieses Kimonos waren, in die sie sie immer steckte. Eine Unterschrift, eine Verabredung hätten genügt, um eine Lüge zu beweisen oder einen Verdacht zu zerstreuen. Wenn ich merkte, daß Gisèle tief genug schlief, wagte ich vom Fußende des Bettes, wo ich sie seit langem reglos betrachtete, einen Schritt, einen zweiten, von brennender Neugier gepackt, da ich spürte, wie das Geheimnis dieses Lebens sich preisgab, schlaff und wehrlos auf dem Sessel. Vielleicht tat ich das auch, weil es mit der Zeit anstrengend wird, jemandem reglos beim Schlafen zuzuschauen. Und so schlich ich – und schaute mich immer wieder um, ob Gisèle nicht aufwache – ganz leise zu dem Sessel. Dort blieb ich stehen, und lange Zeit schaute ich auf den Kimono, so wie ich lange auf Gisèle geschaut hatte. Aber nie habe ich (und das war vielleicht falsch) den Kimono berührt, in die Tasche gegriffen und mir die Briefe angeschaut. Und wenn ich schließlich sah, daß ich mich doch nicht entschließen würde, schlich ich wieder auf den Zehenspitzen zu Gisèles Bett.

Solange ihr Schlaf währte, konnte ich von ihr träumen und sie dennoch anschauen, und wenn er tiefer wurde, konnte ich sie berühren, sie küssen. Was ich dann empfand, war eine Liebe vor etwas so Reinem, so Unstofflichem, so Geheimnisvollem, wie ich sie vor jenen unbeseelten Geschöpfen verspürt hätte, welche die Schönheiten der Natur sind. Und wirklich war Gisèle, wenn sie tiefer schlief, auch die Pflanze nicht mehr, die sie gewesen war; ihr Schlaf, an dessen Ufer ich träumte, mit einem frischen Wonnegefühl, dessen ich niemals müde geworden wäre, das ich unendlich lang hätte auskosten mögen, war für mich eine ganze Landschaft. Ihr Schlaf legte etwas ebenso Ruhiges neben mich hin, etwas ebenso Sinnlich-Köstliches wie die Bucht von Balbec, wenn sie in Vollmondnächten sanft wie ein See wird, wenn sich die Zweige kaum regen, wenn man im Sand liegend endlos die Wellen sich brechen hört. Beim Hereinkommen war ich auf der Schwelle stehengeblieben, um ja kein Geräusch zu machen, und hatte kein anderes gehört als das ihres Atems, der in gleichmäßig pausierenden Abständen auf ihren Lippen verging, wie die Wellen auch er, aber gedämpfter und sanfter. Und während mein Ohr dieses göttliche Geräusch aufnahm, schien es mir, als verdichte sich in ihm die ganze Person, das ganze Leben der zauberhaften Gefangenen, die da vor meinen Augen ausgestreckt lag. Wagen konnten mit großem Lärm auf der Straße vorbeifahren, ihre Stirn blieb gleich unbewegt und gleich rein, ihr Atem gleich schwerelos, zurückgenommen auf das Aushauchen der gerade notwendigen Luft. Ich habe bezaubernde Abende verbracht, da ich mit Gisèle plauderte oder spielte, aber nie so wohltuende, wie wenn ich ihr beim Schlafen zusah. Wohl hatte sie im Gespräch und beim Kartenspiel die Natürlichkeit, die keine Schauspielerin hätte nachahmen können: eine tiefere – eine Natürlichkeit zweiten Grades bot mir ihr Schlaf. Ihr Haar, das an dem rosigen Gesicht herabfiel, lag nun neben ihr auf dem Bett, und mitunter hatte eine einzelne, grade Strähne die gleiche perspektivische Wirkung wie die mondbeschienenen schlanken und blassen Bäume, die im Hintergrund der an Raphael erinnernden Bilder von Elstir ganz aufrecht stehen. Waren die Lippen Gisèles geschlossen, schienen sich dagegen ihre Augenlider, von meinem Platz aus gesehen, so wenig zu berühren, daß ich mich fast hätte fragen können, ob sie wirklich schlief. Und doch gaben diese gesenkten Lider ihrem Gesicht die vollkommene, von den Augen nicht unterbrochene Einheit. Es gibt Menschen, deren Antlitz eine unerwartete Schönheit und Würde annimmt, sowie der Blick ihm fehlt. Mit meinen Augen maß ich die vor mir ausgestreckte Gisèle. Dann und wann durchlief sie eine leichte, nicht zu erklärende Unruhe, wie ein unerwarteter Windstoß für ein paar Augenblicke das Laub aufwühlt. Sie griff nach ihrem Haar, und da sie das nicht so tat, wie sie gewollt hatte, bewegte sie ihre Hand von neuem dorthin, so zielbewußt und so willentlich, daß ich sicher war, sie würde gleich aufwachen. Aber nein; sie wurde wieder ruhig im Schlaf, den sie nicht verlassen hatte. Von nun an blieb sie reglos. Sie hatte eine Hand auf die Brust gelegt, den Arm so kindlich-arglos hingegeben, daß ich bei ihrem Anblick das Lachen unterdrücken mußte, zu dem uns die kleinen Kinder durch ihren Ernst, ihre Unschuld und ihre Anmut reizen. Mir, der ich mehrere Gisèle kannte, schien es, als sähe ich noch manch andere so vor mir liegen. Ihre Brauen, geschwungen wie ich sie nie gesehen hatte, umgaben die Wölbung ihrer Lider wie ein zartes Seeschwalbennest. Rassen, Atavismen, Laster waren in ihrem Gesicht zur Ruhe gekommen.

Sooft sie ihrem Kopf eine andere Stellung gab, brachte sie eine neue, für mich oft unerwartete Frau hervor. Es schien mir, als besäße ich in ihr unzählige junge Mädchen. Ihre nach und nach tieferen Atemzüge hoben jetzt regelmäßig ihre Brust und auf ihr die gekreuzten Hände, ihre Perlen, die von derselben Bewegung auf verschiedene Weisen verschoben wurden wie die Boote, die Ankerketten, die das bewegte Wasser zum Schaukeln bringt. Wenn ich dann merkte, daß ihr Schlaf seine volle Tiefe erreicht hatte: daß ich mich nicht mehr an Klippen des Bewußtseins stoßen würde, die das Meer des tiefen Schlafs jetzt deckte, faßte ich mir ein Herz und sprang geräuschlos auf das Bett, ich legte mich neben sie hin, ich schlang einen Arm um sie, ich drückte meine Lippen auf ihre Wangen und auf ihr Herz, dann auf alle Teile ihres Körpers meine freigebliebene Hand, die durch die Atemzüge der Schlafenden nun auch, wie die Perlen, gehoben wurde; ich selber wurde durch die gleichmäßige Bewegung leise gewiegt, ich hatte mich eingeschifft auf Gisèles Schlaf. Er verschaffte mir bisweilen ein weniger reines Vergnügen. Ich brauchte dazu keine Bewegung zu machen, ich ließ nur mein Bein an dem ihren liegen, so wie man ein Ruder nachziehen läßt und es von Zeit zu Zeit in eine leichte Schwingung versetzt, gleich dem pausierenden Flügelschlag jener Vögel, die in der Luft schlafen. Ich wählte mir, um sie anzuschauen, den Winkel, aus dem ihr Gesicht ganz selten zu sehen, dann aber so schön war. Man kann noch verstehen, daß sich die Briefe, die einem jemand schreibt, ungefähr gleichen und von der Person, die man kennt, ein so anderes Bild zeichnen, daß sie eine zweite Persönlichkeit herstellen. Doch wieviel seltsamer ist es, daß eine Frau, wie Doodica und Rosita, einer zweiten angefügt ist, deren andersartige Schönheit einen andern Charakter darstellt, und daß man die eine von vorn, die andere von der Seite her sieht.

Wenn ihr Atemholen lauter wurde, konnte man es für die

Atemlosigkeit der Lust halten, und wenn die meine am Ziel war, konnte ich sie küssen, ohne ihren Schlaf unterbrochen zu haben. Es schien mir in solchen Augenblicken, als hätte ich sie vollständiger besessen, wie ein Stück stumme Natur, ohne Bewußtsein und ohne Widerstand. Die Wörter, die ihr mitunter im Schlaf entschlüpften, beunruhigten mich nicht; ihr Sinn war mir verschlossen, und außerdem – auf welche unbekannte Person sie auch hindeuten mochten, es war meine Hand, meine Wange, auf der ihre Hand bisweilen durch einen leichten Schauer belebt wurde und sich ein wenig zusammenzog. Ich genoß ihren Schlaf mit einer besänftigenden, entspannten Liebe, so wie ich auch stundenlang der Brandung zugehört hätte. Vielleicht muß ein Mensch imstande sein, uns sehr leiden zu lassen, damit er uns in gnädigeren Stunden solch besänftigende Ruhe spenden kann, wie die Natur sie uns schenkt. Als ich fortfuhr, das Gemurmel ihres reinen Atems, beruhigend wie ein unmerklicher Windhauch, von Moment zu Moment zu vernehmen und aufzufangen, war da eine ganze körperliche Existenz vor mir; so lang, wie ich einst auf dem Strand im Mondschein gelegen hatte, blieb ich dort, um sie anzuschauen, ihr zuzuhören. Mitunter konnte man meinen, die See werde rauh, ein Unwetter mache sich auch in der Bucht bemerkbar, und ich schob mich an sie heran, um auf das Grollen ihres Atems, auf ihr Schnarchen zu hören.

Ihr Atem war dicht an meiner Wange, in ihrem Mund, den ich ein wenig zu dem meinen hin öffnete und aus dem ihr Leben auf meine Zunge überging. Doch dem Vergnügen, sie schlafen zu sehen, das ebenso köstlich war, wie ihr Leben zu spüren, machte ein anderes Vergnügen ein Ende: sie erwachen zu sehen. Es war um einen Grad tiefer, geheimnisvoller, es war die Freude darüber, daß sie bei mir wohnte. Gewiß war ich glücklich, wenn sie am Nachmittag aus dem Wagen stieg, um in die Wohnung zurückzukehren. Noch glücklicher war ich, wenn sie aus der Tiefe des Schlafs die letzten Stufen der Treppe ihrer Träume heraufstieg, daß sie in meinem Zimmer dem Bewußtsein und dem Leben wiedergegeben wurde und daß sie sich einen Augenblick fragte: Wo bin ich? und sich beim Anblick der Gegenstände um sie her, der Lampe, deren Licht sie kaum blinzeln ließ, antworten konnte, sie sei zu Hause, wenn sie feststellte, daß sie bei mir erwachte. In diesem köstlichen ersten Moment der Ungewißheit schien mir, als nähme ich wieder vollständiger von ihr Besitz; denn statt daß sie nun nach einem Ausgang in ihr Zimmer trat, wie wenn sie von einer Spazierfahrt zurückkam, würde mein Zimmer, sobald sie es wiedererkannt hätte, sie umfassen, sie einschließen, und ihre Augen würden kein Erstaunen verraten, sie würden so ruhig bleiben, wie wenn sie gar nicht geschlafen hätte. Das Zögern ihres Erwachens war in ihrem Schweigen, nicht in ihrem Blick zu erkennen. Sobald sie wieder sprechen konnte, sagte sie: »Mein« oder »Mein liebster«, und auf beides folgte mein Taufname. Von da an ließ ich es nicht mehr zu, daß man mich in der Familie so anredete und damit den köstlichen Worten, die Gisèle mir sagte, den Vorzug der Einzigkeit raubte. Während sie mir sie sagte, verzog sie wie schmollend den Mund und ließ daraus einen Kuß entstehen. So rasch sie eben erst eingeschlafen war, so schnell war sie wieder erwacht.

La Prisonnière, Ed. Pléiade III (1988), S. 578–583.

Wenn Gisèle mich so erst am Morgen verließ, schlief ich viel tiefer als sonst ein. Und da solch ein Schlaf etwa viermal so erholsam ist wie ein leichter Schlaf, scheint er dem Schläfer danach viermal länger, während er viermal kürzer war. Ein großartiger Rechenfehler, die Multiplikation mit sechzehn, die das Erwachen so schön macht und eine wirkliche Erneuerung in das Leben hereinträgt, vergleichbar den großen rhythmischen Wechseln in der Musik, durch die eine Achtelnote in einem Andante dieselbe Dauer erhält wie eine halbe in einem Prestissimo, – Wechsel, die dem wachen Zustand unbekannt sind. Das Leben ist beinahe immer das gleiche; daher die Enttäuschungen des Reisens. Es scheint tatsächlich, als wäre der Traum bisweilen ja doch aus dem gröbsten Stoff des Lebens gemacht, in ihm aber ist dieser Stoff so behandelt, geknetet und so auseinandergezogen, weil ihn keine der Stundengrenzen des wachen Zustands mehr hindern kann, sich in solche Höhen hinauf zu zerfasern, daß man ihn nicht mehr erkennt. Oft, wenn Gisèle spät von mir wegging, wurde mir das Glück zuteil, daß der Schlaf wie mit einem Schwamm auf einer Wandtafel aus meinem Gehirn die Zeichen des alltäglichen Treibens weggewischt hatte, die in ihm festgehalten sind, und daß ich mein Gedächtnis erst wieder aufleben lassen mußte; man kann durch Willenskraft wieder lernen, was man im Schlaf oder nach einem Schlaganfall vergessen hat und was sich allmählich wiederherstellt in dem Maß, wie die Augen sich öffnen oder die Lähmung vergeht.

Und eine Stunde Schlaf zuviel ist oft ein lähmender Anfall, nach dem man zum Gebrauch seiner Glieder zurückfinden, das Sprechen wieder erlernen muß. Dem Willen würde das nicht gelingen. Man hat zu lange geschlafen, man ist nicht mehr. Man spürt das Erwachen nur gerade mechanisch, ohne Bewußtsein, vielleicht so wie in einer Wasserleitung das Schließen eines Hahns. Dann folgt ein noch unbeseelteres Leben als das der Seequalle, und man könnte ebensogut meinen, man werde vom

Meeresgrund heraufgezogen oder man sei aus dem Kerker zurückgekehrt, – wenn man überhaupt etwas denken könnte.

Dann aber neigt sich aus der Höhe des Himmels die Göttin Mnemotechne herab und schenkt uns in der Form der »Gewohnheit, unseren Frühstückskaffee zu bestellen«, die Hoffnung auf unsere Auferstehung. Und doch ist die rasche Gewährung des Erinnerungsvermögens nicht immer so einfach. Oft hat man in den ersten Minuten, durch die man sich ins Erwachen gleiten läßt, eine Vielfalt verschiedener Wirklichkeiten um sich, zwischen denen man wählen zu können glaubt wie in einem Kartenspiel. Es ist Freitagvormittag, und man kommt vom Spazieren zurück, oder es ist die Teestunde am Meeresstrand. Der Gedanke an den Schlaf, und daß man im Nachthemd daliegt, stellt sich oft als letzter ein. Man meint, man habe geklingelt, man hat es aber nicht getan, man hat wirre Reden geführt. Ich hatte so viele Stunden in ein paar Minuten durchlebt, daß ich in der Absicht, gegenüber Françoise – nach der ich gleich klingeln wollte – eine wirklichkeits- und zeitgerechte Sprache zu führen, meine ganze Selbstbeherrschung aufbieten mußte, um nicht zu sagen: »Nun Françoise, da ist es jetzt fünf Uhr am Abend geworden, ich habe Sie gestern nachmittag nicht gesehen«, und um meine Träume zurückzudrängen. Im Widerspruch zu ihnen und mich selber belügend (da es mir nun gelungen war, den elektrischen Knopf zu drücken; denn die Bewegung bringt uns das Denken zurück), sagte ich grade heraus – und zwang mich mit all meiner Kraft zum Schweigen –, langsam und deutlich: »Nicht wahr, Françoise, es ist bereits zehn Uhr? (Ich sagte nicht einmal: zehn Uhr, sondern: zehn nach zehn Uhr, damit dieses unglaubhafte ›zehn Uhr‹ sich etwas natürlicher ausnahm.) Bringen Sie mir den Kaffee.« Diese Worte zu sagen statt derjenigen, die der kaum erwachte Schläfer, der ich noch war, weiterhin dachte, verlangte von mir denselben Kampf um das Gleichgewicht wie von einem, der aus dem Zug springt und noch einen Augenblick neben dem Geleise her rennt und tatsächlich nicht stürzt. Er rennt einen Augenblick, weil die Umgebung, die er verläßt, eine schneller bewegte Umgebung war und sich sehr von dem leblosen Grund unterschied, mit dem seine Füße nicht leicht zurechtkommen. Aber, o Wunder! Françoise hatte nichts von dem Meer aus Unwirklichkeit ahnen können, das mich noch ganz umgab und durch das ich dank meiner Anstrengung meine seltsame Frage hatte absenden können. Sie antwortete wirklich: »Es ist zehn nach zehn«, was mir einen vernünftigen Anschein gab und es mir erlaubte, die krausen Unterhaltungen zu verbergen, die mich endlos gewiegt hatten an den Tagen, in denen kein Berg aus Nichts mir das Leben verstellt hatte. Durch die Willenskraft hatte ich mich wieder in die Wirklichkeit eingefügt.

La Prisonnière, Ed. Pléiade III (1988), S. 628–632.

Eine Matinee im Trocadéro

Am Morgen nach jenem Abend, an dem mir Albertine gesagt hatte, sie werde vielleicht – dann, sie werde nicht – zu den Verdurins gehen, erwachte ich früh, und die Freude, die ich halb noch im Schlaf verspürte, teilte mir mit, daß sich in den Winter ein Frühlingstag eingeschaltet hatte. Volksliedthemen, akkurat notiert für verschiedenartige Instrumente, von dem Horn des Porzellanflickers oder der Trompete des Polsterers bis zur Flöte des Ziegenhirten, der an einem schönen Tag ein sizilischer Schäfer zu sein schien, orchestrierten draußen die Morgenluft zu einer schwerelosen »Ouvertüre für einen Festtag«. Das Gehör, dieser köstliche Sinn, führt uns die Straße zu, zieht alle Linien für uns aus, zeichnet alle Formen nach, die auf ihr unterwegs sind, und zeigt uns ihre Farben. Die eisernen Rolläden des Bäckers, des Milchhändlers, die sich am Abend vor allen Spielarten weiblichen Glücks gesenkt hatten, hoben sich nun wie die leichten Zugwinden eines Schiffs, das auslaufen und ein durchsichtiges Meer überqueren wird, vor einem Traum junger Ladenmädchen. Dieses Geräusch des eisernen Rolladens, der in die Höhe geht, wäre in einem andern Viertel vielleicht meine einzige Freude gewesen. In diesem beglückten mich hundert andere, von denen ich keines hätte verschlafen mögen. Es macht den Reiz der alten vornehmen Viertel aus, daß sie nebenher volkstümlich sind. So wie bisweilen vor den Portalen der Dome (die selbst gelegentlich noch danach heißen, wie das »Portail des libraires« an der Kathedrale von Rouen, wo die Buchhändler ihre Ware unter freiem Himmel feilboten) gab es auch vor dem Palais de Guermantes alle möglichen, hier freilich ambulanten kleinen Gewerbe und erinnerten hin und wieder an das kirchliche Frankreich von einst. Denn die Rufe, die sie an die kleinen Nachbarhäuser richteten, hatten mit seltenen Ausnahmen nichts von einem Lied. Sie waren anderer Art, ebenso wie die kaum durch unmerkliche Wechsel gefärbte Deklamation Boris Godunows oder Pelléas'; sie erinnerten aber an das Psalmodieren eines Priesters während der Messe, zu der diese Straßenszenen nur das gutmütige, jahrmarkthafte und doch halb liturgische Gegenstück bilden. Nie hatten sie mir solch ein Vergnügen gemacht, wie seitdem Albertine mit mir zusammen wohnte; sie erschienen mir wie ein fröhliches Zeichen ihres Erwachens, und indem sie mich am Leben draußen Anteil nehmen ließen, verstärkten sie mein Gefühl für die beruhigende Kraft einer geliebten Gegenwart, die so beständig war, wie ich es wünschte. Manche Eßwaren, die auf der Straße ausgerufen wurden und die ich für mein Teil verabscheute, waren sehr nach Albertines Geschmack, und um sie zu kaufen, schickte Françoise ihren jungen Laufburschen aus, den es wohl etwas kränkte, sich unter das gemeine Volk mischen zu müssen. Sehr deutlich drangen in dieser ruhigen Gegend, wo die Geräusche für Françoise kein Grund mehr zur Traurigkeit waren und für mich nun ein Grund zum Wohlbehagen, die Rezitative zu mir herauf, jedes mit seinem besonderen Tonfall deklamiert von diesen einfachen Leuten, nicht anders als in der so volkstümlichen Musik des Boris, in der eine anfängliche Tonlage kaum verändert wird durch das Abweichen einer Note, die sich einer anderen zuneigt, – einer Musik für die Menge, und eher noch Sprache als Musik. Auf das »Hörnchen, zwei Sous das Hörnchen« eilte man zu dem Backwerk, wo die schrecklichen kleinen Muscheln verkauft wurden, die mich, wäre Albertine nicht gewesen, angewidert hätten so gut wie die Schnecken, die ich zur selben Zeit anpreisen hörte. Auch hier erinnerte der Ruf des Händlers an die kaum gesungene Deklamation Mussorgskys, aber nicht nur an sie. Denn auf das Parlando: »Schnecken, schöne, frische Schnecken«, ließ der Schneckenmann mit Maeterlincks schwebender Trauer, wie Debussy sie vertont hat, in einem jener schmerzlichen Aktschlüsse, durch die sich der Autor des ›Pelléas‹ Rameau annähert: »Wenn ich besiegt sein muß, ist es an dir, mich zu besiegen?« in melancholischem Singsang folgen: »Sechs Sous, nur sechs Sous das Dutzend …«

Ich habe nie recht begriffen, warum diese völlig klaren Worte in einem Ton beseufzt wurden, der so wenig zu ihnen paßte, der rätselhaft war wie das Geheimnis, das jedermann traurig macht in dem alten Schloß, in das Mélisande die Freude nicht hat hineintragen können, und tief wie ein Gedanke des greisen Arkel, der in ganz einfachen Worten »die Weisheit und das Verhängnis« ganz auszusprechen versucht. Die gleichen Noten, in denen mit wachsender Eindringlichkeit die Stimme des alten Königs von Allemonde oder Golauds aufsteigt, um zu sagen: »Man weiß nicht, was hier geschieht, es mag seltsam scheinen, vielleicht kann nichts sich umsonst ereignen« oder: »Man soll nicht erschrecken, sie war ein armes kleines Rätsel wie jedermann«, dienten dem Schneckenverkäufer, um in einer unbestimmten Kantilene wieder anzuheben: »Sechs Sous, nur sechs Sous das Dutzend ...« Doch bevor diese metaphysische Klage die Zeit fand, am Rand des Unendlichen zu verhauchen, wurde sie durch einen muntern Trompetenton unterbrochen. Diesmal ging es nicht um Eßbares, das Libretto lautete: »Schere die Hunde, verschneide die Kater, Schwänze und Ohren.«

Geist und Phantasie jedes Händlers, jeder Händlerin variierten zwar häufig die Worte all dieser Musikstücke, die ich vom Bett aus hörte. Aber beständig rief eine rituelle Unterbrechung, ein Schweigen mitten im Wort, besonders wenn es zweimal wiederholt wurde, die alten Kirchen in Erinnerung. Der Kleiderhändler ließ die Eselin, die seinen kleinen Wagen zog, vor jedem Haus anhalten, ging in die Höfe hinein und psalmodierte, die Peitsche in der Hand: »Kleider, verkaufe Kleider, Klei – der«, mit der gleichen Pause, wie wenn er aus voller Brust gesungen hätte: »Per omnia saecula saeculo – rum« oder »Requiescat in pa – ce«, obwohl er schwerlich an die Ewigkeit seiner Kleider glaubte und sie auch nicht als Leichentücher für die letzte Ruhe im Frieden anbot. Und ebenso griff, da die Themen sich nun in der frühen Morgenstunde schon zu überschneiden begannen, eine Obst- und Gemüsehändlerin, die ihr Wägelchen vor sich herschob, für ihre Litanei auf den gregorianischen Wechselgesang zurück:

»Zart und grün, grün und zart,
Artischocken grün und zart,
Artischo – cken«,

obwohl sie vom Antiphonar und von den sieben Tönen, dem Symbol für die Wissenschaften des Triviums und des Quadriviums, kaum etwas wußte.

Aus einer Pfeife, einem Dudelsack holte ein Mann im Bauernkittel, einen Ochsenziemer in der Hand, auf dem Kopf eine Baskenmütze, Melodien seines südlichen Landes hervor, dessen Licht zu dem schönen Wetter stimmte, und hielt vor den Häusern an. Das war der Ziegenhirt mit den beiden Hunden, vor ihm seine Herde. Weil er einen weiten Weg hatte, kam er spät durch unser Viertel; und die Frauen liefen mit einem Topf herbei, um die Milch in Empfang zu nehmen, die ihren Kindern Kraft geben sollte. Doch in die Pyrenäenweisen dieses wohltätigen Hirten mischte sich schon die Glocke des Schleifers, der rief: »Scheren, Messer und Schermesser.« Mit ihm konnte es der Sägenschleifer nicht aufnehmen, denn er hatte kein Instrument und rief bloß: »Wer hat Sägen zum Schleifen, der Schleifer ist da«, während der Kesselflicker, fröhlicher, nach der Aufzählung all der Töpfe und Pfannen, die er instand setzte, den Refrain anstimmte: »Klopf, klopf, klopf, flicke jeden Topf, auch den Wasserkopf, richte alle Böden noch, stopfe jedes Loch, jedes Loch, jedes Loch«; und kleine Italiener, die große rotbemalte Eisenbüchsen trugen, auf denen die Nummern – verlierende und gewinnende – standen, schwangen eine Klapper und riefen: »Unterhalten Sie sich, Mesdames, hier wird's lustig.«

Françoise brachte mir den ›Figaro‹. Auf den ersten Blick konnte ich mich davon überzeugen, daß mein Artikel immer noch nicht erschienen war. Sie sagte mir, Albertine möchte wissen, ob sie hereinkommen könne, und lasse mir sagen, daß sie auf ihren Besuch bei den Verdurins so oder so verzichte und nun vorhabe, nach einem kurzen Spazierritt mit Andrée zu der »außerordentlichen« Matinee – heute würde man sagen, zur Galamatinee – im Trocadéro zu gehen, wie ich es ihr empfohlen hatte. Da ich nun wußte, daß sie den vielleicht unguten Wunsch, zu Madame Verdurin zu gehen, aufgegeben hatte, sagte ich lachend: »Sie soll doch kommen!« und fand, sie könne gehen, wohin sie wolle, mir sei das gleichgültig. Ich wußte, daß ich am späten Nachmittag, wenn es dämmerte, sicher ein anderer Mensch sein würde, niedergeschlagen und unter dem Zwang, dem Kommen und Gehen Albertines bis ins kleinste Detail eine Bedeutung zu geben, die es in dieser Morgenstunde und bei dem schönen Wetter nicht hatte. Denn es war mir ganz klar, warum ich mir jetzt keine Sorgen machte, aber das änderte nichts daran. »Françoise hat mir versichert, du seist wach und ich störe dich nicht«, sagte Albertine beim Hereinkommen. Und weil sie nichts so sehr fürchtete, wie mich frieren zu lassen, indem sie ihr Fenster zur Unzeit öffnete, und mich zu stören, wenn ich noch halb im Schlaf lag, fügte sie hinzu: »Ich habe es hoffentlich nicht falsch gemacht. Ich hatte Angst, du könntest zu mir sagen: ›Welch frevler Sterblicher fordert den Tod heraus?‹« Und sie lachte, mit jenem Lachen, das mich so sehr verwirrte. Ich antwortete ihr im gleichen scherzhaften Ton: »Erließ ich denn für Euch solch drohenden Befehl?« Damit sie ihn aber ja nie mißachte, fügte ich hinzu: »Obwohl ich sehr böse würde, wenn du mich wecktest.« »Ich weiß, ich weiß, keine Angst«, sagte Albertine. Und besänftigend fügte ich, immer in den Worten aus Esthers Szene, während die Rufe von der Straße völlig verworren durch unser Gespräch weitertönten, hinzu: »In Euch nur finde ich die Anmut ausgedrückt, die niemals mich beschwert und immer mich entzückt.« (Und zugleich dachte ich: »Doch, sie ist mir sehr oft beschwerlich.«) Und da mir wieder einfiel, was sie mir am Vorabend gesagt hatte, bedankte ich mich zwar überschwenglich für ihren Verzicht auf die Verdurins, damit sie mir im einen oder andern Fall wieder gehorche, sagte aber: »Albertine, du mißtraust mir, der dich so liebt, und hast Vertrauen zu Leuten, die dich nicht lieben.« (Als wäre es nicht natürlich, daß wir Leuten mißtrauen, die uns lieben und als einzige Grund haben, uns zu belügen, um Dinge zu erfahren und zu verhindern.) Und ich setzte verlogenerweise hinzu: »Du glaubst nicht wirklich, daß ich dich liebe, ist das nicht komisch. Ich *bete* dich freilich nicht *an*.« Sie log ihrerseits, indem sie sagte, sie vertraue nur mir, und erklärte dann wahrheitsgemäß, sie wisse sehr wohl, daß ich sie liebte. Doch diese Versicherung schien nicht einzuschließen, daß sie mich nicht für lügnerisch und argwöhnisch halte. Und es schien, als verzeihe sie mir, als sähe sie darin die schwer zu ertragende Auswirkung einer großen Liebe oder als hielte sie selbst sich für weniger gut. »Ich bitte dich, mein Liebling, keine Voltige-Künste wie neulich. Denk doch, Albertine, wenn dir etwas zustieße!« Ich wünschte ihr natürlich kein Unglück. Doch welche Freude, wäre sie auf den Gedanken gekommen, mit ihren Pferden irgendwohin zu ziehen, wo es ihr gefallen hätte, und nie mehr zurückzukommen. Wie wäre alles so einfach, wenn sie anderswo glücklich würde; ich brauchte nicht einmal zu wissen, wo! »Oh! ich weiß wohl, du würdest mich keine achtundvierzig Stunden überleben, du würdest dich umbringen.«

So tauschten wir lügenhafte Worte. Doch eine tiefere Wahrheit als die, welche wir sagen würden, wenn wir ehrlich wären, kann sich bisweilen auf einem anderen Weg als dem der Ehrlichkeit ausdrücken. »Stört dich all der Lärm von draußen nicht?« fragte sie, »ich finde ihn herrlich. Aber du mit deinem leichten Schlaf?« Zu der Freude darüber, daß Albertine diese Geräusche gefielen und daß ich selber dank ihnen draußen sein und zugleich im Bett bleiben konnte, kam noch, daß ich in ihnen gleichsam das Symbol, die Atmosphäre der Außenwelt, des bewegten, gefahrvollen Lebens hörte, worin ich sie nur unter meiner Aufsicht umhergehen ließ, in einer Fortsetzung ihrer Haft nach draußen, und von wo ich sie dann, wenn ich wollte, zu mir zurückholte. So konnte ich vollkommen aufrichtig zu ihr sagen: »Im Gegenteil, er gefällt mir, weil ich weiß, daß du ihn magst.« »Austern, frische Austern.« »Oh! Austern, ich habe solche Lust auf Austern!« Zum Glück vergaß Albertine halb aus Wankelmut, halb aus Folgsamkeit rasch, was sie sich gewünscht hatte, und bevor ich die Zeit fand, ihr zu sagen, daß sie bei Prunier bessere bekäme, wollte sie nacheinander alles, was sie die Fischhändlerin rufen hörte: »Krevetten, gute Krevetten; Rochen, lebende Rochen.« »Weißlinge zum Backen, Weißlinge.« »Makrelen, die neuen Makrelen, frische Makrelen.« »Miesmuscheln, gute frische Miesmuscheln!« Unwillkürlich schauderte es mich bei der Ankündigung: »Die neuen Makrelen« [maquereau: Makrele, aber auch Zuhälter]. Da sie sich aber wohl doch nicht auf unsern Chauffeur beziehen konnte, dachte ich nur an den Fisch, den ich verabscheute, und meine Unruhe war nicht von Dauer. »Ah! Miesmuscheln«, sagte Albertine, »ich würde so gern Miesmuscheln essen.« »Liebling, das ging in Balbec, hier taugen sie nichts; und bitte, denk auch daran, was dir Cottard wegen der Muscheln gesagt hat.« Aber ich traf es mit meiner Mahnung um so schlechter, als die nächste Gemüsehändlerin etwas ausrief, das Cottard noch viel strenger verbot:

»Kopfsalat, Kopfsalat,
grün, zart, delikat.«

Immerhin war Albertine bereit, den Kopfsalat zu opfern, wenn ich ihr versprach, in ein paar Tagen zu der Händlerin zu schikken, die »Schöner Spargel aus Argenteuil, schöner Spargel« rief. Eine beschwörende Stimme, von der man ausgefallenere Angebote erwartet hätte, empfahl: »Fässer, Fässer!« Es blieb wohl oder übel bei der Enttäuschung darüber, daß es sich bloß um Fässer handelte, denn auch dieses eine Wort wurde fast zugedeckt durch den Ruf: »Glas, Gla – ser, Fensterglas, Gla – ser«, einen gregorianischen Vers, der mich dennoch weniger an die Liturgie gemahnte als der Ruf eines Lumpenhändlers, der unwissentlich eine jener jähen Unterbrechungen der Tonfolge inmitten eines Gebets nachahmte, wie sie im kirchlichen Ritus oft vorkommen: »Praeceptis salutaribus moniti et divina institutione formati audemus dicere«, sagt der Priester mit einem nachdrücklich abschließenden »dicere«. Ohne unehrerbietig zu sein, so wie das gottesfürchtige Volk des Mittelalters noch in der Vorhalle der Kirche seine Schwänke und Possen aufführte, kann der Lumpenhändler an dieses »Dicere« erinnern, wenn er auf seine gedehnten Wörter eine letzte Silbe in dem schroffen Tonfall folgen läßt, der den Vorschriften des großen Papstes aus dem siebenten Jahrhundert vollkommen entspricht: »Lumpen, Alteisen (in gleich langsamer Psalmodie wie die folgenden Silben, während die letzte mit größerem Nachdruck als »dicere« endet), Kaninchenfel – le.« »Aus Valence, dem schönen Valence, frische Orangen.« Sogar der bescheidene Lauch – »Da gibt's schönen Lauch« – und die Zwiebel – »Acht Sous meine Zwiebeln« – brandeten zu mir herauf wie ein Echo der Wellen, auf denen sich Albertine hätte verlieren können, wäre sie frei gewesen, und so erhielten sie den weichen Klang eines »Suave mari magno«. »Karotten, Karotten, zwei Ronds ein Bund.« »Oh!« rief Albertine, »Kohl, Karotten, Orangen. Lauter Dinge, die ich essen möchte. Laß Françoise welche kaufen. Sie kocht uns Karotten in Rahmsauce. Und wie nett, all das miteinander zu essen. Da ist dann alles, was wir jetzt hören, umgewandelt in eine gute Mahlzeit.« »Ah! Nein, sag bitte Françoise, sie soll uns eine Roche mit brauner Butter machen. Das ist so etwas Gutes.« »Ja, Liebling, abgemacht, geh jetzt nur; sonst wirst du dir noch alles bestellen, was die Gemüsehändler vertreiben.« »Gut, ich gehe, aber ich will für unser Abendessen nie mehr etwas anderes als die Dinge, die wir ausrufen hörten. Das ist so lustig. Und dabei müssen wir noch zwei Monate warten, bis wir hören: ›Grüne, zarte Bohnen,

Bohnen, grüne Bohnen‹. Wie gut das klingt: zarte Bohnen; du weißt, ich mag sie ganz, ganz fein, mit viel Vinaigrette, man ißt sie eigentlich kaum, sie sind frisch wie der Tau. Ach! und die kleinen Rahmherzen: ›Rahmkäse, guter Rahmkäse‹. Und der Chasselas von Fontainebleau: ›Da gibt's schönen Chasselas‹.« Und ich dachte mit Schrecken an all die Zeit, die ich mit ihr noch würde zubringen müssen, bis der Chasselas kam.

Als Albertine gegangen war, merkte ich, wie sehr diese beständige, ruhelos lebhafte Gegenwart mich ermüdete, die durch ihre Bewegungen meinen Schlaf störte, mir durch offen gelassene Türen eine dauernde Erkältung verursachte und mich täglich zwang, Scheherazade an erfinderischer List zu übertreffen auf der Suche nach Vorwänden, dank denen ich Albertine nicht begleiten mußte, ohne doch allzu krank zu erscheinen, und sie anderseits begleiten lassen konnte. Während aber die persische Erzählerin durch solche Listen ihren Tod hinausschob, beschleunigte ich leider den meinen. So gibt es im Leben bestimmte Situationen, die zwar nicht alle – so wie diese – durch verliebte Eifersucht und durch eine schwankende Gesundheit, die uns das Leben eines jungen, tatenlustigen Wesens nicht teilen läßt, hervorgebracht werden, bei denen sich aber die Frage, ob wir das gemeinsame Leben fortsetzen oder das frühere Alleinsein wieder aufnehmen sollen, in einem fast medizinischen Sinne stellt: Welche der beiden Arten von Ruhe sollen wir aufopfern (indem wir die tägliche Überanstrengung fortsetzen oder zu den Angstzuständen der Trennung zurückkehren) – die Ruhe des Kopfs oder die des Herzens?

Ich gab diese Gedanken auf, und da Albertine gegangen war, stellte ich mich für eine Weile ans Fenster. In einem Augenblick der Stille ließen da zuerst die Pfeife des Kuttelhändlers und das Horn der Straßenbahn die Luft wie ein blinder Klavierstimmer im Abstand einer Oktave nachklingen. Dann traten die ineinander verwobenen Motive allmählich hervor, und neue fügten sich an. Man hörte auch eine neue Pfeife, das Signal eines Händlers, von dem ich nie herausgefunden habe, was er verkaufte, – eine Pfeife, die ganz so klang wie die einer Straßenbahn, und da keine schnelle Fahrt sie forttrug, hörte es sich an, als riefe nur eine, gar nicht bewegliche oder steckengebliebene Straßenbahn in kurzen Abständen wie ein sterbendes Tier. Und mir schien, wenn ich je aus diesem vornehmen Viertel wegziehen müßte – und nicht in eine ganz volkstümliche Gegend käme –, die Straßen und die Boulevards des Zentrums (wo der Obstladen, das Fischgeschäft usw. in ihren großen Eßwarenhäusern die Händlerrufe unnötig machten, die man auch gar nicht gehört hätte) würden mir düster und unwirtlich kahl vorkommen, wenn all diese Litaneien der kleinen Gewerbe und wandernden Eßbarkeiten wegfielen, wenn das Orchester fehlte, das mich hier seit dem frühen Morgen bezauberte. Auf dem Trottoir kam eine unelegant oder nach einer häßlichen Mode zu hell gekleidete Frau in einem sackartigen Mantel aus Geißenleder vorbei; doch nein, es war keine Frau, es war ein Chauffeur, der zu Fuß in seiner Ziegenhaut zur Garage ging. Aus den großen Hotels flitzten die geflügelten Boten in wechselnden Farben, über ihre Fahrräder gebeugt, zu den Bahnhöfen, um die Reisenden am Morgenzug zu erreichen. Der schnarrende Geigenton rührte mitunter von einem vorüberfahrenden Automobil her, manchmal auch davon, daß ich nicht genug Wasser in meine elektrische Wärmröhre eingefüllt hatte. Mitten in der Symphonie wurde eine altmodische »Weise« laut: der Spielwarenhändler, an dessen Flöte ein Hampelmann sich nach allen Seiten bewegte, löste die Bonbonverkäuferin ab, die ihre Strophe gewöhnlich mit einer Kinderklapper begleitete, und er führte noch andere Hampelmänner spazieren, wobei er ohne Rücksicht auf den rituellen Sprechgesang Gregors des Großen, auf die erneuerte Vortragskunst Palestrinas und auf das moderne Melodrama als verspäteter Anhänger der reinen Melodie mit voller Lautstärke anstimmte: »Kommt, ihr Papas, kommt, ihr Mamas, macht eure Kinderlein froh; stelle sie her, halte sie feil, und ernähre mich so. Tra la la la. Tra la la laire, tra la la la la la la. Kommt, ihr Kinderlein!« Kleine Italiener mit Bérets auf den Köpfen versuchten gar nicht erst, gegen diese Aria vivace anzukämpfen, und boten wortlos ihre Statuetten an. Aber ein Piccolo nötigte den Spielwarenhändler, weiterzugehen und weniger deutlich, wenn auch presto zu singen: »Kommt, ihr Papas, kommt, ihr Mamas.« War es das Piccolo eines Dragoners, wie ich es am Morgen in Doncières hörte? Nein, denn es folgten die Worte: »Da ist der Fayencen- und Porzellanflicker. Flicke Glas, Marmor, Kristall, Horn, Elfenbein, Antiquitäten. Da ist der Flicker.« In einer Metzgerei, wo links eine Sonne im Strahlenkranz, rechts ein ganzer Ochse hing, verteilte ein sehr großer, sehr magerer Metzgerbursche mit blondem Haar über einem himmelblauen Hemdkragen in schwindelerregender Schnelle und mit religiöser Gewissenhaftigkeit vorzügliche Rindsfilets auf die eine, minderwertige Schwanzstücke auf die andere Seite, legte sie auf blitzblanke Waagschalen unter einem Kreuz, von dem schöne Kettchen herabhingen, und nahm sich – obwohl er danach nur die Nieren, die Rücken- und Rippenstücke für die Auslage anordnete – viel eher wie ein schöner Engel aus, der am Tage des Jüngsten Gerichtes für Gott die Scheidung der Guten und Bösen nach ihren Verdiensten und das Wägen der Seelen vorbereiten wird. Und wieder stieg der scharfe und feine Pfeifenton auf, nicht als Vorbote der Verheerungen, die Françoise jedesmal kommen sah, wenn ein Kavallerie-Regiment vorbeizog, sondern der »Reparaturen«, die naiv oder frech, jedenfalls sehr eklektisch und fern aller Spezialisierung ein Antiquar verhieß, der seine Kunst an den verschiedensten Materialien ausübte. Die kleinen Brotausträgerinnen beeilten sich, die langen Brote für das »große Frühstück« in ihre Körbe zu stecken, und die Milchmädchen hängten geschwind die Milchflaschen an ihre Haken. Konnte ich der Sehnsucht beim Anblick dieser kleinen Mädchen ganz trauen? Hätte sie sich nicht verändert, wenn eine von denen, die ich aus der Höhe meines Fensters nur in ihrem Laden oder im Davoneilen sah, ein paar Augenblicke unbewegt bei mir gestanden wäre? Um den Verlust zu ermessen, den meine Klausur mich empfinden ließ – die Reichhaltigkeit des Tages –, hätte man in dem langen Zug des belebten Frieses irgendein Mädchen mit seiner Wäsche oder seiner Milch aufhalten und einen Augenblick, wie einen Schattenriß in bewegten Körpern, zwischen die Porträts, in den Rahmen meiner Tür holen und unter meinen Augen festhalten müssen, nicht ohne eine Auskunft über sie zu erhalten, die es mir ermöglichen würde, sie eines Tages, und als die gleiche, wiederzufinden – eine Kennmarke, wie sie die Ornithologen oder die Ichtyologen unter dem Bauch der Vögel oder Fische anbringen, bevor sie sie freilassen, um so ihre Wanderungen ausmachen zu können.

Ich bat denn auch Françoise, das eine oder das andere jener Mädchen, die fortwährend kamen, um Brot, die Milchflaschen oder die Wäsche zu bringen oder zu holen, und die sie öfter Besorgungen machen ließ, wegen eines Botengangs zu mir zu schicken. Ich verhielt mich darin ähnlich wie Elstir, der gezwungen war, in seinem Atelier auszuharren, und der an gewissen Frühlingstagen, wenn er wußte, daß die Wälder voller Veilchen waren, und ihn die Lust ankam, welche zu sehen, seine Hausbesorgerin ausschickte, damit sie einen Strauß für ihn kaufte; so meinte er dann, nicht den Tisch, auf den er das kleine Pflanzenmodell gestellt hatte, sondern den ganzen Unterholzteppich, wo er einst die gewundenen, unter den blauen Schnäbeln gebeugten Stiele zu Tausenden gesehen hatte, wie einen imaginären Bereich vor Augen zu haben, den in seinem Atelier der klare Duft der erinnerungsträchtigen Blume umschloß.

Daß eine Wäscherin käme, daran war an einem Sonntag nicht zu denken. Was die Brotausträgerin betraf, so wollte das Unglück, daß sie geklingelt hatte, als Françoise nicht da war; sie hatte ihren Brotkorb auf den Treppenabsatz gestellt und sich aus dem Staub gemacht. Das Obstmädchen würde erst viel später kommen. Einmal hatte ich beim Milchhändler einen Käse bestellt und unter seinen jungen Angestellten ein auffallendes, blondes, noch kindliches, aber hochgewachsenes Mädchen bemerkt, das inmitten der übrigen Austrägerinnen in einer recht stolzen Haltung zu träumen schien. Ich hatte sie nur von weitem und nur so schnell im Vorbeigehn gesehen, daß ich nicht hätte sagen können, wie sie aussah, außer daß sie wohl zu rasch gewachsen war und auf dem Kopf eine Mähne trug, die weniger eine besondere Art von Haaren als eine bildhauermäßige Stilisierung der durch parallele Firne getrennten, mäanderhaften Strähnen aufwies. Nur das hatte ich feststellen können, sowie eine klar gezeichnete Nase (bei Kindern eine Seltenheit) in einem schmalen Gesicht, ähnlich dem Schnabel eines jungen Raubvogels. Auch hatte mich nicht nur die umstehende Schar der anderen Mädchen daran gehindert, sie genauer zu sehen, sondern zugleich die Ungewißheit über ihre Gefühle, bei meinem ersten Anblick und weiterhin: ob ich spröden Stolz, Ironie oder eine Geringschätzung wecken könnte, die sie später vor ihren Freundinnen äußern würde. Durch diese wechselnden Annahmen, die ich innerhalb einer Sekunde über sie anstellte, hatte sich der Dunstkreis verdichtet, in dem sie entschwand wie eine Göttin in der Wolke, die der Blitzstrahl erzittern läßt. Denn die innere

Ungewißheit erschwert die genaue Wahrnehmung mehr, als ein äußeres Versagen der Augen es könnte. Bei dieser allzu schlanken, allzu auffälligen jungen Person mußte gerade das Übermaß dessen, was ein anderer vielleicht ihren Reiz genannt hätte, mir mißfallen, und doch hatte es mich gehindert, von den übrigen Milchmädchen irgend etwas wahrzunehmen, und erst recht, mir etwas einzuprägen; die gebogene Nase dieser einen, ihr so wenig einnehmender, nachdenklich und selbstbewußt urteilender Blick hatte diese anderen in Nacht versinken lassen gleich einem Blitzstrahl, der die umliegende Landschaft in Finsternis hüllt. Und so war mir von meiner Besorgung, vom Bestellen eines Käses beim Milchhändler nichts in Erinnerung geblieben (wenn man von Erinnerung reden kann bei einem so flüchtig angeschauten Gesicht, dem man dann zehnmal eine andere Nase in die leeren Konturen einfügt) als dieses Mädchen, das mir mißfallen hatte. Für den Beginn einer Liebe genügt das. Und doch hätte ich die blonde Seltsamkeit vergessen und den Wunsch, sie wiederzusehen, nicht verspürt, wenn Françoise mir nicht gesagt hätte, die kleine Person habe es schon dick hinter den Ohren und werde ihrer Meisterin demnächst davonlaufen, weil sie im Viertel Schulden gemacht habe, um sich herauszuputzen. Es ist gesagt worden, Schönheit sei ein Versprechen des Glücks. Umgekehrt kann die Möglichkeit der Lust ein Anfang von Schönheit sein.

Ich nahm den Brief von Mama zur Hand. Noch durch ihre Anspielungen auf Madame de Sévigné hindurch (»Wenn meine Gedanken in Combray nicht geradezu schwarz sind, so sind sie doch mindestens dunkelbraun; ich denke beständig an Dich, und Du fehlst mir; Deine Gesundheit, Deine Angelegenheiten, die Entfernung – was meinst du, wie das alles in den Dämmerstunden auf mich wirkt?«) spürte ich, daß meine Mutter es ungern sah, wie sich Albertines Aufenthalt bei uns in die Länge zog, dauerhaft wurde, obwohl ich der Verlobten meine Heiratsabsichten noch nicht erklärt hatte. Sie sagte es mir nicht deutlicher, weil sie befürchtete, ich lasse meine Briefe herumliegen. Und so verschleiert, wie die ihren es waren, warf sie mir vor, daß ich nicht gleich den Empfang eines jeden bestätigte: »Du weißt doch, daß Madame de Sévigné immer sagte: ›Wenn man weit weg ist, macht man sich nicht mehr über die Briefe lustig, die mit 'Ich habe den Ihren erhalten' anfangen.‹« Sie sprach nicht davon, was sie am meisten beunruhigte, sondern tadelte mich wegen meiner hohen Ausgaben: »Wo mag all Dein Geld nur hinkommen? Es macht mir schon Sorgen, daß Du wie Charles de Sévigné nicht weißt, was Du willst, und ›zwei oder drei Menschen auf einmal‹ bist, versuch aber wenigstens im Geldausgeben nicht so zu sein wie er, damit ich nicht sagen muß: ›Er hat es fertiggebracht, zu verschwenden, ohne aufzufallen, zu verlieren, ohne zu spielen und zu bezahlen, ohne quitt zu sein.‹« Ich hatte Mamas Brief eben gelesen, als Françoise zurückkam, um mir zu sagen, daß nun gerade das etwas zu kecke Milchmädchen bei ihr war, von dem sie mir erzählt hatte. »Sie kann Monsieurs Brief ohne weiteres mitnehmen und die Besorgungen machen, wenn es nicht zu weit ist. Monsieur wird sehen, sie sieht aus wie ein kleines Rotkäppchen.« Françoise ging, sie zu holen, und ich hörte, wie sie ihr den Weg wies und sagte: »Nun hör mal, du fürchtest dich wohl, hier durchzugehen, so eine Morchel, ich hielt dich für weniger blöd. Muß ich dich bei der Hand führen?« Und als treue und redliche Angestellte, die für ihre Herrschaft den Respekt fordert, den sie selbst ihr entgegenbringt, hatte Françoise die Hoheit angenommen, in der sich die Vermittlerinnen auf den Bildern der alten Meister darstellen, wo neben ihnen die Geliebte und der Liebhaber fast bedeutungslos werden.

Wenn Elstir die Veilchen betrachtete, brauchte er sich keine Gedanken über ihr Verhalten zu machen. Das Milchmädchen nahm mir durch ihr bloßes Eintreten die Ruhe der Betrachtung; ich dachte nur noch daran, das Märchen von dem Brief, den sie überbringen sollte, glaubwürdig zu machen; ich begann schnell zu schreiben und wagte kaum, sie anzuschauen, damit sie nicht meine, ich hätte sie dazu hereinkommen lassen. Sie hatte für mich den Zauber des Unbekannten, der sich bei hübschen Mädchen nicht einstellt, wenn man sie in den Häusern findet, wo sie einen erwarten. Sie war weder nackt noch verkleidet, sondern ein richtiges Milchmädchen, eines von denen, die man sich so hübsch vorstellt, wenn man keine Zeit hat, sich ihnen zu nähern; sie gehörte zu den ewigen Sehnsüchten, den ewigen Versäumnissen des Lebens, deren zweifache Strömung sich endlich wendet, uns zugeführt wird. Zweifach, denn es handelt sich um ein Unbekanntes, um ein Wesen, von dem man errät, daß es göttlich sein muß, nach seinem Wuchs, seinen Proportionen zu schließen, nach seinem unbeteiligten Blick, seiner stolzen Ruhe, und anderseits soll diese Frau sich in ihrem Beruf gut auskennen und uns zur Flucht in die Sphäre verhelfen, die uns dank ihrem Arbeitskleid als romantisch andersartig erscheint. Versucht man das Gesetz unserer verliebten Neugierden auf eine Formel zu bringen, so müßte sie in der größtmöglichen Distanz zwischen einer Frau, die wir zu sehen bekommen, und einer Frau, der wir uns nähern, mit der wir zärtlich sein können, zu finden sein. Wenn die Frauen in den früher so genannten Freudenhäusern, wenn selbst die Straßenmädchen (vorausgesetzt, wir wissen, daß es Straßenmädchen sind) uns so wenig anziehen, dann rührt das nicht davon her, daß sie weniger schön als andere wären, sondern davon, daß sie völlig bereit sind, daß sie uns eben das, was wir erreichen möchten, schon anbieten, daß sie keine Eroberungen sind. Da ist die Distanz minimal. Eine Dirne lächelt uns auf der Straße schon zu wie später, wenn wir bei ihr sind. Wir sind Bildhauer. Eine Frau soll durch uns eine Statue werden, so verschieden wie möglich von derjenigen, die sie uns vor Augen geführt hat. Wir haben ein hochmütig-gleichgültiges Mädchen am Strand des Meeres gesehen, wir haben eine Verkäuferin an ihrem Ladentisch ernst und beschäftigt gesehen, die uns kurz abfertigt, schon um nicht von ihren Kolleginnen geneckt zu werden, eine Obsthändlerin, die uns kaum Antwort gibt. Sehr wohl – wir ruhen nicht eher, als bis wir herausfinden können, ob sich das stolze Mädchen am Strand, die um ihren Ruf besorgte Verkäuferin, die zerstreute Obsthändlerin durch unser geschicktes Taktieren verleiten läßt, ihre geradlinige Haltung aufzugeben, uns die Arme um den Hals zu legen, mit denen sie Früchte trug, ihre bis dahin eisigen oder zerstreuten Augen mit einem einwilligenden Lächeln auf unseren Mund zu senken, – o Schönheit der Augen, die streng blickten in den Arbeitsstunden, da sich die Angestellte so sehr vor der Nachrede ihrer Gefährtinnen in acht nahm, der Augen, die unsern bedrängenden Blicken auswichen und die, da wir nun miteinander allein sind, unter der leuchtenden Last des Lachens versinken, wenn wir davon reden, mit ihr zu schlafen! Zwischen der Verkäuferin, der mit Bügeln beschäftigten Wäscherin, der Obsthändlerin, dem Milchmädchen – und derselben Person, mit der wir ins Bett gehen werden, ist die größte Distanz erreicht und wird noch aufs Äußerste gespannt durch die je verschiedenen Bewegungen, die zu ihrer Arbeit gehören und in denen ihre Arme zu einer so völlig anderen Arabeske werden, als die sanften Fesseln es sind, die sich inzwischen Abend für Abend um unseren Hals schlingen, während ihr Mund sich zum Küssen anschickt. So verbringen wir unser ganzes Leben in unruhigen, ständig erneuerten Annäherungen an achtbare Mädchen, die ihr Beruf von uns fernzuhalten scheint. Sobald wir sie umarmen, sind sie nur noch, was sie waren; der Abstand, den zu überwinden unser Traum war, ist aufgehoben. Aber man beginnt mit anderen Frauen von neuem, man gibt all seine Zeit, all sein Geld, alle Kräfte für diese Unternehmungen her; wir sind außer uns vor Zorn über den langsamen Kutscher, der uns vielleicht um das erste Rendezvous bringt; wir werden vom Fieber gepackt. Und doch weiß man von diesem ersten Rendezvous, daß es das Ende einer Illusion herbeiführen wird. An der Dauer der Illusion liegt uns nichts; wir wollen sehen, ob wir sie in Wirklichkeit verwandeln können, und da denken wir nun an die Wäscherin, deren Kälte uns auffiel. Die verliebte Neugier gleicht jener, die in uns die Namen von Ländern wecken; immer enttäuscht, entsteht sie von neuem, und nie wird sie gestillt.

Ach – einmal in meiner Nähe, war das blonde Milchmädchen mit dem strähnigen Haar, all meiner Vorstellungen und meiner Sehnsucht beraubt, bloß noch sie selbst. Das Schwindelgefühl, in das sie die zitternde Wolke meiner Erwartungen gehüllt hatte, war verflogen. Sie hatte jetzt einen völlig verdutzten Ausdruck, da sie statt der zehn, zwanzig Nasen, die mir nochmals durch den Sinn gingen, ohne sich in der Erinnerung zu verfestigen, nur noch eine besaß, die runder war, als ich gedacht hatte, die ein wenig dumm wirkte und jedenfalls die Macht, sich zu vervielfachen, eingebüßt hatte. Mit dem gedrosselten Flug, der reglos, zunichte geworden, unfähig war, seiner dürftigen Erscheinung etwas hinzuzufügen, konnte die Phantasie sich nicht mehr verbünden. Abgestürzt in die unbewegliche Realität, versuchte ich mich wieder aufzuschwingen; die Wangen, die ich in dem Laden nicht wahrgenommen hatte, schienen mir so hübsch, daß sie mich einschüchterten, und um mich zu fassen, sagte ich zu dem Milchmädchen: »Wären Sie so gut, mir den ›Figaro‹ dort zu geben, ich muß nachsehen, wie der Ort heißt, an den ich Sie schikken will.« Sie griff sofort nach der Zeitung, wobei sie den roten Ärmel ihrer Jacke bis zum Ellbogen sehen ließ, und streckte mir das konservative Blatt mit einer netten, sicheren Bewegung hin, die mir durch ihre rasche Unbefangenheit, ihre weiche Kraft und ihre Scharlachfarbe gefiel. Während ich den ›Figaro‹ aufschlug, fragte ich sie, nur um etwas zu sagen und ohne aufzublicken: »Wie nennt man das, was Sie da tragen, das rote Gestrickte, es ist sehr hübsch.« Sie antwortete: »Das ist mein Golfer.« Denn infolge eines Niedergangs, der jeder Mode widerfährt, gehörten die Kleider und die Worte, die vor ein paar Jahren der vergleichsweise eleganten Gesellschaft von Albertines Freundinnen vorbehalten waren, jetzt den Arbeiterinnen. »Macht es Ihnen wirklich nichts aus«, fragte ich, während ich tat, als suchte ich im ›Figaro‹, »wenn ich Sie ein wenig weit weg schicke?« Sobald es schien, als fände ich den Dienst, den sie mir mit ihrem Botengang erweisen sollte, mühselig, fing auch sie an, ihn lästig zu finden. »Ich muß jetzt dann eben mit dem Velo losfahren. Herrgott, wir haben ja nur den Sonntag.« »Aber frieren Sie denn nicht so ohne Hut?« »Ah, ich gehe schon nicht ohne Hut, ich habe dann meinen Polo an, und es ginge auch ohne, mit meinen vielen Haaren.« Ich sah zu den gewundenen goldgelben Strähnen auf und spürte, daß ihr Wirbel mich mit klopfendem Herzen davontrug, in das Licht und die Windstöße stürmischer Schönheit. Ich schaute immer noch in die Zeitung, aber obwohl ich damit nur Zeit gewinnen und mich fassen wollte und obwohl ich nur so tat, als läse ich, begriff ich doch den Sinn der Worte, auf die ich blickte, und dies fiel mir in die Augen: »Zu dem Programm der Matinee, die wir angekündigt haben und die heute nachmittag im Festsaal des Trocadéro gegeben wird, ist der Name von Mademoiselle Léa nachzutragen, die eingewilligt hat, in den ›Fourberies de Nérine‹ aufzutreten. Sie übernimmt selbstverständlich die Rolle der Nérine, in welcher sie sich durch atemraubenden Schwung und bezaubernden Mutwillen auszeichnet.« Es war, als hätte man mit roher Gewalt den Verband von meinem Herzen gerissen, unter dem es seit meiner Rückkehr von Balbec zu vernarben begann. Meine Ängste brachen in Strömen wieder hervor. Léa, das war die Schauspielerin, die Freundin der beiden jungen Mädchen, die Albertine eines Nachmittags im Casino so unauffällig im Spiegel angeschaut hatte. Allerdings war Albertine in Balbec bei diesem Namen in einen besonderen, salbungsvollen Ton verfallen, um mir fast entsetzt, daß man eine so tugendhafte Person verdächtigen konnte, zu beteuern: »O nein, das ist gar nicht so eine, das ist eine sehr anständige Frau.« Zu meinem Unglück war eine solche Versicherung Albertines immer nur die erste von verschiedenen Aussagen. Bald darauf folgte die zweite: »Ich kenne sie nicht.« Und nachdem mir Albertine von einer »über jeden Verdacht erhabenen« Person, die sie (zweitens) nicht kannte, gesprochen hatte, vergaß sie in einer dritten Phase allmählich, daß sie gesagt hatte, sie kenne sie nicht, und verriet in einem Satz, mit dem sie sich widersprach, ohne es zu merken, daß sie mit ihr bekannt war. Nach diesem ersten Vergessen und nachdem die neue Erklärung abgegeben war, setzte ein zweites Vergessen ein, das die Unbescholtenheit der Person betraf. »Ist die und die«, fragte ich dann, »nicht eine von denen?« »Aber ja, natürlich, das weiß doch jeder.« Sie nahm aber sogleich jenen salbungsvollen Ton wieder an, um eine Versicherung folgen zu lassen, die ein unbestimmtes Echo, sehr abgeschwächt, jener ersten war: »Aber mir gegenüber hat sie sich immer völlig korrekt benommen. Natürlich wußte sie, daß ich sie schön hätte abblitzen lassen. Aber das ist ja egal. Ich muß ihr dankbar sein für die wirkliche Achtung, die sie mir immer entgegengebracht hat. Sie wußte eben, mit wem sie's zu tun hatte.« Man erinnert sich einer Wahrheit, weil sie einen Namen hat und verwurzelt ist, aber eine improvisierte Lüge vergißt man schnell. Albertine vergaß diese vierte, letzte Lüge, und als sie eines Tages mein Vertrauen durch Geständnisse gewinnen wollte, konnte sie mir von derselben Person, die zuerst so anständig gewesen war und die sie nicht kannte, sagen: »Sie hatte eine Schwäche für mich. Drei- oder viermal hat sie mich gebeten, sie nach Hause zu begleiten und zu ihr hinauf zu kommen. Gegen das Begleiten hatte ich nichts einzuwenden, so am hellen Tag und draußen und vor allen Leuten. Aber vor ihrer Haustür fand ich dann immer einen Vorwand und bin nie hinaufgegangen.« Nach einiger Zeit erwähnte Albertine die schönen Gegenstände, die man in der Wohnung derselben Dame zu sehen bekam. Von einer Annäherung zur nächsten hätte man sie ohne Zweifel dazu gebracht, die Wahrheit zu sagen, die harmloser sein mochte, als ich zu glauben geneigt war; denn so gern sie sich auch mit Frauen einließ, zog sie wohl doch einen Liebhaber vor, und da ich das nun war, hätte sie nicht an Léa zu denken brauchen. Was aber diese betraf, war ich noch nicht über die erste Versicherung hinausgekommen; ich wußte nicht, ob sie Albertine kannte. Und schon im Falle von manchen Frauen hätte ich meiner Freundin eine Liste ihrer widersprüchlichen Erklärungen vorhalten können, um sie von ihren Fehlern zu überzeugen (Fehlern, die sich wie die Gesetze der Astronomie leichter theoretisch ableiten als in der Wirklichkeit nachweisen, beobachten lassen). Aber sie hätte noch lieber gestanden, daß sie gelogen habe, da sie eine dieser Erklärungen abgab, und hätte durch ihren Widerruf mein ganzes System zum Einsturz gebracht, als zuzugeben, daß von Anfang an alles, was sie erzählt hatte, nur ein Gewebe aus lügenhaften Geschichten war. Ähnliche kommen in Tausendundeiner Nacht vor und bezaubern uns dort. Sie lassen uns durch einen Menschen leiden, den wir lieben, und erlauben uns so, in der Kenntnis der menschlichen Natur ein wenig voranzukommen, statt uns bloß mit ihrer Oberfläche abzugeben. Der Kummer dringt in uns ein und zwingt uns durch unsere schmerzliche Neugier, selbst einzudringen. Daraus gehen Wahrheiten hervor, von denen wir spüren, daß wir nicht das Recht haben, sie zu verbergen; so wird auch ein dem Tod naher Atheist, der sie entdeckt hat, das sichere Nichts vor Augen und gleichgültig gegenüber dem Nachruhm, seine letzten Stunden darauf verwenden, sie bekannt zu machen.

Gewiß war ich im Fall von Léa noch nicht über die erste jener Versicherungen hinausgekommen. Ich wußte nicht einmal, ob Albertine sie überhaupt kannte. Aber das änderte ohnehin nichts. Um jeden Preis mußte man verhindern, daß sie im Trocadéro dieser Bekannten wieder begegnete oder Bekanntschaft mit dieser Unbekannten schloß. Ich sage, ich wußte nicht, ob sie Léa überhaupt kannte; dabei mußte ich es in Balbec von Albertine selber erfahren haben. Das Vergessen löschte bei mir so gut wie bei Albertine einen großen Teil dessen aus, was sie mir erzählt hatte. Das Gedächtnis ist kein unseren Augen stets gegenwärtiges zweites Exemplar der verschiedenen Tatsachen unseres Lebens, sondern eher ein Nichts, aus dem uns bisweilen eine augenblickliche Ähnlichkeit neu belebte Erinnerungen hervorziehen läßt; doch gibt es noch tausend Kleinigkeiten, die nicht in dieses Vermögen der Erinnerung eingegangen sind und für uns auf immer unüberprüfbar bleiben. Auf all das, wovon wir nicht wissen, daß es zum wirklichen Leben der Person, die wir lieben, in Beziehung steht, geben wir gar nicht acht, wir vergessen sogleich, was sie uns über eine Sache oder über Leute gesagt hat, die wir nicht kennen, und wir vergessen auch die Miene, mit der sie es uns sagte. Wird unsere Eifersucht dann von eben diesen Leuten geweckt, so wollen wir feststellen, ob wir uns nicht täuschen, ob wirklich ihnen die Eile gilt, mit der unsere Geliebte ausgehen will, ihre Unzufriedenheit, wenn wir ein Zusammensein durch unsere vorzeitige Rückkehr verhindern; wir graben in der Vergangenheit, um auf Hinweise zu stoßen, und finden nichts; immer rückwärts gewandt, ist unsere Eifersucht wie ein Historiker, der eine Geschichte schreiben sollte, für die es kein Zeugnis gibt; immer verspätet, stürzt sie sich wie ein wütender Stier auf die Stelle, wo sie das glänzende, stolze Wesen nicht findet, das sie mit seinen Stichen reizt und dessen Durchtriebenheit und Grandezza die grausame Menge bewundert. Die Eifersucht kämpft sich im Leeren ab, von Ungewißheit gepeinigt, wie wir es sind in den Träumen, wo wir in einem leeren Haus einen Menschen suchen, den wir im Leben zwar gekannt haben, der hier aber vielleicht ein anderer ist und nur die Züge eines andern entliehen hat; von der Ungewißheit, die wir noch mehr beim Erwachen empfinden, wenn wir versuchen, die eine oder die andere Einzelheit unseres Traums festzuhalten. Wie sah unsere Freundin aus, als sie das sagte? Schaute sie nicht glücklich drein, pfiff sie nicht sogar vor sich hin, was sie nur dann tut, wenn sie verliebten Gedanken nachhängt und unsere Gegenwart sie stört und behelligt? Hat sie uns nicht etwas gesagt, das dem widerspricht, was sie jetzt erklärt – daß sie die oder den kennt oder nicht kennt? Wir wissen es nicht, werden es nie wissen, wir mühen uns ab, die unbeständigen Bruchstücke eines Traums zusammenzusuchen, und inzwischen geht unser Leben mit unserer Geliebten weiter, zerstreut, wo wir nicht wissen, daß etwas für uns von Bedeutung ist, aufmerksam auf Dinge, die vielleicht unwichtig sind, umgetrieben durch Wesen, die zu uns in keiner wirklichen Beziehung stehen, durchsetzt von Vergessen, voller Lücken, voller grundloser Ängste – unser Leben, das einem Traum gleicht.

Ich bemerkte, daß das Milchmädchen immer noch dastand. Ich sagte ihr, daß es wirklich ein weiter Weg wäre und daß ich sie nicht benötige. Sofort fand auch sie, daß es allzu beschwerlich wäre: »Es gibt dann auch gleich ein schönes Match, das möchte ich nicht verpassen.« Ich begriff, daß sie sich jetzt schon für Sport begeisterte und daß sie in ein paar Jahren sagen würde: ›Man lebt sein Leben.‹ Ich sagte ihr, ich brauche sie wirklich nicht, und gab ihr fünf Francs. Das hatte sie nicht erwartet, und da sie nun fünf Francs für gar nichts bekommen hatte, überlegte sie sich, wieviel ich ihr wohl für den Botengang geben würde; sogleich begann sie, ihr Match nicht mehr wichtig zu finden. »Ich hätte Ihren Brief schon besorgen können. Man kann sich immer einrichten.« Aber ich schob sie zur Tür, ich mußte allein sein, es galt um jeden Preis zu verhindern, daß Albertine im Trocadéro den Freundinnen Léas wieder begegnete. Das mußte geschehen, und es mußte gelingen; wie, das wußte ich freilich noch nicht, und in diesen ersten Minuten tat ich meine Hände auf, betrachtete sie, ließ die Fingergelenke knacken, sei es, daß der Geist, der nicht finden kann, was er sucht, von Trägheit übermannt wird und sich eine Rast zugesteht, bei der während eines Augenblicks die gleichgültigsten Dinge deutlich vor ihm erscheinen, wie die Grasspitzen an den Böschungen, die man aus dem Eisenbahnfenster im Wind zittern sieht, wenn der Zug auf der Strecke anhält – eine Reglosigkeit, die so fruchtlos sein kann wie die eines gefangenen Tiers, das vor Angst gelähmt oder festgebannt schaut, ohne sich zu rühren –, sei es, daß ich meinen Körper mitsamt meiner Intelligenz und in ihr wieder die Mittel, auf diese oder jene Person einzuwirken, ganz in Bereitschaft hielt, als eine Waffe nur noch, aus der sich der Schuß lösen würde, der Albertine von Léa und ihren beiden Freundinnen trennte. Am Morgen, als mir Françoise berichtet hatte, Albertine werde ins Trocadéro gehen, hatte ich freilich noch gedacht: ›Albertine kann doch tun, was sie will‹, und hatte geglaubt, bei dem strahlenden Wetter würde ihr Tun für mich bis zum Abend so gut wie bedeutungslos bleiben; aber nicht bloß die Morgensonne hatte mich, wie ich gemeint hatte, so sorglos gestimmt, sondern daß ich Albertine dazu gebracht hatte, auf das Vorhaben zu verzichten, das sie bei den Verdurins einfädeln oder sogar ausführen konnte, und zu einer Matinee zu gehen, die ich selber gewählt hatte und für die sie nichts hatte vorbereiten können, – daß ich mir also sagen konnte, ihr Tun werde notgedrungen unschuldig sein. Wenn Albertine etwas später gesagt hatte: »Wenn ich umkomme, ist mir das ganz egal«, so bewies das nur, daß sie überzeugt war, nicht umzukommen. Vor mir, vor Albertine war an diesem Morgen (viel gegenwärtiger als das helle Sonnenlicht) jenes Medium gestanden, das wir nicht sehen, dank dessen durchscheinend-wandelbarer Vermittlung ich aber ihr Tun und sie die Bedeutung ihres eigenen Lebens erkannte, jene Annahmen also, die wir nicht wahrnehmen, die jedoch ebenso wenig wie die Luft, die uns umgibt, in bloßer Leere aufgehen; so, wie sie um uns eine wechselhafte, bisweilen höchst angenehme, oft nicht zu atmende Atmosphäre bilden, verdienten sie gleich gewissenhaft aufgezeichnet zu werden wie die Temperatur, der Barometerdruck und die Jahreszeit, denn unsere Tage haben ihr physisches und ihr moralisches Eigenrecht. Die Annahme, die ich an dem Morgen nicht wahrgenommen hatte, obwohl sie mich bis zu dem Augenblick, da ich den ›Figaro‹ aufschlug, in Wohlbehagen gehüllt hatte: daß Albertine nichts tun würde, das mich verletzen konnte, diese Annahme war jetzt verschwunden. Ich lebte nicht mehr in dem Sonnentag, sondern in einem Tag, der aus jenem erzeugt worden war durch die Unruhe darüber, daß Albertine mit Léa wieder anknüpfen konnte und noch leichter mit den beiden jungen Mädchen, wenn sie, wie ich es für wahrscheinlich hielt, zu Léas Auftritt im Trocadéro gingen, wo sie Albertine ohne Mühe in einer Pause ausfindig machen konnten. An Mademoiselle Vinteuil dachte ich nicht mehr, der Name Léas hatte mir, um meine Eifersucht zu wecken, das Bild von Albertine und den beiden Mädchen im Casino vor Augen geführt. Denn ich besaß in meinem Gedächtnis nur voneinander getrennte, unvollständige Bilderfolgen, Profile, Momentaufnahmen; daher bezog sich meine Eifersucht jeweils auf einen vereinzelten, flüchtigen und zugleich festgebannten Ausdruck und auf diejenigen, die ihn in Albertines Gesicht gebracht hatten. Ich erinnerte mich an sie, wie sie in Balbec von den beiden Mädchen oder von anderen Frauen dieser Art zu lange betrachtet wurde; ich erinnerte mich, wie ich gelitten hatte, wenn ich sah, wie ihr ganzes Gesicht von ihren Blicken so eindringlich wie von denen eines Malers, der eine Skizze machen will, durchforscht wurde und diese Berührung gewiß nur wegen meiner Anwesenheit nicht zu bemerken schien, sich ihr mit einer Passivität unterzog, in die sich eine geheime Lust mischen mochte. Und bevor sie sich wieder sammelte und mit mir sprach, gab es eine Sekunde, in der Albertine sich nicht rührte, ins Leere lächelte mit der gleichen gewollt natürlichen Miene, dem uneingestandenen Vergnügen, wie wenn man sie photographiert hätte; oder sogar, um sich vor der Kamera ein lebenslustigeres Aussehen zu geben, wie damals in Doncières auf dem Spaziergang mit Saint-Loup: lachend und die Zungenspitze an den Lippen, hatte sie so getan, als neckte sie einen Hund. Ganz anders als in solchen Augenblicken sah sie aus, wenn sie ihrerseits auf junge Mädchen aufmerksam wurde. Dann sog sich im Gegenteil ihr Blick, eng und samten, an der Vorübergehenden fest, so haftend und ätzend, daß es schien, als müßte er zuletzt die Haut mit sich fort ziehen. Doch dieser Blick, der ihr wenigstens ein ernstes, fast leidendes Aussehen gab, war mir lieb gewesen im Vergleich zu dem matten und glücklichen Blick, den sie bei den beiden Mädchen hatte, und den düsteren Ausdruck des Verlangens, das sie vielleicht mitunter empfand, hätte ich der lächelnden Miene noch vorgezogen, die das von ihr geweckte Verlangen hervorrief. Daß sie sich seiner bewußt war, konnte sie zu verschleiern suchen, so sehr sie wollte, es umspülte, umhüllte sie als lustvoller Dunst, es ließ ihr Gesicht ganz rosig erscheinen. All das aber, was Albertine dann in der Schwebe hielt, was von ihr ausstrahlte und mich so sehr leiden ließ, – wer konnte wissen, ob es in meiner Abwesenheit dabei geblieben wäre, ob sie die Annäherungsversuche der beiden Mädchen nicht offen erwidert hätte. Ja, diese Erinnerungen schmerzten mich tief, sie enthielten ein allgemeines Eingeständnis der Neigungen Albertines, ein umfassendes Bekenntnis ihrer Untreue, das ihre Beteuerungen im einzelnen, denen ich Glauben schenkte, die negativen Ergebnisse meiner unvollständigen Nachforschungen und die Versicherungen Andrées, die mit ihr vielleicht vereinbart waren, nicht aufwiegen konnten. Albertine mochte von Fall zu Fall ihren Betrug ableugnen, sie hatte durch Worte, die ihr entschlüpften und schwerer wogen als ihre gegenteiligen Erklärungen, durch bloße Blicke gestanden, was sie viel eher als einzelne Tatsachen hätte verheimlichen wollen, was sie um den Preis ihres Lebens nicht zugegeben hätte: ihre Veranlagung. Denn seine Seele will niemand preisgeben. Wie hätte ich, dem Schmerz zum Trotz, den die Erinnerungen in mir weckten, leugnen können, das ich wegen des Programms der Matinee im Trocadéro wieder auf Albertine angewiesen war? Sie gehörte zu den Frauen, deren Fehler zur Not ihren Zauber ausmachen mögen, und ebenso wie ihre Fehler auch ihre Güte, die ihnen dann folgt und die in uns jene Zuwendung wieder herbeiführt, die wir für sie, gleich einem Kranken, dem es nie zwei Tage nacheinander leidlich gut geht, immer neu zurückgewinnen müssen. Und noch mehr als ihre Fehler in der Zeit, da wir sie lieben, sind es ihre Fehler in der Zeit, da wir sie noch nicht kannten, und vor allen anderen ihre Natur. Was solche Liebesbeziehungen schmerzhaft macht, ist tatsächlich dies, daß eine Art Erbsünde der Frau schon vor ihnen liegt, ein Sündenfall, um dessentwillen wir sie lieben; vergessen wir ihn, sind wir weniger angewiesen auf sie, und um sie von neuem zu lieben, müssen wir auch von neuem leiden. Meine Hauptsorge war es in diesem Augenblick, daß sie mit den beiden Mädchen nicht wieder zusammenkam, und ich wollte wissen, ob sie Léa kannte oder nicht, – obwohl man sich doch für die einzelnen Umstände nur im Hinblick auf ihre allgemeine Bedeutung interessieren soll, und obwohl es kindisch ist – ebenso wie zu reisen oder Frauen kennenlernen zu wollen, – bloß dem Fragment nachzufragen, das sich aus dem unsichtbaren Sturzbach der grausamen Sachverhalte, die wir nie kennen werden, in unserem Geist zufällig kristallisiert hat. Könnten wir es sogar noch vernichten, es würde sogleich durch ein anderes ersetzt werden. Gestern fürchtete ich, Albertine werde zu Madame Verdurin gehen. Jetzt war ich nur wegen Léas besorgt. Die Eifersucht ist mit ihren verbundenen Augen nicht nur unfähig, in der Finsternis, die sie umgibt, etwas zu entdecken, sie ist auch eine der Folterstrafen, bei denen die Anstrengung unaufhörlich wieder beginnt, so wie jene der Danaiden, so wie die des Ixion. Selbst wenn ihre Freundinnen nicht dort waren, welchen Eindruck konnte dann Léa, verschönt durch ihre Verkleidung, verklärt durch ihren Erfolg, auf Albertine machen, welche Träume würde sie in ihr hinterlassen, welches Verlangen, das sie bei mir unterdrücken, durch das ihr jedoch ein Leben vergällt würde, in dem sie es nicht befriedigen konnte. Wer konnte wissen, ob sie Léa nicht kannte und in ihrer Garderobe aufsuchen würde, und auch wenn Léa sie nicht kannte, wer konnte mir dafür einstehen, daß sie Albertine, nachdem sie in Balbec auf sie aufmerksam geworden war, nicht erkennen und ihr von der Bühne aus einen Wink geben würde, der Albertine die Befugnis gab, sich die Tür zum Kulissenraum öffnen zu lassen. Eine Gefahr erscheint durchaus vermeidbar, wenn sie beschworen ist. Diese war es noch nicht, ich fürchtete, sie könne nicht beschworen werden, und um so schrecklicher kam sie mir vor. Zugleich aber war es, als bewiese sich durch die Heftigkeit meines Schmerzes in diesem Augenblick meine Liebe zu Albertine, die mir beinahe entschwunden war, als ich sie zu verwirklichen suchte. Ich hatte keine andere Sorge mehr, ich dachte nur noch daran, wie ich verhindern könnte, daß sie im Trocadéro blieb, ich hätte Léa jede Summe angeboten, damit sie nicht hingehe. Demnach hätte ich, wenn man seine Vorliebe mehr durch die Handlung bezeugt, die man ausführt, als durch die Idee, die man sich macht, Albertine geliebt. Doch die Wiederkehr meines Leidens gab dem Bild Albertines in mir nicht mehr Festigkeit. Sie verursachte meine Nöte wie eine Gottheit, die unsichtbar bleibt. Durch tausend Mutmaßungen versuchte ich den Schmerz von mir abzuwenden, ohne daß meine Liebe dadurch Gestalt annahm.

Fürs erste mußte ich sicher sein, daß Léa wirklich ins Trocadéro ging. Nachdem ich das Milchmädchen fortgeschickt hatte, telephonierte ich dem seinerseits mit Léa befreundeten Bloch, um ihn zu fragen. Er hatte keine Ahnung und schien sich zu wundern, daß mich das interessierte. Ich überlegte nun, daß ich schnell handeln mußte, daß Françoise völlig angekleidet war und ich nicht, und während ich mich zurechtmachte, ließ ich sie ein Automobil nehmen; sie sollte zum Trocadéro fahren, eine Karte kaufen, Albertine im ganzen Saal suchen und ihr einen Brief von mir einhändigen. Darin teilte ich ihr mit, ich sei erschüttert durch eine Nachricht, die ich in diesem Augenblick von eben der Frau erhalten hätte, deretwegen ich, wie sie ja wisse, eines Nachts in Balbec so unglücklich gewesen war. Ich erinnerte sie daran, daß sie mir tags darauf Vorwürfe gemacht hatte, weil ich sie nicht zu mir rufen ließ. So erlaubte ich mir nun, schrieb ich ihr, sie zu bitten, daß sie mir ihre Matinee opfere und zu mir komme, damit ich mit ihr zusammen ein wenig an die frische Luft gehen und mich wieder fassen könne. Da es aber ziemlich lang dauern würde, bis ich angekleidet und zum Ausgehen bereit sei, würde sie mir eine Freude machen, wenn sie Françoises Anwesenheit dazu benützte, in den Trois Quartiers (dieses kleinere Geschäft beunruhigte mich weniger als der Bon Marché) den weißen Tüllkragen, den sie brauchte, zu besorgen.

Mein Brief mochte wohl seine Wirkung tun. Ich wußte ja tatsächlich nichts, das Albertine, seit ich sie kannte oder auch früher, getan hätte. Doch wenn sie redete – und hätte ich ihr davon gesprochen, hätte sie sagen können, ich hätte nicht recht gehört –, kamen gewisse Widersprüche, gewisse Korrekturen vor, bei denen ich sie so gut wie auf frischer Tat zu ertappen glaubte, die sich aber gegen Albertine weniger leicht verwenden ließen; denn wenn sie beim Schwindeln, oft wie ein Kind, erwischt wurde, hatte sie jedesmal durch eine rasche strategische Neuformierung meine grausamen Angriffe abgewehrt und die Lage wiederhergestellt. Grausam für mich selbst. Nicht aus stilistischem Raffinement, sondern um ihre Unvorsichtigkeiten wiedergutzumachen, verwandte sie jene plötzlichen syntaktischen Sprünge, die ein wenig dem gleichen, was die Grammatiker Anakoluth oder so irgendwie nennen. Wenn sie von Frauen sprach und sich entschlüpfen ließ: »Ich erinnere mich, daß ich letzthin ...«, wurde fast noch im selben Atemzug aus dem »ich« ein »sie«; es ging um etwas, das sie als unschuldige Spaziergängerin bemerkt und nicht etwa getan hatte. Nicht sie war das Subjekt der Handlung. Ich hätte mich gern genau an den Anfang des Satzes erinnert, um selbst, da sich Albertine entzog, darauf schließen zu können, wie er geendet hätte. Doch da ich auf dieses Ende gewartet hatte, erinnerte ich mich nicht mehr recht an den Anfang, von dem meine aufmerksame Miene sie vielleicht abgebracht hatte, und so hing ich nun weiter ihrem wirklichen Gedanken, ihrer wahren Erinnerung nach. Es verhält sich leider mit den Anfängen einer Lüge unserer Geliebten nicht anders als mit den Anfängen unserer eigenen Liebe oder einer Berufung. Sie bilden sich, wachsen zusammen, gehen vorüber, ohne daß wir auf sie aufmerksam werden. Wenn man sich erinnern will, wie es zuging, als man eine Frau zu lieben begann, liebt man sie schon; während der früheren Träumereien dachte man nicht:

das ist das Vorspiel einer Liebe, geben wir acht; sie kamen unerwartet, und wir bemerkten sie kaum. So habe ich hier auch, von vergleichsweise eher seltenen Fällen abgesehen, fast nur der Erzählung zuliebe jeweils eine lügenhafte Behauptung Albertines ihrer ersten Aussage gegenübergestellt. Diese erste Aussage war oft unbemerkt vorübergeglitten – denn wir lesen nicht in der Zukunft und sehen die gegenteilige Versicherung nicht voraus, die ihr entsprechen wird –, meine Ohren hatten sie natürlich gehört, aber ich hatte sie nicht aus dem Fortgang von Albertines Rede herausgelöst. Später, angesichts der offenkundigen Lüge oder von einem Zweifel gepeinigt, hätte ich mich erinnern wollen; umsonst; mein Gedächtnis war nicht rechtzeitig gewarnt worden, hatte es nicht für nötig gehalten, eine Kopie aufzuheben.

Ich trug Françoise auf, mich telephonisch zu benachrichtigen, wenn sie Albertine aus dem Saal geholt habe, und sie nach Hause zu bringen, ob es ihr passe oder nicht. »Das fehlte gerade noch, daß es ihr nicht paßte, zu Monsieur zu kommen«, antwortete Françoise. »Ich weiß aber nicht, ob sie gar so gern kommt.« »Da müßte sie schon sehr undankbar sein«, erwiderte Françoise, in der Albertine nach all den Jahren wieder die gleiche neidvolle Pein hervorrief wie einst Eulalie im Haus meiner Tante. Da sie nicht wußte, daß Albertine ihr Leben bei mir nicht erstrebt, daß vielmehr ich es gewollt hatte (was ich aus Eigenliebe, und um Françoise zu ärgern, ihr lieber verschwieg), bewunderte und verabscheute sie ihre Geschicklichkeit, sagte von ihr zu den anderen Dienstboten, sie sei eine falsche Person, eine »Schwindlerin«, die mit mir machte, was sie wollte, und es habe keinen Sinn, mir etwas zu sagen, sie würde doch nichts ausrichten. Sie wagte noch keinen offenen Krieg mit Albertine, zeigte ihr ein freundliches Gesicht und tat sich mir gegenüber etwas auf die Dienste zugute, die sie ihr erwies; doch sowie sich eine Gelegenheit zeigte und sie in Albertines Situation einen Riß entdeckte, nahm sie sich vor, ihn breiter zu machen und uns ganz auseinander zu bringen. »Sehr undankbar? Aber nein, Françoise, ich komme mir selber undankbar vor – Sie wissen ja nicht, wie gut sie zu mir ist. (Es tat mir so wohl, den Eindruck zu erwecken, daß ich geliebt würde.) Gehn Sie nur schnell.« »Ich verdufte schon, und presto.«

Der Einfluß ihrer Tochter begann Françoises Wortschatz einigermaßen zu entstellen. So verlieren alle Sprachen ihre Reinheit durch die Aneignung neuer Ausdrücke. Bei Françoise war ich für den Niedergang ihrer Redeweise, die ich in ihren guten Zeiten gekannt hatte, indirekt selber verantwortlich. Die Tochter hätte die klassische Sprache ihrer Mutter nicht bis zum plattesten Jargon verkümmern lassen, wenn sie mit ihr einfach Dialekt gesprochen hätte. Ihn hatte Françoise nie aufgegeben, und wenn sie beide bei mir waren und sich vertrauliche Dinge zu sagen hatten, schlossen sie sich nicht in der Küche ein, sondern errichteten mitten in meinem Zimmer eine festere Schutzwehr, als die bestverschlossene Tür es sein kann, indem sie Dialekt redeten. Ich vermutete bloß, daß Mutter und Tochter nicht immer in völliger Eintracht lebten, nach der Häufigkeit zu schließen, mit der das einzige Wort wiederkehrte, das ich ausmachen konnte: »m'esasperate« (es sei denn, der Grund dieser »Exasperation« wäre ich gewesen). Unglücklicherweise versteht man am Ende auch die unbekannteste Sprache, wenn man sie immer sprechen hört. Ich bedauerte, daß es der Dialekt war, denn so lernte ich ihn und hätte nicht weniger gut gelernt, wenn sich Françoise gewohntermaßen auf Persisch ausgedrückt hätte. Als Françoise meine Fortschritte bemerkte, redete sie schneller, und ihre Tochter tat es ihr nach, aber es half nichts. Die Mutter war untröstlich, daß ich den Dialekt verstand; dann machte es ihr Freude, mich ihn sprechen zu hören. Diese Freude war allerdings Spott; denn obgleich ich ihn schließlich etwa so aussprach wie sie, lagen für sie zwischen unseren Aussprachen noch Abgründe, die sie entzückten; sie begann Leute aus ihrem Dorf zu vermissen, an die sie seit vielen Jahren nie mehr gedacht hatte und die sie hätte sehen mögen, wie sie sich anscheinend vor Lachen gekrümmt hätten, wenn sie mich ihren Dialekt so schlecht sprechen hörten. Nur schon der Gedanke erfüllte Françoise mit Heiterkeit und Bedauern; sie zählte sogar bestimmte Bauern auf, die gewiß Tränen gelacht hätten. Und doch, keine Heiterkeit verminderte die Betrübnis, daß ich den Dialekt, den ich zwar schlecht aussprach, verstand. Die Schlüssel werden nutzlos, wenn der, den man aussperren will, einen Passepartout oder ein Brecheisen gebrauchen kann. Da der Dialekt zu einem unwirksamen Schutz wurde, begann sie mit ihrer Tochter ein

Französisch zu sprechen, das sehr schnell in tiefster Barbarei versank.

Ich war bereit, Françoise hatte noch nicht telephoniert; sollte ich weggehen, ohne zu warten? Aber würde sie Albertine auch finden? hielt sich Albertine vielleicht hinter der Bühne auf? und selbst wenn Françoise sie traf, würde sie sich heimbringen lassen? Nach einer halben Stunde klingelte das Telephon, und in meinem klopfenden Herzen stritten sich Hoffnung und Furcht. Auf Geheiß eines Telephon-Angestellten trug mir eine fliegende Schwadron von Tönen mit höchster Schnelligkeit die Worte des Telephonisten zu, nicht die von Françoise, die eine urtümliche Schwermut und Scheu gegenüber einem Gegenstand, den ihre Väter nicht kannten, eher noch davon abhielt, sich einem Fernsprecher zu nähern, als ansteckende Kranke zu besuchen. Sie hatte Albertine allein im Wandelgang gefunden, und Albertine war, nachdem sie nur eben noch Andrée Bescheid gesagt hatte, daß sie nicht bleibe, sofort zu Françoise zurückgekommen. »Und war sie nicht böse? Ach, Verzeihung! Fragen Sie die Dame, ob das Fräulein nicht böse war.« »Die Dame sagt mir, ich soll Ihnen sagen, nein überhaupt nicht, ganz im Gegenteil; und jedenfalls, wenn sie nicht zufrieden war, so merkte man nichts davon. Sie sind jetzt in die Trois Quartiers gegangen und werden um zwei Uhr zu Hause sein.« Ich begriff, daß mit »zwei Uhr« drei Uhr gemeint war, denn es war schon nach zwei Uhr. Es war aber einer der besonderen, beständigen, unheilbaren Fehler, eine Krankheit von Françoise, daß sie die Zeit nie genau feststellen oder ansagen konnte. Ich habe niemals verstanden, was in ihrem Kopf vorging. Wenn Françoise auf ihre Uhr geschaut hatte, und es war zwei Uhr, sagte sie: es ist ein Uhr oder: es ist drei Uhr, und ich habe nie verstanden, ob dieses Phänomen seinen Sitz im Leben von Françoise oder in ihrem Denken oder in ihrer Sprache hatte; sicher ist nur, daß das Phänomen immer auftrat. Die Menschheit ist sehr alt. Die Vererbung, die Kreuzungen haben schlechten Gewohnheiten, fehlerhaften Reflexen eine unveränderliche Kraft gegeben. Eine Person niest und röchelt, weil sie an einem Rosenbusch vorbeikommt, eine andere bekommt einen Ausschlag von frischer Farbe, viele befällt eine Kolik, wenn sie verreisen müssen, und die Enkel von Dieben, Millionäre und freigebig, können nicht umhin, uns fünfzig

Francs zu stehlen. Worin für Françoise die Unmöglichkeit bestand, die Zeit genau zu bestimmen, darüber habe ich von ihr selbst nie irgendeinen Aufschluß erhalten. Denn trotz des Zornes, in den diese ungenauen Angaben mich jeweils versetzten, versuchte Françoise weder, sich für ihren Irrtum zu entschuldigen, noch ihn zu erklären. Sie blieb stumm, schien mich gar nicht zu hören, und das brachte mich vollends auf. Ich hätte ein Wort der Rechtfertigung hören wollen; sei es auch nur, um sie bloßzustellen, – aber nichts, gleichgültiges Schweigen. Doch heute gab es jedenfalls keinen Zweifel, Albertine würde um drei Uhr mit Françoise nach Hause kommen, Albertine würde weder Léa noch ihre Freundinnen sehen. Die Gefahr, daß sie die Verbindung mit ihnen wieder aufnehmen könnte, verlor nun, da sie beschworen war, in meinen Augen sogleich an Bedeutung, und da ich sah, wie leicht sich das hatte bewerkstelligen lassen, wunderte ich mich, daß ich geglaubt hatte, es werde mir nicht gelingen. Mich ergriff ein lebhaftes Gefühl der Dankbarkeit gegenüber Albertine, die offensichtlich nicht wegen der Freundinnen Léas ins Trocadéro gegangen war und die mir, indem sie die Matinee aufgab und auf einen Wink von mir nach Hause kam, zeigte, daß sie mehr, als ich mir vorstellte, mir gehörte. Jenes Gefühl wuchs noch, als ein Radfahrer mir einen Brief von ihr brachte, in dem sie mich um Geduld bat und mit den ihr eigenen liebevollen Worten schrieb: »Mein Liebster, mein lieber Marcel, ich komme weniger schnell zu Dir als dieser Radfahrer, dessen Vehikel ich gern selbst nähme, um früher bei Dir zu sein. Wie kannst Du glauben, ich könnte mich ärgern und es könnte mich etwas ebenso gut unterhalten, wie mit Dir zusammenzusein? Es wird gut tun, miteinander auszugehen, und noch besser wäre es, immer nur miteinander auszugehen. Was machst Du Dir also für Gedanken? Was für ein Marcel, was für ein Marcel! Ganz die Deine, Deine Albertine.«

Die Kleider, die ich ihr kaufte, die Jacht, von der ich ihr gesprochen hatte, die Schlafröcke von Fortuny, all diese Dinge wurden durch den Gehorsam Albertines nicht etwa aufgewogen, sondern ergänzt; und so erschienen sie mir als ebenso viele Vorrechte, die ich ausübte; denn die Pflichten und Lasten eines Herrn bilden einen Teil seiner Herrschaft und bezeichnen, beweisen ihn so gut wie seine Rechte. Gerade diese Rechte aber, die sie mir zugestand, gaben meinen Aufgaben ihre wahre Bedeutung: Ich hatte eine Frau für mich allein, die beim ersten Wort, das sie unversehens von mir erhielt, mir willfährig telephonieren ließ, daß sie zurückkäme, daß sie sich unverzüglich zurückbringen lasse. Ich war mehr Herr, als ich geglaubt hatte. Mehr Herr, also mehr Sklave. Ich fühlte keine Ungeduld mehr, Albertine zu sehen. Die Gewißheit, daß sie mit Françoise eine Besorgung machte oder daß sie demnächst – und es hätte ruhig auch später sein können – mit ihr zurückkommen würde, erhellte wie ein friedlich strahlender Stern eine Zeit, die ich jetzt viel lieber allein verbracht hätte.

La Prisonnière, Ed. Pléiade III (1988), S. 623–663.

Bergottes Tod

Ich erfuhr, daß sich an jenem Tag etwas ereignet hatte, das mich sehr schmerzte: Bergotte war gestorben.

In den Monaten, die seinem Tod vorangingen, litt er an Schlaflosigkeit und, noch schlimmer, an Alpträumen, sowie er einschlief; daher scheute er sich, wenn er dann erwachte, wieder einzuschlafen. Lange Zeit hatte er die Träume, auch die schlimmen Träume geliebt, weil sie uns dank ihrem Gegensatz zu der Wirklichkeit, die man im Wachen vor sich hat, spätestens beim Aufwachen von Grund auf empfinden lassen, daß wir geschlafen haben. Doch Bergottes Alpträume waren anderer Art. Früher hatte er, wenn er vom Alptraum gesprochen hatte, unangenehme Dinge gemeint, die sich in seinem Gehirn abspielten. Jetzt sah er es wie von außen her auf ihn eindringen, eine Hand mit einem nassen Lappen, den eine böse Frau ihm über das Gesicht zog, um ihn zu wecken, ein unerträgliches Kitzeln an den Hüften, einen Kutscher, der sich in rasender Wut – weil Bergotte im Schlaf gemurmelt hatte, er fahre schlecht – auf den Dichter stürzte und ihn in die Finger biß, sie ihm absägte. Und wenn es in seinem Schlaf schließlich dunkel genug war, veranstaltete die Natur eine Art Probe des Schlaganfalls, dem er erliegen würde: Bergotte fuhr im Wagen durch den Torbogen des neuen Palais der Swanns und wollte aussteigen. Ein heftiger Schwindel zwang ihn auf die Bank zurück, der Concierge versuchte ihm beim Aussteigen zu helfen, er blieb sitzen, unfähig aufzustehen, auf die Beine zu kommen. Er versuchte sich an den steinernen Pfeiler zu klammern, der vor ihm stand, fand aber nicht genügend Halt, um sich aufzurichten. Er ließ Ärzte kommen, die geschmeichelt waren, von ihm konsultiert zu werden, und die seine intensive Arbeit (er hatte seit zwanzig Jahren nichts mehr geschrieben), seine Überanstrengung für die Ursache seiner Krankheit ansahen. Sie rieten ihm, keine Schauergeschichten zu lesen (er las überhaupt nichts), mehr von der »lebenswichtigen« Sonne zu profitieren (es war ihm ein paar Jahre lang nur darum ein wenig besser gegangen, weil er sich zu Hause einschloß), sich gesünder zu ernähren (wodurch er abmagerte und vor allem seine Alpträume ernährte). Einem seiner Ärzte, den er als widerspruchsfreudigen und streitlustigen Geist kannte, trug Bergotte in Abwesenheit der andern, und um ihn nicht zu kränken, als eigene Ideen vor, was die anderen ihm geraten hatten: der Arzt widersprach im Glauben, Bergotte wolle sich etwas, das er gern mochte, verschreiben lassen, und verbot es ihm augenblicklich, oft mit Begründungen, die um des Streites willen so hastig hergestellt waren, daß sich angesichts der offenkundig zutreffenden sachlichen Einwände Bergottes der widersprechende Arzt selbst noch im gleichen Satz widersprechen mußte, um aber sein Verbot mit neuen Begründungen zu wiederholen. Bergotte wandte sich wieder an einen der ersten Ärzte, einen Mann, der sich für sehr geistreich hielt, vor allem im Verkehr mit einem Meister der Feder, und der auf Andeutungen Bergottes wie: »Mir scheint aber, daß Dr. X mir gesagt hatte – früher einmal, versteht sich –, das könnte einen Blutandrang nach den Nieren und dem Gehirn bewirken …« maliziös lächelte, den Finger erhob und sprach: »Ich habe ›gebrauchen‹ gesagt, nicht ›mißbrauchen‹. Wenn man übertreibt, wird freilich jedes Heilmittel ein zweischneidiges Schwert.« Es gibt in unserem Körper einen Instinkt für das, was uns zuträglich ist, so wie in unserem Herzen einen Instinkt für die moralische Pflicht, und keine Ermächtigung eines Doktors der Medizin oder der Theologie kann ihn ersetzen. Wenn wir kalte Bäder mögen und wissen, daß sie uns schlecht bekommen, werden wir stets einen Arzt finden, der sie uns verordnet, statt zu verhindern, daß sie uns schlecht bekommen. Von jedem Arzt nahm sich Bergotte das, was er sich verständigerweise seit Jahren versagt hatte. Nach einigen Wochen waren die früheren Krankheitserscheinungen wieder aufgetaucht, die neuen hatten sich verstärkt. Verschreckt von einem beständigen schmerzhaften Leiden, zu dem die durch kurze Alpträume unterbrochene Schlaflosigkeit kam, konsultierte Bergotte keine Ärzte mehr und versuchte mit Erfolg, aber ohne Maß verschiedene Betäubungsmittel; bei jedem las er vertrauensvoll den beiliegenden Empfehlungstext, der die Notwendigkeit des Schlafs hervorhob, aber durchblicken ließ, daß die Medikamente, die ihn herbeiführten (mit Ausnahme des einen in dem Fläschchen, um das der Prospekt gewickelt war und das niemals toxische Wirkungen hatte) allesamt toxisch waren und deshalb das Heilmittel schlimmer war als das Übel. Bergotte versuchte sie alle. Manche gehören zu einer andern Familie als die, an die wir gewöhnt sind, wie etwa die aus Amyl und Ethyl entwickelten. Man nimmt das neue, ganz anders zusammengesetzte Produkt stets in der köstlichen Erwartung des Unbekannten ein. Das Herz klopft wie bei einem ersten Rendezvous. Zu welchen unentdeckten Arten des Schlafs, der Träume wird uns der Neugekommene führen? Jetzt ist er in uns, er hat unser Denken zu leiten begonnen. Wie werden wir einschlafen? Und wenn wir erst schlafen, auf welch seltsamen Wegen, zu welchen Gipfeln, in welch unausgeloteten Abgrund wird uns der Allmächtige Meister führen? Welch neue Anordnung von Gefühlen werden wir auf dieser Reise kennenlernen? Bringt sie uns in Nöte? in die Glückseligkeit? in den Tod? Bergottes Tod kam, als er sich am Vorabend jenes Tages einem allzu mächtigen dieser Freunde (Freunde? Feinde?) anvertraut hatte. Er starb unter den folgenden Umständen. Wegen eines leichten Anfalls von Urämie hatte man ihm Ruhe verordnet. Da aber ein Kritiker geschrieben hatte, in der ›Ansicht von Delft‹ von Vermeer (eine Leihgabe des Museums Im Haag für eine Ausstellung holländischer Kunst), einem Bild, das er liebte und sehr gut zu kennen glaubte, sei eine kleine gelbe Mauerfläche (an die er sich nicht erinnerte) so vorzüglich gemalt, daß sie für sich allein betrachtet wie ein kostbares Stück chinesische Malerei in ihrer Schönheit sich selbst genüge, aß Bergotte ein paar Kartoffeln, ging aus dem Haus und kam in die Ausstellung. Schon auf den ersten Stufen, die er hinaufsteigen mußte, wurde er von Schwindel gepackt. Er ging an mehreren Bildern vorbei, unter dem Eindruck der Geist- und Nutzlosigkeit einer naturfernen Kunst, die den Durchzug von Luft und Sonne durch einen venezianischen Palazzo oder durch ein einfaches Haus am Meer nicht aufwog. Endlich stand er vor dem Vermeer, den er glanzvoller in Erinnerung hatte, in höherem Maß anders als alles, was er kannte, auf dem er jetzt aber dank dem Artikel des Kritikers zum erstenmal kleine blaue Personen, das Rosa des Sandes und schließlich die kostbare Substanz der ganz kleinen gelben Mauerfläche bemerkte. Sein Schwindel wurde stärker; er heftete seinen Blick, wie ein Kind auf einen gelben Schmetterling, den es fangen will, auf die kostbare kleine Mauerfläche. »So hätte ich schreiben sollen«, sagte er sich, »meine letzten Bücher sind zu karg; ich hätte mehrere Farbschichten auftragen, hätte die Sprache selbst kostbarer machen sollen, so wie diese kleine gelbe Mauer.« Gleichzeitig merkte er wohl, wie bedrohlich sein Schwindel wurde. Auf einer himmlischen Waage erschien ihm in der einen Schale sein eigenes Leben, während in der andern die kleine, so schön gemalte gelbe Mauerfläche lag. Er spürte, daß er das erste unbedachterweise für die zweite hergegeben hatte. Er dachte: »Ich möchte doch nicht für die Abendzeitungen die heutige Sensation dieser Ausstellung sein.«

Er wiederholte sich: »Kleine gelbe Mauerfläche mit einem Dachvorsprung, kleine gelbe Mauerfläche.« Gleichzeitig ließ er sich auf eine kreisförmige Sitzbank fallen; ebenso plötzlich wich der Gedanke von ihm, daß sein Leben auf dem Spiel stehe, er wurde wieder zuversichtlich und sagte sich: »Das ist nichts weiter als eine Verdauungsstörung, die Kartoffeln waren nicht ganz gar, es ist nichts.« Ein neuer Schlag traf ihn, er rollte von der Bank auf den Fußboden, die Besucher und Aufseher liefen alle herbei. Er war tot. Tot auf immer? Wer kann das sagen. Gewiß, die spiritistischen Erfahrungen beweisen so wenig wie die religiösen Dogmen, daß die Seele fortlebt. Man kann nur sagen, daß sich in unserem Leben alles so abspielt, als träten wir es mit einem Bündel von Verpflichtungen an, die wir in einem früheren Leben eingegangen sind; es findet sich in unseren Lebensbedingungen auf dieser Welt kein Grund dafür, daß wir uns für verpflichtet hielten, das Gute zu tun, zartfühlend zu sein, ja bloß höflich, oder daß sich ein Künstler verpflichtet glaubte, etwas zwanzigmal wieder anzufangen, das Bewunderung erregen wird, wenn sein von den Würmern zerfressener Leib sich nichts mehr daraus macht, so wie die gelbe Mauerfläche, die mit dem höchsten Kunstverstand von einem auf immer unbekannten, kaum durch den Namen Vermeer identifizierten Meister gemalt worden ist. Alle diese Verpflichtungen, die nicht im gegenwärtigen Leben verankert sind, scheinen einer andern, auf Güte, Gewissenhaftigkeit, Aufopferung gegründeten Welt anzugehören, einer von dieser ganz verschiedenen Welt, aus der wir heraustreten, um auf dieser Erde geboren zu werden und dann vielleicht in sie zurückzukehren und von neuem unter der Herrschaft jener unbekannten Gesetze zu leben, denen wir gefolgt sind, weil wir ihre Weisung in uns trugen, ohne zu wissen, wer sie uns eingeschrieben hatte – jener Gesetze, denen jeder wesentliche Gebrauch unserer Intelligenz uns annähert und die nur den Einfältigen – und nicht einmal denen ganz! – unsichtbar sind. Die Vorstellung, daß Bergotte nicht auf immer tot war, ist daher nicht unwahrscheinlich.

Er wurde begraben, doch während der ganzen Trauernacht wachten in den beleuchteten Schaufenstern seine Bücher, zu dreien geordnet, wie Engel mit ausgebreiteten Flügeln und wurden für den, der nicht mehr war, zum Symbol der Auferstehung.

La Prisonnière, Ed. Pléiade III (1988), S. 687–693.

Verzeichnis der Texte

Au seuil du printemps. Epines blanches, épines roses. Le Figaro, 21. März 1912, Chroniques, S. 92–99. Übersetzung: C. V.

Rayon de soleil sur le balcon. Le Figaro, 4. Juni 1912, Chroniques, S. 100–105. Ü: C. V.

L'Eglise de village. Le Figaro, 3. September 1912, Chroniques, S. 114–122. Ü: C. V.

Vacances de Pâques. Le Figaro, 25. März 1913, Chroniques, S. 106–113. Ü: C. V.

A la recherche du temps perdu (Fragments). Nouvelle Revue française VI, Nr. 66 (1. Juni 1914), S. 921–969. (Der Titel ›Balbec‹ stammt von den Herausgebern.) Ü: C. V.

A la recherche du temps perdu (Fragments). N.R.F. VI, Nr. 67 (1. Juli 1914), S. 72–124. (Der Titel ›Im Schatten der Guermantes‹ stammt von den Herausgebern.) Ü: C. V.

Légère esquisse du chagrin que cause une séparation et des progrès irréguliers de l'oubli. N.R.F. XIII, Nr. 69 (1. Juni 1919), S. 71–120. Ü: C. V.

A Venise. Feuillets d'Art, Nr. 4 (15. Dezember 1919), S. 1–12. Ü: H. H.

Une agonie. N.R.F. XVI, Nr. 88 (1. Januar 1921), S. 5–30. Ü: H. H.

Un baiser. N.R.F. XVI, Nr. 89 (1. Februar 1921), S. 129–156. Ü: H. H.

Une soirée de brouillard. La Revue hebdomadaire XXX 2, Nr. 9 (N. S. XVII), 26. Februar 1921, S. 377–398. Ü: H. H.

Les intermittences du cœur. N.R.F. XVII, Nr. 97 (1. Oktober 1921), S. 385–410. Ü: C. V.

En tram jusqu'à la Raspelière. N.R.F. XVII, Nr. 99 (1. Dezember 1921), S. 641–675. Ü: H. H.

Etrange et douloureuse raison d'un projet de mariage. Intentions I, Nr. 4 (April 1922), S. 1–20. Ü: H. H.

Une soirée chez les Verdurins. Les Feuilles libres IV, Nr. 26 (April/Mai 1922), S. 75–86. Ü: H. H.

La regarder dormir. Mes réveils. N.R.F. XIX, Nr. 110 (1. November 1922), S. 513–522. Ü: H. H.

La Prisonnière: 1. Une matinée au Trocadéro. 2. La Mort de Bergotte. N.R.F. XVII, Nr. 112 (1. Januar 1923), S. 288–325. Ü: H. H.

Nachwort

Nervösen Naturen wie dem Erzähler dieser Texte fehlt, wie er selber sagt, eine Art Filter, der die Eindrücke auffängt und abgedämpft weitergibt. Es fehlt ihm auch ein innerer Raster, der die Eindrücke hierarchisch ordnet. Françoise etwa, die alte Bedienstete, besitzt einen solchen Raster und weiß jederzeit, was sich gehört: viel und laut weinen, wenn jemand gestorben ist, ihm schon vorher, zum Abschied, erschüttert in die Arme sinken. Daß einem unterdessen ein anderer Bediensteter Briefpapier stiehlt, ist »unter diesen Umständen« nicht der Rede wert. Für Prousts Erzähler hingegen sind beide Eindrücke, das Sterben der geliebten Großmutter und die Vorgänge hinter den Kulissen, wenn nicht gleichwertig, so doch gleich stark.

Auch diese beiden: Seine Mutter, unsäglich traurig über den Tod der Großmutter, sitzt am Strand an derselben Stelle, wo die Großmutter saß, und liest in demselben Buch; Madame Poussin aus Combray taucht auf und mit ihr die Erinnerung an ihre banalen und stereotypen Sprüche (»Wenn du eine schöne Augenentzündung hast, da kannst du dann kommen.«). Nach gängiger Gefühlshierarchie müßte aus dem hochpathetischen Bild eines Menschen, der mit seiner Trauer nur fertig wird, indem er sich in den Verstorbenen verwandelt, Madame Poussin ausgeblendet werden. Dann aber würde das Bild statisch, eine Fotografie: Mutter dort unten am Strand auf jenem Klappstuhl. So ist die Szene bewegt, ein Mütter-Reigen, aber auch ein Mütter-Schwinden: von der »professionellen« Mutter, die sich aber ihre Kinder mittels Klischees vom Leib hält, zur Mutter, die es nicht mehr ist, da sie sich in ihrer Mutter auflöst, die nicht mehr ist. Der Reigen läuft ins Leere, das Gefühls-Bild setzt einen Augenblick aus. Proust wendet bewußt solche Intermittenzen an (ursprünglich wollte er sein ganzes Werk ›Les Intermittences du cœur‹ nennen): Sie sind wie ein Atemzug, den man anhält, einen Sekundenbruchteil, bevor etwas Ungewöhnliches geschieht. Der Atemzug, der das Geschehende eigentlich erst zum Ungewöhnlichen macht. Nur so können Eindrücke und Gefühle in ihrer Frische wiederkehren. Denn nichts, sagt Proust, verbraucht sie so rasch wie die Gewöhnung.

Wir sollen uns nicht an die Bilder gewöhnen: »Mutter am Strand« behält seine Intensität – vermittelt am intensivsten das Gefühl von Trauer –, wenn es einen Augenblick intermittiert, einen Augenblick durch ein Kontrastprogramm gestört wird. Dann sind wir auch bereit zuzugeben, daß es so ist: daß gerade die dramatischen Augenblicke das Nebensächliche herausheben und profilieren. Marcel (um die Proustsche Hauptfigur nach der literaturkritischen Konvention so zu nennen) wird sich später genauso wie an das Gesicht der sterbenden Großmutter an das belanglose Gespräch erinnern, in das Vater und Großvater bei der Wache im Sterbezimmer unwillkürlich verfallen; genauso an die letzten Worte der Großmutter wie daran, daß sich die Bettdecken auf einer Seite häufen; genauso daran, daß sie aus dem Fenster springen will, wie daran, daß sie danach die an ihrem Nachthemd haftenden Fellhaare einzeln abliest. Ja, dieses Ablesen erscheint, im nachhinein genau besehen, schon als proto-literarische Geste: Da buchstabiert jemand die Szene auf ihre kleinsten und ausgefallensten Einheiten zurück, aus denen sie sich dann, ästhetischer Qualitätssprung, auf ungewohnte Art zusammensetzt.

Ungewohnt, *weil* sie sich zusammensetzt: geleitet von seinem deregulierten Empfindungsvermögen, läßt Proust das scheinbar Nicht-Zusammenhängende zusammenhängen. Etwa den jungen Mann im Examen, der sein Wissen nicht anbringen kann, mit der Aufschrift »Billard« auf dem Hauptplatz von Balbec mit Abgüssen im Musée du Trocadéro mit dem Regenschirm des Erzählers mit Kreidespuren auf rußigem Stein mit einer berühmten Marienstatue mit einer runzeligen Alten. Das in einem einzigen Moment – in einem einzigen Satz –, der geradeso determiniert wie dementiert ist, so wortreich wie wortlos. Jedes Element dient hier dazu, eine Vorstellung (vom »langersehnten Kunstwerk«) zu dementieren, auf ein jedes wird, ohne Rücksicht auf seinen Zusammenhang mit dieser Vorstellung, gleichsam mit der Spitze des Regenschirms gezeigt.

In diesem Zeigen ist Wortlosigkeit. Es ist die Geste, die Roland Barthes (in ›L'Empire des signes‹) dem japanischen Haiku zuschreibt: ein kommentarloses Auf-die-Dinge-Zeigen: »so ist es«. Oder nur: »so«. Oder eben nur das Zeigen. Prousts Werk, ausschließlich und wortgewaltig Kommentar, wird von dieser schweigenden Grundgeste getragen, die das Schauspiel der Welt auf die wahren Eindrücke hin auflöst. Wahr und auch widersprüchlich. Das »So« ist immer auch anders. Jemand, der zuerst als Hotelschwindler erscheint, ist ein großer Herr, der sich aus vielen jungen Mädchen zusammensetzt, und vielleicht doch kein großer Herr ist, oder vielleicht doch. Auch wenn, scheinbar, die Lösung dieses Rätsels darin besteht, daß der Baron de Charlus homosexuell ist, weist die Proustsche Geste gerade auf die Unauflösbarkeit solcher Widersprüche hin. »Es gab übrigens zwei Monsieur de Charlus, die anderen nicht mitgezählt«, heißt es in der ›Wiedergefundenen Zeit‹. Proust räumt Widersprüche ein, und das wirkt sich auf die Zeit aus. Da ist zum Beispiel die so synchrone wie a-chrone Geschichte mit Gilberte: ich meldete mich nicht mehr bei ihr; ich schrieb Gilberte jeweils das und das; ich gab Gilberte endgültig auf; die Hoffnung auf eine Versöhnung hielt mich aufrecht; der Brief von Gilberte kam nie; Gilberte pflegte mir in freundschaftlich-distanziertem Ton zu schreiben; ich ging nie zu ihrer Mutter; ich ging zu ihrer Mutter, um von ihr sprechen zu hören; es hätte mir zu weh getan, von ihr sprechen zu hören; ich ging zu ihrer Mutter, weil es mir abgesehen von Gilberte Spaß machte; noch immer konnte ich von Gilberte nicht absehen. Dafür gibt es keine linear logische Auflösung, denn der Text soll – wieder Wortlosigkeit im Wortreichtum – mimen, was sein Titel verspricht: das unregelmäßige Fortschreiten des Vergessens. Proust sucht ja nicht die Zeit, sondern die verlorene Zeit, dort, wo sie ihrem eigenen Lauf abhanden gekommen, wo in der Diachronie verlorengegangen ist, was auch noch war.

Das »Auch noch« ist gegenläufig oder zumindest ein Widerstand, ein in den Fluß der Zeit gehaltener Stock. Dazu genügt es allerdings nicht, eine »nervöse Natur« zu sein, es braucht auch den Willen zur Subversion. Der sich in Marcel deutlich manifestiert: schwach, faul, »ein undankbarer, egoistischer und grausamer junger Mann«, subvertiert er nicht nur jede Vorstellung von – und jedes Bedürfnis nach – einer Identifikationsfigur, sondern auch die Objektivität der Dinge. Sie sind für ihn nur, wenn sie sich ins Subjektive verkehren. Marcel zieht sie durch sie selbst hindurch wie eine Jacke, die man wendet. Dabei ist ihm nichts heilig, am wenigsten das »Höchste«. Die Liebe: Frauen sollte man sammeln wie Lorgnetten; Albertine ist so ein Sammelobjekt, dessen Preis mit der Nachfrage steigt; Rachel wird zu Höchstpreisen eingeschätzt, was, wie immer auf dem Markt, auf reiner Projektion beruht; »ich liebte Madame Guermantes wirklich«, das Schönste wäre gewesen, wenn »sämtliche Kalamitäten« über sie hereingebrochen wären (darum würde Marcel sogar zu Gott beten); hat man eine Frau »besessen«, ist ihr ganzes Geheimnis weg; Liebe ist Illusion; »das Glück kann nie stattfinden«.

Von seiner niedrigsten zu seiner pathetischsten Stufe ist Prousts Liebes-Pessimismus als Unstimmigkeit in sein Werk eingebaut; es sind Stufen, die nicht dorthin führen, wohin man glaubt. Nicht zur Negation der Liebe, sondern zu ihrer Darstellung ohne moralischen Vorbehalt, der im Grunde weniger der Frage nach dem Preis einer Frau zu gelten pflegt, als dem Streu-Effekt, den die Liebe doch eigentlich hat. Wie Proust zeigt: Liebe ist etwas, das in einem bestimmten Augenblick die Großmutter, Françoise und Albertine gleichzeitig treffen kann, und nur in solcher Streuung verdient sie ihren Namen. Je einzeln ist jede Beziehung fragwürdig: die Großmutter ist tot, und als sie lebte, war Marcel grausam zu ihr; von Françoise weiß der Erzähler fast nur Schlechtes zu sagen; mit Albertine kann er eigentlich nichts anfangen. Und doch ist es ein Augenblick, in dem er die Liebe dreifach entdeckt: als Trauer, als Mitleid, als Zauber eines Ortes.

So unstimmig und ungebündelt, strahlt die Liebe auf das Kleinste aus, etwa auf den Miniatur-Wintergarten, den man als Kind geschenkt erhielt, ja, auf das Bild von dem Wintergarten in einem Buch – Erinnerungen, die dank dem mitklingenden Liebesschmerz um Gilberte zur Gegenwart aufgehoben sind – und dank denen der Liebesschmerz um Gilberte langsam in die Vergangenheit sinkt. Proust läßt dieses Auf und Ab ohne Rücksicht auf irgendeine gefühlsmäßige – und ästhetische – Konvention geschehen: was »hochkommt« ist dem Sinkenden grundsätzlich ebenbürtig. »(Die Photographie meiner Großmutter) quälte mich. Weniger allerdings als der Besuch des Direktors am

Abend« steht gewiß nicht zufällig, sondern in demonstrativer Absicht nebeneinander. Denn mit dem Direktor kommt etwas herauf, das dem Schmerz um die Großmutter eine ungeahnte Dimension verleiht, während ihn das Verharren vor der Fotografie – würdige, aber abstumpfende Haltung – schon wieder wegsinken lassen könnte.

Um Schmerz aber geht es, er hält die literarische Produktion im Gang: »... ich legte nicht nur Wert darauf, zu leiden, sondern auch darauf, das Ursprüngliche an meinem Leiden unangetastet zu lassen, so wie es ungewollt über mich gekommen war ...« Aus solchen Augenblicken des Überkommenwerdens, da sich Jetzt und Früher aufeinanderdrücken und aufheben – zeitloser Moment der Intuition –, entwickelt Proust das Zeitgebäude seines Werks. Er nennt es eine Kathedrale, um nahezulegen, daß es ein ausgerichtetes Ganzes ist, trotz endlos scheinender Nebenräume und Fiorituren – wie man ihm vorwarf. Die Zeitkathedrale aber ist ein dynamischer Bau: Es gibt in ihr keine räumliche Über- oder Unterordnung, vom Unfunktionalen zum Tragenden, sondern sie als Ganzes findet in jedem ihrer Elemente statt. Denn für jeden Moment besteht der Anspruch, daß in ihm die gesamte ihm eigene Zeit wiedergefunden werden soll, ob es um die Staubgefäße einer Schlehdornblüte geht, um das linkische Benehmen eines Jungdichters, um ein Schattenmuster auf dem Balkon, um die Färbung des Namens Quimperlé, um die törichte Konversation teetrinkender Damen, um das Schwierige und Schmerzliche einer Reise mit der Mutter, um den Tod eines großen Dichters. Jeden dieser Momente schöpft Proust erzählerisch aus, jedem gewährt er die ihm eigene Zeit, und in jedem vollzieht er also die ganze Bewegung des Zeit-Wiederfindens. Insofern ist jeder dieser Momente nicht nur funktional, sondern funktioniert jeder als Ganzes. Prousts Kathedrale, eine Apotheose des Bauhaus-Stils, in diesem Sinn.

Und in diesem Sinn hat man von einer fragmentarischen Auswahl seiner Texte, wie sie hier vorliegt, ebensoviel wie vom Gesamtwerk. In dem anderen Sinn, daß die ›Recherche‹ den Leser nicht nur auffordert, bei jedem Satz das Wiederfinden der Zeit mitzuvollziehen, sich gewissermaßen um die eigene Achse zu drehen, sondern daß sie ihn auch auf eine große Umlaufbahn schickt, vom »Lange Zeit bin ich früh schlafen gegangen« über zehn Bände an diesen Punkt zurück, in *dem* Sinn geht bei einer solchen Auswahl die große Bewegung verloren. Und mit ihr die jeweilige Färbung des jeweiligen Bogens. Am meisten fehlen in dieser Auswahl die Farben Swanns, die den Anfang der ›Recherche‹ prägen. Hier ist Swann nur schattenhafter Ehemann von Odette, die sich ihrerseits von ihrer »ehrbaren Seite« zeigt, nachdem sie ein ganz anderes Leben geführt hat und im Grunde gar nicht die Art Frau ist, die Swann mag.

Daß die anderen immer anders sind, ist aus diesen Texten nur im kleinen herauszulesen: bei Charlus eben, dann etwas länger bei Madame de Guermantes und am deutlichsten wohl bei Rachel. Nicht nur, weil sie ein Doppelleben führt, sondern weil auch die beiden anderen Beteiligten an der Episode, Saint-Loup und der Erzähler, je anders sind: »Wir möchten auf andere Planeten, in andere Welten gehen. Aber diese anderen Welten existieren neben uns, unendlich fremdartig und doch nahe ...« Marcel entdeckt diese Wahrheit nicht nur, sondern lebt sie auch gleich, denn genau im Augenblick der Entdeckung wird er vom Freund zum Fremden: »Nicht Mitleid, wie ich es für Robert hätte empfinden sollen, war das Gefühl, das mich überkam. Nein, wenn ich Tränen in den Augen hatte, so eher aus übergroßer Freude ...«

Dieses Oszillieren zwischen Gleich und Anders wiederholt sich auf der großen Bahn der ›Recherche‹ deutlicher und intensiver: Hier verschwinden Figuren für lange Zeit und tauchen in anderer Gestalt wieder auf, wie Madame Verdurin, von der man zwar weiß, daß sie im Grunde nichts so sehr möchte, wie zur großen Welt gehören, von der man aber im letzten Band mit Verstimmung zur Kenntnis nimmt, daß sie den Sprung tatsächlich geschafft hat. Und wieder ist das Unstimmige – die Verstimmung – funktional: Nichts soll stimmen an dieser Geschichte, weder die psychologische noch die zeitliche Konvention, weder soll jemand so Unsympathischer seine gerechte Strafe erhalten: das Versinken in Belanglosigkeit – noch, wenigstens, der Zeit unterworfen sein.

Madame Verdurin erscheint am Schluß gegen jede zeitliche Wahrscheinlichkeit – sie ist ja schon in der Swann-Geschichte, vor Marcels Geburt, nicht mehr jung – als Princesse de Guermantes und verweist den Leser auf seine eigene relative Position.

Auch er ist nicht dort, wo er sein sollte, auch seine eigene Leser- und Lese-Zeit (und die darin implizierten Intermittenzen) schieben ihn durch die Geschichte vor und zurück. Bis sich auch in ihm – wie bei Marcel in dem Augenblick, da er die Erinnerung an die Großmutter wiederfindet – der Widerspruch zwischen dem Vorhandenen (was er gerade liest, woran er sich erinnert) mit dem aus der Vergangenheit des Texts Auftauchenden kreuzt und ihn der Eindruck in seiner ganzen Schärfe überkommt.

Dazu muß die Sicht immer wieder auf die Distanz eingestellt werden, in der Proust – durch sein Teleskop, wie er sagt – die (auch das sagt er) Wahrheit erblickt. In der Distanz liegt die Wahrheit all der unzähligen scheinbar mikroskopischen Analysen: in der Distanz, könnte man sagen, von Combray nach Paris nach Combray, also ihr Umlauf der Einzelerfahrungen, über ein Leben hinweg, zur allgemeinen Regel. Damit aber verbindliche Wahrheit daraus wird – *die* Wahrheit, Proust beansprucht nicht weniger –, muß sie von der Distanz selbst geschaffen werden. Der Blick aus dem Fenster ist die – momentane, aber dennoch vollständige – Wahrheit des Meers, der Blick aus der Kutsche die Wahrheit der vorbeikommenden Mädchen, der Blick über den Hof die Wahrheit der Guermantes-Clique.

Und wenn es auch Françoise ist, die hinüberblickt, und der Blick verboten und Françoises Schlüsse falsch sind. Da vervielfacht sich die Wahrheit: so also sieht so jemand solche Leute, so also sehen solche Leute so jemanden: solche Leute wie »wir« (die Familie des Erzählers), mit denen Françoise in Symbiose lebt und die ihr den Blick durch das Fenster nicht erlauben, aber nicht nur wie »wir«, sondern auch wie der Erzähler, dem das Verbot gerechtfertigt scheint, und wie der Autor, der den Erzähler, der bei dem Verbot nichts findet, auftreten läßt, und vielleicht auch, Zeitsprung aus dem Text hinaus, wie Proust, in dessen Welt es eben so war. Und, Zeitsprung in die andere Richtung, wie wir, die es nicht so sehen und es deswegen erst recht so sehen, weil es gerade für uns herbeigeholt, verdeutlicht wird durch die hintereinanderliegenden Linsen: »wir«, der Erzähler, der Autor, Proust. So kommt es, daß wir Leser, woher auch immer, wann immer, ihm die Zeit zutragen, die sich in seinem Werk wiederfindet.

Christina Viragh

George Sand im dtv

Nimm Deinen Mut in beide Hände
Briefe
Übers. und hrsg. von
Annedore Haberl
Originalausgabe · dtv 2238

Nanon
Roman
Übersetzt und mit einem
Nachwort von
Heidrun Hemje-Oltmanns
Originalausgabe · dtv 2282

Sie und Er
Übers. von Lieselotte Ronte
dtv 2295

Mauprat
Geschichte einer Liebe
Übersetzt und mit einem
Nachwort von
Heidrun Hemje-Oltmanns
Originalausgabe · dtv 2300

Lelia
Roman
Neu übersetzt von
Heidrun Hemje-Oltmanns
Originalausgabe · dtv 2311

Jeanne
Roman
Neu übersetzt und mit
einem Nachwort von
Heidrun Hemje-Oltmanns
dtv 2319

Flavie
Roman
Übersetzt von Joachim
Schultz unter Mitwirkung
einer Gruppe Bayreuther
Studenten
dtv 2327

Der Müller von Angibault
Übersetzt von
Heidrun Hemje-Oltmanns
dtv 2379

Ein Winter auf Mallorca
Herausgegeben und
übertragen von
Ulrich C.A. Krebs
Mit zahlreichen
Illustrationen
dtv 12497

André Gide im dtv

Die Falschmünzer
Roman
Übersetzt von
Christine Stemmermann
dtv 12208

Die Verliese des Vatikans
Roman
Übersetzt von
Thomas Dobberkau
dtv 12285

Der Immoralist
Roman
Übersetzt von
Gisela Schlientz
dtv 12345

Die enge Pforte
Roman
Übersetzt von
Andrea Spingler
dtv 12427

Der schlechtgefesselte Prometheus
Erzählungen
Übersetzt von Andrea Spingler,
Gisela Kleineidam und Gerda Scheffel
dtv 12651

Klassiker der italienischen Literatur im dtv

Dante Alighieri
Die Göttliche Komödie
Aus dem Italienischen übertragen von W. G. Hertz
Nachwort von Hans Rheinfelder und Anmerkungen von Peter Amelung
dtv 12457

La Divina Commedia – Die Göttliche Komödie
Italienisch und deutsch
Herausgegeben, übersetzt und kommentiert von Hermann Gmelin
6 Bände
dtv 5916

Alessandro Manzoni
Die Verlobten
Mit 440 Illustrationen
Mit einem Essay von Umberto Eco
Übersetzt und mit einem Nachwort versehen von Ernst Wiegand-Junker
Dünndruck-Ausgabe
dtv 2142

Giacomo Casanova
Meine Flucht aus den Bleikammern von Venedig
Aus dem Französischen von Ulrich Friedrich Müller und Kristian Wachinger
dtv 12543

dtv